westermann

Joachim Weiß, Michael Kleer, Joachim Molz

Herausgeber: Joachim Weiß

Mitarbeit: Mathias Schmidt

Ausbildung im Dialogmarketing

Band 3

6. Auflage

Bestellnummer 23019

Die in diesem Produkt gemachten Angaben zu Unternehmen (Namen, Internet- und E-Mail-Adressen, Handelsregistereintragungen, Bankverbindungen, Steuer-, Telefon- und Faxnummern und alle weiteren Angaben) sind i. d. R. fiktiv, d. h., sie stehen in keinem Zusammenhang mit einem real existierenden Unternehmen in der dargestellten oder einer ähnlichen Form. Dies gilt auch für alle Kunden, Lieferanten und sonstigen Geschäftspartner der Unternehmen wie z. B. Kreditinstitute, Versicherungsunternehmen und andere Dienstleistungsunternehmen. Ausschließlich zum Zwecke der Authentizität werden die Namen real existierender Unternehmen und z. B. im Fall von Kreditinstituten auch deren IBANs und BICs verwendet.

Haben Sie Anregungen oder Kritikpunkte zu diesem Produkt?

Dann senden Sie eine E-Mail an **dialogmarketing@t-online.de.**

Zusatzmaterialien zu „Ausbildung im Dialogmarketing - Band 3"

Für Lehrerinnen und Lehrer

Lösungen Download: 978-3-427-23020-5

BiBox Einzellizenz für Lehrer/-innen (Dauerlizenz): 978-3-427-86344-1
BiBox Kollegiumslizenz für Lehrer/-innen (Dauerlizenz): 978-3-427-86343-4
BiBox Kollegiumslizenz für Lehrer/-innen (1 Schuljahr): 978-3-427-87940-4

BiBox westermann
inkl. E-Book

Für Schülerinnen und Schüler

BiBox Einzellizenz für Schüler/-innen (1 Schuljahr): 978-3-427-86346-5
BiBox Klassensatz PrintPlus (1 Schuljahr): 978-3-427-81157-2

BiBox westermann
inkl. E-Book

westermann GRUPPE

© 2022 Bildungsverlag EINS GmbH, Ettore-Bugatti-Straße 6-14, 51149 Köln
www.westermann.de

Druck und Bindung: Westermann Druck GmbH, Georg-Westermann-Allee 66, 38104 Braunschweig

ISBN 978-3-427-**23019**-9

Vorwort

Dialogmarketing boomt – weit über 500000 Menschen arbeiten in Deutschland in dieser Branche, Tendenz steigend. Mit den beiden Ausbildungsberufen **„Servicefachkraft für Dialogmarketing“** und **„Kaufmann/Kauffrau für Dialogmarketing“** steht inzwischen auch eine eigene, branchenspezifische Ausbildung zur Verfügung, die sich einer hohen Akzeptanz bei Unternehmen und Auszubildenden erfreut.

Mitarbeiter im Dialogmarketing (aus Gründen der besseren Lesbarkeit wird nur die männliche Form verwendet; selbstverständlich sind gleichzeitig immer auch alle weiblichen Auszubildenden angesprochen) sind mit rasch wechselnden Einsatzgebieten und Rahmenbedingungen konfrontiert. Die Ausbildungsberufe im Dialogmarketing beinhalten daher ein breites Grundlagenwissen und eine umfangreiche Methoden- und Sozialkompetenz. Um den daraus resultierenden Herausforderungen gerecht zu werden, haben wir – ein Autorenteam aus Schule und Berufspraxis – die **dreiteilige Lehrbuchreihe „Ausbildung im Dialogmarketing“** konzipiert. Unser Leitgedanke ist dabei, stets die notwendige fachtheoretische Fundierung auf schülergerechtem Niveau mit den konkreten betrieblichen Arbeitsabläufen und Dialogprozessen zu verknüpfen.

Die Lehrbuchreihe zeichnet sich durch eine **enge Verzahnung des Rahmenlehrplans mit der Ausbildungsordnung** aus. Dadurch ist neben dem Einsatz im Unterricht auch eine solide Vorbereitung auf die Zwischen- und Abschlussprüfung gewährleistet. Die durchgängige Berücksichtigung der Prüfungsinhalte kommt auch den Lesern zugute, die bereits im Dialogmarketing tätig sind und sich einer externen Prüfung unterziehen möchten.

Jedes Kapitel eines Lernfeldes beginnt mit einer einführenden Handlungssituation und Arbeitsaufträgen. Nach dem Sachinhalt runden eine Zusammenfassung und zahlreiche Übungsaufgaben das jeweilige Kapitel ab. Verweise auf andere Lernfelder finden sich in der Randspalte. Ein **hoher Praxisbezug** ist durch zahlreiche Gesprächssituationen, Beispiele und Praxistipps gegeben.

Um der Verschiedenheit der Ausbildungsbetriebe Rechnung zu tragen, basieren die Beispiele und Situationen des Buches auf zwei unterschiedlichen **Modellunternehmen** – der Dialogfix GmbH und der KommunikativAktiv KG –, die eine weitgehende Identifizierung der Auszubildenden mit der betrieblichen Praxis ermöglichen.

Der vorliegende dritte Band deckt die **Lernfelder 10 bis 13** des KMK-Rahmenlehrplans ab. Zusammen mit Band 1 (Lernfelder 1 bis 5) und Band 2 (Lernfelder 6 bis 9) steht damit der komplette Stoff für die Abschlussprüfung „Kaufmann/Kauffrau für Dialogmarketing“ zur Verfügung. Für die **6. Auflage** wurden notwendige Verbesserungen, Aktualisierungen und Ergänzungen vorgenommen, die den aktuellen Anforderungen der IHK-Prüfung entsprechen.

Lassen Sie uns ins Gespräch kommen!

Saarbrücken, Frühjahr 2022 Joachim Weiß
(Herausgeber)

Geleitwort

„Nichts ist beständiger als der Wandel – lassen Sie uns mitgestalten!“

Dialogmarketing befindet sich im Wandel. Die Tätigkeit der Beschäftigten beschränkt sich längst nicht mehr nur auf den telefonischen Kundenkontakt. E-Mail, Chat, soziale Medien – mit der fortschreitenden Digitalisierung verändern sich auch die Rahmenbedingungen und die Inhalte des Berufs. Aber nicht nur die wachsende Zahl an Kontaktkanälen, sondern auch wechselnde Projekte und Einsatzgebiete verlangen den Beschäftigten unserer Branche Flexibilität und die Bereitschaft, sich mit neuen Inhalten auseinanderzusetzen, ab. Denn Call- und Contactcenter sind mit ihren mehr als 560 000 Mitarbeitenden sowie täglich etwa 25 Millionen Kundenkontakten in fast allen Wirtschaftszweigen anzutreffen und bieten ihren Kunden einen umfassenden Service.

Auch die COVID-19-Pandemie verdeutlichte, dass es sich beim Dialogmarketing um eine Schlüsselbranche handelt: Verbraucheranfragen, die Vergabe von Impfterminen, medizinische Informationen, Kontaktverfolgungen, Informationen zu Coronahilfen – die Call- und Contactcenter und ihre Beschäftigten standen bei der Bewältigung dieser Krise an vorderster Front.

Die Ausbildung als „Servicefachkraft für Dialogmarketing“ und „Kaufmann/Kauffrau für Dialogmarketing“ trägt dieser stetigen Entwicklung unserer Branche Rechnung. Personalplanung und -beschaffung, das Führen von Beschäftigten, die Steuerung von Geschäftsprozessen, das Qualitätsmanagement und die Vermarktung von Dienstleistungen sind elementare Bestandteile einer ganzheitlichen Ausbildung im sich wandelnden und herausfordernden Umfeld des Dialogmarketings.

Entsprechend widmet sich auch die 6. Auflage von Band 3 der Lehrbuchreihe „Ausbildung im Dialogmarketing“ diesen Lernfeldern und vermittelt den Auszubildenden fundierte Kenntnisse, welche in der betrieblichen Praxis unabdingbar sind.

Den Leserinnen und Lesern wünsche ich für ihren Werdegang viel Erfolg und den Autoren danke ich für ihre Beiträge, welche die Basis einer erfolgreichen Aus- und Weiterbildung darstellen.

Dirk Egelseer
Präsident Customer Service & Call Center Verband Deutschland e. V. (CCV)

Inhaltsverzeichnis

Inhalt

Lernfeld 10
Personaleinsatz planen und Mitarbeiterinnen/ Mitarbeiter führen

Einleitung

Das letzte Ausbildungsjahr steht an! Nach den Sommerferien treffen sich Thomas Müller und Julia Lauer wieder in der Berufsschule. Julia hat inzwischen die Prüfung zur Servicefachkraft für Dialogmarketing bestanden und setzt jetzt ihre Ausbildung fort, um zusätzlich den Abschluss zur Kauffrau für Dialogmarketing zu erwerben. Daniel Zimmermann, der ebenfalls die Prüfung zur Servicefachkraft bestanden hat, ist in ein festes Arbeitsverhältnis übernommen worden.

Thomas absolviert seine Ausbildung bei der **Dialogfix GmbH**, einer Tochterfirma der Dialogfix AG, eines weltbekannten Herstellers von Hard- und Software. Die Dialogfix GmbH übernimmt dabei den gesamten Servicebereich des Konzerns, wie z. B.:

- Bestellannahme
- Support
- Beschwerdemanagement
- Kundenbindung
- Messung der Kundenzufriedenheit
- Social Media

Im Service werden neben den traditionellen Medien Telefon, Fax, Brief und E-Mail auch soziale Medien, wie z. B. Facebook, Instagram und Twitter, genutzt. Der Telefonservice findet schwerpunktmäßig im Inbound statt, teilweise aber auch outbound.

Das Unternehmen wurde 1996 gegründet, nachdem die Muttergesellschaft entschieden hatte, den gesamten Servicebereich auszulagern. Zu Beginn arbeiteten bei Dialogfix 20 Mitarbeiter im Support, mittlerweile beschäftigt das Unternehmen über 400 Mitarbeiter. Die meisten davon sind in Teams zwischen 8 und 20 Mitarbeitern in

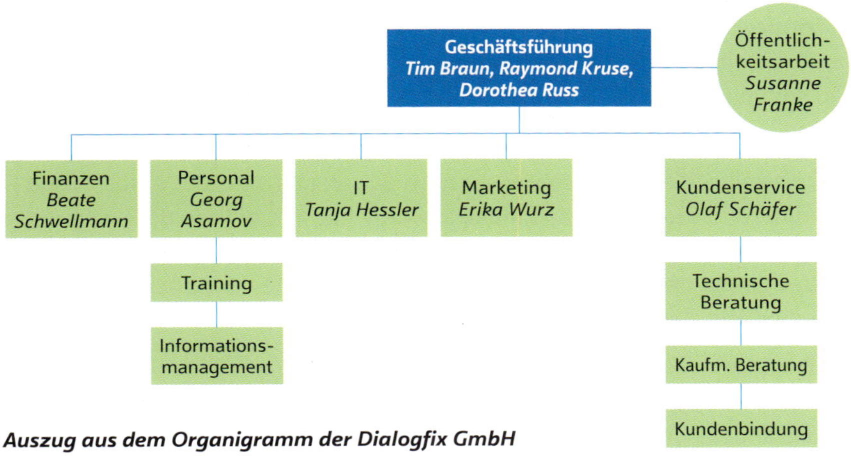

Abb.: Auszug aus dem Organigramm der Dialogfix GmbH

der Abteilung Kundenservice beschäftigt. Daneben gibt es noch vier Zentralabteilungen. Die Geschäftsführung der Dialogfix GmbH wird von der Stabsstelle Öffentlichkeitsarbeit unterstützt.

Thomas ist im Rahmen seiner dreijährigen Ausbildung zum Kaufmann für Dialogmarketing der Abteilung Kundenservice zugeordnet, er lernt gemäß Ausbildungsplan alle Servicebereiche kennen.

Um der wachsenden Mitarbeiterzahl der Dialogfix GmbH Rechnung zu tragen, ist das Unternehmen bereits mehrfach in größere Räumlichkeiten umgezogen und befindet sich inzwischen am Stadtrand, mit einem firmeneigenen Gebäude in einem Gewerbegebiet. Ein festgelegtes Auftreten und Design der Konzernmarke Dialogfix sowie eine einheitliche Kommunikation und einheitliches Auftreten aller Mitarbeiter im Kundenkontakt sollen ein klares Bild des Unternehmens nach außen spiegeln. Jeder Kunde oder Partner, der Kontakt mit dem Unternehmen hat oder die Räumlichkeiten besucht, soll ein einheitliches und positives Bild von Dialogfix haben. Außerdem engagiert sich das Unternehmen in verschiedenen sozialen Projekten.

Julia absolviert ihre Ausbildung bei der **KommunikativAktiv KG.** Das Unternehmen ist als externes Callcenter für verschiedene Auftraggeber in unterschiedlichen Projekten tätig. Der Name „KommunikativAktiv" tritt dabei kaum in Erscheinung, da das Unternehmen meist im Namen der jeweiligen Auftraggeber agiert. Je nach Auftrag sind Mitarbeiter von KommunikativAktiv im Inbound oder im Outbound tätig, eine besondere Kernkompetenz hat das Unternehmen aber mittlerweile im Outbound gewonnen.
Seit Längerem arbeitet KommunikativAktiv auch für die Dialogfix GmbH. Anrufe, die zu Spitzenzeiten bei Dialogfix nicht bewältigt werden können, werden dann weitergeleitet. Auch spezielle Aufträge, z.B. im Mahn- und Inkassowesen, hat Dialogfix an KommunikativAktiv vergeben.

Für das 1999 von Hans Herrmann und Reinhold Groß gegründete Unternehmen arbeiten 80 fest angestellte Mitarbeiter sowie – je nach Bedarf und aktueller Auftragslage – auch Aushilfskräfte und Studenten. KommunikativAktiv hat mittlerweile drei Etagen in einem Geschäftshaus in der Innenstadt angemietet. Die beiden Gründer sind aktiv am Tagesgeschäft beteiligt und treffen alle wichtigen unternehmerischen Entscheidungen. Sie haben auch entscheidend das Unternehmensleitbild geprägt.

KommunikativAktiv zeichnet sich durch eine sehr flache Hierarchie aus. Neben einer kleinen Verwaltungsabteilung, die z.B. für die Personalverwaltung und die Buchhaltung zuständig ist, sind alle anderen Mitarbeiter im Telefonservice tätig. Je nach Projekt werden Teams in unterschiedlicher Größe gebildet. Damit kann die KommunikativAktiv KG rasch auf neue Aufträge und geänderte Anforderungen ihrer Auftraggeber reagieren.

Lernfeld 10

Personaleinsatz planen und Mitarbeiterinnen/Mitarbeiter führen

1 An der Personalplanung mitwirken

▪ *Einstiegssituation*

Thomas wird im dritten Ausbildungsjahr für einige Wochen in der Personalabteilung eingesetzt. Personalchef **Georg Asamov** hat auch gleich eine wichtige Aufgabe an ihn zu vergeben: *„Am Donnerstag steht wieder ein Meeting mit der Geschäftsleitung an. Da wird es diesmal vor allem um unsere langfristige Personalplanung gehen. Dazu muss erst einmal unser Stellenplan aktualisiert werden!"*

Thomas: *„Stellenplan? Was soll das denn sein?"*

Georg Asamov: *„Ganz einfach, Thomas. Da sind alle Stellen verzeichnet, die es im ganzen Unternehmen gibt, angefangen von den unterschiedlichen Hotlines bis hin zu unserer Personalabteilung."*

Thomas: *„Puh, wir haben doch mehr als 400 Mitarbeiter, da muss der Stellenplan ja ganz schön umfangreich sein!"*

▪ *Arbeitsaufträge*

1. ***Analysieren Sie den Zusammenhang zwischen dem Stellenplan und der langfristigen Personalplanung.***
2. ***Finden Sie Beispiele für Ereignisse, die zu Veränderungen im Personalbestand führen können.***
3. ***Welche Kriterien müssen bei der Ermittlung des Personalbedarfs berücksichtigt werden?***

1.1 Bedeutung der Personalplanung

#

Definition

Die **Personalplanung** sorgt dafür, dass dem Unternehmen künftig die erforderlichen Mitarbeiter in der richtigen Anzahl mit der richtigen Qualifikation im richtigen Zeitraum zur Verfügung stehen.

Die Personalplanung ist ein Teil der Unternehmensplanung und bildet die **Grundlage der Personalwirtschaft**.

Zu den Gründen für eine strukturierte und strategische Personalplanung zählen
- der demografische Wandel,
- steigende Personalkosten,
- Ressourcenprobleme auf dem externen Arbeitsmarkt.

Beispiel

Gerade in Callcentern ist der Bedarf an qualifizierten Fachkräften in den letzten Jahren stetig gestiegen. Die Auslagerung ganzer Prozessketten mit anspruchsvollen Tätigkeiten in Callcenter hat dazu geführt, dass sich die Anforderungen an die Mitarbeiter verändert haben.

Andererseits ist die Fluktuation im Callcenter, die von Arbeitnehmern durch Eigenkündigung oder Aufhebungsvertrag ausgelöst wird, nach wie vor höher als in vergleichbaren Branchen. Deshalb ist es wichtig, rechtzeitig Ersatz zu planen.

Talentierte Mitarbeiter finden und binden

Im hart gewordenen „War for Talents", in dem Fachkräfte begehrter denn je sind, vergessen Unternehmen offenbar, auf die internen Talente zu setzen. Dabei schlummern in der Belegschaft oft ungeahnte Potenziale. [...]

Dass in Zeiten des Fachkräftemangels die Förderung von Potenzialträgern besonders wichtig ist, hat sich allerdings in deutschen Unternehmen noch nicht herumgesprochen. Das zeigt die Studie „Trust in Talent", für die das Beratungsunternehmen Kienbaum europaweit rund 200 Personaler und mehr als 100 Mitarbeiter getrennt voneinander befragt hat.

Demzufolge fehlt in jedem zweiten Unternehmen eine Strategie für das Talent Management. Nur in jeder dritten Firma gibt es Entwicklungsmöglichkeiten, die nicht vertikal auf den Aufstieg in eine Führungsposition ausgerichtet sind. [...]

Dabei zeigt die Kienbaum-Untersuchung, dass Unternehmen, in denen Führungskräfte sich intensiv dem Talent Management widmen, eine statistisch deutlich höhere Mitarbeiterzufriedenheit aufweisen. Und zufriedene Mitarbeiter arbeiten motivierter und bleiben länger im Unternehmen. [...]

Quelle: Amerland, Andrea: Talentierte Mitarbeiter finden und binden. In: www.springerprofessional.de. Veröffentlicht am 16.04.2018 unter: https://www.springerprofessional.de/talentmanagement/fachkraeftemangel/talentierte-mitarbeiter-finden-und-binden/15417156 [28.09.2021].

Bei der Personalplanung lassen sich folgende Fristen unterscheiden:

- Die **kurzfristige Personalplanung** bezieht sich auf einen Zeitraum von bis zu sechs Monaten. Dazu gehört z. B. die monatliche oder wöchentliche Personaleinsatzplanung.
- Die **mittelfristige Personalplanung** umfasst einen Zeitraum von sechs Monaten bis zu drei Jahren. Beispiele hierfür sind die Ausbildungsplanung oder die Planung der Einarbeitung von Führungskräften.
- **Langfristige Personalplanung** geht über einen Planungshorizont von bis zu zehn Jahren. Sie ist meist in Großunternehmen vorzufinden.

Die Planungshorizonte in der Callcenter-Branche beziehen sich in der Regel auf das laufende und das kommende Jahr. Man spricht hier also von einer **mittelfristigen Personalplanung**.

Das Kernstück jeder Personalplanung ist die **Personalbedarfsplanung**. Mit ihrer Hilfe wird ermittelt, wie groß der Personalbedarf eines Unternehmens in der Zukunft sein wird. Der Personalbedarf wird qualitativ und quantitativ geplant. Beide Arten des Personalbedarfs sind untrennbar miteinander verbunden.

Die **quantitative Planung** erfolgt ausschließlich nach „Köpfen“, d. h. nach der **Anzahl** der Mitarbeiter.

↔

Die **qualitative Planung** unterscheidet zwischen einer Vielzahl von **Eigenschaften** (Skills). Diese werden beim Einsatz der Mitarbeiter berücksichtigt.

Die Suche nach einem Mitarbeiter ohne weitere Spezifizierung ist allein nicht aussagekräftig. Vielmehr stellt sich die Frage: Handelt es sich dabei z. B. um einen Agenten, Teamleiter oder Personaleinsatzplaner?

Eine Planung, die ausschließlich auf quantitativen Informationen beruht, würde zu verheerenden Fehlbesetzungen führen. Auch in die quantitative Planung fließen demzufolge immer qualitative Elemente ein.

1.2 Analyse des Personalbestands

Den Ausgangspunkt der Planung bildet der **aktuelle Personalbestand**. In der Regel erfolgt die Erfassung auf Basis vollbeschäftigter Arbeitnehmer. Rechengröße hierfür ist die **Mitarbeiterkapazität (MAK)**, auch als FTE (Full Time Equivalent = Vollzeit-Arbeitskraft) bezeichnet. Hierbei sind z. B. die in Callcentern häufig eingesetzten Teilzeitkräfte nur entsprechend ihrer vertraglichen Arbeitszeit zu berücksichtigen.

9 | 2.3.1

$$\textit{Mitarbeiterkapazität (MAK)} = \frac{\textit{Summe der vertraglichen Arbeitszeit}}{\textit{Arbeitszeit Vollzeitstelle}}$$

Um verwertbare Informationen zu erhalten, sollten Mitarbeiter in Gruppen oder nach Abteilungen (z. B. Personalabteilung, Projekt Inbound, Projekt Outbound) zusammengefasst werden.

Beispiel

In einem Outbound-Projekt von Dialogfix sind 25 Mitarbeiter beschäftigt. Zehn von ihnen arbeiten in Vollzeit (40 Stunden/Woche), die übrigen 15 in Teilzeit. Unter den Teilzeitmitarbeitern sind 13 Mitarbeiter mit einer regelmäßigen Wochenarbeitszeit von 30 Stunden, zwei Studenten arbeiten 20 Stunden in der Woche. Die Mitarbeiterkapazität wird wie folgt ermittelt:

$$\text{MAK} = \frac{10 \cdot 40 \text{ Stunden} + 13 \cdot 30 \text{ Stunden} + 2 \cdot 20 \text{ Stunden}}{40 \text{ Stunden}}$$

Ergebnis: Die MAK beträgt 20,75 (vollbeschäftigte Mitarbeiter).

Um vom aktuellen Personalbestand auf den zukünftigen zu schließen, müssen **Personalveränderungen** berücksichtigt werden, die zum Zeitpunkt der Planerstellung veranlasst, erkannt oder erwartet werden.

Personalveränderungen	
Personalzugänge, die den Personalbestand erhöhen:	**Personalabgänge, die den Personalbestand verringern:**
• Übernahme von Auszubildenden • Versetzungen innerhalb des Unternehmens • Rückkehr vom Langzeitkrankenstand • Rückkehr aus Mutterschutz und Elternzeit • bereits feststehende Einstellungen, die aufgrund längerer Kündigungsfrist erst später wirksam werden	• Abgänge wegen Renteneintritt • Kündigungen (arbeitnehmer- oder unternehmensseitig ausgesprochen) • Abschluss von Aufhebungsverträgen • Ablauf von befristeten Arbeitsverträgen • freiwilliger Wehrdienst oder soziales Jahr • Langzeiterkrankungen • Versetzungen innerhalb des Unternehmens

Danach kann die Ermittlung des zukünftigen Personalbestandes erfolgen:

Zukünftiger Personalbestand = aktueller Personalbestand + Zugänge – Abgänge

Anschließend wird der so ermittelte Personalbestand einer qualitativen Bewertung unterzogen, indem die Kenntnisse, Fertigkeiten und Erfahrungen der Mitarbeiter in einem **Fähigkeitsprofil** dokumentiert werden. Dadurch ist es möglich, einen umfassenden Überblick über die berufliche Ausrichtung bzw. Qualifikation der Mitarbeiter zu erhalten.

1.3 Personalbedarfsplanung

Während der so ermittelte zukünftige Personalbestand immer nur die zum Zeitpunkt der Planung bekannten Veränderungen wiedergibt, fließen in die Personalbedarfsplanung auch die künftig im Unternehmen benötigte Anzahl an Mitarbeitern sowie die an sie zu stellenden Anforderungen ein.

Bei der Personalbedarfsplanung müssen folgende **Bedarfsarten** Berücksichtigung finden:

- **Neubedarf** als Folge von zusätzlich akquirierten Aufträgen. Der Umsatz des Unternehmens erhöht sich.
- **Mehrbedarf** bei gleichbleibenden Arbeitsvolumina durch gesetzliche Erfordernisse (z. B. Einstellung eines Datenschutzbeauftragten), tarifliche Regelungen (z. B. Anpassung der Arbeitszeiten) oder Änderungen der Arbeitnehmerbedürfnisse (z. B. flexible Arbeitszeiten). Trotz Veränderung der Mitarbeiteranzahl erhöht sich der Umsatz des Unternehmens nicht.
- **Zusatzbedarf** als Reserve für kurzfristige Ausfälle und sonstige Abwesenheiten (z. B. Krankheit)
- **Nachholbedarf** durch Stellen, die zu Beginn der Planungsperiode unbesetzt waren und aus Vorperioden resultieren

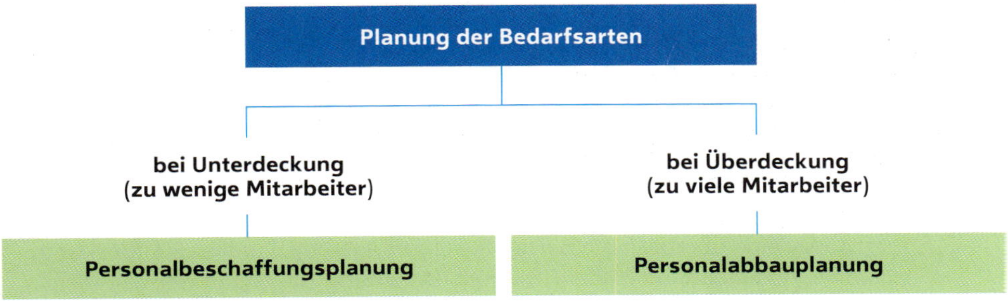

Methoden der Personalbedarfsplanung

Für die Bestimmung des künftigen quantitativen Personalbedarfs wendet die betriebliche Praxis hauptsächlich zwei Methoden an: die Stellenplanmethode und die Kennzahlenmethode.

Die Basis der **Stellenplanmethode** bildet der Stellenplan. Der Personalbedarf wird ermittelt aus zukünftigen Stellenplänen und Stellenbesetzungsplänen.

> # **_Definition_**
> Der **Stellenplan** ist die Zusammenfassung aller genehmigten und zur Besetzung freigegebenen Stellen eines Unternehmens. Im **Stellenbesetzungsplan** werden die verfügbaren Stellen den Mitarbeitern zugeordnet, die diese Stelle besetzen.

Die Anwendung der Stellenplanmethode setzt voraus, dass Stellenplan und Stellenbesetzungsplan regelmäßig in die Zukunft fortgeschrieben werden. Die Stellenplanmethode läuft in den folgenden fünf Schritten ab:

1. Analyse der aktuellen Stellen- und Stellenbesetzungsplanung
2. Berücksichtigung aller beabsichtigten betrieblichen Vorhaben
3. Ableitung eines neuen Stellenplans als Soll-Größe: **Bruttopersonalbedarf**
4. Erstellung eines neuen Stellenbesetzungsplans durch Zuordnung der Mitarbeiter
5. Ermittlung unbesetzter Stellen bzw. nicht einsetzbarer Mitarbeiter: **Nettopersonalbedarf**

Stellenpläne haben einen eher **langfristigen Charakter**, hier sind kurzfristige Änderungen nur schwer umzusetzen. Die Stellenplanmethode eignet sich daher am besten für die Verwaltung und den Dienstleistungsbereich.

Beispiel

Stellenart	Entgeltgruppe	Personalbestand (Istbestand)	Stellenbestand (Sollbestand)	Differenz
Callcenter-Manager	–	1	1	0
Abteilungsleiter	T 5	5	5	0
Teamleiter	T 4	15	16	–1
Sachbearbeiter	T 3	10	13	–3
Agenten	T 3	380	378	+2
Summe		**411**	**413**	**–2**

Es gibt eine Unterdeckung bei den Stellenarten Teamleiter und Sachbearbeiter sowie eine Überdeckung bei der Stellenart Agenten. Für die Unterdeckung
10 | 2
können nun Maßnahmen der Personalbeschaffung eingeleitet werden. Da es sich bei den Agenten nur um eine sehr geringe Überdeckung handelt, kann hier die natürliche Fluktuation abgewartet werden.

Bei der **Kennzahlenmethode** hingegen wird der Personalbedarf mithilfe von **Prognosen** ermittelt. Hierfür spielt der Zusammenhang zwischen dem Personalbedarf und bestimmten Bezugsgrößen (z. B. Anzahl der Kunden, Anzahl der Kundenaufträge) eine Rolle. Diese ursprünglich aus der industriellen Produktion stammende Methode ist insbesondere bei **häufig schwankendem Arbeitsvolumen** sinnvoll, um rasch Personalanpassungen vornehmen zu können.

Nimmt man als Bezugsgröße z. B. die Anzahl der Kundenaufträge, so muss zunächst der Zeitbedarf zur Bearbeitung eines Auftrags ermittelt werden. Dabei lassen sich – sofern vorliegend – Vergangenheitswerte nutzen. Aber auch Analysen des Arbeits-
12 | 2.6
zeitbedarfs oder Durchschnittswerte aus Benchmarks dienen der Ermittlung einer Kennzahl für den Personalbedarf je Vorgang. Im zweiten Schritt werden die Vorgangsmengen für den Planungszeitraum prognostiziert. Dabei wird eine **lineare Beziehung**

zwischen der Anzahl der Kundenaufträge und dem erwarteten Kundenwachstum unterstellt. Ein Neukundenzugang von 10% führt damit auch zu einem zehnprozentigen Anstieg der Vorgangsmenge. Der Personalbedarf ergibt sich schließlich aus der Multiplikation der Vorgangsmenge mit dem entsprechenden Arbeitszeitbedarf.

Beispiel

Ein Agent von KommunikativAktiv bearbeitet durchschnittlich 100 Kundenanfragen für einen Energieversorger am Tag. Ausgangspunkt dafür ist ein tägliches Bearbeitungsaufkommen von 2000 Anfragen. Folglich müssen 20 Mitarbeiter in diesem Projekt eingesetzt werden. Steigt nun die Zahl der Kundenanfragen auf 2200 (10%), erhöht sich der Personalbedarf auf 22 Mitarbeiter (10%).

Stellenbeschreibung

Auch im Rahmen der Personalbedarfsplanung genügt es nicht, lediglich den zu leistenden Arbeitsumfang festzustellen (quantitative Personalbedarfsplanung). Zusätzlich müssen die Kenntnisse, Fertigkeiten und Erfahrungen der Mitarbeiter einbezogen werden (qualitative Personalbedarfsplanung). Man geht von dem Grundsatz aus, dass an jede Stelle bestimmte Anforderungen gerichtet werden, die der jeweilige Stelleninhaber erfüllen muss. Dieses **Anforderungsprofil** findet sich in einer **Stellenbeschreibung** 10|2.1 (auch als Stellenprofil oder Arbeitsplatzbeschreibung bezeichnet) wieder. Hier werden alle wesentlichen Merkmale einer Stelle ausgewiesen:

- Stellenbezeichnung (Stellenname und Stellennummer)
- Stelleneinordnung (hierarchische Einordnung)
- Abgrenzungen bzw. Schnittstellen zu anderen Stellen
- Eingruppierung (z. B. Gehaltsgruppe)
- Stellenaufgaben (z. B. genau beschriebene Sachaufgaben)
- Stellenziele
- Kompetenzen (Stellenbefugnisse)
- Stellenverantwortung
- Anforderungsprofil/Stellenanforderungen (Erwartungen an den Stelleninhaber, z. B. Ausbildung, Fachkenntnisse, Erfahrungen, persönliche Eigenschaften)

→ ***Praxistipp***

Die Stellenbeschreibung ist personenneutral, der Name des Stelleninhabers gehört deshalb nicht dazu.

Für einen reibungslosen Ablauf ist bei der Planung von Ersatzbedarf eine möglichst **frühzeitige** Personalbedarfsplanung erforderlich. Insbesondere bei Fach- und Führungskräften kann der Zeitraum von der Planung bis zur tatsächlichen Arbeitsaufnahme aufgrund langer Kündigungsfristen mehrere Monate einnehmen.

10 | 3.2.1 Über alle Maßnahmen der Personalplanung ist der **Betriebsrat** nach § 92 Betriebsverfassungsgesetz rechtzeitig und umfassend zu informieren. Rechtzeitig bedeutet, dass der Arbeitgeber bereits eine Planvorstellung hat, diese aber noch beeinflussbar sein muss. Umfassend meint, dass dem Betriebsrat alle Unterlagen zur Verfügung gestellt werden müssen, die dem Arbeitgeber für seine Planung wichtig waren. Darüber hinaus hat der Betriebsrat ein Beratungsrecht und kann selbst Vorschläge für die Einführung einer Personalplanung und ihre Durchführung machen.

Beispiel

dialogfix GmbH

Stellenbeschreibung

Organisatorische Einordnung:

Bezeichnung der Stelle:	Teamleiter, Stellennummer 185/3
Abteilung:	TechDirekt
Direkter Vorgesetzter:	Abteilungsleiter Kundenservice
Vorgesetzter von:	Mitarbeiter Team VI
Einstufung:	T 4
Stellenziele:	• den Lernprozess und den Weiterbildungsfaktor in der täglichen Arbeitspraxis unterstützen und dadurch die Mitarbeiter führen • Betreuung eines Teams von 20 Mitarbeitern • Sicherstellung qualitativer und quantitativer Zielvorgaben
Hauptaufgaben:	• Verantwortung für einen geordneten Betriebsablauf und eine zielgerichtete Ressourcenkonzentration in personeller sowie fachlicher Hinsicht • Reporting und Ergebniscontrolling an die vorgesetzte Stelle • Mitarbeiterführung gemäß den Zielsetzungen der Dialogfix GmbH • Organisation und Koordination der Mitarbeiter und deren Einsatzplanung
Sonderaufgaben:	Betreuung der Auszubildenden im Ausbildungsabschnitt Inbound

Erforderliche Qualifikationen und persönliche Kompetenzen:

Individuelle Kriterien:	• Lernfähigkeit (schnelle Auffassungsgabe, Fähigkeit zur Problemerkennung, analytisch vernetztes Denken) und Lernbereitschaft • selbstständiges Arbeiten (Eigeninitiative) • Belastbarkeit (Stress-Stabilität) • Konzentrationsfähigkeit (Fähigkeit, auch bei äußeren Störfaktoren Arbeiten unbeeinträchtigt zu erledigen) • Leistungsorientierung (als wesentlich erachtete Aufgaben werden mit Energie und Ausdauer bis zum erfolgreichen Abschluss bearbeitet) • Flexibilität (Bereitschaft, auf veränderte Gegebenheiten schnell zu reagieren, und zwar in zeitlicher und aufgabenbezogener Hinsicht)
Soziale Kriterien:	• Kommunikative Kompetenz mündlich • Kommunikative Kompetenz schriftlich • Freundlichkeit (gegenüber Kunden und Kollegen) • Dienstleistungsmentalität (Kundenorientierung) • Teamfähigkeit (Integrationsfähigkeit, Kooperationsbereitschaft) • Kritikfähigkeit (Fähigkeit, Kritik zur persönlichen Weiterentwicklung zu nutzen)
Fachliche Kriterien:	• abgeschlossenes Studium oder kaufmännische Ausbildung im Dialogmarketing und mindestens 2 Jahre Berufserfahrung in einer vergleichbaren Tätigkeit • umfassende Kenntnisse von Vertriebs- und Verkaufstechniken • hohe Zahlenaffinität und ausgeprägte analytische Fähigkeiten • fundierte MS-Office-Kenntnisse, insbesondere MS-Excel • ausgeprägtes kaufmännisches Denken

* Zusammenfassung

- Die **Personalplanung** soll dem Unternehmen künftig die erforderlichen Mitarbeiter in der richtigen Anzahl mit der richtigen Qualifikation rechtzeitig zur Verfügung stellen.
- Bei der Personalplanung lassen sich **kurz-, mittel- und langfristige Planungen** unterscheiden.
- Das Kernstück der Personalplanung ist die **Personalbedarfsplanung**. Sie besteht aus quantitativer und qualitativer Bedarfsermittlung.

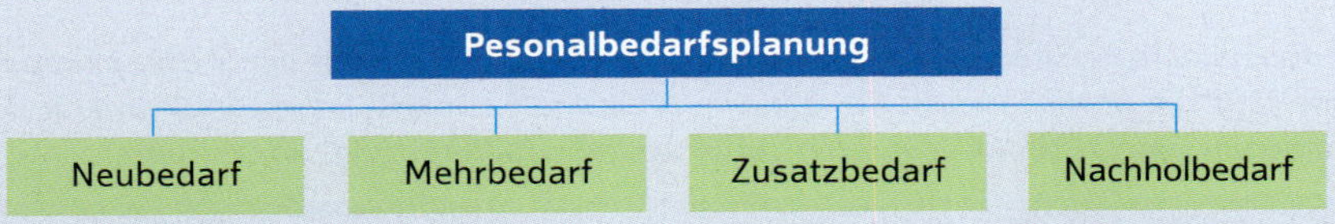

- Die **Stellenplanmethode** ermittelt den Personalbedarf aus zukünftigen Stellenplänen und Stellenbesetzungsplänen. Der Soll- und der Ist-Personalbestand werden dabei gegenübergestellt.
- Die **Kennzahlenmethode** nutzt Beziehungen zwischen dem Personalbedarf und bestimmten Bezugsgrößen aus der Vergangenheit, um so auf den künftigen Personalbedarf zu schließen.
- Eine **Stellenbeschreibung** weist alle wesentlichen Merkmale einer Stelle einschließlich der Anforderungen an den Stelleninhaber aus.

Aufgaben

1. *Geben Sie begründet an, warum die Personalplanung im Callcenter zusehends an Bedeutung gewinnt.*
2. *Warum ist es sinnvoll, die quantitative und die qualitative Personalbedarfsplanung niemals isoliert zu betrachten?*
3. *Nennen Sie drei betriebliche Veränderungen, die zu einer Erhöhung des Personalbestandes führen.*
4. *Finden Sie je ein Beispiel für die einzelnen Bedarfsarten der Personalbedarfsplanung.*
5. *In der Abteilung TechDirekt bei Dialogfix sind folgende Mitarbeiter beschäftigt:*

   18 Vollzeitkräfte (40 Stunden)
   25 Teilzeitkräfte (30 Stunden)
   12 Teilzeitkräfte (25 Stunden)
   29 Teilzeitkräfte (20 Stunden)

   Ermitteln Sie die Mitarbeiterkapazität (MAK) der Abteilung TechDirekt.
6. *Die Dialogfix GmbH plant eine Aktion zur Kundenrückgewinnung. Bei einem Umfang von 20 Arbeitstagen und 3 360 durchzuführenden Anrufen ist von einer täglichen Arbeitszeit von acht Stunden (40 Stunden/Woche) auszugehen. Die Mitarbeiterauslastung ist bei 80 % anzusetzen. Ermitteln Sie, wie viele Vollzeit-Arbeitskräfte (MAK) bei einer AHT von sechs Minuten rechnerisch für die Nachfassaktion benötigt werden. Runden Sie auf zwei Nachkommastellen.*
7. *Vergleichen Sie die Stellenplanmethode und die Kennzahlenmethode miteinander. Welche Unterschiede erkennen Sie?*

8. *Der aktuelle Planstellenbestand der KommunikativAktiv KG beträgt 96 Vollzeitstellen. Die Geschäftsleitung hat den Zuschlag für neues Projekt erhalten, hierfür sind zwölf neue Planstellen vorgesehen. Zurzeit beschäftigt das Unternehmen 80 Vollzeit- und 48 Teilzeitkräfte (halbe Stellen). Vier Vollzeitkräfte werden das Unternehmen zum Jahresende verlassen, eine Teilzeitkraft kehrt zum Jahresbeginn aus der Elternzeit zurück. Außerdem werden zwei Auszubildende, die ihre Ausbildung um ein halbes Jahr verkürzt haben, schon im Januar in Vollzeit übernommen. Ebenso können zu diesem Zeitpunkt vier Kundenbetreuer in Teilzeit eingestellt werden, die ihren Arbeitsvertrag bereits unterzeichnet haben.*

Ermitteln Sie den Nettopersonalbedarf der KommunikativAktiv KG.

9. *Die abgebildete Personalbedarfsplanung der Dialogfix GmbH nach der Stellenplanmethode zeigt die Abweichungen des aktuellen Personalbestands (Istbestand) vom für das kommende Geschäftsjahr geplanten Stellenbestand (Sollbestand) im Callcenter.*

Stellenbezeichnung	Personalbestand (Istbestand)	Stellenbestand (Sollbestand)	Differenz
Callcenter-Manager	1	1	0
Projektleiter	2	3	−1
Teamleiter	12	10	2
Verwaltung	13	10	3
Agent	290	300	−10

a) Berechnen Sie jeweils den Stellen- und Personalbestand gesamt und ermitteln Sie die Gesamtabweichung aus Ist- und Sollbestand. Welche Personalmaßnahmen müssten demnach eingeleitet werden?

b) Zusätzlich sind folgende personelle Veränderungen geplant bzw. abzusehen:

- *Die Verwaltungsangestellte Claudia Meier geht ab dem 01.01. für zwölf Monate in Elternzeit.*
- *Der Agent Robert Schimmel beginnt mit dem kommenden Sommersemester sein Ingenieurstudium. Um vorab ein Praktikum zu absolvieren, bittet er um Aufhebung des Arbeitsvertrages zum Jahresende.*
- *Alexander Pastor beendet erfolgreich sein duales Studium der Betriebswirtschaftslehre und beabsichtigt, langfristig in der Dialogfix GmbH tätig zu sein.*
- *Nach einem freiwilligen sozialen Jahr kehrt der Agent Sven Becker an seinen Arbeitsplatz zurück.*
- *Die Lohn- und Gehaltsbuchhalterin Katrin Hahn erreicht am 01.02. das Rentenalter und scheidet aus dem Unternehmen aus.*

Nehmen Sie zu den geschilderten Veränderungen Stellung und erarbeiten Sie begründete Lösungsvorschläge, wie Soll-Ist-Abweichungen zu kompensieren sind. Welche Maßnahmen müssen unter Berücksichtigung dieser Veränderungen eingeleitet werden?

10. *In der Bestellannahme eines Versandhauses kann ein Agent durchschnittlich 80 Kundenanfragen am Tag bearbeiten. Insgesamt müssen täglich 2000 Anfragen beantwortet werden.*

a) Ermitteln Sie, wie viele Mitarbeiter in der Hotline eingesetzt werden müssen.

b) Bestimmen Sie anhand der Kennzahlenmethode, welche Anzahl an Mitarbeitern erforderlich ist, wenn sich die täglichen Kundenanfragen um 20 % erhöhen.

11. *Beschreiben Sie den Aufbau einer Stellenbeschreibung. Nennen Sie mindestens fünf wesentliche Bestandteile.*

2 Bei der Personalbeschaffung mitarbeiten

Einstiegssituation

Die Sitzung der Geschäftsleitung zur langfristigen Personalplanung hat gezeigt, dass sich in einigen Abteilungen Personalbedarf ergibt. Mittlerweile hat Personalchef Georg Asamov auch bereits einige Personalanforderungen erhalten. Eine Anforderung kommt aus der Abteilung TechDirekt, dort wird ein neuer Teamleiter benötigt. Außerdem sollen wieder zwei Auszubildende für den Beruf „Kaufmann/Kauffrau für Dialogmarketing" eingestellt werden. Thomas erhält den Auftrag, die Stellenanforderungen zu prüfen und die Stellenausschreibungen vorzubereiten.

Arbeitsaufträge

1. *Welche Möglichkeiten hat Dialogfix, die offenen Stellen zu besetzen?*
2. *Welche Verfahrensweisen zur Besetzung freier Stellen kennen Sie aus Ihren Ausbildungsbetrieben?*
3. *Stellen Sie die unterschiedlichen Möglichkeiten der Stellenbesetzung einander gegenüber und diskutieren Sie Vor- und Nachteile.*

Die Auswahl geeigneter Mitarbeiter ist für dialogorientierte Unternehmen ein komplizierter Prozess. Hohe Anforderungen an neue Mitarbeiter, insbesondere im Bereich der **Soft Skills**, lassen in Verbindung mit den generellen **Herausforderungen des Arbeitsmarktes** dem Vorgang der Personalbeschaffung und der Personalauswahl eine hohe Bedeutung zukommen.

2 | 2.3.2
10 | 1.1

\# **Definition**

Die **Personalbeschaffung** beschäftigt sich mit der Deckung des zuvor ermittelten Personalbedarfs.

Zur Personalbeschaffung können verschiedene Möglichkeiten genutzt werden:

Interne Stellenbesetzung	Externe Stellenbesetzung
• interne Stellenausschreibung • Fort-/Weiterbildung • Versetzung • Mehrarbeit	• öffentliche Arbeitsvermittlung und -verwaltung • private Arbeitsvermittlung • Personalberatung • Stellenanzeigen • Online-Stellenmarkt • Personalleasing

Personalbeschaffung wird heute oft als zweiseitiger Prozess angesehen. Dabei geht es dem Unternehmen zum einen darum, einen geeigneten Bewerber für eine freie Stelle auszuwählen. Zum anderen soll ein Bewerber vom Unternehmen überzeugt werden, also aus eigener Überzeugung und Motivation das Unternehmen als Arbeitgeber auswählen. In diesem Zusammenhang fällt in der modernen Personalarbeit häufig der Begriff des **Personalmarketing**.

> # *Definition*
> 13 | 1.3 **Personalmarketing** ist eine Denk- und Handlungsweise in der Personalpolitik, in der Methoden und Instrumente aus dem Produkt- und Dienstleistungsmarketing auch zur Gewinnung neuer Mitarbeiter eingesetzt werden.

Der zentrale Ansatz im Personalmarketing liegt darin, den Bewerber bzw. den Mitarbeiter als Kunden zu sehen und seine Bedürfnisse zu berücksichtigen. Insbesondere Maßnahmen der Kommunikationspolitik, wie z. B. Öffentlichkeitsarbeit, Werbeanzei-
13 | 4 gen oder Bewerbermessen, spielen dabei eine große Rolle.

Strategien für den „War for Talents" – wie Sie gut qualifizierte Mitarbeiter finden und binden

Personaler reden seit einiger Zeit vom „Bewerbermarkt": Gut qualifizierte Kandidaten können frei wählen, für wen sie tätig werden möchten – und sind damit für Arbeitgeber stärkere Verhandlungspartner als jemals zuvor. Unternehmen müssen sich deshalb anstrengen, um im Wettkampf um die besten Mitarbeiter nicht den Anschluss zu verlieren. Wie können wir dieser Verknappung des Arbeitskräfteangebots begegnen? Anders als in anderen Branchen spielen Personalmarketing und Employer Branding im Callcenter-Bereich bislang noch keine große Rolle. Gerade diese Recruiting-Strategien bieten aber ein großes Potenzial: Durch klassische Werbekampagnen, Aktionen in sozialen Netzwerken oder die Präsenz auf Messen können sich Callcenter als attraktive Arbeitgeber präsentieren. Auf diese Weise werden auch solche potenziellen Mitarbeiter erreicht und begeistert, die bislang noch keinen positiven Zugang zum Kundenservice hatten. Schließlich hat die Callcenter-Branche Arbeitnehmern viel Positives zu bieten – z. B. wertschätzende Rahmenbedingungen, die in anderen Branchen nicht üblich sind (wie kostenlose Getränke, Incentives, Massagen, tolle Events und große Weiterentwicklungsmöglichkeiten).

Eine weitere Möglichkeit, der Personalverknappung zu begegnen, ist das „Active Sourcing": die Direktansprache von qualifizierten Mitarbeitern, insbesondere von Fachexperten und Führungskräften. Gerade die begehrten guten Mitarbeiter fühlen sich zumeist in ihrem Unternehmen wohl und denken nicht an einen Wechsel des Arbeitsplatzes, bis sie aktiv darauf angesprochen werden. Grundsätzlich gilt, dass qualifizierte Mitarbeiter heute nicht nach einem neuen Arbeitgeber suchen – sie wollen gefunden werden. Längst liest ein wechselinteressierter Kandidat keine Stellenbörsen mehr, sondern wendet sich an eine Personalberatung seines Vertrauens, die ihn bereits gut kennt und einschätzen kann, welche neue Position für ihn gut geeignet ist. […]

Quelle: Kunze, Tamara: Schlüsselfaktor Personal – mit Kreativität und Nachhaltigkeit in Rekrutierung und Mitarbeiterbindung. In: Call-Center: Sonderdruck Beratungsbrief, Ausgabe Januar 2014, S. 2. Online verfügbar unter: https://www.personal-excellence.de/images/pdf/2014-artikel-tamara-kunze-personal-excellence.pdf [29.09.2021].

2.1 Personalanforderung

Der Prozess der Personalbeschaffung beginnt intern meist mit einer **Personalanforderung** aus einer der Abteilungen an die Personalabteilung. Aus einer solchen Anforderung muss ersichtlich sein, aus welchem Grund die Anforderung erfolgt, welche Kenntnisse und Kompetenzen gefordert sind und welche Aufgaben anfallen.

Basierend auf der Stellenbeschreibung wird ein **Stellenprofil** angefertigt, welches die genannten Punkte möglichst detailliert ausführt. Das Stellenprofil wird auch in die Personalanforderung eingebaut, dafür wird meist ein Formular oder ein Onlinedokument genutzt (siehe Seite 26). 10|1.3

2.2 Interne Stellenbesetzung

Interne Stellenausschreibung

Bei der internen Stellenausschreibung werden die eigenen Mitarbeiter des Unternehmens durch eine Stellenanzeige im Intranet, per E-Mail oder durch Aushänge am Schwarzen Brett auf die ausgeschriebene Stelle aufmerksam gemacht. Die Interessenten können sich dann meist mit Einhaltung einer Frist (z.B. zwei Wochen) auf die Stelle bewerben. Dazu reichen sie der Personalabteilung ein Bewerbungsschreiben und die angeforderten Unterlagen ein.

Beispiel

Dialogfix schreibt die Stelle eines Teamleiters intern aus. Ein Hotline-Mitarbeiter bewirbt sich auf die Stelle, durchläuft erfolgreich ein Auswahlverfahren und erhält dann eine Zusage.

Da Zeugnisse und Lebenslauf oft bereits bei der Personalabteilung vorhanden sind, verzichten einige Unternehmen bei internen Ausschreibungen auf diese Unterlagen. In diesem Fall reicht ein entsprechendes Bewerbungsschreiben, das nicht selten direkt per E-Mail eingereicht werden kann.

dialogfix GmbH

Personalanforderung

Abteilung: ______________________ **Vorgesetzter:** ______________________

Neue Stelle ☐

Nachbesetzung ☐

Unbefristet ☐

Befristet ☐

Eintrittsdatum ☐

Vollzeit ☐

Teilzeit ☐

Bei Teilzeit Anzahl der Stunden: ☐

Berufserfahrung: ☐
(keine/Anzahl Jahre)

Stellenprofil

Fachkenntnisse:

____

____

Notwendige Methodenkompetenz:

____

____

Organisatorische Einordnung in die Unternehmensstruktur:

____

____

Aufgaben:

____

____

Anmerkungen:

____

____

Bearbeitung durch Personalabteilung

Genehmigt ☐

Interne Ausschreibung ☐

Externe Ausschreibung ☐

______________________ ______________________

Datum/Unterschrift (Abteilungsleitung) **Datum/Unterschrift (Personalleitung)**

→ *Praxistipp*

Achten Sie bei internen Ausschreibungen genau auf die angegebenen Anforderungen in der Stellenausschreibung. Wird eine vollständige Bewerbung verlangt oder reicht ein einfaches Bewerbungsschreiben? Wenn Sie unsicher sind, fragen Sie bei der Personalabteilung nach.

Der Betriebsrat kann gemäß § 93 BetrVG eine interne Stellenausschreibung verlangen. Ausnahmen davon gelten z. B. bei der Einstellung von leitenden Angestellten. Parallel dazu kann das Unternehmen weitere Maßnahmen zur externen Stellenbesetzung einleiten, also z. B. eine Stellenanzeige schalten.

Fortbildung/Weiterbildung

Durch Maßnahmen der Personalentwicklung werden einzelne Mitarbeiter für neue, andere, komplexere oder höherwertige Positionen ausgebildet. 10 | 1.3

Beispiel

Ein ambitionierter Agent durchläuft eine Fortbildung zum Teamleiter. Nach erfolgreicher Prüfung wird er in dieser Position eingesetzt.

Versetzung

Versetzung bedeutet eine dauerhafte oder längerfristige Zuweisung eines Mitarbeiters an einen anderen Arbeitsplatz. Eine Versetzung ist vor allem dann sinnvoll, wenn sich die Stellenzahl in einem Bereich verringert und gleichzeitig in einem anderen Bereich ein erhöhter Personalbedarf entsteht.

Beispiel

Durch eine Umstrukturierung ist die Zahl an Teamleiter-Stellen in der kaufmännischen Betreuung gesunken. Da gleichzeitig aber ein höherer Bedarf an Mitarbeitern in der technischen Betreuung entsteht, erfolgt in Absprache mit dem Betriebsrat eine Versetzung in diese Abteilung.

Mehrarbeit

Wenn zusätzlicher Personalbedarf nur zeitlich befristet entsteht, kann dieser auch durch Mehrarbeit der vorhandenen Mitarbeiter abgedeckt werden. Möglicherweise lassen sich temporär auch Mitarbeiter aus anderen Abteilungen des Unternehmens heranziehen.

Beispiel

Durch eine besonders erfolgreiche Werbemaßnahme steigt das Anrufvolumen bei Dialogfix sehr stark an. Durch diesen Anstieg entsteht ein erhöhter Personalbedarf. Da die Aktion zeitlich befristet ist, kann man erwarten, dass auch der Personalbedarf nicht dauerhaft besteht. Dialogfix beschließt in Absprache mit dem Betriebsrat, den Personalbedarf durch freiwillige Überstunden der Mitarbeiter zu decken.

Interne Stellenbesetzung	
Vorteile	**Nachteile**
• geringe Beschaffungskosten für das Unternehmen • schnellere Beschaffung • einfachere Einarbeitung und Eingliederung des Mitarbeiters • Motivation der Mitarbeiter durch Aufstiegschancen • weniger Risiko, da der Mitarbeiter bereits bekannt ist	• Gefahr der Betriebsblindheit • geringere Auswahlmöglichkeit • Enttäuschung bei nicht berücksichtigten Interessenten • eventuell negative Reaktion des bisherigen Vorgesetzten bzw. der vorherigen Abteilung • Rivalität und Neid bei interessanten und attraktiven Positionen • Die Stelle des ausgewählten Mitarbeiters muss nun ebenfalls neu besetzt werden.

2.3 Externe Stellenbesetzung

2.3.1 Arbeitsvermittlung

Öffentliche Arbeitsvermittlung und -verwaltung

In Deutschland wird diese von der **Bundesagentur für Arbeit** geleistet. Die Bundesagentur für Arbeit unterhält zahlreiche Arbeitsagenturen mit entsprechenden Geschäftsstellen in ganz Deutschland. Die Arbeitsagenturen kennen die Unternehmen und die wirtschaftlichen Strukturen in ihrem jeweiligen regionalen Zuständigkeitsbereich und vermitteln im Bedarfsfall passgenau Arbeitskräfte. Für besonders qualifizierte Fach- und Führungskräfte (z. B. Hochschulabsolventen, ausländische Fachkräfte, Mangelberufe) existieren eigene Fachteams.

Bei Bedarf werden Arbeitssuchende gezielt auf neue Aufgaben hin qualifiziert, dies gibt der Arbeitsagentur die Möglichkeit, Arbeitslose zurück in die Berufswelt zu führen. Zu diesen Maßnahmen der aktiven Arbeitsmarktförderung gehören z. B. Bildungsgutscheine für Weiterbildungsmaßnahmen und Eingliederungszuschüsse.

Private Arbeitsvermittler

Neben der öffentlichen Arbeitsvermittlung gibt es eine Vielzahl privater Agenturen bzw. Arbeitsvermittler. Diese können von jedem Unternehmen, das neue Arbeitskräfte sucht, in Anspruch genommen werden, aber auch von jedem Arbeitssuchenden oder Beschäftigten, der den Arbeitsplatz wechseln will. Arbeitslose haben die Möglichkeit, unter bestimmten Bedingungen einen Vermittlungsgutschein oder Vermittlungsscheck von der Bundesagentur für Arbeit zu erhalten, um die Vermittlungsgebühren zu decken. Häufig bieten die privaten Agenturen neben der Vermittlung auch Hilfen für die Erstellung des Lebenslaufs und des Anschreibens.

Private Arbeitsvermittlungen erstellen oft ein **passgenaues Profil** der Stellensuchenden und veröffentlichen dieses auch im Internet. Darüber hinaus unterstützen sie Unternehmen bei Maßnahmen des Stellenabbaus, wenn für die abzubauenden Mitarbeiter eine neue Stelle gefunden werden soll. Die Kosten dieser Maßnahmen werden dann vom Unternehmen getragen. Ziel ist es, Mitarbeiter nicht in die Arbeitslosigkeit zu entlassen. In diesem Zusammenhang fällt häufig der Begriff Outplacement.

> # *Definition*
> Im Zusammenhang mit der Trennung von Mitarbeitern bezeichnet **Outplacement** die vom Unternehmen ausgehende und in der Regel auch finanzierte Beratung und Hilfe bei der Suche nach einem neuen Arbeitsplatz.

Personalberater (Headhunter)

Mitarbeiter für **Führungspositionen** oder in **speziellen Fachpositionen** können gezielt über Personalberater gesucht werden. Anders als bei der privaten Arbeitsvermittlung steht bei einem Personalberater nicht die Vermittlung von Arbeitssuchenden, sondern die Beratung des suchenden Unternehmens im Vordergrund. Dabei reichen die Leistungen eines Personalberaters von der Ermittlung des passenden Bewerberprofils über die Suche und Ansprache geeigneter Kandidaten bis hin zur Durchführung der Personalauswahl.

Ähnlich wie private Arbeitsvermittler werden Personalberater auch beim Personalabbau zu Rate gezogen, bzw. sie unterstützen Unternehmen dabei, eine neue Anstellung für Mitarbeiter zu finden, die das Unternehmen durch Personalabbau verlassen müssen.

> # *Definition*
> Häufig werden Personalberater als **Headhunter** („Kopfjäger") bezeichnet, da sie gezielt geeignete Arbeitskräfte ansprechen.

2.3.2 Stellenanzeige

Die Stellenanzeige in der Zeitung ist ein häufig genutzter „klassischer" Weg der externen Personalbeschaffung. Sie soll den Wunsch wecken, sich auf die ausgeschriebene Stelle zu bewerben. Damit dies erfolgreich verläuft, müssen bei der Gestaltung einer Anzeige einige wichtige Punkte beachtet werden:

Anforderungen an eine Stellenanzeige

- Inhalt
- Gestaltung
- Anzeigenträger
- Zeitpunkt

Inhalt

Die Stellenanzeige sollte so formuliert werden, dass sich nur geeignete Kandidaten
10|1.3 auf die Stelle bewerben. Als Leitfaden dient das **Anforderungs- bzw. Stellenprofil**.

Der Inhalt einer Stellenanzeige folgt häufig einer bestimmten Grundstruktur:

Wir sind ...	**Vorstellung des Unternehmens:** Name, Branche, Geschichte, Ziele, Größe, Besonderheiten etc.
Wir suchen ...	**Stellenbezeichnung:** z. B. Teamleiter in der telefonischen Kundenbetreuung (m/w/d)
Wir benötigen ...	**Stellenprofil:** Beschreibung der Aufgaben und Tätigkeiten, Eintrittsdatum, evtl. Grund der Ausschreibung, Führungsaufgaben etc.
Wir erwarten ...	**Anforderungen und Qualifikationen:** Studium, Ausbildung, Weiterbildung, Erfahrung, Kenntnisse, Kompetenzen etc.
Wir bieten ...	**Leistungen/Besonderheiten des Unternehmens:** Sozialleistungen, Hinweise zu Vergütung, Prämien, Einstufung, Verantwortung etc.
Wir bitten um ...	**Angaben zur Bewerbung:** Gewünschte Bewerbungsunterlagen (z. B. Zeugnisse, besondere Referenzen), Ansprechpartner in der Personalabteilung, Hinweis zur Anschrift, Dauer bzw. Ende der Bewerbungsfrist etc.

Beispiel

Stellenanzeige Teamleiter Dialogfix:

Wir sind ...	eine Tochterfirma der Dialogfix AG und für den gesamten Service des Konzerns verantwortlich. Dabei legen wir großen Wert auf die Zufriedenheit unserer Kunden sowie die Vermarktung unserer Produkte.
Wir suchen ...	einen Teamleiter (m/w/d) für unsere technische Kundenbetreuung.
Wir benötigen ...	einen selbstständig arbeitenden Mitarbeiter, der ein Team von zwölf bis 20 Mitarbeitern im Dialogmarketing führt und weiterentwickelt. Darüber hinaus wird er in verschiedene Projekte zur Verbesserung unseres Services eingebunden.
Wir erwarten ...	eine kaufmännische oder technische Ausbildung, Erfahrungen in der Dialogmarketingbranche sowie Erfahrungen in der Leitung eines Teams.
Wir bieten ...	eine leistungsgerechte und erfolgsorientierte Bezahlung, einen kooperativen Führungsstil sowie die Möglichkeit zur ständigen Weiterentwicklung und ein motiviertes Team.
Wir bitten um ...	vollständige und aussagekräftige Bewerbungsunterlagen bis zum 31.10. an die angegebene Anschrift.

Häufig wird die Stellenanzeige in gleicher oder ähnlicher Form auch im Online-Stellenmarkt (s. u.) veröffentlicht.

Gestaltung

Die Stellenanzeige dient dazu, möglichst viele geeignete Interessenten anzusprechen und ist gleichzeitig auch Aushängeschild des Unternehmens. Daher sollte sich eine Stellenanzeige im Idealfall von anderen abheben und deutlich dem Unternehmen zuzuordnen sein. Die Regeln des Corporate Design (z. B. Logo, Farbgestaltung, Layout) spielen hier eine wichtige Rolle. 1 | 1.1.4

Bei der Gestaltung von Stellenanzeigen orientieren sich Unternehmen unter Berücksichtigung des Personalmarketings oft an der AIDA-Formel, nach der auch die Werbebotschaft bei anderen Marketingmaßnahmen gestaltet wird: 13 | 4.1

A	=	***Attention:***	***Aufmerksamkeit bei möglichen Bewerbern erzeugen***
I	=	***Interest:***	***Interesse an der ausgeschriebenen Stelle wecken***
D	=	***Desire:***	***den Wunsch des Bewerbers wecken, in dieser Position zu arbeiten***
A	=	***Action:***	***zu einer Aktion animieren, z. B. Absenden der Bewerbung***

Bei der Gestaltung muss zudem darauf geachtet werden, dass einzelne Bewerber oder Bewerbergruppen nicht diskriminiert oder ausgeschlossen werden. Gesetzliche Grundlage ist hier das **Allgemeine Gleichbehandlungsgesetz (AGG)**. 0 | 3.2.3

Anzeigenträger

Um die richtige Zielgruppe zu erreichen, sollte im Vorfeld genau überlegt werden, wo bzw. über welches Medium die Anzeige erfolgen soll.

Für Stellen mit geringerer Qualifikation oder wenn klar ist, dass genügend Arbeitskräfte mit entsprechenden Kenntnissen in der eigenen Region verfügbar sind, bieten sich regionale Tageszeitungen an. Für Fach- und Führungskräfte oder Spezialisten empfiehlt sich die Veröffentlichung in überregionalen Zeitungen oder speziellen Fachmagazinen. Bei Fachmagazinen ist allerdings mitunter mit einer längeren Reaktionszeit zu rechnen, da diese oft nur 14-tägig oder monatlich erscheinen.

Beispiel

Dialogfix sucht drei Auszubildende zum Kaufmann/zur Kauffrau für Dialogmarketing, einen Teamleiter sowie einen Netzwerk-Administrator.
Die Stellenanzeige für die Auszubildenden wird in einer regionalen Tageszeitung, die Anzeige für den Teamleiter und den Netzwerk-Administrator in einer überregionalen Tageszeitung abgedruckt. Zusätzlich wird die Anzeige für den Netzwerk-Administrator in einer entsprechenden Mitgliederzeitschrift eines Berufsverbandes veröffentlicht.

Zeitpunkt

Um den richtigen Zeitpunkt für das Erscheinen der Anzeige zu wählen, müssen einige Fragestellungen berücksichtigt werden:

- Wann soll der Mitarbeiter mit seiner Tätigkeit beginnen?
- Wie lange wird die Einarbeitung des Mitarbeiters dauern?
- Welche Kündigungsfrist muss der Bewerber evtl. beachten?
- Wie oft erscheint die ausgewählte Zeitung oder Zeitschrift? (Täglich? Wöchentlich? Monatlich?)
- Wie oft soll die Anzeige geschaltet werden?

Zudem sind Ferienzeiten sowie Feiertage bzw. Brückentage zu berücksichtigen, da dann häufig nur eine geringe Resonanz zu erwarten ist.

2.3.3 Online-Stellenmarkt/E-Recruiting

Elektronische Medien und Online-Kanäle sind für Unternehmen inzwischen bei Stellenbesetzungen kaum noch wegzudenken. Für diesen Prozess hat sich der Begriff **E-Recruiting** etabliert, der die Unterstützung der Personalbeschaffung durch elektronische und internetbasierte Systeme bezeichnet. Auch aus Sicht der Stellensuchenden bieten sich Online eine Vielzahl einfach und bequem zu nutzender Möglichkeiten, sich zu bewerben.

Idealerweise nutzt ein Unternehmen im Prozess der Personalbeschaffung nun ein **elektronisches Bewerbungsmanagement**, welches das komplette Verfahren von der Ausschreibung einer Stelle über Verwaltung der Bewerberdaten, Terminmanagement, Ranking der Bewerber bis hin zur endgültigen Personalauswahl und dem Aufbau eines Bewerberpools umfasst. Ein derartiges Bewerbermanagement trägt zur Zeit- und Kostenersparnis bei, indem viele unternehmensinterne Vorgänge standardisiert und automatisiert werden.

Für Unternehmen gibt es verschiedene Online- Möglichkeiten, kostengünstig und schnell Stellen auszuschreiben und zu besetzen.

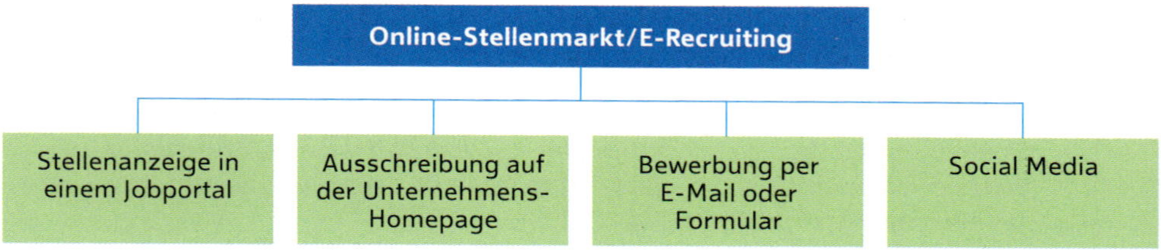

Stellenanzeige in einem Jobportal

Die Stellenanzeige in einem Jobportal ähnelt in Gestaltung und Inhalt häufig der Stellenanzeige in Zeitungen. Die Anzeige wird dann in kommerziellen Jobbörsen oder Datenbanken veröffentlicht. Arbeitssuchende können die ausgeschriebenen Stellen leicht durch Eingabe verschiedener Suchparameter finden, außerdem besteht oft die Möglichkeit einer direkten Online-Bewerbung. Ein Vorteil für Unternehmen sind die geringeren Kosten gegenüber den Zeitungsanzeigen, Anzeigen können zudem rasch geschaltet und angepasst werden.

Bei der Auswahl der Jobbörse sollten Unternehmen folgende Faktoren beachten:

- Aktualität und Anzahl der veröffentlichten Stellenanzeigen
- Serviceumfang der Seite (z. B. gleichzeitige Veröffentlichung in mehreren Jobbörsen, Reichweite der Veröffentlichung)
- Benutzerfreundlichkeit und Suchmöglichkeiten der Seite
- Größe des Angebots (Seiten mit vielen Stellenangeboten haben mehr Besucher)
- Einbindungsmöglichkeit in ein elektronisches Bewerbungsmanagementsystem
- Kosten (einmalig, laufend)
- Spezialisierung auf bestimmte Zielgruppen (Beruf oder Branche)

Neben den Jobportalen, die ein breites Spektrum aller Berufe, Branchen und Regionen abdecken, gibt es auch solche, die sich nur auf einzelne Berufsbereiche und Branchen spezialisiert haben oder die ausschließlich regional tätig sind.

Jobbörsen mit einem breiten Spektrum an Angeboten:

- www.arbeitsagentur.de
- www.monster.de
- www.indeed.de
- www.stepstone.de
- www.jobsintown.de
- www.stellenanzeigen.de

jobsintown.de

Jobbörsen mit Spezialisierung:

- www.callcenterjobs.eu
- www.ddv.de/branche/stellenangebote
- www.vertriebs-jobs.de
- www.experteer.de
- www.academics.de

Callcenter Jobs.eu

Ausschreibung auf der Unternehmens-Homepage

Unternehmen nutzen häufig ihren Internetauftritt, um dort in einem eigenen Jobportal Stellen auszuschreiben.

> **Praxistipp**
> Häufig findet sich das unternehmenseigene Jobportal unter Rubriken wie „Karriere", „Stellenbörse", „Jobs" o. Ä.

Auf der eigenen Homepage hat ein Unternehmen die Möglichkeit, eine umfassende Datenbank aller freien Stellen mit entsprechender Suchfunktion anzubieten. Außerdem kann sich das Unternehmen hier sehr detailliert als Arbeitgeber vorstellen.

Neben dem eigentlichen Stellenangebot können noch weitere Informationen vorhanden sein:

- Informationen zur Onlinebewerbung, Bewerbungstipps
- Weiterentwicklungsmöglichkeiten
- Mitarbeiterqualifizierung
- Informationen zum Berufsalltag und zur Unternehmenskultur
- (Weiterführende) Informationen zu den leitenden Personen
- Arbeitszeiten
- Freizeitwert und Vorteile der jeweiligen Region

Bewerbung per E-Mail oder Formular

Bewerber haben oft die Möglichkeit, ihre Bewerbung direkt über das Internet zu versenden bzw. einzugeben. Abhängig von Stelle und Unternehmen kann hier auf vollständige Unterlagen verzichtet werden, also z. B. nur der Lebenslauf ohne Anschreiben gefordert sein.

Bei Onlinebewerbungen können folgende Alternativen unterschieden werden:

E-Mail-Bewerbung	Der Stellensuchende verschickt seine Bewerbungsunterlagen an eine angegebene E-Mail-Adresse. Das Anschreiben wird meist direkt in der E-Mail formuliert, alle weiteren Unterlagen werden als Anhang versendet. **Wichtig:** Der Bewerber sollte ein gängiges Dateiformat wählen, um zu gewährleisten, dass das Unternehmen alle Dokumente öffnen kann. Hier hat sich der Versand im Adobe-Acrobat-Format – Dateiendung .pdf – bewährt.
Internet-Formular	Über einen Link in der Internet-Stellenanzeige oder direkt im Jobportal des Unternehmens wird ein Formular hinterlegt, das der Bewerber ausfüllt. Dort werden strukturiert die wichtigsten Informationen (beruflicher Werdegang, Ausbildung, Qualifikationen etc.) abgefragt. Benötigte Dokumente werden dann hochgeladen (häufig im PDF-Format).
Bewerber-Homepage	Der Bewerber richtet eine eigene Homepage ein, auf der er sich interessierten Unternehmen vorstellt. Dies geschieht in Form eines umfassenden Profils, das sich nicht (nur) auf eine spezielle Stelle bezieht. Der Bewerber schreibt dann per E-Mail die Unternehmen an und verweist per entsprechendem Link auf seine Homepage.

> **→ *Praxistipp***
> Achten Sie bei einer E-Mail-Bewerbung auch auf die häufig limitierte Größe des Dateianhangs.

Nutzung von Social Media

Die Nutzung sozialer Netzwerke wie Facebook, Instagram, LinkedIn oder XING gehört für immer mehr Menschen zum Alltag. Daher ist es nicht verwunderlich, dass dieser Trend zunehmend Einzug in die Unternehmen hält. Neben dem Einsatz als Marketinginstrument kann Social Media auch bei der Personalbeschaffung auf verschiedenen Wegen genutzt werden. 4 | 3.4

Social Media	Unter Social Media als Sammelbegriff versteht man Internetplattformen, welche ihren Nutzern eine direkte Kommunikation, Zusammenarbeit und die Schaffung von Netzwerken ermöglichen. Diese Plattformen werden häufig dazu genutzt, Meinungen auszutauschen, Eindrücke und Erfahrungen zu teilen und mit Freunden in Kontakt zu bleiben.
Soziale Netzwerke	Als soziale Netzwerke bezeichnet man Social-Media-Plattformen, welche ihre Nutzer in den Mittelpunkt stellen. Sie dienen in erster Linie dem Aufbau und der Pflege von Beziehungen. Wesentliche Merkmale sind Profilseiten der Nutzer und die Möglichkeit, sich Nachrichten aller Art (Bild, Video, Text) zu senden. Typische Beispiele sind Facebook und Instagram. Eine besondere Form der sozialen Netzwerke stellen **Business-Netzwerke** dar. Bei diesen speziellen Plattformen werden hauptsächlich geschäftliche Beziehungen gepflegt. Die bekanntesten Anbieter sind XING und LinkedIn.
Microblogging	Auf diesen Plattformen kann jeder Nutzer seinem Netzwerk durch Kurznachrichten beschreiben, was er gerade tut oder was ihn bewegt. Die populärste Plattform hierfür ist Twitter.
Social Recruiting/ Mobile Recruiting	Oberbegriff für die Nutzung verschiedener Social-Media-Plattformen und Business-Netzwerke sowie Microblogging, um geeignete Kandidaten für das eigene Unternehmen anzusprechen. Dabei werden einerseits Kandidaten direkt kontaktiert, andererseits wird der Auftritt des Unternehmens in sozialen Netzwerken professionell gestaltet und gepflegt.

Über Social Media hat ein Unternehmen bei der Personalsuche die Möglichkeit, geeignete Kandidaten direkt über das Internet anzusprechen. Außerdem kann sich der Personaler bereits ein erstes Bild von der Eignung des Kandidaten machen. Doch reicht es nicht aus, einen Mitarbeiter der Personalabteilung mit einem Facebook-Account auszustatten und ihn damit zu beauftragen, neues Personal zu suchen. Die Nutzung von Social Media bzw. **Social Recruiting** muss professionell gestaltet werden. Folgende Punkte sind zu beachten:

- Informationen verbreiten sich sehr schnell und lassen sich nicht mehr oder nur sehr schwer komplett aus dem Internet entfernen. Alles, was ein Unternehmen auf sozialen Netzwerken veröffentlicht, sollte also genau abgestimmt sein.
- Die Kommunikation auf sozialen Netzwerken ist meist öffentlich und für viele Personen abrufbar.
- Das Image des Unternehmens wird nicht alleine vom Unternehmen gestaltet, sondern alle Mitglieder des Netzwerkes können dazu beitragen.

Um Social Recruiting für das Unternehmen erfolgreich zu nutzen, sollten folgende Schritte beachtet werden:

1. **Professionellen Auftritt in den Social-Media-Plattformen herstellen**
   Das Unternehmen sollte seinen Markenauftritt professionell gestalten und seine Profilseite bzw. seine Blogs regelmäßig pflegen.
2. **Stellenanzeigen auf Social-Media-Plattformen veröffentlichen**
   Neben Printanzeigen und der Nutzung von Online-Stellenbörsen sollten Stellenangebote auch auf den Social-Media-Plattformen zu finden sein.
3. **Kontakte aufbauen und nutzen**
   Je mehr Menschen mit dem Unternehmen direkt vernetzt sind, desto mehr Interessenten finden das Angebot.
4. **Auswertung der Resonanz**
   Die Ergebnisse dieses Recruitings sowie der dahinter liegende Aufwand sollten ständig mit den anderen Bewerbungskanälen verglichen werden.

Auswertung von elektronischen Bewerbungen

Onlinebewerbungen, die z. B. per E-Mail, über ein entsprechendes Internet-Formular oder über soziale Netzwerke eingehen, können durch das suchende Unternehmen leicht ausgewertet werden. Umfassende Möglichkeiten dazu bietet auch ein **elektronisches Bewerbungsmanagementsystem** (s. o.).

Unternehmen können so bereits ohne genaue Sichtung der Unterlagen eine Vorauswahl anhand festgelegter Kriterien vornehmen und dann nur die Bewerbungen genauer prüfen, die in ein bestimmtes Raster passen.

Beispiel

Dialogfix bietet für die Stelle des Teamleiters die Möglichkeit der Onlinebewerbung über ein entsprechendes Formular an. Das Formular enthält ein Feld, in dem der Schulabschluss abgefragt wird, sowie ein Feld, in dem die Berufsausbildung einzutragen ist. Später werden die Bewerbungen anhand dieser Felder gefiltert und nur die Bewerber genauer geprüft, die als Schulabschluss mindestens mittlere Reife angegeben haben, bereits Berufserfahrung im Callcenter vorweisen können und/oder die Berufsausbildung zum Kaufmann/zur Kauffrau für Dialogmarketing absolviert haben.

2.3.4 Personalleasing

Bei dieser Form der externen Personalbeschaffung stellt ein Personalleasingunternehmen (verleihendes Unternehmen) dem suchenden Unternehmen (entleihendes Unternehmen) Arbeitskräfte zur Verfügung. Das entleihende Unternehmen zahlt dafür ein Honorar an das verleihende Unternehmen. Den Arbeitsvertrag schließen die

Arbeitnehmer allerdings mit dem Personalleasingunternehmen, das somit die Rolle des Arbeitgebers innehat. Dieses Zusammenspiel wird oft auch als „Dreiecksverhältnis“ bezeichnet.

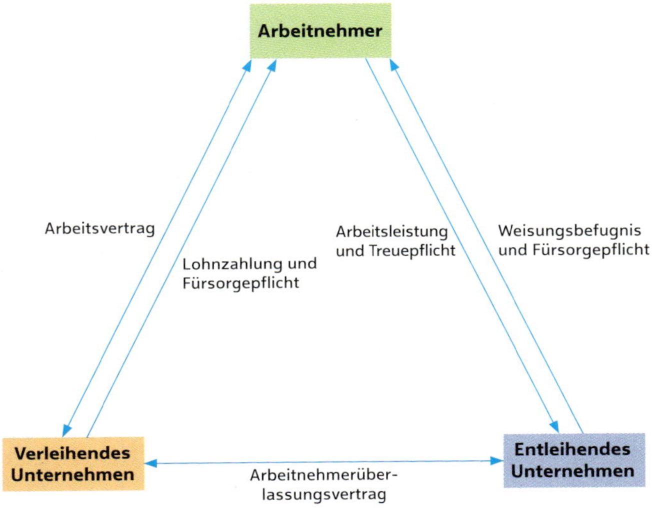

> ***Praxistipp***
> Häufig werden statt der Bezeichnung Personalleasing die synonymen Begriffe Leiharbeit, Zeitarbeit oder Arbeitnehmerüberlassung verwendet.

Gesetzliche Regelungen finden sich im **Arbeitnehmerüberlassungsgesetz (AÜG)**. Folgende Punkte müssen beachtet werden:

- Das verleihende Unternehmen benötigt die Erlaubnis der Bundesagentur für Arbeit (Erlaubnisvorbehalt).
- Das verleihende Unternehmen erklärt schriftlich, dass es über die notwendige Genehmigung verfügt.
- Der Vertrag zwischen entleihendem Unternehmen und Personalleasingunternehmen muss schriftlich erfolgen. Dieser muss ausdrücklich als Arbeitnehmerüberlassungsvertrag bezeichnet werden. Die Zeitarbeitnehmer sind in diesem Vertrag oder in der Anlage zu diesem Vertrag konkret zu benennen. Der Vertrag ist vor Einsatzbeginn zu unterzeichnen.
- Der Verleiher muss den Leiharbeitnehmer darauf hinweisen, dass er als Leiharbeitnehmer tätig wird.
- Nach neun Monaten ununterbrochener Einsatzdauer hat der Leiharbeitnehmer einen Anspruch auf die wesentlichen Arbeitsbedingungen wie ein vergleichbarer festangestellter Arbeitnehmer. Dies gilt auch für das Arbeitsentgelt. Man spricht von „Equal Treatment“ und „Equal Pay“. Eine Abweichung von diesem Zeitraum ist unter bestimmten Umständen durch Tarifverträgen möglich.
- Nicht tarifgebundene Zeitarbeitnehmer haben Anspruch auf ein Mindeststundenentgelt, welches derzeit höher ist als der gesetzliche Mindestlohn.

- Ein Zeitarbeitnehmer darf nicht länger als 18 aufeinanderfolgende Monate an dasselbe Unternehmen entliehen sein. Nach den 18 Monaten muss eine Unterbrechungszeit von über drei Monaten eingehalten werden. Bei einer Überschreitung der 18 Monate entsteht ansonsten automatisch ein Arbeitsverhältnis zwischen Zeitarbeitnehmer und Entleiher. Das Arbeitsverhältnis zwischen Zeitarbeitnehmer und Verleiher wird unwirksam. Von dieser Regelung kann ggf. durch Tarifverträge oder Betriebsvereinbarungen abgewichen werden.

- Das entleihende Unternehmen darf keine Zeitarbeitnehmer tätig werden lassen, wenn sein Betrieb unmittelbar von einem Arbeitskampf betroffen ist. Eine Ausnahme sind Bereiche, die nicht bestreikt werden.
- Das entleihende Unternehmen muss seinen Betriebsrat rechtzeitig über den Einsatz von Zeitarbeitnehmern informieren.

10|6.1

Arbeitnehmerüberlassung: Dauer auf 18 Monate begrenzt

Mit der AÜG-Reform hat der Gesetzgeber bei der Arbeitnehmerüberlassung die Dauer auf 18 Monate beschränkt – neben Regeln zu Equal Pay oder zur Offenlegungspflicht. Erstmals greift die Höchstüberlassungsdauer ab Oktober 2018. Entleiher sollten daher Einsatzzeiten prüfen, um Konsequenzen vorzubeugen.

Seit April 2017 ist die Reform des Arbeitgeberüberlassungsgesetzes (AÜG) in Kraft. Neben wichtigen Änderungen – beispielsweise Equal Pay, die Offenlegungs- oder die Konkretisierungspflicht – hat der Gesetzgeber auch eine Höchstüberlassungsdauer (oder Überlassungshöchstdauer, so der Begriff im AÜG) beschlossen. Danach muss nach spätestens 18 Monaten ein durchgängiger Einsatz desselben Zeitarbeitnehmers bei demselben Entleiher enden.

Damit endet auch eine langanhaltende Diskussion. Bis zur Novelle im April durfte Zeitarbeit lediglich „vorübergehend" erfolgen. Wie dieser Begriff auszulegen ist, also was „vorübergehend" konkret bedeutet, sorgte immer wieder für Auseinandersetzungen – auch vor den Gerichten. Das BAG legte sich nicht auf einen konkreten Zeitraum fest. Auch die Konsequenz eines fingierten Arbeitsverhältnisses – wenn die Überlassung gerade nicht vorübergehend war – sahen die Richter nicht, weil es das Gesetz schlicht nicht vorgab. Dies hat sich nun jedoch geändert.

Denn der Gesetzgeber hat mit der AÜG-Reform sowohl eine zeitliche Höchstgrenze (18 Monate) für die Arbeitnehmerüberlassung als auch – bei einem Verstoß gegen diese Höchstüberlassungsdauer – die Sanktion des fingierten Arbeitsverhältnisses mit dem Entleiher eingeführt. Erstmals kann nun also ab Oktober 2018 (da der April 2017 für alle durchgängig eingesetzten Zeitarbeitnehmer der erste Monat war) die Höchstüberlassungsdauer überschritten werden – mit allen Konsequenzen gerade für Entleiher. [...]

Quelle: Haufe Online Redaktion: Arbeitnehmerüberlassung – Dauer auf 18 Monate begrenzt. In: www.haufe.de. Veröffentlicht am 11.12.2017 unter: https://www.haufe.de/personal/arbeitsrecht/reform-der-zeitarbeit/arbeitneh-merueberlassung-dauer-auf-18-monate-begrenzt_76_433684.html [29.09.2021].

Rechte und Pflichten	
Verleihendes Unternehmen	**Entleihendes Unternehmen**
• schließt mit dem Arbeitnehmer einen Arbeitsvertrag • schließt mit dem entleihenden Unternehmen einen Vertrag über die Überlassung von Arbeitskräften • hat das Direktionsrecht über den Mitarbeiter • ist für die Gehaltszahlung sowie Sozialversicherung des Mitarbeiters verantwortlich	• schließt mit dem verleihenden Unternehmen einen Vertrag über die Überlassung von Arbeitskräften • ist gegenüber dem Mitarbeiter am Arbeitsplatz weisungsbefugt • informiert den Betriebsrat über Einsatz von Zeitarbeitnehmern und stellt diesem die zugrundeliegenden Verträge zur Verfügung

Vorteile des Personalleasings (aus Sicht des entleihenden Unternehmens):

- geringe Personalbeschaffungs- und Verwaltungskosten
- keine langfristige Bindung
- kurzfristige und schnelle Verfügbarkeit bei Bedarf
- Auftragsspitzen (Peaks) können abgefangen werden 10|8.5.2
- keine Lohnfortzahlung im Krankheitsfall
- geringes Risiko von Fehlbesetzung

Nachteile des Personalleasings (aus Sicht des entleihenden Unternehmens):

- höhere Personalkosten (Kosten pro Stunde), da zusätzlich noch Kosten für die Leistungen des verleihenden Unternehmens anfallen
- Mitarbeiter sind nicht unternehmensspezifisch eingearbeitet
- geringere Bindung der Leiharbeiter an das Unternehmen
- Die eigenen Mitarbeiter fürchten evtl. die Konkurrenz, dadurch entsteht Unruhe.

Für den Arbeitnehmer ist Personalleasing häufig ein Sprungbrett aus der Arbeitslosigkeit, das nicht selten in eine spätere Festanstellung im entleihenden Unternehmen mündet. Zudem besteht die Möglichkeit, unterschiedliche Arbeitsplätze kennenzulernen und damit zusätzliche Kenntnisse zu gewinnen. Negativ für den Arbeitnehmer macht sich sein tendenziell unsicherer Status bemerkbar.

2.3.5 Weitere Möglichkeiten

Darüber hinaus existieren noch andere Möglichkeiten der externen Stellenbesetzung:

- **Kontakt mit Bildungsträgern**
  Das Unternehmen steht in Kontakt bzw. in enger Zusammenarbeit mit Schulen oder Hochschulen, z. B. durch Praktika, Betriebsbesichtigungen, Vergabe von Stipendien etc.

- **Vermittlung durch eigene Mitarbeiter**
  Die unternehmenseigenen Mitarbeiter werden durch Prämien (im Erfolgsfall) dazu animiert, geeignete Bewerber aus ihrem Bekanntenkreis vorzuschlagen bzw. Bekannte von einer Bewerbung zu überzeugen.

- **Auswertung von Initiativbewerbungen**
  Die Personalabteilung des Unternehmens erhält oft auch ohne entsprechende Stellenausschreibung Bewerbungen von Interessenten, die einen Wechsel anstreben. Im Bedarfsfall werden diese dann ausgewertet.

Insgesamt betrachtet lassen sich folgende Vorteile und Nachteile der externen Personalbeschaffung festhalten:

Externe Stellenbesetzung	
Vorteile	**Nachteile**
• „frischer Wind" durch neue Ideen • Vermeidung von Betriebsblindheit • zusätzliche Kenntnisse und Fähigkeiten durch externe Bewerber • große Auswahlmöglichkeit	• Gefahr der Demotivation der eigenen Mitarbeiter • Externe Bewerber kennen die Besonderheiten und Abläufe im Unternehmen nicht. • Stärken und Schwächen der Bewerber sind nicht genau bekannt • Zeit- und Kostenaufwand

✱ *Zusammenfassung*

- Der Prozess der Personalbeschaffung beginnt meist mit einer **Personalanforderung**. Sie enthält ein Stellenprofil, das erforderliche Qualifikationen (Anforderungsprofil), hierarchische Einordnung, Arbeitszeit, Aufgaben etc. für die jeweilige Stelle beinhaltet.
- **Möglichkeiten der Personalbeschaffung**

  Interne Stellenbesetzung:
  - interne Stellenausschreibung
  - Fortbildung/Weiterbildung
  - Versetzung
  - Mehrarbeit

  Externe Stellenbesetzung:
  - Arbeitsverwaltung
  - private Arbeitsvermittlung
  - Personalberatung
  - Stellenanzeigen
  - Online-Stellenmarkt/E-Recruiting
  - Personalleasing
  - Kontakt mit Bildungsträgern
  - Vermittlung durch eigene Mitarbeiter
  - Auswertung von Initiativbewerbungen

■ *Aufgaben*

1. *Beschreiben Sie anhand des Textes „Strategien für den ´War for Talents´ – wie Sie gut qualifizierte Mitarbeiter finden und binden" (vgl. Seite 24) zwei moderne Möglichkeiten des Personal-Recruitings.*

Web

2. *Ermitteln Sie das Stellenprofil für eine(n) „Trainer/-in Kommunikation" in Ihrem Ausbildungsbetrieb. Füllen Sie dann anhand der Vorlage von Dialogfix eine Stellenanforderung aus.*

3. *Die Stelle „Trainer/-in Kommunikation“ soll nun besetzt werden. Entwerfen Sie eine Stellenanzeige und beachten Sie dabei die einschlägigen Anforderungen.*

4. *Ermitteln Sie jeweils eine passende Möglichkeit der Personalbeschaffung für folgende Personalbedarfe. Begründen Sie Ihre Entscheidung:*
   a) Aufgrund vorübergehend erhöhtem Anrufvolumen entsteht Personalbedarf an Hotlinemitarbeitern.
   b) Es sollen Auszubildende zur Servicefachkraft für Dialogmarketing eingestellt werden.
   c) Ein Teamleiter verlässt das Unternehmen auf eigenen Wunsch.
   d) Es soll die neue Stelle des „Organisationsentwicklers“ geschaffen werden; diese Kompetenz war bisher im Unternehmen nicht vorhanden.

5. *Dialogfix hat folgende Stellen zu besetzen:*
   a) Teamleiter
   b) Mitarbeiter technische Hotline
   c) Leiter des Rechenzentrums

   Die Stellen sollen extern besetzt werden. Schlagen Sie jeweils eine geeignete Möglichkeit vor und begründen Sie Ihre Auswahl.

6. *Ermitteln Sie mit einer Internetrecherche, welche Leistungen ein Personalberater bei der externen Stellenbesetzung erbringen kann.*

7. *Die Dialogfix GmbH setzt zukünftig verstärkt auf E-Recruiting und möchte dazu auch ein elektronisches Bewerbungsmanagementsystem nutzen. Nennen Sie fünf Vorteile, die sich daraus für das Unternehmen ergeben.*

8. *Vergleichen Sie im Internet mindestens drei unterschiedliche Jobbörsen.*
   a) Wo gibt es Gemeinsamkeiten, wo Unterschiede?
   b) Was sind typische Zusatzangebote der Portale?

9. *Suchen Sie anhand von Online-Jobbörsen (vgl. Seite 33) geeignete Stellen für Kaufleute im Dialogmarketing. Was sind typische Inhalte im Anforderungs- bzw. Stellenprofil?*

10. *Immer mehr Unternehmen nutzen die Möglichkeiten von Social Media zur Rekrutierung von Mitarbeitern, doch nicht alle gehen dabei professionell bzw. zielgerichtet vor.*
    a) Recherchieren Sie im Internet je ein Beispiel für ein Unternehmen, welches einen hervorragenden Auftritt in den sozialen Netzwerken hat, und ein Beispiel für ein Unternehmen, welches Ihrer Meinung nach nicht gut vertreten ist.
    b) Was macht den Auftritt des „Positivbeispiels“ aus?
    c) Welche Verbesserungsvorschläge haben Sie für das „Negativbeispiel“?

11. *Social Media wirkt sich auch auf die Arbeit von sogenannten Headhuntern aus. Welche Vorgehensweise empfehlen Sie einem Headhunter, der*
    a) über XING,
    b) über Facebook

    Mitarbeiter für die Dialogfix GmbH gewinnen möchte? Begründen Sie Ihre Vorschläge.

12. *Listen Sie anhand des Arbeitnehmerüberlassungsgesetzes (z. B. unter www.gesetze-im-internet.de/a_g/index.html) und weiterer Bestimmungen die Rechte und Pflichten des entleihenden und des verleihenden Unternehmens bei Personalleasing auf.*

13. *Der Personalleiter der Dialogfix GmbH schlägt vor, weitere Leiharbeitnehmer zu beschäftigen, um das gestiegene Anrufvolumen aufzufangen. Er setzt sich aber das Ziel, jedem Leiharbeitnehmer nach 24 Monaten ununterbrochenem Einsatz einen feste Anstellung anzubieten. Außerdem wäre das Unternehmen so besser für Arbeitskämpfe gerüstet, die Leiharbeitnehmer würden dann ja weiterarbeiten. Nehmen Sie kritisch Stellung zur Auffassung des Personalleiters.*

3 Personal auswählen und einstellen

▪ *Einstiegssituation*

Einige Zeit nachdem Dialogfix die Stellensuche nach den Auszubildenden im Dialogmarketing und dem Teamleiter begonnen hat, ist eine Vielzahl von Bewerbungen in der Personalabteilung eingegangen, zahlreiche davon auch über das Online-Stellenportal des Unternehmens. Allerdings zeigt sich rasch, dass etliche Bewerbungen nicht den gestellten Anforderungen entsprechen.

Daher soll Thomas den Personalleiter Georg Asamov dabei unterstützen, aus der Fülle von Unterlagen die passenden Bewerber für das weitere Auswahlverfahren herauszufiltern.

▪ *Arbeitsaufträge*

1. ***Aus welchen Unterlagen besteht eine komplette Bewerbungsmappe bzw. Onlinebewerbung?***
2. ***Welche Kriterien sollten bei der Prüfung einer Bewerbung beachtet werden?***
3. ***Welche Verfahren der Personalauswahl kennen Sie aus eigener Erfahrung?***
4. ***Welche Auswahlverfahren schlagen Sie jeweils für die unterschiedlichen ausgeschriebenen Stellen der Dialogfix GmbH vor?***

Die **Auswahl von neuen Mitarbeitern** ist ein wichtiger und strategisch entscheidender Prozess für ein Unternehmen. Es sollen Mitarbeiter gefunden werden, die zu den Anforderungen der offenen Stellen passen, sich im Team und Unternehmen einfinden können und den Vorstellungen der Vorgesetzten entsprechen.

Fehlentscheidungen kosten viel Geld und sorgen schnell für ein schlechtes Betriebsklima. Daher müssen Personalabteilungen ihre Auswahlverfahren genau planen, strukturieren und organisieren.

Die Auswahl der passenden Mitarbeiter beginnt mit der Sichtung und Analyse der Bewerbungsunterlagen. So können bereits in einem frühen Stadium ungeeignete Bewerbungen (z. B. unvollständige Unterlagen, unpassendes Profil) herausgefiltert werden. Aus dieser ersten Vorauswahl gehen dann einige Kandidaten hervor, die je nach Stellenanforderung in verschiedenen Auswahlverfahren anhand bestimmter Kriterien getestet werden.

3.1 Instrumente der Personalauswahl

Typische Instrumente der Personalauswahl im Dialogmarketing sind:

- Analyse der Bewerbungsunterlagen
- Vorstellungsgespräche
- Telefoninterviews
- Assessment-Center
- Einstellungstests

Je nach zu besetzender Stelle nutzt man entweder nur ein Testverfahren oder mehrere Instrumente nacheinander.

Beispiel

Für die zu besetzenden Ausbildungsplätze werden bei Dialogfix nach Sichtung der Unterlagen Vorstellungsgespräche als einziges Auswahlinstrument eingesetzt. Für die Stelle des Teamleiters wird nach Sichtung der Bewerbungen zunächst ein Assessment-Center durchgeführt. Die Kandidaten, die dieses am erfolgreichsten durchlaufen, werden zu einem Vorstellungsgespräch eingeladen.

3.1.1 Analyse der Bewerbungsunterlagen

Die Analyse der Bewerbungsunterlagen ist ein wichtiges Instrument der Personalauswahl und steht im Personalauswahlverfahren meist an erster Stelle.

Zu vollständigen Bewerbungsunterlagen gehören:

- Bewerbungsanschreiben,
- Lebenslauf,
- Zeugnisse und Zertifikate (Arbeitszeugnisse, Abschlusszeugnisse oder Schulzeugnisse und Nachweise bzw. Zertifikate von Weiterbildungen).

Alle eingereichten Unterlagen werden zunächst nach folgenden Kriterien geprüft:

Vollständigkeit	• Wurden alle angeforderten Unterlagen eingereicht? • Sind alle wichtigen Informationen vorhanden?
Form	• Sind die äußere Form und die Gestaltung von Mappe und Unterlagen ansprechend? • Sind die Unterlagen frei von Schmutz, Flecken, Eselsohren etc.? • Sind bei Onlinebewerbungen die vorgegebenen Dateiformate bzw. die maximalen Dateigrößen eingehalten worden?

Inhalt	• Sind der Grund für die Bewerbung und eine entsprechende Eignung ersichtlich? • Werden Zusammenhänge der bisherigen Tätigkeiten mit der neuen Stelle hergestellt? • Stimmt die Qualifikation mit dem gestellten Anforderungsprofil überein? • Wird die Eignung anhand von Beispielen belegt?
Sprache	• Stimmen Rechtschreibung, Zeichensetzung, Grammatik, Ausdrucksvermögen etc.?
Stil	• Ist ein gleichbleibender Stil in Anschreiben, Lebenslauf, Aufmachung erkennbar oder gibt es unerklärliche Brüche? • Passen Stil und gesamte Bewerbung zusammen oder fallen Unstimmigkeiten auf?

Insgesamt wird darauf geachtet, dass die Bewerbung der Position angemessen gestaltet ist. An die Bewerbung eines Teamleiters werden daher höhere Ansprüche gestellt als an die eines zukünftigen Auszubildenden.

Nach der ersten Analyse aller Unterlagen anhand der oben genannten Kriterien, bei der evtl. bereits erste Bewerbungen wegen grober Mängel aussortiert wurden, werden die einzelnen Bestandteile nochmals genau geprüft.

Bewerbungsanschreiben

Im Anschreiben der Bewerbung achtet das Unternehmen auf folgende Faktoren:

Berufserfahrung	Welche Erfahrung bringt der Mitarbeiter mit, welche der geforderten Aufgaben hat er bereits erfolgreich durchgeführt?
Grund für den Wechsel bzw. die Bewerbung	Wird ein Grund genannt, wenn ja, wie plausibel und nachvollziehbar ist dieser Grund?
Qualifikationen und spezielle Fachkenntnisse	Welche Kenntnisse und Fähigkeiten bringt der Mitarbeiter mit? Wie passen diese zu der angeforderten Stelle? Wie stellt der Bewerber den Bezug seiner Fähigkeiten zu der angestrebten Stelle her?
Nachweis der Fähigkeiten	Wenn Fähigkeiten (z. B. spezielle fachliche Qualifikationen oder Soft Skills wie Teamfähigkeit und Führungsqualitäten) genannt werden: Wie belegt der Bewerber diese im Anschreiben (z. B. durch Bezug auf bisherige Tätigkeiten)?
Verfügbarkeit des Bewerbers	Sind Kündigungsfristen zu beachten? Passt der mögliche Eintrittstermin zu dem Zeitpunkt des Personalbedarfs?

→ ***Praxistipp***

Ein Bewerber, der lediglich Floskeln und Allgemeinplätze aufführt, wirkt nicht glaubwürdig. Die geforderten Fähigkeiten müssen im Anschreiben und im Lebenslauf (s. u.) anhand bisheriger Aufgaben oder Erfolge belegt werden und mittels entsprechender Dokumente überprüfbar sein.

Lebenslauf

Der Lebenslauf listet – meist tabellarisch – die wichtigsten Informationen zu einer Person auf. Das Unternehmen achtet insbesondere auf:

Bisherige Arbeitgeber und Erfahrungen	Bringt der Bewerber aus vorherigen Anstellungen oder Tätigkeiten verwertbare Erfahrungen und Kenntnisse mit? In welchen Unternehmen hat der Bewerber bereits gearbeitet? Damit will man herausfinden, ob er sich in das neue Unternehmen entsprechend schnell einleben kann – da er schon in ähnlichen Betrieben gearbeitet hat – oder ob Anpassungsschwierigkeiten zu erwarten sind, z. B. bei branchenfremden Bewerbern.
Bisherige Entwicklung und Werdegang	Der bisherige Werdegang bzw. die Entwicklung des Bewerbers wird überprüft. Interessant ist vor allem, ob der Bewerber einen kontinuierlichen und nachvollziehbaren Werdegang vorweisen kann oder ob es Einschnitte oder Wechsel gab, die nicht in diese Entwicklung passen.
Vollständigkeit und zeitliche Abfolge	Weiterhin ist es wichtig, dass der Lebenslauf einen nachvollziehbaren zeitlichen Ablauf vorweist. Hier wird insbesondere darauf geachtet, ob Lücken vorhanden sind, die nicht erklärt werden.

Zeugnisse

Es werden folgende Arten von Zeugnissen unterschieden:

- **Arbeitszeugnisse**
  Diese informieren über die Arbeit des Bewerbers in anderen Unternehmen. Ein **einfaches Zeugnis** gibt Auskunft über Art und Dauer der Tätigkeit, ein **qualifiziertes Zeugnis** enthält zudem noch Aussagen über Leistung und Verhalten. Die Aus- 6 | 3.3.1
  wertung der qualifizierten Zeugnisse ist häufig sehr kompliziert, da sie nach gängiger Rechtsprechung zwar einerseits wahrheitsgemäß, andererseits aber auch wohlwollend für den Mitarbeiter ausgestellt werden müssen. Arbeitszeugnisse werden deswegen von der Personalabteilung anhand bestimmter Formulierungen („Zeugnis-Code“) analysiert.

> → ***Praxistipp***
> Eine Übersicht über typische Codes und Formulierungen in Arbeitszeugnissen und deren Bedeutung finden Sie z. B. unter:
> https://www.ra-sehn.de/25,0,arbeitszeugnis,index,0.php

- **Abschluss- oder Schulzeugnisse**
  Hier werden spezielle fachliche Fähigkeiten anhand der Schulnoten in den einzelnen Fächern analysiert. Wenn möglich, wird auf Schlüsselqualifikationen geachtet, die für die Position wichtig sind (z. B. durch Bemerkungen über zusätzliches Engagement). Je länger der Bewerber schon im Berufsleben steht und dadurch weitere Qualifikationen erlangt hat, desto mehr verlieren diese Zeugnisse an Bedeutung.

- **Zertifikate über Weiterbildungen**
  Hat ein Mitarbeiter sich neben dem Beruf in verschiedenen Bereichen weiterqualifiziert (z. B. Coaching, Fremdsprachen etc.), dann werden auch diese Zertifikate oder Zeugnisse bewertet. Hier wird dann vor allem darauf geachtet, mit welchem Erfolg die Eignung erworben wurde (wenn Benotung vorhanden) und wer der Träger dieser Ausbildung war, also welche Qualität die Weiterbildung garantiert.

Auswahl der geeigneten Kandidaten

Anhand der oben genannten Kriterien wird dann entschieden, welche Bewerber für das weitere Auswahlverfahren infrage kommen. Dazu eignen sich verschiedene
1 | 1.1.2 **Methoden der Entscheidungsfindung**. Beim weiteren Vorgehen wird häufig eine Einteilung in A-, B- und C-Kandidaten vorgenommen. Auch hier kann ein **elektroni-**
10 | 2.3.3 **sches Bewerbungsmanagementsystem** gute Dienste leisten.

A-Kandidaten

Nach Analyse der Bewerbungsunterlagen werden diese Bewerber zum weiteren Auswahlverfahren eingeladen: Die Auswertung hat ergeben, dass diese Bewerber sich aufgrund von Erfahrung, Schulbildung, Qualifikation und weiterer Kriterien (z. B. möglicher Starttermin) für die Stelle gut eignen.

↓

Diese Bewerber werden eingeladen.

B-Kandidaten

Sollte jemand der A-Kandidaten abspringen, besteht die Möglichkeit, dass die B-Kandidaten nachrücken: Prinzipiell besteht bei diesen Kandidaten eine Eignung, aber bestimmte Faktoren sorgen dafür, dass andere Kandidaten besser geeignet sind (z. B. Qualifikation vorhanden, aber wenig Berufserfahrung, zu später Starttermin, zu hohe Gehaltsvorstellungen etc.).

↓

Diese Bewerber werden auf Wiedervorlage gelegt.

C-Kandidaten

Nach Analyse der Bewerbungsunterlagen werden diese Bewerber vom weiteren Auswahlverfahren ausgeschlossen: Die Auswertung hat ergeben, dass sie aufgrund mangelnder Erfahrung, Schulbildung oder Qualifikation sowie weiterer Kriterien wie z. B. Persönlichkeit für die Stelle nicht infrage kommen.

↓

Diese Bewerber erhalten eine Absage.

3.1.2 Vorstellungsgespräche

Vorstellungsgespräche können als alleiniges Instrument der Personalauswahl, aber auch in Verbindung mit anderen Verfahren eingesetzt werden.

→ ***Praxistipp***
Häufig fallen in diesem Zusammenhang auch die synonymen Begriffe Job-Interview, Bewerber-Interview oder Bewerbungsgespräch. Auch Onlineverfahren sind hier inzwischen gebräuchlich.

Mit dem Vorstellungsgespräch verfolgt das Unternehmen folgende Ziele:

- den Bewerber persönlich kennenlernen
- einen näheren Eindruck vom Bewerber erhalten
- fehlende Informationen abfragen
- Fähigkeiten des Bewerbers erfahren
- Eignung des Bewerbers feststellen
- die Interessen des Bewerbers erfahren
- über das Unternehmen und die Stelle informieren
- dem Bewerber die Möglichkeit geben, Fragen zu stellen

Vorbereitung des Vorstellungsgesprächs

Vorstellungsgespräche werden meist von einem Mitarbeiter der Personalabteilung zusammen mit dem potenziellen zukünftigen Vorgesetzten des Bewerbers durchgeführt. In manchen Fällen wird auch noch ein Vertreter der höheren Führungsebene eingebunden.

Da bei diesem Verfahren mit entsprechend hohem Zeit- und Personalaufwand nur jeweils ein Bewerber geprüft wird, ist es sehr kostenintensiv. Neben den anfallenden Personalkosten für die beteiligten Mitarbeiter des Unternehmens werden teilweise auch Kosten des Bewerbers erstattet (z. B. Anfahrt und Verpflegung).

Um daher die Vorstellungsgespräche so effektiv wie möglich zu gestalten, ist eine gründliche Vorbereitung der Interviewpartner (Personaler und Führungskraft) unerlässlich. Zu einer erfolgreichen Vorbereitung für die Interviewpartner gehören folgende Schritte:

- Festlegen, welche Informationen der Bewerber über das Unternehmen und die Stelle erhalten soll
- inhaltliche Vorbereitung auf das Stellenprofil
- Fragen zu den Bewerbungsunterlagen festhalten
- Klärung der Weiterentwicklungsmöglichkeiten des Bewerbers
- Vorbereitung von Auswertungsbögen oder Beurteilungsbögen
- Festlegung von Ort und Uhrzeit (ein ungestörter Ablauf muss gewährleistet sein)
- Vorbereitung des Ablaufs (Phasen des Bewerbungsgesprächs)

Ablauf des Vorstellungsgesprächs

Je nach Unternehmen werden Vorstellungsgespräche durch eine festgelegte Struktur und einen Ablaufplan vorgegeben oder komplett frei gestaltet. Bewährt hat sich in den meisten Fällen eine Vorgehensweise, die zwar den groben Ablauf sowie die wichtigsten Fragen vorgibt, trotzdem aber Raum lässt, aufkommende Fragen von Bewerbern und Personalern zu klären und individuell auf den Gesprächspartner einzugehen.

Ein Gesprächsablauf kann etwa so aussehen:

Gesprächsphase	Inhalte
Begrüßung	• Schaffen einer positiven Beziehungsebene • gegenseitiges Vorstellen • Dank für die Bewerbung
Soziale Bindungen	Eingehen auf die private Situation des Bewerbers, z. B. Wohnort, Familie, Umfeld
Bildungsgang des Bewerbers	• schulischer Werdegang • Weiterbildungen
Berufliche Entwicklung	• erlernter Beruf • bisherige Arbeitgeber, Stellen und Tätigkeiten • berufliche Ziele • Gründe für Stellenwechsel
Selbsteinschätzung des Bewerbers	Einschätzung des Bewerbers zu Fragen wie z. B.: • Warum ist er der richtige Kandidat für die Stelle? • Wo liegen seine Stärken und Schwächen? • Wieso interessieren ihn Stelle und Unternehmen?
Informationen zum Unternehmen	• Unternehmensdaten • Informationen über Einbindung der Stelle in die Unternehmensorganisation • Fragen des Bewerbers zur Stelle
Vertragsmodalitäten	• frühester Eintrittstermin • Gehaltsvorstellungen • sonstige Leistungen und Vergünstigungen
Abschluss des Gesprächs	• weder Zu- noch Absage • Informationen zur weiteren Vorgehensweise • voraussichtlicher Entscheidungstermin • Raum für noch offene Fragen des Bewerbers

Zulässige und unzulässige Fragen

Im Vorstellungsgespräch sind nur solche Fragen erlaubt, die mit der zu besetzenden Stelle objektiv etwas zu tun haben. Je nach Stelle können die Fragen unterschiedlich tief in die Privatsphäre des Bewerbers reichen. Geschützt ist der Bewerber durch das **Persönlichkeitsrecht**, das eine freie Entfaltung der Persönlichkeit gewährt (Art. 2 Abs. 1 GG). Die Frage, wo das berechtigte Interesse des Arbeitgebers endet und das Persönlichkeitsrecht des Bewerbers beginnt, ist nicht immer eindeutig zu beantworten. Meist werden die Grenzen durch die **Rechtsprechung** (Richterrecht) definiert.

6 | 3.1

Der Bewerber ist nicht verpflichtet, unerlaubte Fragen wahrheitsgemäß zu beantworten. Erlaubte Fragen hingegen müssen wahrheitsgetreu beantwortet werden.

Nicht erlaubt sind vor allem Fragen zu folgenden Sachverhalten:

- Krankheiten, es sei denn, sie sind direkt für die Beschäftigung oder die betreffende Arbeit von Bedeutung
- Schwangerschaft
- Vorstrafen, soweit sie nicht mit der Position in Verbindung stehen
- Vermögensverhältnisse, sofern nicht ein besonderes Interesse an geordneten Verhältnissen bezüglich der angestrebten Position besteht
- Gewerkschaftsmitgliedschaft
- Mitgliedschaft in politischen Parteien
- Religionszugehörigkeit

> → ***Praxistipp***
> Eine **Ausnahmeregelung** besteht für sogenannte **Tendenzbetriebe**, die Ziele verfolgen, die über die reine wirtschaftliche Betätigung hinausgehen. So dürfen etwa kirchliche Arbeitgeber nach der Religionszugehörigkeit fragen oder politische Parteien nach der Parteizugehörigkeit.

Auch die Regelungen des **Allgemeinen Gleichbehandlungsgesetzes (AGG)** sind zu beachten. So ist etwa die Frage nach der Staatsangehörigkeit unzulässig, da sie Auskunft über Rasse oder ethnische Zugehörigkeit geben könnte. 10 | 3.2.3

Auswertung des Vorstellungsgesprächs

Im Anschluss an das Gespräch findet zeitnah eine Beurteilung des Bewerbers statt. Dabei wird anhand vorher festgelegter Kriterien eine Bewertung des Gesprächsverlaufs und des Teilnehmers festgehalten.

Mögliche Kriterien zur Bewertung:

- Kommunikationsstärke und Auftreten
- äußeres Erscheinungsbild
- Allgemeinwissen
- Führungsfähigkeit
- Fachwissen
- Denkfähigkeit
- Einstellung zu Arbeit und Kollegen
- Teamfähigkeit
- Aufgeschlossenheit
- Selbstbeherrschung
- Flexibilität
- Souveränität
- Gewissenhaftigkeit
- Körpersprache

Je nach Stelle und Unternehmen können weitere Kriterien ergänzt werden.

Zur Bewertung des Bewerbers anhand dieser Kriterien empfiehlt es sich, einen **Beurteilungsbogen** einzusetzen. In diesem Bogen können die beurteilenden Personen anhand eines Bewertungssystems ihren Eindruck festhalten. Dies erleichtert die spätere Auswertung sowie den Vergleich mit anderen Bewerbern.

Beispiel

Beurteilungsbogen für Bewerbungsgespräch							dialogfix GmbH
	1	2	3	4	5	6	
Kommunikationsstärke spricht klar und deutlich							spricht undeutlich
gliedert Informationen in sinnvolle Abschnitte							springt von einem Punkt zum anderen
spricht weder zu schnell noch zu langsam							spricht zu schnell oder zu langsam
hat eine angenehme Stimme							hat eine unangenehme Stimme
reagiert schlagfertig							reagiert langsam
Auftreten extrovertiert							introvertiert
selbstsicher							unsicher
angenehmes Äußeres							ungepflegt
Haltung sitzt gerade							sitzt gekrümmt (nach vorne)
offene Haltung							Arme verschränkt
sicher							unsicher, devot
Aussagen (Inhalt) fachlich versiert							inhaltlich falsch
themenbezogen							eigensinnig
nachvollziehbar							nicht nachvollziehbar
flexibel							unflexibel

3.1.3 Telefoninterviews

Eine Sonderform des persönlichen Vorstellungsgesprächs ist das Telefoninterview. Gerade im Dialogmarketing ist das Telefoninterview ein beliebtes Verfahren, um eine gezielte Vorauswahl der Bewerber zu treffen, da hier insbesondere die **kommunikativen Fähigkeiten** leicht geprüft werden können. Nachdem die Bewerbungsmappen gesichtet sind, kann über ein Telefoninterview geklärt werden, ob ein Bewerber zu weiteren Auswahlverfahren wie Vorstellungsgespräch oder Assessment-Center eingeladen wird.

Das Telefoninterview ist zudem günstiger, als direkt zu einem Bewerbungsgespräch einzuladen, da hier keine Kosten für den Bewerber zu erstatten sind. Außerdem wird nur ein Mitarbeiter für die Durchführung benötigt.

Neben einem ersten Eindruck vom Bewerber und seiner Eignung bietet das Telefoninterview im Dialogmarketing die Möglichkeit, eine Arbeitsprobe des Bewerbers zu erhalten: die Fähigkeit, professionell am Telefon zu agieren.

Vorbereitung des Telefoninterviews

Wie beim Bewerbungsgespräch ist eine gründliche Vorbereitung für ein Telefoninterview unerlässlich. Zu einer gelungenen Vorbereitung gehören folgende Punkte:

- Befassen mit dem Stellenprofil
- Erarbeiten eines Interviewbogens
- Erarbeiten von fachlichen Fragen zur Eignungsprüfung
- Erstellen eines Auswertungsbogens
- Termin mit dem Bewerber festlegen

Ziele des Telefoninterviews

- prinzipielle Eignung des Bewerbers herausfinden
- Check der professionellen Kommunikationsfähigkeit am Telefon
- wichtige Fragen zu Bewerbung und beruflichem Werdegang überprüfen
- Fachkenntnisse prüfen

Ablauf des Telefoninterviews

Je nach Unternehmen und Bedeutung der Vorauswahl kann der Ablauf des Telefoninterviews dem eines herkömmlichen Bewerbungsgesprächs gleichkommen (s. o.). Falls das Telefoninterview aber lediglich als Vorauswahl vor einem persönlichen Gespräch dient, werden nur einzelne Elemente dieses Ablaufs durchgeführt.

Beispiel

Telefon-Interviewbogen für Mitarbeiter — **dialogfix** GmbH

Phase 1: Einstieg	Begrüßen Sie den Bewerber freundlich und schaffen Sie eine positive Atmosphäre: • Danken Sie für die Bewerbung. • Erklären Sie, um welche Stelle es sich genau handelt. • Besprechen Sie den weiteren Ablauf. Stellen Sie erste Fragen: • Wie geht es Ihnen heute? • Welche Fragen haben Sie, bevor wir mit unserem Interview beginnen?
Phase 2: Fragen zum beruflichen Werdegang	Fragen: • Haben Sie bereits Erfahrung in der telefonischen Kundenbetreuung? • Wenn ja, welche? • Welche Berufsausbildung haben Sie absolviert? • Haben Sie bereits Erfahrungen im technischen Support? Wenn ja, welche?

Phase 3: Fachliche Fragen	Fragen: • Was sind wichtige Qualitätsmerkmale eines Druckers? • Welche Möglichkeiten kennen Sie, externe Hardware an einen Computer anzuschließen?
Phase 4: Gesprächs-simulation	Hier bitte dem Bewerber eine kurze Anleitung für ein Rollenspiel geben: *Der Bewerber ist Mitarbeiter bei Dialogfix, und Sie sind Anrufer. Er erhält das Ziel, Sie bei einer bestimmten Fragestellung zu beraten.* *Ihr Anrufgrund: Sie interessieren sich für einen neuen Drucker.* Ziel ist es zu erfahren, wie der Bewerber mit dem Kunden umgeht und wie ausgeprägt seine Verkaufsorientierung ist. Die Auswertung erfolgt anhand eines separaten Bogens. *Wichtiger Hinweis für den Bewerber: Er muss keine genauen Preise, Produktbezeichnungen etc. kennen, sondern darf diese frei erfinden. Bewertet wird nur sein methodisches Vorgehen.*
Phase 5: Verabschiedung	Geben Sie dem Bewerber keine Zu- oder Absage. Informieren Sie ihn über den Entscheidungstermin und den weiteren Ablauf. Danken Sie ihm für seine Zeit und verabschieden Sie ihn positiv.

Auswertung des Telefoninterviews

Zur Auswertung werden ähnliche Kriterien angesetzt wie beim Vorstellungsgespräch. Auch hier ist der Einsatz eines vorgefertigten Bogens hilfreich.

Besonderheiten bei Videointerviews

Mittlerweile ersetzen bzw. ergänzen Unternehmen ein Telefoninterview häufig durch ein **Videointerview**. Grundsätzlich gilt hier eine ähnliche Struktur, bei der Vorbereitung sollte der Bewerber aber folgende Punkte zusätzlich beachten:

- Was sieht der Personaler von meinen Räumlichkeiten? Ist das Büro oder Zimmer aufgeräumt?
- Sind die technischen Rahmenbedingungen gegeben? Funktioniert das entsprechende Videokonferenztool? Ist die Internetgeschwindigkeit ausreichend?
- Hinsichtlich der Kleidung gelten die Regeln wie bei einem Vor-Ort-Termin.

3.1.4 Assessment-Center

\# ***Definition***

Bei einem **Assessment-Center (AC)** handelt es sich um ein **Gruppenauswahlverfahren**, das aus mehreren Einzelübungen besteht.

Meist werden zwischen sechs und zwölf Bewerber über eine Dauer von ein bis zwei Tagen geprüft. Dabei werden die Bewerber von einem Beobachterteam bewertet. Das Beobachterteam besteht in der Regel aus dem zukünftigen Vorgesetzten, einem Mitarbeiter der Personalabteilung und einem Vertreter der höheren Führungsebene. Auch zusätzliche externe Beobachter (z. B. Psychologen) können hinzugezogen werden Ziel ist es, den Mitarbeiter (auch mehrere sind möglich) zu finden, der aufgrund seiner Gesamtleistung (alle Übungen) am besten auf die ausgeschriebene Stelle passt.

Bei der Durchführung eines Assessment-Centers geht es insbesondere um

- die Konfrontation der Bewerber mit für die ausgeschriebene Stelle typischen Aufgaben und Problemen,
- die Analyse des Verhaltens der Teilnehmer in Gruppen,
- die Reaktion der Teilnehmer auf Stress- und Drucksituationen und
- die Analyse ihrer Kreativität.

Vorbereitung eines Assessment-Centers

Bei der Vorbereitung müssen verschiedene Punkte beachtet werden:

- Auswahl und Schulung eines Beobachterteams
- Erarbeitung entsprechender Einzel- und Gruppenübungen
- Festlegung des Ablaufs
- Erarbeitung der Beurteilungsbögen (für jede Übung einen eigenen)
- Festlegung des Termins
- Vorbereitung eines entsprechenden Raums

Ablauf des Assessment-Centers

Einer der Beobachter fungiert als Moderator des AC. Er erklärt die Übungen, bespricht Ergebnisse mit den anderen Beobachtern und sorgt für die Einhaltung des Ablaufplans.

Die Bewerber werden entweder einzeln oder zusammen mit verschiedenen Übungen konfrontiert. Nach jeder Übung halten die Beobachter die Leistung der einzelnen Teilnehmer fest.

Am Ende des AC analysiert jeder Beobachter die Gesamtleistung jedes Teilnehmers, dann wird in einer Beobachterkonferenz das Gesamtergebnis diskutiert. Daraus ergibt sich meist eine Rangfolge der Bewerber. Diese kann dann zur Auswahl in weiteren Testverfahren oder zur Einstellungsentscheidung herangezogen werden.

Für ein Assessment-Center sind bestimmte **Übungen** charakteristisch:

Interviews	Hier wird ähnlich dem Bewerbungsgespräch ein Interview mit einem der Teilnehmer geführt. Diese Maßnahme kann eine Einladung zum Bewerbungsgespräch auch gänzlich ersetzen. Daher gelten die gleichen Auswertungskriterien.
Präsentationen	Nach einer kurzen Vorbereitungszeit müssen die Teilnehmer ein bestimmtes Thema vorstellen. Hier werden das Auftreten, die Fachkompetenz, die Selbstsicherheit, die Präsentationsfähigkeiten und die kommunikative Kompetenz bewertet.

Rollenspiele	Der Bewerber wird mit einer Situation aus der Berufspraxis konfrontiert, die am zukünftigen Arbeitsplatz auftreten kann. So muss etwa ein Teamleiter ein Kritikgespräch mit einem Mitarbeiter führen. Hier werden dann Handlungsfähigkeit, soziale Kompetenz, Auftreten und die Gesprächsführung bewertet.
Postkorbübungen	Der Bewerber soll verschiedene Aufgaben und Schriftstücke sortieren bzw. direkt bearbeiten. Dabei wird er unter Zeitdruck gesetzt, sodass er unmöglich alle anfallenden Tätigkeiten schaffen kann. Also muss er entscheiden, welche Aufgaben er selbst erledigt, welche er delegiert und welche er verschiebt. Hier wird die Fähigkeit des Bewerbers getestet, konzeptionell zu arbeiten, zu delegieren, Entscheidungen zu treffen und zu organisieren.
Gruppendiskussionen	Alle Bewerber sollen zu einer bestimmten – häufig kontroversen – Problemstellung bzw. einem aktuellen Thema eine Diskussion führen. Bewertet werden bei dieser Übung neben den kommunikativen und rhetorischen Kompetenzen auch Durchsetzungsfähigkeit, soziale Kompetenz, Team- und Moderationsfähigkeit sowie die Kompromissbereitschaft der einzelnen Teilnehmer.
Fallstudien	Zu einer bestimmten Problemstellung sollen die Teilnehmer entweder allein oder in der Gruppe eine passende Lösung erarbeiten. Bewertet werden Einfallsreichtum, Fachkompetenz und eventuell die Arbeit in der Gruppe.

Auswertung des Assessment-Centers

Für jede Übung im AC existiert ein Beurteilungsbogen, der die Testkriterien der Übung beinhaltet. Der Moderator sammelt alle Beobachtungsbögen ein und diskutiert mit den Beobachtern Abweichungen und Gemeinsamkeiten, dann einigt man sich auf ein gemeinsames Ergebnis (eine gültige Rangfolge der Bewerber), welches die Grundlage für die spätere Einstellungsentscheidung bildet.

3.1.5 Einstellungstests

Als ergänzende Hilfe für die Auswahlentscheidung werden häufig Einstellungstests genutzt. Sie können als einzelne Maßnahme betrachtet und durchgeführt werden, werden aber meist mit anderen Verfahren verbunden. So kann z. B. im Anschluss an das Bewerbungsgespräch oder als Übung in einem Assessment-Center ein Einstellungstest durchgeführt werden.

→ ***Praxistipp***
Bei Bewerbungen um einen Ausbildungsplatz steht der Einstellungstest häufig als Eignungstest zu Beginn des Auswahlverfahrens.

Je nach gewünschtem Erkenntnisgewinn können unterschiedliche Tests durchgeführt werden:

Intelligenztest	Lernfähigkeitstest	Leistungstest	Fachtest
Die intellektuelle Leistungsfähigkeit der Bewerber wird gemessen: • Merkfähigkeit • Kombinationsfähigkeit • Analogiedenken • Sprachbeherrschung • räumliche Vorstellungskraft	Bei diesem Testverfahren wird der Bewerber hinsichtlich seiner Fähigkeit beurteilt, neue Sachverhalte zu begreifen bzw. sich neuen Anforderungen anzupassen.	Getestet werden: • Aufmerksamkeit • Geschicklichkeit • Belastbarkeit • Gedächtnis • Konzentrationsfähigkeit • Reaktionsvermögen Üblich ist ein Testverfahren, das zeitlich nicht zu schaffen ist. Damit soll geprüft werden, wie der Bewerber mit einer solchen Stress-Situation umgeht.	Es werden spezifische Fachfragen gestellt, die den Bewerber hinsichtlich besonderer Qualifikationen abprüfen. Dabei können nur ein Themenbereich (z. B. Computerkenntnisse) oder mehrere relevante Bereiche getestet werden.

Die oben beschriebenen Testverfahren können entweder für sich alleine genutzt oder in einem Gesamttest zusammengefasst werden.

→ ***Praxistipp***
Beispiele für die unterschiedlichen Testverfahren finden Sie im Internet z. B. unter www.ausbildungspark.com/einstellungstest/.

3.2 Personal einstellen

Nachdem die Bewerber die entsprechenden Auswahlinstrumente durchlaufen haben, wird sich das Unternehmen für einen geeigneten Kandidaten entscheiden.

Bei der Einstellung des neuen Mitarbeiters sind nun einige wichtige Aspekte zu beachten:

- Rechte des Betriebsrats,
- Gestaltung des Arbeitsvertrages sowie
- Regelungen des Allgemeinen Gleichbehandlungsgesetzes (AGG).

3.2.1 Rechte des Betriebsrats

Personelle Angelegenheiten berühren die Rechte des Betriebsrats. Das Betriebsverfassungsgesetz (BetrVG) sieht bei den **allgemeinen personellen Angelegenheiten** vor, dass der Betriebsrat

- bereits bei der Personalplanung zu unterrichten ist (§ 92 BetrVG),
- eine interne Stellenausschreibung verlangen kann (§ 93 BetrVG), 10 | 2.2
- Auswahlrichtlinien für die Einstellung zustimmen muss (§ 95 BetrVG).

1 | 2.3.1 Bei der tatsächlichen Einstellung von Mitarbeitern handelt es sich hingegen um eine Mitbestimmung bei **personellen Einzelmaßnahmen** nach **§ 99 BetrVG**. Diese Rechte des Betriebsrats greifen allerdings erst bei einer Unternehmensgröße ab 20 wahlberechtigten Arbeitnehmern. Der Arbeitgeber muss demnach

- den Betriebsrat vor jeder geplanten Einstellung **unterrichten**,
- dem Betriebsrat die **Bewerbungsunterlagen** aller Bewerber **vorlegen**,
- die **Zustimmung** des Betriebsrats zur geplanten Einstellung **einholen**.

Der Betriebsrat kann die Zustimmung ausschließlich aus einem der in **§ 99 Abs. 2 BetrVG** genannten Gründen verweigern:

- Verstoß gegen Tarifverträge, Gesetze oder gültige Betriebsvereinbarungen
- Verstoß gegen die Auswahlrichtlinien nach § 95 BetrVG
- Es besteht die Befürchtung, dass durch die Einstellung Nachteile für die bislang Beschäftigten zu erwarten sind.
- Die Stelle wurde nicht intern ausgeschrieben.
- Durch die Einstellung ist eine Störung des Betriebsfriedens zu befürchten.

Wurde der Betriebsrat informiert, schweigt aber, so gilt dies als Zustimmung. Sollte der Betriebsrat der Einstellung widersprechen, so muss er dies **innerhalb einer Woche** unter Angabe von Gründen tun. In diesem Fall kann der Arbeitgeber die fehlende Zustimmung durch eine Entscheidung des Arbeitsgerichtes ersetzen.

> **→ *Praxistipp***
> Bei der Einstellung von leitenden Angestellten greifen die Regelungen des BetrVG nicht, da sie im Sinne des Gesetzes nicht als Arbeitnehmer gelten. In diesem Fall muss der Betriebsrat lediglich informiert werden.

3.2.2 Gestaltung des Arbeitsvertrages

> **→ *Praxistipp***
> 6 | 3.3.1 Die Regelungen zum Arbeitsvertrag wurden bereits ausführlich in Band 2 behandelt. Wiederholen Sie an dieser Stelle das entsprechende Kapitel.

Der Arbeitsvertrag ist eine Form des Dienstvertrages. In ihm verpflichtet sich einerseits der Arbeitgeber zur Entlohnung des Arbeitnehmers, andererseits der Arbeitnehmer zur Erfüllung der vereinbarten Aufgaben.

Arbeitsverträge können

- unbefristet oder mit einer zeitlichen Befristung abgeschlossen werden,
- eine Vollzeit- oder eine Teilzeitbeschäftigung vorsehen,
- mit dem Mitarbeiter direkt oder zwischen einem Personalleasingunternehmen und dem Mitarbeiter abgeschlossen werden. 10|2.3.4

Für den Abschluss des Arbeitsvertrages gilt grundsätzlich der **Grundsatz der Vertragsfreiheit**. Um Benachteiligungen des Arbeitnehmers zu vermeiden, ist dieser 8|1.3 Grundsatz allerdings durch verschiedene Gesetze und Verordnungen teilweise eingeschränkt worden. So regelt etwa das **Nachweisgesetz**, dass die wichtigsten Vereinbarungen des Arbeitsvertrages vom Arbeitgeber schriftlich niedergelegt und unterschrieben werden müssen und dem Arbeitnehmer innerhalb eines Monats nach Arbeitsbeginn auszuhändigen sind.

Festgehalten werden müssen demnach insbesondere die Höhe des Entgeltes, der Beginn der Tätigkeit, Name und Anschrift beider Parteien, die Beschreibung der Tätigkeit, die Kündigungsfrist, die vereinbarte Probezeit und die Urlaubsregelung.

→ ***Praxistipp***
Bei der Kündigung eines Arbeitsvertrages greifen die Bestimmungen des § 622 BGB (Kündigungsfristen) sowie ggf. die Regelungen des Kündigungsschutzgesetzes (KSchG). 6|3.3.1

Enthält der Arbeitsvertrag einzelne **unwirksame Klauseln** (meist unangemessene Benachteiligungen des Arbeitnehmers), wird dadurch der entsprechende Teil des Vertrages ungültig. Es greift stattdessen die gesetzliche Regelung. Bei massiven Verstößen kann sogar der gesamte Arbeitsvertrag außer Kraft gesetzt werden.

3.2.3 Allgemeines Gleichbehandlungsgesetz (AGG)

Mit dem Allgemeinen Gleichbehandlungsgesetz liegt seit 2006 ein umfassendes Gesetz gegen Diskriminierungen vor. Das AGG setzt in Deutschland verschiedene EU-Richtlinien um, die eine Benachteiligung wegen bestimmter Merkmale verbieten. Neben dem BetrVG und den daraus abgeleiteten Rechten des Betriebsrats müssen Unternehmen bei der Einstellung und Beschäftigung von Arbeitnehmern somit auch das AGG beachten.

Auszug aus dem Allgemeinen Gleichbehandlungsgesetz (AGG)

§ 1 Ziel des Gesetzes
Ziel des Gesetzes ist, Benachteiligungen aus Gründen der Rasse oder wegen der ethnischen Herkunft, des Geschlechts, der Religion oder Weltanschauung, einer Behinderung, des Alters oder der sexuellen Identität zu verhindern oder zu beseitigen.

§ 2 Anwendungsbereich

(1) Benachteiligungen aus einem in § 1 genannten Grund sind nach Maßgabe dieses Gesetzes unzulässig in Bezug auf:

1. die Bedingungen, einschließlich Auswahlkriterien und Einstellungsbedingungen, für den Zugang zu unselbstständiger und selbstständiger Erwerbstätigkeit, unabhängig von Tätigkeitsfeld und beruflicher Position, sowie für den beruflichen Aufstieg,

2. die Beschäftigungs- und Arbeitsbedingungen einschließlich Arbeitsentgelt und Entlassungsbedingungen, insbesondere in individual- und kollektivrechtlichen Vereinbarungen und Maßnahmen bei der Durchführung und Beendigung eines Beschäftigungsverhältnisses sowie beim beruflichen Aufstieg, [...]

Das AGG unterscheidet zwei Anwendungsbereiche:

- **Persönlicher Anwendungsbereich**
  Das AGG gilt für Arbeitnehmer, Auszubildende, Bewerber auf eine Stelle sowie für ehemalige Mitarbeiter, deren Arbeitsverhältnis zwar beendet ist, die aber noch nachwirkende Rechte haben (z. B. betriebliche Altersvorsorge). Als Arbeitnehmer gelten die natürlichen und rechtlichen Personen, mit denen der Arbeitgeber einen Arbeitsvertrag hat oder anstrebt. Ein Unternehmen, das Leiharbeitnehmer nach
  10 | 2.3.4 dem AÜG (Arbeitnehmerüberlassungsgesetz) beschäftigt, wird ebenfalls als Arbeitgeber nach diesem Gesetz angesehen.

- **Sachlicher Anwendungsbereich**
  Das AGG gilt für den Zugang zur Beschäftigung, also für Einstellungsverfahren, aber auch für alle Beschäftigungsbedingungen, einschließlich Entlassung, Beförderung, Arbeitsentgelt, Zugang zu Weiterbildung und Kündigung.

Anwendung des AGG

Das Gesetz unterscheidet verschiedene Arten der Benachteiligung, die sämtlich verboten sind:

Unmittelbare Benachteiligung	Liegt dann vor, wenn eine Person eine weniger günstige Behandlung erfährt als eine andere Person in einer vergleichbaren Situation. **Beispiel** In der Stellenausschreibung wird nach einem „jungen“ Teamleiter gesucht. Dies benachteiligt unmittelbar ältere Bewerber.
Mittelbare Benachteiligung	Ist immer dann gegeben, wenn dem Anschein nach neutrale Regeln, Vorschriften, Kriterien oder Verfahren Personen gegenüber anderen Personen benachteiligen. Ausnahmen sind möglich, wenn diese sachlich und rechtlich gerechtfertigt und verhältnismäßig sind. **Beispiel** Um die Stelle des Teamleiters zu besetzen, wird eine ununterbrochene Beschäftigung vorausgesetzt. Eine Frau, die wegen eines Kindes im Mutterschutz war, kann sich daher nicht bewerben. Dies ist eine mittelbare Benachteiligung.

Belästigung	Eine Belästigung liegt dann vor, wenn die Würde einer Person herabgesetzt oder verletzt wird und ein Umfeld geschaffen wird, das von Anfeindung, Einschüchterung, Beleidigung, Entwürdigung oder Erniedrigung bestimmt ist. **Beispiel** Im Vorstellungsgespräch für die Teamleiterstelle werden abwertende Äußerungen über die Behinderung eines Bewerbers gemacht.
Sexuelle Belästigung	Die sexuelle Belästigung ist dann gegeben, wenn sie ein unerwünschtes, sexuell bestimmtes Verhalten bezweckt oder bewirkt. Dazu gehören insbesondere unerwünschte sexuelle Handlungen und Aufforderungen, sexuell bestimmte körperliche Berührungen, Bemerkungen sexuellen Inhalts sowie unerwünschtes Zeigen und sichtbares Anbringen von pornografischen Darstellungen. **Beispiel** Im Vorstellungsgespräch fallen anzügliche Bemerkungen und Kommentare.
Anweisung zur Benachteiligung	Die Anweisung, eine Person aus den oben genannten Gründen herabzusetzen oder zu benachteiligen, gilt grundsätzlich als unzulässig. **Beispiel** Der Personalchef weist den Personalsachbearbeiter an, allen Bewerbern mit einer bestimmten ethnischen Herkunft sofort abzusagen.

Gebote des AGG

Aus dem AGG können verschiedene Gebote abgeleitet werden:

- Stellenausschreibungen sind neutral und ohne direkte oder indirekte Diskriminierungsmerkmale zu gestalten. Bereits die Anforderung eines Lichtbildes kann eine Diskriminierung sein.
- Der Arbeitgeber muss den Arbeitnehmer vor jeder Form der Benachteiligung schützen, dazu sind auch vorbeugende Maßnahmen zu treffen.
- Jede Form der betrieblichen Weiterbildung muss so gestaltet sein, dass der Zugang dazu ohne Diskriminierung abläuft.
- Unternehmen sollen auf das Benachteiligungsverbot hinweisen und darauf hinwirken, dass Benachteiligungen nicht vorkommen.
- Das AGG und die entsprechenden Beschwerdestellen sind bekannt zu machen. Der Betriebsrat ist angehalten, über die Einhaltung des AGG zu wachen.

Rechtliche Möglichkeiten und Folgen bei Verstößen gegen das AGG

Bei vermuteten Verstößen gegen das AGG können sich Mitarbeiter direkt an die Personalabteilung oder den Betriebsrat wenden (Beschwerderecht). Möglicherweise gibt es im Unternehmen einen eigens bestellten Ansprechpartner. Außerhalb des Unternehmens kann man sich an die Antidiskriminierungsstelle des Bundes wenden (www.antidiskriminierungsstelle.de).

Verstöße gegen das AGG können verschiedene rechtliche Folgen nach sich ziehen:

- Bei verschuldeter und unzulässiger Benachteiligung entsteht ein Schadensersatzanspruch für materielle Schäden (§ 15 AGG).
- Für immaterielle Schäden entsteht ein Schmerzensgeldanspruch.

- Bereits Beschäftigte haben das Recht auf Unterlassung und Beseitigung der Benachteiligung.
- Bereits Beschäftigte haben das Recht, die Arbeitsleistung zu verweigern (§ 14 AGG), wenn der Arbeitgeber von der Diskriminierung Kenntnis hat, aber keine oder nur ungeeignete Maßnahmen zur Unterbindung ergreift.

→ ***Praxistipp***
Gemäß § 15 Abs. 6 AGG führt ein Verstoß des Arbeitgebers gegen das gesetzliche Benachteiligungsverbot ausdrücklich **nicht** zu einem „Einstellungsanspruch".

Beweisführung bei Verstößen gegen das AGG

Trägt eine Partei Indizien vor, die eine Benachteiligung im Sinne des AGG vermuten lassen, dann trägt die Gegenpartei die Beweislast, nachzuweisen, dass keine Benachteiligung vorliegt.

Dies bedeutet insbesondere, dass der Bewerber oder Arbeitnehmer die Benachteiligung nicht explizit beweisen muss. Er kann über Indizien einen entsprechenden Verdacht begründen. Der Arbeitgeber hingegen muss eindeutig den Beweis erbringen, dass keine Benachteiligung vorliegt.

Beispiel
Eine Stellenanzeige, in der ein „junger" Teamleiter gesucht wurde, stellt ein Indiz dafür dar, dass ein 50-jähriger Bewerber wegen seines Alters abgelehnt wurde. Der Arbeitgeber muss nun zweifelsfrei beweisen, dass er bei seiner Auswahlentscheidung nicht gegen das AGG verstoßen hat.

Bedeutung des AGG bei der Personaleinstellung

Insgesamt beinhaltet das AGG eine Vielzahl von Regelungen, die den Prozess der Personaleinstellung berühren. Personalverantwortliche müssen von der Stellenausschreibung bis hin zur Entscheidung für einen Bewerber aufmerksam sein und die entsprechenden Vorschriften einhalten. Weitere Präzisierungen des Gesetzes sind von der Rechtsprechung zu erwarten.

Diskriminierung per Stellenanzeige: Vorsichtig formulieren, sonst Klage

Sucht eine Firma nur „Mitarbeiter zwischen 25 und 35 Jahren", können gescheiterte Bewerber klagen – sogar, wenn niemand eingestellt wird, entschied das Bundesarbeitsgericht. Auch in anderen Fällen müssen Unternehmen sich bei ihren Annoncen in Acht nehmen.

Mit diskriminierenden Stellenausschreibungen gehen Arbeitgeber ein hohes Klagerisiko ein.
Selbst wenn sie am Ende die Stelle gar nicht besetzen, sind sie keineswegs aus dem Schneider – abgelehnte Kandidaten können trotzdem klagen. Das zeigt ein Urteil des Bundesarbeitsgerichts.
Im Streitfall hatte ein Unternehmen im Juni 2009 per Stellenausschreibung zwei IT-Mitarbeiter „im Alter zwischen 25 und 35 Jahren" gesucht. Ein älterer IT-Spezialist, Jahrgang 1956, hatte sich dennoch beworben und erhielt keine Einladung zum Vorstellungsgespräch. Die Firma führte Gespräche mit anderen Kandidaten, verzichtete schließlich aber auf die Besetzung der Stellen.
Vor Gericht argumentierte der 53-jährige Bewerber, er sei wegen seines Alters benachteiligt worden. Er forderte eine Entschädigung von rund 26 000,00 € und hatte zunächst keinen Erfolg. Das Landesarbeitsgericht Berlin-Brandenburg wies die Klage allein mit der Begründung ab, die Firma könne gar nicht gegen das Benachteiligungsverbot verstoßen haben, weil ja auch kein anderer, jüngerer Bewerber zum Zug kam. Ob der Interessent objektiv für den Job geeignet sei, könne „daher dahinstehen".

Das sah das Bundesarbeitsgericht anders. Eine Diskriminierung könne auch vorliegen, wenn letztlich gar kein Bewerber eingestellt wurde. Daher komme eine Entschädigung nach dem Allgemeinen Gleichbehandlungsgesetz (AGG) in Betracht, so die Erfurter Richter. Der Fall geht zurück an die Vorinstanz: Nun muss das Landesarbeitsgericht erneut prüfen, ob der Kläger für den Job geeignet war, aber tatsächlich wegen seines Alters nicht genommen wurde (Aktenzeichen 8 AZR 285/11).
[...] Generell sollten Unternehmen ihre Stellenanzeigen höchst vorsichtig formulieren, wie auch ein anderer Fall zeigt. Steht etwa in der Annonce „Geschäftsführer gesucht", ist das juristisch haarig, zumindest wenn im weiteren Text nicht ausdrücklich auch Bewerberinnen angesprochen werden. Denn die Überschrift erweckt den Eindruck, dass für die Position nur Männer infrage kommen – ein Verstoß gegen das Allgemeine Gleichbehandlungsgesetz (AGG), so das Oberlandesgericht Karlsruhe (Aktenzeichen 17 U 99/10).
Es ging um eine Stellenanzeige mit der Überschrift „Geschäftsführer zum nächstmöglichen Eintrittstermin gesucht für mittelständisches Logistik-, Transport- und Umzugsunternehmen". Nach ihrer abgelehnten Bewerbung forderte eine Frau 25 000,00 € Entschädigung, weil sie wegen ihres Geschlechts benachteiligt worden sei.
Die Richter in zweiter Instanz sprachen ihr 13 000,00 € zu: Dass es sich nicht um Diskriminierung handele, müsse hier das Unternehmen beweisen, habe jedoch die Auswahlkriterien nicht dargelegt.
Einen pauschalen Anspruch, dass Firmen ihre Bewerbungsverfahren offenlegen, gibt es nicht. Das hatte der Europäische Gerichtshof im April entschieden, nach einem fünfjährigen Rechtsstreit zwischen einer Softwarefirma und einer Informatikerin russischer Herkunft. Bei konkreten Anhaltspunkten für Diskriminierung müssen Arbeitgeber allerdings schon schlüssig begründen, dass ihre Entscheidung korrekt und keine Benachteiligung ist.
[Auch nach § 75 BtrVG haben sowohl Arbeitgeber als auch Betriebsrat darüber zu wachen, dass bei der Behandlung von Betriebsangehörigen dem AGG entsprechende Grundsätze beachtet werden.]

Quelle: Jochen Leffers, DER SPIEGEL, 29.08.2012 unter: https://www.spiegel.de/karriere/arbeitsrecht-vorsicht-diskriminierung-in-der-stellenanzeige-a-852773.html [30.03.2021].

Zusammenfassung

Instrumente der Personalauswahl im Dialogmarketing

- Analyse der Bewerbungsunterlagen
- Vorstellungsgespräche
- Telefoninterviews/Videointerviews
- Assessment-Center
- Einstellungstests

- **Bewerbungsunterlagen** werden nach folgenden Kriterien geprüft:
  - Vollständigkeit (Anschreiben, Lebenslauf, Zeugnisse)
  - Form
  - Inhalt
  - Sprache
  - Stil
- **Vorstellungsgespräche** dienen dazu, einen Bewerber näher kennenzulernen, noch offene Fragen zu klären, die Eignung des Bewerbers zu prüfen und den Bewerber über die Stelle und das Unternehmen zu informieren. Eine genaue Vorbereitung sowie ein strukturierter Ablauf sind bei Bewerbungsgesprächen sehr wichtig, da die Gespräche mit hohen Kosten verbunden sind. Onlineformate sind inzwischen eine kostengünstige Alternative.
- **Telefon- bzw. Videointerviews** sind im Dialogmarketing ein kostensparendes und effektives Instrument der Bewerberauswahl, da hier die Schlüsselqualifikation Kommunikationsfähigkeit direkt geprüft wird. Der Ablauf kann ähnlich wie beim normalen Vorstellungsgespräch gestaltet werden.
- Bei **Assessment-Centern** handelt es sich um Gruppenauswahlverfahren, bei denen mehrere Bewerber während eines längeren Zeitraums mithilfe verschiedener Übungen geprüft werden. Ziel ist es, den Bewerber zu finden, der insgesamt am besten geeignet ist, die Anforderungen der Stelle zu erfüllen.
- **Einstellungstest**
  - Intelligenztest
  - Lernfähigkeitstest
  - Leistungstest
  - Test zu Fachwissen
- Bei der Einstellung eines neuen Mitarbeiters müssen **rechtliche Rahmenbedingungen** wie die Mitwirkungsrechte des Betriebsrats, die Bestimmungen zur Ausgestaltung des Arbeitsvertrages und die Regelungen des Allgemeinen Gleichbehandlungsgesetzes (AGG) beachtet werden.
- Das **AGG** soll Bewerber und Mitarbeiter vor Benachteiligungen und Diskriminierungen aufgrund von Rasse, ethnischer Herkunft, Geschlecht, Religion, Weltanschauung, Behinderung, Alter oder sexueller Identität schützen.

■ *Aufgaben*

1. *Sie arbeiten in der Personalabteilung von Dialogfix und erhalten den Auftrag, verschiedene Mitarbeiter auszuwählen:*
   a) einen neuen Agent für die technische Hotline
   b) eine/n Auszubildende/n „Kaufmann/Kauffrau für Dialogmarketing"
   c) einen Teamleiter
   Welche Auswahlverfahren in welcher Reihenfolge würden Sie für die jeweilige Position einsetzen? Begründen Sie Ihre Entscheidung.

2. *Eingehende Bewerbungsunterlagen werden durch die Personalabteilung sorgfältig begutachtet.*
   a) Welche Kriterien gelten für die Analyse der Bewerbungsunterlagen? Wie können diese Kriterien geprüft werden?
   b) Auf welche Punkte wird im Anschreiben besonders geachtet?

3. *Entwerfen Sie einen Leitfaden zur Durchführung eines Telefoninterviews für die Auswahl*
   a) eines Auszubildenden im Dialogmarketing,
   b) eines Teamleiters.
   Welche Unterschiede haben sich ergeben? Begründen Sie diese.

4. *Beschreiben Sie den typischen Ablauf eines Bewerbungsgespräches. Wie sind die einzelnen Phasen zu gestalten?*

5. *Erarbeiten Sie in Dreiergruppen eine Rollenspielsituation: Zwei Schüler sind Mitarbeiter der Personalabteilung bzw. Führungskraft, einer ist Bewerber um einen Ausbildungsplatz.*
   a) Erstellen Sie zusammen einen Ablaufplan für das Bewerbungsgespräch und führen Sie dieses dann durch.
   b) Analysieren Sie anschließend den Ablauf. Nutzen Sie dazu den Beurteilungsbogen von Seite 50. Web

6. *Vergleichen Sie in der Klasse den Ablauf der Bewerbungsverfahren, die Sie selbst in Ihren Ausbildungsbetrieben erlebt haben. Wo gibt es Gemeinsamkeiten, wo Unterschiede?*

7. *Für die Stelle des Teamleiters soll ein Assessment-Center durchgeführt werden. Sie sind Mitarbeiter der Personalabteilung und erhalten den Auftrag, das AC vorzubereiten. Recherchieren Sie in der Gruppe verschiedene Übungen (z. B. unter www.jobware.de/Ratgeber/Das-Vorstellungsgespraech.html und https://karrierebibel.de/assessment-center) und erarbeiten Sie einen kompletten Ablauf jeweils mit Aufgabenbeschreibungen für die Bewerber.*

8. *Stellen Sie zusammen, welche Rechte der Betriebsrat im gesamten Prozess der Personalauswahl hat.*

9. *Die Entscheidung für den neuen Teamleiter ist gefallen. Unter BuchPlusWeb finden Sie einen Auszug des vorgesehenen Arbeitsvertrages – leider haben sich einige Fehler eingeschlichen.* Web
   a) Finden Sie die Fehler im Arbeitsvertrag.
   b) Erklären Sie, um welche Fehler es sich konkret handelt, und machen Sie entsprechende Verbesserungsvorschläge.
   c) Welche Auswirkungen haben solche Fehler in Arbeitsverträgen?

10. *Ermitteln Sie anhand des Textes von Seite 60 f., wie sich das AGG auf die Gestaltung von Stellenanzeigen auswirkt.*

11. *Unter BuchPlusWeb finden Sie eine Stellenanzeige der Dialogfix GmbH.* Web
    a) Analysieren Sie die Anzeige auf ihre Wirksamkeit bei potenziellen Interessenten. Welche Verbesserungsmöglichkeiten sehen Sie?
    b) Prüfen Sie die Einhaltung der rechtlichen Rahmenbedingungen (AGG) und nehmen Sie notwendige Anpassungen vor.

4 Neue Mitarbeiter einarbeiten und eingliedern

■ *Einstiegssituation*

Im vorangegangenen Auswahlverfahren wurde mittlerweile eine neue Teamleiterin gefunden. Es handelt sich dabei um Renate Klaas, sie wird bei TechDirekt ein neu zusammengestelltes Team übernehmen.

Thomas erhält den Auftrag, in Zusammenarbeit mit dem Personalreferenten einen Einarbeitungsplan zu entwickeln. Außerdem soll er dafür sorgen, dass die neue Mitarbeiterin am ersten Tag die wichtigsten Ansprechpartner kennenlernt. Zudem wird er beauftragt, für Renate Klaas eine Betriebsbesichtigung zu organisieren.

■ *Arbeitsaufträge*

1. ***Helfen Sie Thomas bei der Erstellung eines solchen Einarbeitungsplans. Welche Punkte müssen dabei berücksichtigt werden?***
2. ***Welche Maßnahmen zur Einarbeitung von neuen Mitarbeitern sind Ihnen bekannt?***
3. ***Stellen Sie mögliche Probleme zusammen, die bei der Eingliederung in ein Unternehmen auftauchen können.***

Die Integration eines neuen Mitarbeiters ist für Unternehmen ein wichtiger Prozess. Der Mitarbeiter soll organisatorisch und administrativ in das Unternehmen eingebunden werden. Dabei muss einerseits gewährleistet werden, dass das Unternehmen seinen Pflichten gegenüber dem neuen Mitarbeiter ohne Zeitverlust gerecht wird, andererseits soll der Mitarbeiter zeitnah mit seiner Tätigkeit beginnen können. Zudem gilt es nicht nur die fachliche Eingliederung zu gewährleisten, sondern auch dafür zu sorgen, dass der Mitarbeiter sich gedanklich und emotional auf seine neue Lebenssituation einlässt. Gerade dieser Situation stehen neue Mitarbeiter meist mit etwas Skepsis gegenüber, selbst wenn die Entscheidung zum Firmenwechsel bzw. Eintritt selbst getroffen wurde.

Unternehmen verfolgen im Rahmen der **strategischen Personalplanung** meist das Ziel, neu eingestellte Mitarbeiter langfristig zu binden und sich als attraktiver Arbeit-
10 | 1.1 geber zu präsentieren. Da Einstellungsverfahren und Schulungsmaßnahmen mit einem hohen finanziellen und personellen Aufwand verbunden sind, gilt es schnelle Kündigungen zu vermeiden.

4.1 Administrative Eingliederung neuer Mitarbeiter

Noch vor dem Start des neuen Mitarbeiters beginnt die Personalabteilung damit, ihn in die betriebliche Organisation einzubinden. Üblicherweise wird dieser Vorgang von einem **Personalreferenten** übernommen. Typische Aufgaben dabei sind:

- Anlegen der Personalakte
- Vorbereitung der Entgeltabrechnung
- Erstellen des Einarbeitungsplanes

Anlegen der Personalakte

> # *Definition*
> Die **Personalakte** ist ein wichtiges Hilfsmittel der Personalverwaltung und stellt eine Sammlung von schriftlichen Unterlagen über einen bestimmten Mitarbeiter dar.

Eine Personalakte kann sowohl elektronisch als Datenträger als auch „klassisch" in Papierform geführt werden. Diese Dokumentation soll ein lückenloses Bild über den Mitarbeiter vermitteln, sie wird direkt zu Beginn seiner Tätigkeit angelegt.

Folgende Unterlagen sind gewöhnlich Bestandteil der Personalakte:

- Bewerbungsschreiben
- Lebenslauf
- Personalfragebogen
- Arbeitsvertrag und sonstige Vereinbarungen
- disziplinarische Angelegenheiten
- Zeugnisse
- Beurteilungen

Vorbereitung der Entgeltabrechnung

Damit der neue Mitarbeiter rechtzeitig sein Gehalt erhält, wird er im Abrechnungssystem erfasst. Dort werden auch weitere wichtige Informationen wie Lohnsteueridentifikationsnummer, Sozialversicherungsnummer, Krankenkasse und Bankverbindung angelegt.

Diese Informationen werden zeitnah zur Einstellung benötigt, damit die erste **Entgeltabrechnung** und die erforderlichen Meldungen an die Sozialversicherung rechtzeitig erfolgen können. Damit der neue Mitarbeiter alle notwendigen Informationen und Unterlagen an seinem ersten Tag mitbringt, empfiehlt es sich, ihn vorab in einem Begrüßungsschreiben darauf hinzuweisen. 10|6.4

Beispiel

Renate Klaas hat von der Personalabteilung der Dialogfix GmbH das folgende Begrüßungsschreiben erhalten:

dialogfix GmbH

Herzlich willkommen bei der Dialogfix GmbH!

Sehr geehrte Frau Klaas,

schön, Sie bei uns begrüßen zu dürfen!

Ihr erster Arbeitstag wird der 15. Oktober sein. Bitte melden Sie sich bei Frau Alexandra Müller an unserem Empfang.

Für einen reibungslosen Start bringen Sie bitte folgende Unterlagen mit:

- Ihre Lohnsteueridentifikationsnummer
- eine Kopie Ihres Sozialversicherungsausweises
- eine Kopie Ihrer Krankenversichertenkarte
- eine Kopie Ihrer Bankkarte

Wir freuen uns auf die Zusammenarbeit mit Ihnen!

gez. Nico Martin, Personalreferent Dialogfix GmbH

4.2 Einarbeitung neuer Mitarbeiter

Mitarbeiter benötigen bei Aufnahme ihrer neuen Tätigkeit eine ausführliche Einweisung. Außerdem dürfen **vorgeschriebene Unterweisungen** für neue Mitarbeiter nicht vergessen werden. So ist es z. B. notwendig, dass neue Mitarbeiter Schulungen zu Arbeitssicherheit, Arbeitsschutz und Datenschutz erhalten, bevor sie ihre Tätigkeit beginnen. Es empfiehlt sich daher, den Prozess der **Einarbeitung** sorgfältig zu organisieren. Hilfreich für den neuen Mitarbeiter und die zuständige Führungskraft ist ein genauer Einarbeitungsplan, der folgende Faktoren berücksichtigt:

9 | 4.1.6

- Der Mitarbeiter benötigt Informationen über seine Arbeitsplatzumgebung, seine Aufgaben und seine Ziele.
- Der Mitarbeiter muss sozial in sein Team integriert werden und soll seine zukünftigen Arbeitskollegen kennenlernen.

- Der Mitarbeiter soll die Strukturen des Unternehmens und die notwendigen Ansprechpartner kennenlernen.
- Der Mitarbeiter benötigt Transparenz über Art und Dauer der Einarbeitung.
- Der Mitarbeiter benötigt die entsprechende fachliche Qualifikation.

Beispiel

dialogfix GmbH

Regeln für Führungskräfte zur Einarbeitung neuer Mitarbeiter der Dialogfix GmbH

1. Der neue Mitarbeiter wird an seinem ersten Tag durch die Führungskraft begrüßt.
2. Es erfolgt ein Einführungsgespräch, in dem der Mitarbeiter seine Aufgaben, Ziele sowie die betrieblichen Verordnungen kennenlernt.
3. Der Mitarbeiter erhält alle wichtigen Informationen sowie seinen Einarbeitungsplan in schriftlicher Form.
4. Der Mitarbeiter lernt seine Kollegen und Ansprechpartner persönlich kennen, die Führungskraft stellt ihn dabei vor.
5. Der Mitarbeiter erhält während der Einarbeitungszeit Feedback über seine Leistungen, die Termine für die Feedbackgespräche werden zu Beginn festgelegt.
6. Der Mitarbeiter erfährt zeitnah, ob die Probezeit bestanden wurde oder nicht.

Methoden der Einarbeitung

Wenn ein neuer Mitarbeiter eingearbeitet wird, stehen verschiedene Methoden zur Verfügung. Die Auswahl der passenden Methode ist einerseits abhängig von der Position bzw. der Stelle des neuen Mitarbeiters, andererseits natürlich auch von dessen Vorkenntnissen. Diese Methoden kommen zur Einarbeitung in Betracht:

Methoden zur Einarbeitung von neuen Mitarbeitern

Einführungsgespräch
Der Mitarbeiter wird durch die Führungskraft oder einen Mitarbeiter der Personalabteilung über die Art und den Umfang seiner Tätigkeit, betriebliche Regelungen (z. B. Krankmeldeprozess) sowie über seine Ziele unterrichtet.

Eigenständige Einarbeitung (Learning by Doing)
Nach einer kurzen Beschreibung der entsprechenden Aufgabe erlernt der Mitarbeiter diese durch die Tätigkeit selbst (**Training on the Job**). Der Mitarbeiter lernt auch aus seinen eigenen Fehlern.

Training/Innerbetriebliche Schulung
Dem neuen Mitarbeiter werden in einer oft mehrtägigen Schulungsphase die wichtigsten Kenntnisse über Aufgaben, Produkte oder Dienstleistungen sowie die Unternehmensstruktur vermittelt.

Patenmodell
Dem neuen Mitarbeiter wird ein fester Ansprechpartner zugewiesen. Dies ist meist ein erfahrener Mitarbeiter in gleicher oder ähnlicher Position, an den er sich während der Einarbeitung wenden kann.

Häufig wird bei der Einarbeitung ein Methodenmix eingesetzt, um je nach Tätigkeit oder Phase des Einarbeitungsprozesses die passende Variante wählen zu können. Meist wird der Einarbeitungsprozess durch soziale Maßnahmen ergänzt, wie z. B. eine Vorstellungsrunde im neuen Team.

Bei der Einarbeitung neuer Mitarbeiter ist es wichtig, bereits im Vorfeld ein Konzept zu entwickeln, welches die für den Ablauf notwendigen Maßnahmen enthält.

Folgende **Vorgehensweise** hat sich hierbei bewährt:

1. Die Maßnahmen zur Einarbeitung werden festgelegt.
2. Die Einführungsmaßnahmen werden in Ablauf und Inhalt geplant.
3. Die Personen, die die Einarbeitung durchführen und überwachen, werden ausgewählt und informiert (z. B. Pate).
4. Mit den ausgewählten Personen wird ein Detailkonzept erarbeitet.
5. Notwendiges Informationsmaterial wird bereitgestellt.
6. Es wird festgelegt, wie die Einarbeitungsfortschritte überwacht werden.

Einarbeitungspläne

Einarbeitungspläne werden eingesetzt, um während der Einarbeitung für die Führungskraft, den Paten und den Mitarbeiter eine strukturierte Vorgehensweise sowie Transparenz über das Vorgehen sicherzustellen.

In diesen Plänen ist inhaltlich und zeitlich genau festgelegt, wann welche Methode der Einarbeitung mit welchem Ziel eingesetzt wird. Es sollte hierbei sichergestellt werden, dass der neue Mitarbeiter seinen Einarbeitungsplan zu Beginn der Einarbeitung erhält.

Beispiel

Der Einarbeitungsplan für Renate Klaas bei TechDirekt sieht so aus:

Name des Mitarbeiters/der Mitarbeiterin	**Abteilung**	**Funktion/Stelle**
Renate Klaas	TechDirekt	Teamleiterin
Erster Tag	**Uhrzeit**	**Zuständig**
Mitarbeiterin wird am Empfang abgeholt.	09:00	Personalreferent
Vertieftes Begrüßungsgespräch. Inhalte: • organisatorische Einordnung • Einarbeitungsplan • Zweck und Aufgaben der Stelle • Arbeitszeiten	09:15	Personalreferent/ Personalchef

Betriebsbesichtigung	10:45	Personalreferent
Erster Tag	**Uhrzeit**	**Zuständig**
Erstes Kennenlernen der anderen Teamleiter von TechDirekt	11:30	Abteilungsleiter
Mittagspause	12:30	Abteilungsleiter
Erste Arbeitsbesprechung: Die neue Mitarbeiterin lernt Unternehmensziele und -leitbild, Aufgaben der Abteilung und organisatorische Einordnung ihrer Position kennen.	13:30	Abteilungsleiter
Kennenlernen des zu führenden Teams: In einem vorher geplanten Meeting lernt die Teamleiterin ihre zukünftigen Mitarbeiter kennen. Sie erhält die Möglichkeit, sich kurz vorzustellen.	14:30	Abteilungsleiter
Sicherheitsunterweisung: Die neue Mitarbeiterin erhält eine Schulung zu Arbeitssicherheit.	15:30	Sicherheitsbeauftragter
Datenschutzschulung: Die neue Mitarbeiterin nimmt an einer Schulung zu den betrieblichen Datenschutzregelungen teil.	16:15	Datenschutzbeauftragter
Kennenlernen des Paten: Die neue Mitarbeiterin lernt den Kollegen kennen, der sie bei der Einarbeitung unterstützt.	17:00	Pate
Zweiter Tag	**Uhrzeit**	**Zuständig**
Einweisung in den Arbeitsplatz: Die Mitarbeiterin lernt ihren Arbeitsplatz kennen und erhält eine erste Einweisung in die EDV.	09:00	Pate
Kennenlernen der folgenden Abteilungen: • Personal • Einsatzplanung • Kundenservice Die Mitarbeiterin lernt die Ansprechpartner der Abteilungen und die wichtigsten Schnittstellen kennen.	10:30	Pate
Mittagspause	12:30	Pate
Kennenlernen der folgenden Bereiche: • Sales Direkt • Infomanagement • Marketing Die Mitarbeiterin lernt die Ansprechpartner anderer Bereiche und die wichtigsten Schnittstellen kennen.	13:30	Pate
Dritter Tag bis fünfter Tag	**Uhrzeit**	**Zuständig**
Training: In einer innerbetrieblichen Schulung lernt die neue Mitarbeiterin alle Produkte, Preise und Tarife des Unternehmens sowie die für ihre Arbeit notwendigen Programme kennen.	jeweils 09:00–18:00 (1 Std. Mittagspause)	interner Trainer

Sechster Tag bis achter Tag	Uhrzeit	Zuständig
Teamleiter Ausbildung Seminar 1: In einer externen Schulung wird die Mitarbeiterin in die Grundsätze der Mitarbeiterführung und des Coachings eingeführt. Weitere Seminare (Module) erhält die Mitarbeiterin auch nach der Einarbeitung.	jeweils 09:00–18:00 (1 Std. Mittagspause)	externer Trainer
Neunter Tag bis 28. Tag	**Uhrzeit**	**Zuständig**
Die Mitarbeiterin beginnt mit der Leitung ihres Teams. Sie wird bei Fragen von ihrem Paten unterstützt. Projektaufgaben werden noch nicht zugewiesen.	09:00–17:30	Pate
28. Tag bis 40. Tag	**Uhrzeit**	**Zuständig**
Die Mitarbeiterin beginnt die eigenständige Arbeit. Neben der Leitung des Teams können auch Projektaufgaben übernommen werden. Es gibt bei Fragen weiterhin Unterstützung durch Paten und Abteilungsleiter.	09:00–17:30	Pate/Abteilungsleiter

4.3 Teamarbeit im Dialogmarketing

In der betrieblichen Praxis ist es üblich, die Arbeit bzw. die Aufgaben an kleine organisatorische Einheiten zu verteilen. Diese verfolgen dann unter der Führung eines Teamleiters ein gemeinsames Ziel, um die anfallenden Tätigkeiten zu erfüllen.
Es hat sich gezeigt, dass Teams besonders effizient arbeiten, wenn sie aus unterschiedlichen Charakteren und Persönlichkeiten bestehen. Dabei sollten sich die einzelnen Fähigkeiten der Mitarbeiter gegenseitig ergänzen, um optimale Ergebnisse zu erzielen. Funktionierende **Teamarbeit** ist somit ein entscheidendender Erfolgsfaktor im Dialogmarketing.

9|4.1

→ ***Praxistipp***
Wiederholen Sie aus Band 2 das Kapitel „Arbeit im Team planen und organisieren“.

Wenn ein **neuer Teamleiter** ein bestehendes Team übernimmt oder ein Team neu zusammengestellt wird, ist es ratsam, aktiv auf eine positive Entwicklung des Teams einzuwirken.

4.3.1 Teamentwicklung

Unter Teamentwicklung wird einerseits der **automatisch ablaufende** Prozess verstanden, den Gruppen und Teams im Verlauf ihres Entstehens phasenweise erleben. Andererseits dient Teamentwicklung als **aktive, gesteuerte Methode** dazu, Motivation und Zusammenhalt in einem Team zu verbessern. Dadurch sollen Kooperationsbe- 9|4.1.3
reitschaft und Teamgeist verbessert werden, um gemeinsame Ziele zu erreichen. Dies verbessert nicht nur die Kompetenzen und das Verhalten Einzelner, sondern optimiert auch die Organisation des Teams.

Beispiel

Renate Klaas hat mit Beginn ihrer Tätigkeit ein Team zugewiesen bekommen. Der Prozess der Teamentwicklung läuft nun einerseits automatisch ab, andererseits kann sie diesen aber auch selbst aktiv beeinflussen.

Der **Teamleiter** spielt eine wichtige Rolle, wenn es um den Erfolg eines Teams bzw. einen positiven Ausgang der Teamentwicklung geht:

- Als **Coach** sorgt er für eine ständige Weiterentwicklung der Mitarbeiter. 12|2.2
- Als **Moderator** steuert er die Teamentwicklung und Teamfindung aktiv.
- Als **Konfliktlöser** sorgt er für eine positive und fruchtbare Zusammenarbeit.

Phasen der Teamentwicklung nach Tuckman

Nach dem Modell der „Teamentwicklungsuhr" des amerikanischen Erziehungswissenschaftlers **Bruce W. Tuckman** durchläuft ein Team bei seiner Entwicklung mehrere Phasen, die sich idealtypisch wie folgt voneinander abgrenzen lassen:

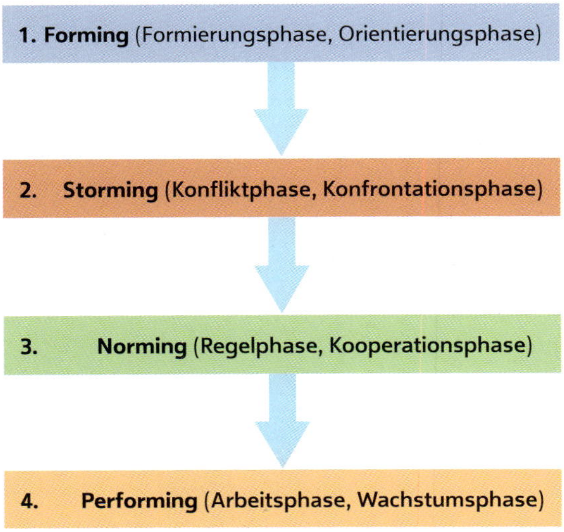

Am Beispiel der neuen Teamleiterin stellen sich die Phasen z. B. so dar:

- **Forming**
  In der Formingphase (Formierungsphase, Orientierungsphase) läuft das Kennenlernen der Teammitglieder mit der neuen Führungskraft oder bei einem komplett neuen Team das Kennenlernen aller Teammitglieder ab. In dieser Phase entsteht das Team, die Mitglieder haben bestimmte Erwartungen und sind auf der Suche nach ihrer jeweiligen Rolle im Team. Auch wenn die Rollen unter einer vorherigen Führungskraft bereits verteilt waren, kann diese Verteilung von vorne beginnen. Die gemeinsamen Ziele des Teams werden auf Basis vorhandener Informationen definiert.

- **Storming**
  Die Stormingphase (Konfliktphase, Konfrontationsphase) ist die wichtigste, aber auch die gefährlichste Phase für den Erfolg eines Teams. Es werden Positions- und Machtkämpfe unter den Teammitgliedern ausgetragen, nicht selten kommt es hierbei zu Konflikten. Einzelne Mitglieder des Teams versuchen ihr Verhalten als Gruppennorm durchzusetzen, also zu Vorbildern der gesamten Gruppe zu werden. Hier werden die eingesetzten Methoden der Führungskraft von den Teammitgliedern infrage gestellt. Es existiert noch kein echtes Gefühl der Zusammengehörigkeit oder Verbundenheit mit der Führungskraft.

- **Norming**
  In der Normingphase (Regelphase, Kooperationsphase) entwickelt sich der Gruppenzusammenhalt, ein Wir-Gefühl entsteht. Die Mitglieder des Teams haben ihre Rolle gefunden und sich darin gegenseitig akzeptiert, auch die Führungskraft erfährt nun die notwendige Akzeptanz.

- **Performing**
  In der Performingphase (Arbeitsphase, Wachstumsphase) widmen sich die Mitglieder des Teams zielstrebig und mit vollem Engagement der gemeinsamen Zielerreichung. Diese Phase ist geprägt von Offenheit der einzelnen Teammitglieder, regelmäßigem Austausch und Feedback sowie Solidarität.

> ***Praxistipp***
> Später ergänzte Tuckman das Modell der Teamentwicklung um eine **fünfte Phase**, die insbesondere bei Teams, die nur für einen begrenzten Zeitraum zusammenarbeiten, von Bedeutung ist (z. B. Projektteams, Arbeitsgruppen). Diese Phase nannte Tuckman „Adjourning“ (Auflösungsphase).

- **Adjourning**
  Das Team hat zu einer erfolgreichen und fruchtbaren Zusammenarbeit gefunden, nun naht das Ende dieser gemeinsamen Zeit. Die Auflösungsphase ist dementsprechend geprägt von Emotionen wie Freude und Stolz über die geleistete Arbeit auf der einen Seite sowie Depression und Unsicherheit wegen der bevorstehenden Trennung auf der anderen Seite. Die Teammitglieder verlieren hier nicht selten die Energie, die noch anfallenden Arbeiten zu erledigen, sie distanzieren sich innerlich bereits von der Aufgabe bzw. dem Projekt.

Einflussnahme auf die Teamentwicklung

Die Phasen der Teamentwicklung können in der Reihenfolge durch eventuelle Rückschläge des Teams verändert werden. Phasen überschneiden sich und können streckenweise gleichzeitig verlaufen. Auch erreichen manche Teams nie die Performingphase, werden also nie wirklich arbeitsfähig. Dies kann z. B. dann passieren, wenn Konflikte nicht ordentlich gelöst werden, Ziele nicht klar definiert sind oder andere Einflüsse eine Teamentwicklung negativ beeinflussen. **Konflikte** können in jeder Phase der Teamentwicklung stattfinden, sind also nicht auf die Stormingphase begrenzt.

Jede personelle Veränderung des Teams kann bewirken, dass der Prozess der Teamentwicklung erneut beginnt.

> **Beispiel**
> Während der Arbeitsphase verlassen vier Mitarbeiter das Team und werden durch andere ersetzt. Die Teamentwicklung beginnt von vorne.

Der Teamleiter hat vielfältige Möglichkeiten, die Teamentwicklung positiv zu beeinflussen. Folgende Eingriffsmöglichkeiten durch den Teamleiter sind je nach Entwicklungsphase sinnvoll:

Forming

In dieser Phase ist es wichtig, dass der Teamleiter ein Kennenlernen organisiert. Wenn ein neuer Teamleiter das Team übernimmt, sollte er einerseits jeden seiner Mitarbeiter kennenlernen, andererseits sich selbst ausführlich vorstellen. Neben den beruflichen Informationen können hier auch einige private und persönliche Aspekte vorgestellt werden. Dies fördert die Offenheit und dient als Basis für eine positive Beziehung.

> **Beispiel**
> Renate Klaas nutzt ein erstes Meeting, um sich im Rahmen einer kleinen Feier vorzustellen, anschließend initiiert sie ein Kennenlernspiel.

Storming

In dieser Phase ist es wichtig, dass der Teamleiter klare Ziele aufzeigt. Konflikte dürfen in keinem Fall unterbunden werden, sondern müssen geklärt werden. Hier sorgt der Teamleiter dafür, dass alle Aspekte gehört werden und eine Entscheidung gefunden wird, die für alle akzeptabel ist.

> **Beispiel**
>
> Renate Klaas beobachtet sowohl das Verhalten der einzelnen Teammitglieder untereinander als auch das Verhalten ihr gegenüber. Sind Konflikte spürbar, spricht sie diese offen an und sucht nach Lösungen.

Norming

In dieser Phase sorgt der Teamleiter dafür, dass Aufgaben strukturiert und klar verteilt sind. Durch seine Vorbildfunktion versucht er, bestimmte Normen in das Team einzubringen. Der Teamleiter ist im Idealfall nicht nur als Führungskraft, sondern auch als Mitglied der Gruppe akzeptiert.

> **Beispiel**
>
> Renate Klaas führt regelmäßige Gespräche und Teammeetings durch, in denen sie neben den allgemeinen Tätigkeiten auch Sonderaufgaben an einzelne Mitglieder des Teams delegiert. Dabei achtet sie auf eine faire Verteilung der Lasten. Durch eine wertschätzende Kommunikation sorgt sie dafür, dass auch die Teammitglieder untereinander wertschätzend miteinander umgehen.

Performing

In dieser Phase muss der Teamleiter kaum mehr in die Arbeit direkt eingreifen, das Team ist organisiert und arbeitet weitgehend selbstständig.

> **Beispiel**
>
> Renate Klaas führt immer noch regelmäßig Meetings und Einzelgespräche durch, nutzt aber sehr viel Zeit zum Coaching und zur Weiterentwicklung des Teams. Die Routineaufgaben führt das Team ohne weitere Anleitung selbstständig durch.

Adjourning

Bei der bevorstehenden Trennung eines Teams ist der Teamleiter dafür verantwortlich, dass alle noch anfallenden Arbeiten erledigt werden, obwohl das „Ende“ nahe ist. Außerdem hilft er bei der „Trennungsarbeit“. Hier gilt es, auch gemeinsam die erzielten Erfolge zu feiern.

> **Beispiel**
>
> Eine Arbeitsgruppe hat über mehrere Wochen erfolgreich an einem gemeinsamen Thema gearbeitet. Zum Abschluss gibt es eine kleine gemeinsame Feier, danach löst sich die Arbeitsgruppe auf.

Führungsgrundsätze des Teamleiters

Neben den hier beschriebenen Einflussmöglichkeiten auf einzelne Phasen der Teamentwicklung sollte der **Teamleiter** in seiner Position als Führungskraft bei seiner täglichen Arbeit folgende **Grundsätze** berücksichtigen: 10|5.2

- Er sollte stets eine positive Grundeinstellung gegenüber den Mitarbeitern haben.
- Konflikte mit einzelnen Teammitgliedern müssen geklärt werden.
- Die gegenseitige Beziehung sollte auf Vertrauen basieren. Gibt es an dieser Stelle hemmende Faktoren, sind diese zu analysieren und zu beheben.
- Das Team sollte über alle notwendigen Informationen verfügen.
- Das Team sollte stets seine Ziele kennen.
- Das Team sollte zur selbstständigen Arbeit animiert werden.
- Der Teamleiter sollte immer ein offenes Ohr für die Teammitglieder finden.

→ *Praxistipp*

„Solltest du einer von denen sein, an den Petitionen herangetragen werden, so höre dir in Ruhe an, was der Antragsteller zu sagen hat. Weise ihn nicht zurück, bevor er sich enthüllen konnte. Es ist nicht notwendig, dass alle seine Bitten gewährt werden, aber gutes Zuhören ist Balsam für sein Herz."

Ptah-Hotep, Ägyptischer Wesir unter König Isesi (ca. 2700 v. Chr.)

4.3.2 Teamrolle und Teamrang

In Lernfeld 9 wurde bereits die Einteilung der einzelnen Teammitglieder in verschiedenen Rollen vorgenommen (Modell der Teamrollen nach Belbin). Die **Teamrolle** des Einzelnen richtet sich in diesem Modell nach dem typischen Verhalten, nach Stärken und Schwächen und nach den Einsatzmöglichkeiten. Diese Einteilung basiert auf der Annahme, dass eine Führungskraft stets jeden Mitarbeiter nach seinen spezifischen Stärken und Schwächen einsetzen sollte.

→ *Praxistipp*

Wiederholen Sie aus Band 2 das Kapitel „Rollenverteilung in einem Team". 9|4.1.4

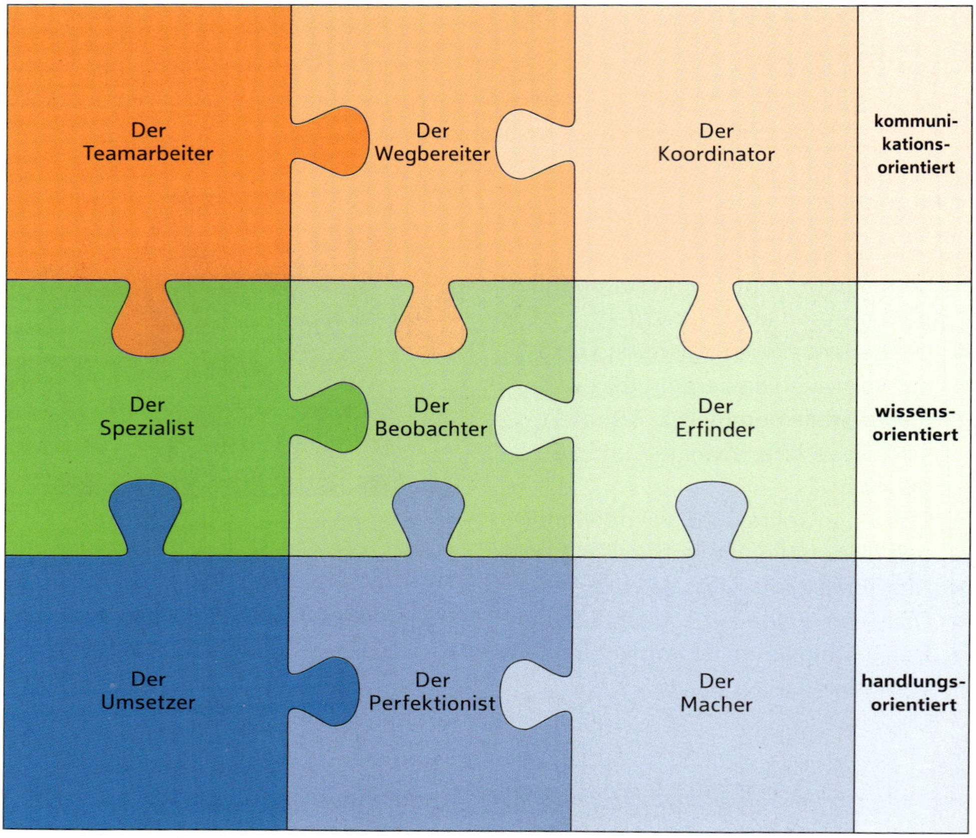

Abb.: Team-Puzzle

Über die Teamrolle hinaus baut jedes Team meist eine bestimmte Rangfolge seiner Mitglieder auf. Dabei handelt es sich in der Regel um eine Ordnung, die nicht in der betrieblichen Hierarchie verankert ist, sondern einen eher „inoffiziellen" Charakter hat. Für die Führungskraft ist es notwendig, den jeweiligen **Teamrang** (alternativ auch als **Teamposition** bezeichnet) der einzelnen Mitglieder und das daraus resultierende Verhalten zu erkennen und zu berücksichtigen.

Der Rang der einzelnen Teammitglieder hängt von folgenden Faktoren ab:

- Beliebtheitsgrad
- Leistungen
- Persönlichkeit
- Ausstrahlung

Die Position, die im Team eingenommen wird, ist nicht direkt erkennbar, sondern am Verhalten der Teammitglieder auszumachen. An jede Position werden von den anderen Teammitgliedern bestimmte Erwartungen und Vorstellungen geknüpft.

Grundsätzlich können sich diese Positionen jederzeit verändern. Folgende Teampositionen können – etwas zugespitzt – unterschieden werden:

- **Teamführer**
  Der Teamführer ist in der Regel redegewandt, souverän und selbstsicher. Er hat einen guten und regen Kontakt zu den anderen Teammitgliedern, und er hält die Gruppe zusammen. Innerhalb des Teams gilt er als der „Leitwolf", die anderen Teammitglieder akzeptieren seine informelle Leitungsfunktion. Der Teamführer neigt aber gelegentlich dazu, die anderen Teammitglieder zu unterdrücken und die Autorität der Führungskraft zu untergraben. Während es pro Team nur einen Teamführer gibt (ansonsten sind Konflikte vorprogrammiert), können andere Positionen auch mehrfach auftreten.
- **Fachmann**
  Der Fachmann genießt einerseits fachlichen Respekt, andererseits ist er aber entweder nicht in der Lage oder nicht gewillt, am sozialen Leben des Teams teilzuhaben. Er grenzt sich ab oder fühlt sich oft missverstanden. Die anderen Teammitglieder erwarten vom Fachmann oft die richtigen Lösungen für komplexe Fragestellungen. Sein fachliches Können wird nicht infrage gestellt, bei persönlichen Themen wird er dagegen oft ausgeklammert.
- **Graue Maus**
  Diese Person ist meist so introvertiert, dass das Team sie kaum wahrnimmt. Es wird ihr deswegen keine bedeutende Funktion zugewiesen, die Teammitglieder erwarten nicht viel Engagement oder besondere Überraschungen von dieser Person. Oft ist die wahre Persönlichkeit der „grauen Maus" den anderen Teammitgliedern nicht bekannt.
- **Mitläufer**
  Ein Mitläufer besitzt keine ausgeprägten eigenen Ideen und passt sich schnell den Wünschen der anderen Mitglieder an. Diese Personen akzeptieren die geltende Gruppennorm und sorgen daher kaum für Konflikte.
- **Drückeberger**
  Sie versuchen, anstrengende und belastende Tätigkeiten möglichst zu vermeiden bzw. auf andere Teammitglieder abzuwälzen. Dies korrespondiert häufig mit vermehrten Fehlzeiten, überzogenen Pausen etc. Je nach Gruppe werden die unbeliebten Drückeberger entweder mitgeschleppt oder ausgegrenzt.

- **Schwarzes Schaf**
  Dies sind Mitarbeiter, die sich nicht in die Gruppe einfügen möchten und sehr eigenwillig agieren. Es handelt sich um Außenseiter, die je nach Ausprägung (aggressiv oder depressiv) entweder versuchen, das Gruppenleben aktiv zu stören oder sich dem Gruppenleben komplett zu entziehen. Die restlichen Mitarbeiter reagieren auf dieses Verhalten meist mit Ablehnung und Ausgrenzung.

Persönliche Beziehungen im Team

Durch die aus der Teamrolle und dem Teamrang resultierenden Verhaltensweisen entwickeln die Teammitglieder im Laufe der Zeit verschiedene persönliche Beziehungen zueinander. Sie sind bestimmt durch Kommunikation, Zusammenarbeit und Wertschätzung, aber auch durch Konflikte und Abgrenzung. Die Beziehungen innerhalb von Teams können in einem **Soziogramm** verdeutlicht werden.

> # ***Definition***
> In einem **Soziogramm** werden die Beziehungen innerhalb von Gruppen und Teams grafisch dargestellt. Die Beziehungen untereinander werden meist durch Pfeile symbolisiert.

Folgende Konstellationen sind häufig anzutreffen:

Stabile Teambeziehung

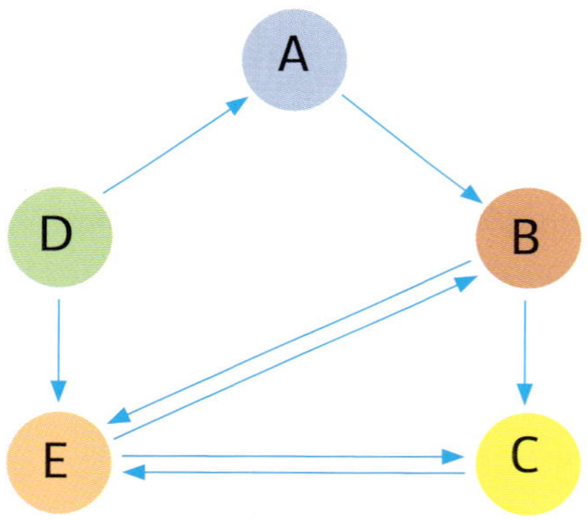

In einer stabilen Teambeziehung orientieren sich die Teammitglieder nach innen.

Es ist ein guter Zusammenhalt spürbar.

Instabile Teambeziehung

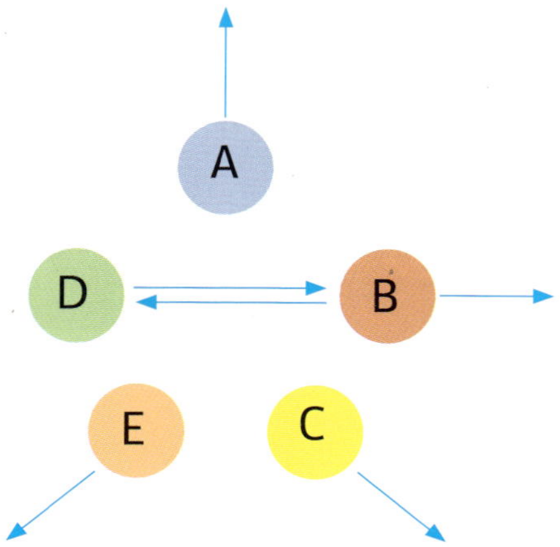

In einer instabilen Teambeziehung orientieren sich die Teammitglieder eher nach außen.

Das Team hat keinen Zusammenhalt.

Bildung von Untergruppen

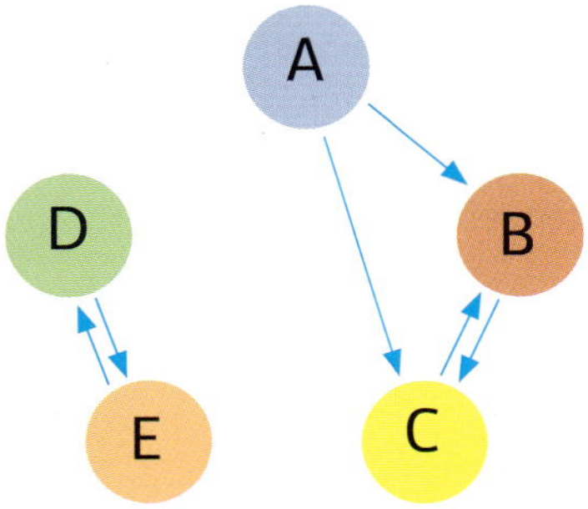

Es bilden sich zwei Untergruppen aus, die sich gegenseitig ablehnen.

Ausgrenzung

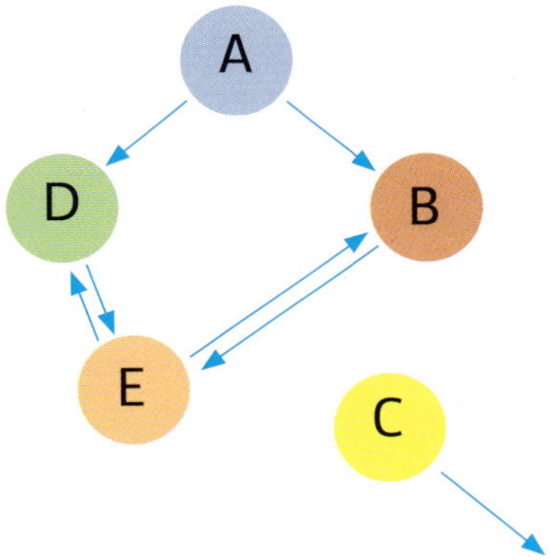

Ein Teammitglied wird ausgegrenzt und orientiert sich nach außen.

Die **Aufgabe der Führungskraft** ist es, die unterschiedlichen Positionen und Rollen im Team wahrzunehmen, auf die persönlichen Beziehungen der Mitglieder zueinander zu achten und ggf. das Verhalten gegenüber einzelnen Mitgliedern anzupassen. Dem **Teamleiter** stehen zur **Förderung des Zusammenhalts** verschiedene Mittel zur Verfügung:

- **Fördern**
  Positives und erwünschtes Verhalten oder gute Leistungen werden angesprochen, belohnt und gefördert.
- **Bremsen**
  Durch Mitarbeitergespräche oder Teammeetings werden klare Ziele formuliert und Grenzen abgesteckt.
- **Ermutigen**
  Mitarbeiter werden zu einem positiven Verhalten animiert und durch Coaching weiterentwickelt. 12|2
- **Akzeptieren**
  Situationsabhängig werden kleinere Verstöße oder Abweichungen toleriert und akzeptiert.

- **Integrieren**
  Mitarbeiter, die sich nicht zugehörig fühlen oder ausgeklammert sind, werden durch aktive Ansprache und Methoden der Teamentwicklung eingebunden.
- **Fordern**
  Gruppengerechtes Verhalten und fachliche Richtigkeit werden klar eingefordert, bei absichtlicher Nichteinhaltung erfolgen Konsequenzen.

4.3.3 Konflikte im Team lösen und vermeiden

Insbesondere in der Stormingphase, aber grundsätzlich auch in jeder anderen Phase
9|4.1.5 einer Teamentwicklung, kann es zwischen den Teammitgliedern zu **Konflikten** kommen. Konflikte am Arbeitsplatz, auch in funktionierenden Teams, sind unvermeidlich. Immer dann, wenn Menschen mit verschiedenen Vorstellungen, Zielen oder Neigungen eine bestimmte Zeit zusammen verbringen, kommt es unweigerlich zu Konflikten.

> # *Definition*
> Ein **Konflikt** ist das Aufeinandertreffen gegensätzlicher Ziele, Motivationen, Interessen und Gefühle.

Wenn ein Konflikt in einem Team auftritt, ist es notwendig, diesen zu beheben. Ein Konflikt kann die Arbeitsfähigkeit und den Zusammenhalt des Teams einschränken. Damit ein Konflikt allerdings durch die Führungskraft oder das Team selbst gelöst werden kann, muss er zunächst identifiziert werden.

Konflikte sind oft daran zu erkennen, dass bei einzelnen oder mehreren Mitarbeitern die Arbeitsergebnisse schlechter werden, das Auftreten gegenüber Kollegen und Führungskraft sich verändert oder schlicht die Motivation abnimmt.

Offene und verdeckte Konflikte

Ein Konflikt hat in der Regel eine mehr oder weniger lange Vorgeschichte. Oft ist der Konflikt zunächst verdeckt und kommt irgendwann erkennbar an die Oberfläche. Daher lässt sich zunächst grundsätzlich zwischen **offenen Konflikten** und **verdeckten Konflikten** unterscheiden.

Offene Konflikte

Ein offener Konflikt ist unschwer an einer direkten Auseinandersetzung der Konfliktparteien zu erkennen. Es handelt sich um einen Streit, eine laute Auseinandersetzung, ein Wortgefecht oder sogar um gegenseitiges Anschreien.

> **Beispiel**
> In einem Meeting sind zwei Mitarbeiter unterschiedlicher Ansicht über die Abwicklung von Rückrufen. Vor den anderen Teammitgliedern entwickelt sich ein Streit.

Verdeckte Konflikte

Ein verdeckter Konflikt tritt nicht offen zutage, er ist nur bei genauer Beobachtung an verschiedenen Anzeichen zu erkennen. Anzeichen für einen verdeckten Konflikt sind z. B.:

- Das Engagement der Konfliktbeteiligten lässt nach.
- Die Konfliktbeteiligten tragen Argumente stets mit großer Heftigkeit vor.
- Die betroffenen Teammitglieder gehen ungeduldig miteinander um.
- Es gibt subtile Angriffe unter den betroffenen Teammitgliedern.

Beispiel

Im Team von Renate Klaas gibt es zwei Mitarbeiter, die deutlich an Motivation verloren haben. Oft kommt es in Teammeetings zu unterschwelligen Angriffen oder zweideutigen Bemerkungen zwischen diesen Mitarbeitern.

Konfliktarten

Neben der Unterscheidung zwischen offenen und verdeckten Konflikten kann man auch nach der eigentlichen **Ursache** des Konfliktes differenzieren.

Im Folgenden werden die bei Teams im Dialogmarketing typischen Konfliktarten näher beschrieben:

Zielkonflikte – Verteilungskonflikte – Wertekonflikte – Beziehungskonflikte – Informationskonflikte

Zielkonflikte

Die Mitglieder eines Teams verfolgen unterschiedliche Ziele. Dies kann dazu führen, dass keine wirkliche Zusammenarbeit zustande kommt. Oft wird hier auch von einem **Interessenkonflikt** gesprochen.

Beispiel

Einige Mitarbeiter im Team von Renate Klaas verfolgen das Ziel, im Team den Zusammenhalt zu verbessern. Andere fühlen sich in dem Team nicht wohl und möchten erreichen, dass das Team neu aufgeteilt wird.

Verteilungskonflikte

Bei dieser Konfliktart stimmen die Teammitglieder in der Entscheidung über die Verteilung knapper Ressourcen nicht überein.

Beispiel

Dem Team von Renate Klaas stehen 450,00 € zur Verfügung, um einen Ausflug zu organisieren. Damit soll der Teamzusammenhalt verbessert werden. Die eine Hälfte des Teams möchte das Geld für den Besuch eines Freizeitparks nutzen. Die andere Hälfte möchte lieber essen gehen.

Wertekonflikte

Ein Wertekonflikt liegt vor, wenn sich die Teammitglieder hinsichtlich der Werte und Normen, die im Team Gültigkeit haben sollen, nicht einig sind.

> **Beispiel**
>
> Einige Mitarbeiter von Renate Klaas sind der Meinung, dass in Teammeetings offen über die Zielerreichung jedes Mitarbeiters gesprochen werden kann. Andere Mitarbeiter finden dies nicht fair und möchten solche Diskussionen nur unter vier Augen führen.

Beziehungskonflikte

Beziehungskonflikte sind Konflikte bzw. Störungen in der zwischenmenschlichen Beziehung zweier oder mehrerer Teammitglieder. Die Ursachen dafür können sehr weitläufig und unterschiedlich sein. Mögliche Hintergründe können enttäuschte Erwartungen, eine Antipathie aus früheren Begegnungen, Misstrauen und Vorurteile, Konkurrenzverhalten oder einfach eine zu starke Arbeitsbelastung der Teammitglieder sein.

> **Beispiel**
>
> Zwei Teammitglieder kennen sich bereits von ihrem früheren Arbeitgeber, dort kam es schon oft zu Streits und Enttäuschungen. Im neuen Unternehmen ist der Konflikt immer noch spürbar, die beiden verstehen sich nicht.

Informationskonflikte

Informationen spielen im Arbeitsleben eine entscheidende Rolle. Konflikte treten auf, wenn Informationen verspätet, unvollständig, unrichtig oder gar nicht weitergegeben werden.

> **Beispiel**
>
> Ein Mitarbeiter im Team dokumentiert die Ergebnisse von Telefonaten nur unvollständig. Bei Rückrufen durch andere Kollegen fehlen diese Informationen, der Anruf verläuft daher unerfreulich.

Möglichkeiten der Konfliktvermeidung

Erfahrungsgemäß kommt es in Teams durch das Zusammenwirken unterschiedlicher Faktoren unweigerlich zu Konflikten. Dennoch besteht die Möglichkeit, typische Konfliktursachen von vornherein zu verhindern.

Zur Vermeidung von Konflikten ist es notwendig, dass ein Team **eindeutige Ziele** erhält. Der Teamleiter muss überprüfen, ob diese Ziele von jedem akzeptiert werden.

Dies verhindert Zielkonflikte. Außerdem sollten im Team **klare Spielregeln** aufgestellt werden, wie das Miteinander gestaltet wird. Im Idealfall werden diese Spielregeln gemeinsam mit den Teammitgliedern erarbeitet und schriftlich festgehalten. Diese Maßnahme ist insbesondere hilfreich, um Beziehungskonflikte zu verhindern. 9|4.1.5

Zudem ist es wichtig, dass die Arbeit und die Kompetenzen im Team gerecht und klar verteilt werden. Auch muss eine klare und eindeutige Kommunikation genutzt werden. Teammitglieder müssen immer alle wichtigen Informationen erhalten, bei Entscheidungen muss jedes Teammitglied gleichermaßen zu Wort kommen.

Konfliktlösungen

Da nicht jeder Konflikt direkt gelöst werden kann, ist es wichtig, dass in Teams Strategien zur Konfliktlösung bekannt sind und angewendet werden. Im Idealfall wird die Aufgabe der Konfliktlösung von der Führungskraft oder dem Teamleiter übernommen. Je nach Schwere des Konfliktes kann auch ein externer Konfliktmoderator (Mediator) hinzugezogen werden.

Ein Konflikt kann zwischen einzelnen Teammitgliedern, aber auch zwischen der Führungskraft und einem Teammitglied auftreten.

Wenn ein Konflikt zwischen Teammitglied und Teamleiter besteht und der Konflikt die Teamziele gefährdet, sollte der Teamleiter zunächst versuchen, eine einvernehmliche Konfliktlösung zu finden. Erst wenn dies fehlschlägt, greift der Teamleiter auf disziplinarische Maßnahmen zurück, um die Arbeitsfähigkeit wiederherzustellen oder im schlimmsten Fall eine Veränderung des Teams herbeizuführen.

Beispiel

Renate Klaas stellt fest, dass ein Mitarbeiter seine Zielwerte nicht mehr erreicht und ihr gegenüber sehr abweisend und unfreundlich auftritt. Sie bittet ihn zum Gespräch.

Eine erfolgreiche Konfliktlösung kann wie folgt aussehen:

1. **Konflikt wahrnehmen:** Der Teamleiter oder das Team muss erkennen, dass Handlungsbedarf bei einem Konflikt besteht. Der Konflikt muss also zunächst als solcher erkannt werden. Dies gestaltet sich bei einem offenen Konflikt einfach, da er an einer Streitsituation erkennbar ist. Ein verdeckter Konflikt hingegen kann nur schwer erkannt werden. Hat das Team oder die Führungskraft den Verdacht, dass ein Konflikt vorliegt, muss dies durch ein offenes Gespräch überprüft werden.

2. **Konflikt eingrenzen:** In diesem Schritt wird überprüft, worum es in dem Konflikt geht und wer in den Konflikt involviert ist.
   Wichtige Leitfragen sind hier:
   - Was ist genau passiert?
   - Wer sind die Beteiligten?
   - Woran wird der Konflikt spürbar?
   - Wie lange dauert der Konflikt schon an?
   - Was können die Gründe des Konfliktes aus Sicht des Teamleiters sein?
   - Wie kann aus Sicht des Teamleiters eine Lösung aussehen?
   - Was sind die Alternativen aus Sicht des Teamleiters?
   - Welcher Schaden ist entstanden?

3. **Bereitschaft zur Konfliktlösung prüfen:** Der Teamleiter oder Moderator prüft nun, ob unter den Betroffenen die Bereitschaft besteht, den Konflikt zu lösen. Ist diese noch nicht vorhanden, ist es zunächst notwendig, die Bereitschaft durch entsprechende Gespräche (ggfs. als Einzelgespräche) zu wecken oder einzufordern. Besteht keine Bereitschaft, den Konflikt zu lösen, stehen dem Teamleiter disziplinarische Möglichkeiten zur Verfügung, um die notwendige Bereitschaft einzufordern. Möglicherweise kann es hier erforderlich sein, eine dritte Instanz (z. B. Vorgesetzter, Schlichter, externer Berater) einzuschalten.

4. **Konfliktlösungsgespräch führen:** In diesem Schritt führen die Konfliktbeteiligten unter der Leitung des Teamleiters oder eines externen Beraters ein Gespräch. Dabei können alle Beteiligten ihren Standpunkt darlegen und ihre Ziele verdeutlichen. Der Teamleiter oder Moderator sorgt dafür, dass der Dialog fair verläuft. Am Ende des Konfliktgespräches wird nach einer für alle Beteiligten akzeptablen und fairen Lösung gesucht. Ist diese gefunden, wird sie verbindlich festgehalten. Jeder verpflichtet sich, auf diese vereinbarte Lösung hinzuarbeiten.
   Wichtige Leitfragen sind hier:
   - Was sind die Gründe für den Konflikt aus Sicht der Beteiligten?
   - Wie können Lösungen und Alternativen aus Sicht der Beteiligten aussehen?
   - Wie kann die Sicht der Beteiligten nach vorne (Richtung Lösung) gelenkt werden?

5. **Nachbearbeitung des Konfliktes:** Ist eine gewisse Zeit vergangen, prüft der Teamleiter noch einmal, ob die vereinbarte Lösung zum Erfolg geführt hat. Ist dies nicht der Fall, wird an dieser Stelle noch einmal nachgearbeitet und ein weiterer Dialog gesucht.

→ ***Praxistipp***
10|5.2.5 Eine erfolgreiche Konfliktlösung stellt hohe Anforderungen an den Teamleiter, der dazu insbesondere Kompetenzen in der Gesprächsführung benötigt.

✱ *Zusammenfassung*

- 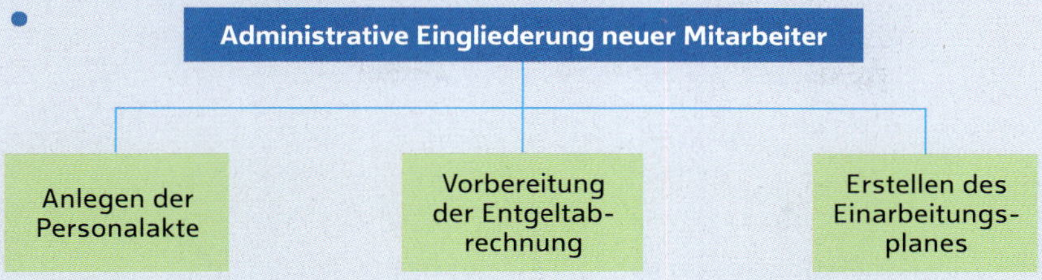

- 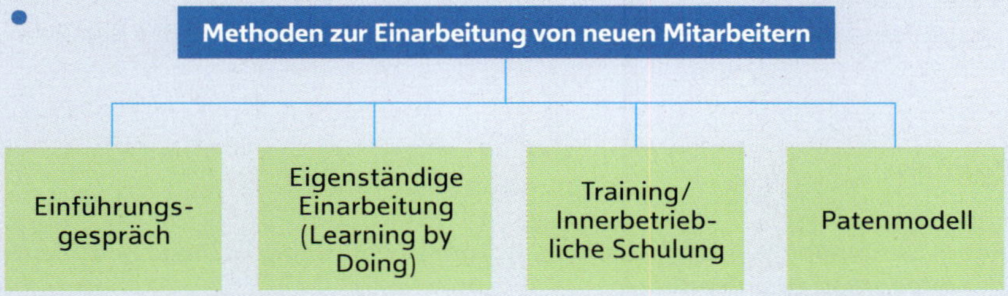

- **Teamentwicklung** ist einerseits ein automatisch ablaufender Prozess, andererseits dient sie als gesteuerte Methode dazu, ein Team optimal arbeitsfähig zu machen.

- Ein Team durchläuft in seiner Entwicklung idealtypisch folgende **Phasen**:
  - Forming
  - Storming
  - Norming
  - Performing

  (- Adjourning)

- Die Mitglieder eines Teams nehmen je nach Leistung und Persönlichkeit eine **informelle Position** (oder Rang) im Team ein:
  - Teamführer
  - Fachmann
  - Graue Maus
  - Mitläufer
  - Drückeberger
  - Schwarzes Schaf

- Ein Team wird geprägt durch die verschiedenen **Beziehungen der Teammitglieder** untereinander. Dabei kommt es zu
  - stabilen Teambeziehungen,
  - instabilen Teambeziehungen,
  - Bildung von Untergruppen oder
  - Ausgrenzung.

- **Konflikte im Team** können offen oder verdeckt sein.

- 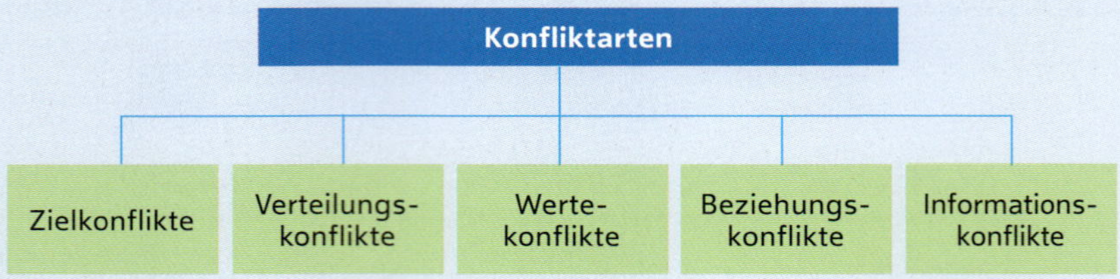

- Eine **Konfliktlösung** kann in folgenden Schritten ablaufen:
  Konflikt wahrnehmen → Konflikt eingrenzen → Bereitschaft zur Konfliktlösung prüfen → Konfliktlösungsgespräch führen → Nachbearbeitung des Konflikts

Aufgaben

1. *Erläutern Sie anhand von zwei Aspekten, warum es notwendig ist, neue Mitarbeiter bei der Integration zu unterstützen.*

2. *Erstellen Sie ein Merkblatt über die Rechte des Arbeitnehmers hinsichtlich seiner Personalakte. Nutzen Sie dazu die Internetseite www.monster.de/mitarbeiter-finden/recruiting-tipps/personalmanagement/organisation-controlling/personalakte/.*

3. *Beschreiben Sie die unterschiedlichen Methoden der Einarbeitung und stellen Sie Vor- und Nachteile einander gegenüber.*

4. *Vergleichen Sie in der Klasse die Einarbeitungspläne in Ihren unterschiedlichen Ausbildungsbetrieben. Welche Vorgehensweisen haben sich aus Ihrer Sicht bewährt? Wo könnten die einzelnen Unternehmen sich verbessern?*

5. *Sie sind Trainer der Dialogfix GmbH und sollen ein Weiterbildungskonzept (Seminar) für Paten entwickeln.*
   a) Welche Fähigkeiten, Methoden und Kompetenzen wollen Sie fördern? Begründen Sie Ihre Entscheidung.
   b) Wie gestalten Sie ein entsprechendes Seminar?

6. *Dialogfix hat drei neue Auszubildende im Dialogmarketing eingestellt. Diese sollen mit Ihrer Hilfe eingearbeitet werden.*
   a) Entscheiden Sie sich begründet für einzelne Methoden der Einarbeitung.
   Web *b) Entwerfen Sie einen Einarbeitungsplan. Eine Vorlage finden Sie unter BuchPlusWeb.*

7. *Unterscheiden Sie die vier Phasen der Teamentwicklung. Grenzen Sie dabei ab:*
   a) Was passiert in der einzelnen Phase, was sind spezifische Schwierigkeiten?
   b) Wie kann der Teamleiter die einzelne Phase positiv beeinflussen?

8. *Analysieren Sie ein Team in Ihrem Ausbildungsbetrieb.*
   a) Welche der beschriebenen Teampositionen/Teamränge sind dort erkennbar?
   b) Welchen Einfluss hat der Teamrang auf den Einsatz der Mitarbeiter?

9. *In Ihrer Funktion als Teamleiter fällt Ihnen in letzter Zeit eine nachlassende Leistung Ihres Teams auf. Daraufhin erstellen Sie ein Team-Soziogramm und stellen fest, dass sich drei Untergruppen gebildet haben.*
   a) Stellen Sie ein derartiges Soziogramm grafisch dar.
   b) Machen Sie drei Vorschläge, wie Sie als Teamleiter die Arbeitsfähigkeit Ihres Teams wieder erhöhen können.

10. *In Teams ist oft der „Ringelmann-Effekt“ zu beobachten. Recherchieren Sie im Internet diesen Effekt und stellen Sie seine Auswirkungen auf die Teamarbeit dar.*

11. *Entscheiden Sie bei den folgenden Konflikten, um welche Konfliktart es sich jeweils handelt, und begründen Sie Ihre Entscheidung:*
    a) *Ein Mitarbeiter des TechDirekt-Teams ist der Meinung, dass man einem Kunden auch ungefragt ein Probeabonnement der neuen PC-Versicherung einstellen kann. Ein anderer Mitarbeiter hält dies für unethisch.*
    b) *Für das Teammeeting stehen jeweils zwei Stunden zur Verfügung. Ein Teil des Teams möchte diese zwei Stunden komplett zur Besprechung der aktuellen Zielwerte nutzen. Ein anderer Teil möchte die zwei Stunden auch dafür nutzen, einander besser kennenzulernen.*
    c) *Zwei Mitarbeiter hatten auf der letzten Weihnachtsfeier einen heftigen Streit, seitdem ist eine Zusammenarbeit dieser Kollegen nicht mehr möglich.*

12. *Sie sind in der Personalabteilung der Dialogfix GmbH eingesetzt. Es soll ein neuer Leitfaden für die Ausbildung von Teamleitern entwickelt werden, Sie werden bei der Konzeption dieses Leitfadens unterstützend mitwirken.*
    a) *Welche Techniken und Methoden sollte ein Teamleiter erlernen, um Konflikte in seinem Team vermeiden zu können?*
    b) *Wie kann ein neuer Teamleiter am besten den Umgang mit Konflikten erlernen?*
    c) *Es steht die These im Raum, dass die neue Ausbildung von Teamleitern nur dann erfolgreich verlaufen ist, wenn keinerlei Konflikte mehr entstehen. Bewerten Sie diese Aussage und finden Sie ggf. eine passende Gegenargumentation.*

13. *Erarbeiten Sie anhand der Internetseite www.ausbildernetz.de/plus/waehrend/gruppen/loesungen/strategien.rsys drei mögliche Strategien, wie Sie mit Konflikten am Arbeitsplatz umgehen können.*

14. *Reflektieren Sie die Kommunikationsmodelle und Techniken, welche Sie bisher in Ihrer Ausbildung kennengelernt haben. Welche eignen sich aus Ihrer Sicht besonders, um Konflikte zu lösen? Begründen Sie Ihre Auswahl.*

15. *Führen Sie in Dreiergruppen folgendes Rollenspiel durch:* 1 | 6.7

    Rolle Teamleiter: *Sie sind seit drei Monaten Teamleiter bei Dialogfix und haben einen Mitarbeiter, der durch seine ständigen Versuche auffällt, Ihnen mit verdeckten Angriffen das Leben schwer zu machen. Sie kennen diesen Mitarbeiter bereits aus Ihrem letzten Unternehmen, dort waren Sie Kollegen. Heute haben Sie sich entschieden, ein klärendes Gespräch zu führen.*

    Rolle Mitarbeiter: *Sie sind seit einigen Jahren Mitarbeiter im technischen Support bei Dialogfix. Leider haben Sie nun einen neuen Teamleiter, mit dem Sie bereits früher als Kollege in einem anderen Callcenter schlechte Erfahrungen gemacht haben. Sie haben nicht das Gefühl, dass Sie mit guter Behandlung zu rechnen haben.*

    Rolle Beobachter: *Überprüfen Sie das Verhalten der Führungskraft und des Mitarbeiters. Geben Sie später Feedback an beide.*

16. *Sie sind Teamleiter bei Dialogfix und beobachten, dass zwei Ihrer Mitarbeiter sich ständig streiten. Bei jeder Gelegenheit versucht einer den anderen anzuschwärzen oder unterschwellig zu beleidigen.*
    a) *Was können die Ursachen für dieses Verhalten sein?*
    b) *Beschreiben Sie Ihre Vorgehensweise, um mit dieser Situation umzugehen.*

17. *Das „Harvard-Konzept“ findet bei der Lösung von Konflikten weltweit Beachtung. Informieren Sie sich im Internet über dieses Konzept und stellen Sie es in seinen Grundzügen in einer Kurzpräsentation vor.*

5 Mitarbeiter motivieren und führen

▪ *Einstiegssituation*

Renate Klaas hat sich mittlerweile in die neue Tätigkeit als Teamleiterin eingearbeitet. Ihr Team ist größtenteils zu einer funktionierenden Einheit geworden und hat im letzten Monat die gesteckten Ziele erreicht.

Nun stellt Renate Klaas aber bei zwei Teammitgliedern sinkende Produktivitäts- und Qualitätswerte fest. Dies führt sie teilweise auf Motivationsdefizite dieser Mitarbeiter zurück. Eine weitere Mitarbeiterin hat Frau Klaas offen darauf angesprochen, dass sie sich durch ihren Führungsstil bevormundet fühlt.

▪ *Arbeitsaufträge*

1. *Welche Gründe können vorliegen, wenn bei einigen Mitarbeitern die Motivation nachlässt?*
2. *Welche Möglichkeiten, die Motivation der Mitarbeiter zu steigern, kennen Sie aus Ihren Ausbildungsbetrieben?*
3. *Aus welchen Faktoren bestimmt sich Ihre eigene Arbeitsmotivation? Diskutieren Sie Unterschiede und Gemeinsamkeiten in der Klasse.*
4. *Welcher Führungsstil kann bei der Mitarbeiterin den Eindruck der Bevormundung hervorrufen? Welche anderen Möglichkeiten der Führung hat Renate Klaas?*

Die Motivation der Mitarbeiter wird heute als entscheidender Erfolgsfaktor im Unternehmen betrachtet. Insbesondere in der Dialogmarketingbranche mit nicht immer einfachen Arbeitsbedingungen kommt ihr eine Schlüsselstellung zu.

Mit 2 simplen Tricks die Mitarbeitermotivation im Contact Center steigern

Mitarbeitermotivation ist im Contact Center ein wichtiges Thema. [...] Laut einer Gallup-Umfrage aus dem Jahr 2013 sind weltweit 63 Prozent aller Angestellten unmotiviert. Sie machen nur noch Dienst nach Vorschrift. Weitere 24 Prozent haben innerlich bereits gekündigt, sind also extrem unzufrieden, unproduktiv und verbreiten negative Stimmung unter Kollegen. „Gerät ein Kunde an einen Call-Center-Agenten, der gerade lustlos ist, einen schlechten Tag hat oder gar unglücklich mit seinem Job ist, kann sich die Customer-Service-Experience schnell wie eine Wurzelbehandlung anfühlen." Bei Mitarbeitern, die motiviert und engagiert sind, ist es unwahrscheinlicher, dass sie das Unternehmen verlassen. Motivierte Agenten empfinden ihre Arbeit als erfüllend und haben das Gefühl, etwas Sinnvolles zu tun. Sie werden seltener nach einem anderen Job Ausschau halten und sind weniger empfänglich für Abwerbungsversuche.

Den Mitarbeiterabgang gering zu halten ist für Contact Center zentral, denn erhöhter Personalschwund ist gleichbedeutend mit höheren Kosten und höherem Aufwand. Für jeden Mitarbeiter, der kündigt, muss Ersatz gesucht werden. Neue Mitarbeiter müssen geschult werden und können in der Anfangszeit weniger flexibel verplant werden als erfahrene Mitarbeiter. All das erhöht die Betriebskosten signifikant. Ohne Kunden kein Business. Und so wie zufriedene Mitarbeiter nicht kündigen, wechseln zufriedene Kunden auch nicht den Anbieter. Du kannst viel tun, um die Zufriedenheit deiner Kunden zu erhöhen. [...]

Quelle: Watson, Charles: Mit 2 simplen Tricks die Mitarbeitermotivation im Contact Center steigern. In: blog.injixo.com. Veröffentlicht am 02.11.2018 unter: https://blog.injixo.com/de/mitarbeitermotivation/mitarbeitermotivation-im-contact-center-steigern [30.09.2021].

5.1 Motivation

Die Beweggründe menschlichen Handelns werden als **Motive** bezeichnet. Diese Motive sind auf **Bedürfnisse** zurückzuführen, die einen Menschen so lange antreiben, bis sie befriedigt sind. Motive bestimmen also größtenteils das menschliche Verhalten. Sie können bei jedem Menschen unterschiedlich sein. 6 | 1.3.1

#

Definition

Motivation im Kontext der **Mitarbeiterführung** bedeutet, einen Menschen zu einer bestimmten Handlung zu veranlassen, die er grundsätzlich will und die im Sinne des Unternehmens ist.

Im betrieblichen Zusammenhang entsteht Arbeitsleistung aus dem Verhalten des Mitarbeiters, welches Leistungsbereitschaft signalisiert. Dieses Verhalten soll durch gezielte Motivation positiv beeinflusst werden.

Motivation ist also ein Prozess, in dem Verhaltensweisen aktiviert werden, um ein bestimmtes Ziel zu erreichen.

Dabei ist Motivation im Arbeitsprozess auf eine **dauerhafte Wirkung** ausgelegt und darf auf keinen Fall mit Manipulation verwechselt werden! Bei der Manipulation werden Menschen zu einem Verhalten gebracht, welches sie eigentlich nicht wollen. Manipulation ist meist nur kurze Zeit wirksam und schlägt langfristig oft in den gegenteiligen Effekt um. Daher sollte diese Technik auf keinen Fall eingesetzt werden. 3 | 3.1

Menschliches Handeln lässt sich jedoch nicht immer durch sachlich fassbare Faktoren erklären, sondern unterliegt häufig komplexen, nicht greifbaren Strukturen. Deshalb haben sich für den betrieblichen Einsatz verschiedene Modelle und Theorien etabliert, mit deren Hilfe versucht wird, das menschliche Handeln und die menschliche Motivation greifbar zu machen und zu beeinflussen.

5.1.1 Einflussgrößen auf das menschliche Verhalten

Die Aufgabe oder das Ziel jeder Unternehmensführung ist die Motivation der Mitarbeiter. Da aber jeder Mensch unterschiedliche Bedürfnisse und Motive hat, gestaltet sich dieser Prozess oft schwierig.

Folgende Faktoren beeinflussen das Verhalten und die Motive eines Menschen:

Einflussgrößen auf das menschliche Verhalten	
Umfeld	**Person/Charakter**
• Aufgabenfeld • Team • Erwartungen der Führungskraft • Verhalten anderer • Arbeitsbedingungen • Familie/Freunde • Arbeitsanreize (z. B. Entlohnung)	• Fähigkeiten • Ausbildung • Einstellungen • Erfahrungen • Erwartungen • Ziele • Eigenschaften

Wirken die meisten dieser Faktoren positiv, werden dadurch Zufriedenheit und ein auf Leistung bezogenes Verhalten erzeugt. Wirken hingegen (zu) viele dieser Faktoren negativ, ist ein Leistungsabfall zu erwarten.

Es ist unwahrscheinlich, dass eine Führungskraft alle Einflussfaktoren für jeden einzelnen Mitarbeiter erkennen und steuern kann. Ein positives Einwirken auf die beeinflussbaren Faktoren kann jedoch oft zum Ziel führen.

5.1.2 Arten der Motivation

Menschliche Motivation lässt sich grundsätzlich unterscheiden in

- extrinsische Motivation (Sekundärmotivation) und
- intrinsische Motivation (Primärmotivation).

Extrinsische Motivation

Der Mitarbeiter wird von Faktoren motiviert, die von außen auf ihn einwirken. Diese Form der Motivation tritt nicht spontan von selbst auf, sondern wird durch **Anreize** gesteuert. Daher wird sie auch als **Sekundärmotivation** bezeichnet.

Beispiel

Renate Klaas ist bereit, noch mehr Überstunden zu machen, weil sie eine Prämie erhalten möchte.

Intrinsische Motivation

Der Mitarbeiter erbringt aus eigener (innerer) Begeisterung und **natürlichem Antrieb** gute Leistungen. Dies ist meist dann der Fall, wenn ihm die Tätigkeit sehr viel Freude macht oder wenn die Arbeit als persönliche Erfüllung gesehen wird. Bei der intrinsischen Motivation werden keine weiteren Belohnungen von außen benötigt, die Tätigkeit als solche dient als Belohnung. Sie wird daher auch als **Primärmotivation** bezeichnet. Diese Art der Motivation ist die dauerhafteste, da die Leistung um ihrer selbst willen erbracht wird.

Natürlich ist es auch hier wichtig, dass die Rahmenbedingungen (Bezahlung, Teamgefüge etc.) stimmen. Ein Mitarbeiter, der seine Familie nicht ernähren kann, wird irgendwann die intrinsische Motivation für seine Tätigkeit verlieren, weil Sorgen überhand nehmen. Trotzdem sind bei einem intrinsisch motivierten Menschen Bezahlung und Prämien etc. nur zweitrangig.

Beispiel

Renate Klaas schafft immer die geforderte Zahl der Mitarbeiter-Coachings, auch ohne dass dafür eine Prämie notwendig ist. Sie mag die Tätigkeit „Coaching" so gerne, dass sie diese ohne weitere Anreize verfolgt.

Führungskräfte sollten immer versuchen, bei ihren Mitarbeitern eine möglichst hohe innere Motivation herzustellen. Sie können darauf hinwirken, dass

- die Tätigkeit eine echte Herausforderung für den Mitarbeiter darstellt,
- ein konzentriertes Arbeiten möglich ist,
- der Mitarbeiter nach einer eigenen, inneren Leitlinie ein bestimmtes Ziel verfolgen kann,
- der Mitarbeiter regelmäßig Feedback erhält und/oder gelobt wird,
- mit Fehlern des Mitarbeiters tolerant umgegangen wird,
- dem Mitarbeiter die notwendige Freiheit zur eigenen Gestaltung seiner Arbeit gelassen wird.

5.1.3 Theorien der Arbeitsmotivation

Um menschliches Verhalten in Bezug auf Motivation greifbar zu machen und positiv zu beeinflussen, gibt es eine Vielzahl von Theorien. Diese Theorien können zwar nicht die Komplexität des inneren Ablaufs komplett erklären, bieten aber der Führungskraft die Möglichkeit, Verhalten von Mitarbeitern auf Motive zurückzuführen und diese Erkenntnisse einzusetzen.

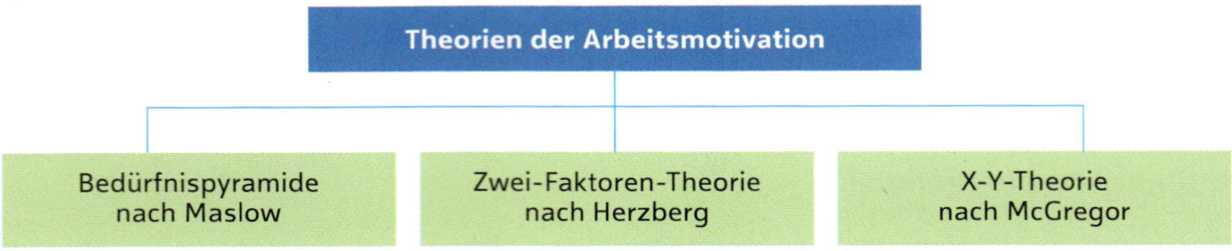

Bedürfnispyramide nach Maslow

Das Modell der Bedürfnispyramide, entwickelt von dem amerikanischen Psychologen **Abraham Maslow**, skaliert die Bedürfnisse bzw. die Motive menschlichen Handelns
3|2.1.7 nach fünf Stufen.

Abb.: Die Bedürfnispyramide nach Maslow

1. **Physiologische Grundbedürfnisse:** Bedürfnisse auf dieser Ebene sind Hunger, Durst, Schlaf und der Drang nach Fortpflanzung, also dem Erhalten der eigenen Art. Diese Stufe hat für jeden Menschen absolute Priorität, es sind die Grundbedürfnisse jedes Menschen.

2. **Sicherheitsbedürfnisse:** Sind Bedürfnisse der ersten Ebene erfüllt und das Überleben also gesichert, versucht jeder Mensch, das eigene Leben abzusichern. Bedürfnisse auf dieser Ebene sind Wohnung, Versicherungen, Arbeitsplatz, Gesetze und Regeln etc.
3. **Sozialbedürfnisse:** Zuwendung und soziale Kontakte sind hier der Antrieb menschlichen Handelns. Bedürfnisse auf dieser Ebene sind z.B. Freunde, Familie und geselliges Beisammensein.

4. **Bedürfnis nach Wertschätzung und Anerkennung:** Hier geht es darum, dass der Mensch für seine geleistete Arbeit anerkannt werden möchte. Auf dieser Ebene treten Bedürfnisse wie z. B. Karriere, Geltung, Position und Macht auf.
5. **Bedürfnis nach Selbstverwirklichung:** Der Mensch strebt danach, sich selbst zu finden, seine Talente auszubilden und seinen Platz in der Welt zu erkennen. Mögliche Bedürfnisse auf dieser Ebene sind Individualität, Kunst, Religion, Philosophie und Ethik.

Die hierarchische Form der Pyramide zeigt, dass Maslow davon ausgeht, dass die Bedürfnisse der jeweiligen Stufen nicht gleichrangig sind. Demnach wird jeder Mensch versuchen, zuerst die Bedürfnisse der unteren Stufen zu erfüllen, bevor er sich der nächsthöheren Stufe widmet. Kommt es zu einem Konflikt zwischen zwei Stufen, z. B. durch das gleichzeitige Auftreten unterschiedlicher Bedürfnisse, setzt sich im Zweifel das tiefer gelegene (niedrigere) Bedürfnis durch.

Basierend auf dieser Erkenntnis bildet Maslow **zwei Klassen von Bedürfnissen**:

- **Defizitbedürfnisse (Stufe 1–3)**
  Die Defizitbedürfnisse müssen auf jeden Fall gestillt werden, um eine Befriedigung zu erzielen. Bleiben sie unerfüllt, sind Störungen im physischen oder psychischen Bereich möglich.
- **Wachstumsbedürfnisse (Stufe 4–5)**
  Diese Bedürfnisse können hingegen nie vollständig erfüllt werden. Durch Nichterfüllung entsteht aber auch keine konkrete Mangelsituation.

Anwendung in der betrieblichen Praxis

Für die Arbeitsmotivation lässt sich aus diesem Modell die zentrale Erkenntnis ableiten, dass ein Mensch immer auf der Ebene motivierbar ist, auf der seine Bedürfnisse unbefriedigt sind.

Dies kann konkret wie folgt aussehen:

Stufe 1 und 2: Grund- und Sicherheitsbedürfnisse	Stufe 3: Sozialbedürfnisse	Stufe 4: Wertschätzung und Anerkennung	Stufe 5: Selbstverwirklichung
Um diese Bedürfnisse zu erfüllen, spielen die Höhe des Gehalts eine Rolle, die Sicherheit des Arbeitsplatzes, Urlaubsregelungen, Altersvorsorge etc.	Hier ist auf gute interne Kommunikationswege zu achten. Meetings und Besprechungen helfen dem Mitarbeiter, seinen Wunsch nach Kommunikation zu befriedigen. Durch ein positives Betriebsklima und die Bildung fester Teams kann das Bedürfnis nach Zugehörigkeit gedeckt werden.	Der Mitarbeiter kann für gute Leistungen z. B. durch den Vorgesetzten positives Feedback erhalten. Durch ein Weiterbildungsangebot und Aufstiegschancen wird ihm gezeigt, dass man seine Arbeit anerkennt und wertschätzt.	Da im Unternehmen sehr viele Menschen an einem gemeinsamen Ziel arbeiten, kann nicht jedem Einzelnen die Chance zur Selbstverwirklichung gegeben werden. Denkbare Anreize sind eigenverantwortliche Teilaufgaben oder Einbeziehen in Entscheidungen durch kooperativen Führungsstil.

Zwei-Faktoren-Theorie nach Herzberg

Der amerikanische Verhaltensforscher **Frederick Herzberg** beschäftigte sich Ende der 1950er-Jahre mit den Faktoren, die für die Motivation von Arbeitskräften ausschlaggebend sind. Durch eine Befragung versuchte er zu ermitteln, unter welchen Bedingungen sich Menschen an ihrem Arbeitsplatz wohl bzw. unwohl fühlen. Dabei erkannte Herzberg, dass z. B. Gehaltserhöhungen nicht immer eine Leistungssteigerung der Mitarbeiter nach sich ziehen.

Er stellte aus den Untersuchungsergebnissen fest, dass es zwei unterschiedliche Arten von Einflussfaktoren auf die Motivation gibt:

Hygienefaktoren	Motivatoren
• Sicherheit des Arbeitsplatzes • Status • Unternehmenspolitik • Unternehmensführung • Vorgesetzte • Gehalt	• Leistung • Anerkennung • Inhalt der Arbeit • Erfolgserlebnisse • Verantwortung • Weiterbildungs-/Aufstiegschancen

- **Hygienefaktoren**
  Diese bilden die Rahmenbedingungen, um Unzufriedenheit unter den Arbeitnehmern zu vermeiden. Fehlen sie, werden die Mitarbeiter unzufrieden. Ihr Vorhandensein führt aber nicht zu einer dauerhaften Motivation: Die Hygienefaktoren werden meist als selbstverständlich hingenommen und nicht weiter bemerkt, die Mitarbeiter sind lediglich nicht unzufrieden.
- **Motivatoren („Satisfier")**
  Sie sind die wirklich motivierend wirkenden Faktoren. Ihr Vorhandensein erhöht die Motivation, ihr Fehlen verhindert eine dauerhafte Zufriedenheit, ohne dabei Unzufriedenheit herzustellen (Gleichgültigkeit der Mitarbeiter).

Anwendung in der betrieblichen Praxis

Wirklich motivierend auf Mitarbeiter wirken also nur die Faktoren, die in der Arbeit selbst begründet sind. Demgegenüber erzeugt das Fehlen von Hygienefaktoren Unzufriedenheit. Die Führungskräfte sollten also dafür sorgen, dass Arbeitsinhalte so gestaltet sind, dass sie vorwiegend ein selbstständiges Arbeiten ermöglichen bzw. eine innere Motivation beim Mitarbeiter herstellen.

Die Führungskraft kann z. B. dafür sorgen, dass der Mitarbeiter seine Arbeit nicht als langweilig empfindet, indem er für abwechslungsreiche Tätigkeiten sorgt. Häufig angewandte arbeitsorganisatorische Verfahren sind hier etwa Jobenlargement (Arbeitserweiterung), Jobenrichment (Arbeitsbereicherung) oder Jobrotation (Arbeitsplatzwechsel). 10 | 7.3.5

Außerdem sollte der Mitarbeiter ein Arbeitsumfeld haben, in dem ein konzentriertes Arbeiten gewährleistet ist, möglichst ohne Störungen. Darüber hinaus sollte der Mitarbeiter einen Sinn in seiner Tätigkeit finden. Hierzu muss er mindestens die notwendigen Hintergründe für Arbeitsanweisungen kennen und immer über die notwendigen Informationen verfügen.

X-Y-Theorie nach McGregor

Douglas McGregor, Management-Professor am Massachusetts Institute of Technology (MIT), untersuchte die Einstellung, die Führungskräfte ihren Mitarbeitern gegenüber vertreten. Dabei unterschied er zwei gegensätzliche Einstellungen:

Theorie X	Theorie Y
Führungskräfte gehen nach dieser Theorie davon aus, dass Menschen von Grund auf faul sind und allein durch materielle Leistungen (z. B. Geld) zur Arbeit bewegt werden können. Intrinsische Motivation wird von vornherein ausgeschlossen.	Anders als bei Theorie X folgen Führungskräfte hier der Überzeugung, dass jeder Mensch grundsätzlich etwas Sinnvolles tun möchte und gerne arbeitet. Menschen sind demnach in der Lage, Verantwortung zu übernehmen, sich weiterzuentwickeln und sich aus eigener Kraft in die Arbeit einzubringen. Wenn es einer Führungskraft gelingt, die Arbeit so zu gestalten, dass ein Arbeitnehmer seine Fähigkeiten entfalten kann, bedarf es keiner weiteren Motivation.

Eine entscheidende Erkenntnis aus McGregors Modell ist, dass die Mitarbeiter sich je nach grundsätzlicher Einstellung ihrer Führungskraft verhalten. Allein die Erwartung, die eine Führungskraft in einen Mitarbeiter setzt, führt im Sinne einer sich selbst erfüllenden Prophezeiung („self-fulfilling prophecy") dazu, dass der Mitarbeiter sich auch gemäß dieser Erwartung verhält.

Anwendung in der betrieblichen Praxis

Jede Führungskraft sollte sich klarmachen, dass Mitarbeiter sich gemäß der in sie gesteckten Erwartungen verhalten. Bevorzugt man als Vorgesetzter komplett die Theorie X, werden sich die Mitarbeiter demgemäß verhalten und nur aufgrund extrinsischer Motivation arbeiten. Eine wirkliche Identifikation mit der Tätigkeit, Begeisterung oder die Übernahme von Verantwortung ist nicht zu erwarten. Daher zeigt sich auch keine sehr hohe Motivation.

Die Theorie Y hingegen bietet in der modernen Personalführung den weitaus besseren Ansatz, da hier der Mitarbeiter mit Verantwortung ausgestattet wird und sich eine intrinsische Motivation einstellen kann. Die Führungskraft kann diesen Prozess mit verschiedenen, motivationsfördernden Maßnahmen unterstützen.

5.1.4 Motivationsfördernde Maßnahmen

Aus allen Theorien wird deutlich, dass einerseits externe Einflüsse wie Gehalt, Prämien oder Status für die grundlegende Motivation verantwortlich sind, andererseits aber innere Faktoren wie verantwortungsvolle Tätigkeiten, Spaß an der Arbeit etc. wichtig sind, um Motivation dauerhaft herzustellen.

Präferenzen der **Generation Y** im **Berufsleben**

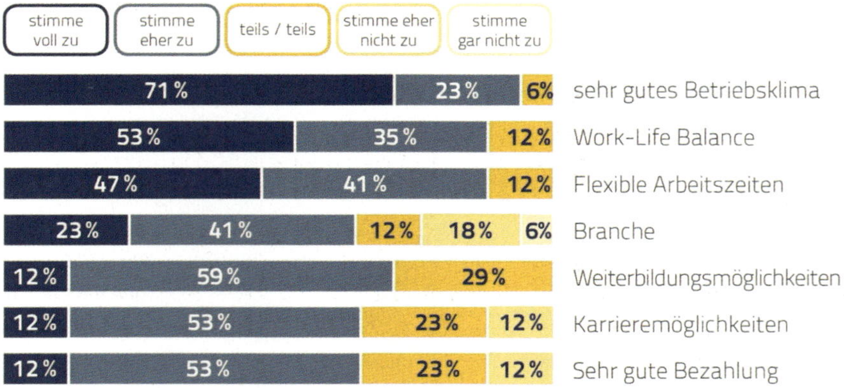

Quelle: **absolventen.at** basierend auf einer Facebook Umfrage

Fehlt die Motivation der Mitarbeiter in einem Unternehmen, wirkt sich dies langfristig negativ auf die Unternehmensziele aus.

Typische Anzeichen für mangelnde Motivation können sein:

- hohe Anzahl von Krankmeldungen
- gehäufte Verspätungen
- Pausen werden überzogen
- Desinteresse am Unternehmen/Zielen (innere Kündigung)
- negative Äußerungen über das Unternehmen bzw. den Arbeitsplatz
- schlechte Laune, Gereiztheit, Teilnahmslosigkeit
- hohe Kündigungsrate (Fluktuation) 10 | 1.1

Fehlende Motivation kommt langfristig teuer zu stehen. Deshalb sollte jedes Unternehmen Maßnahmen ergreifen, um die Motivation der Mitarbeiter zu steigern. Folgende **Maßnahmen** sind denkbar, um die Motivation der Mitarbeiter zu fördern:

- **Übertragen von zusammenhängenden Aufgaben**, die der Mitarbeiter selbstständig und mit eigenem **Entscheidungsspielraum** lösen kann

  Beispiel

  Renate Klaas hat einigen Mitarbeitern die Aufgabe zugeteilt, verschiedene Verbesserungsmöglichkeiten für den sinkenden FCR-Wert im Team zu finden. Dafür haben die Mitarbeiter pro Woche vier Stunden Zeit, sie können dabei frei arbeiten und am Ende eine Entscheidungsvorlage präsentieren.

- **Eigenverantwortung fördern**, indem die Mitarbeiter selbst Verantwortung für ihre Tätigkeiten und Handlungen übernehmen

  Beispiel

  Renate Klaas hat den Mitarbeitern ihres Teams die Aufgabe übertragen, selbst die Erstellung der Teamspielregeln zu übernehmen und deren Einhaltung zu steuern. Renate Klaas greift nur in Ausnahmesituationen ein.

- **Einbeziehen** des Mitarbeiters in **wichtige Entscheidungen**

  Beispiel

  In Teammeetings erhalten die Mitarbeiter die Möglichkeit, über verschiedene Jahresziele im Team abzustimmen.

- **Feedback erteilen**, indem die Mitarbeiter regelmäßig Rückmeldung über ihre Leistungen erhalten

  Beispiel

  In festen Gesprächsterminen erhalten die Agents aus Renate Klaas' Team Feedback über erbrachte Leistungen.

10|6

- eine **Entlohnung** sicherstellen, bei der der Mitarbeiter seinen Lohn bzw. die Lohnfindung als gerecht empfindet

  Beispiel

  Die Mitarbeiter von Dialogfix erhalten einen Grundlohn, dessen Höhe das Ergebnis verschiedener Arbeitsbewertungen sowie Verhandlungen mit dem Betriebsrat ist.

- **leistungsbezogene Prämien** auszahlen und überdurchschnittliche Arbeit honorieren

  Beispiel

  Mitarbeiter, die eine sehr hohe Anzahl an Up- oder Cross-Sells vornehmen, erhalten neben den Verkaufsprämien eine weitere Leistungsprämie.

- **Möglichkeiten zur Weiterentwicklung** anbieten

  Beispiel

  Dialogfix bietet verschiedene Fortbildungskurse für ihre Mitarbeiter an, außerdem gibt es positionsbezogene Förderprogramme. Damit sollen z. B. angehende Teamleiter qualifiziert werden.

- **wertschätzende Behandlung** des Mitarbeiters durch die Führungskräfte

  Beispiel

  Renate Klaas behandelt ihr Team mit Respekt, erhebt nicht die Stimme und setzt keine Druckmittel ein. Sie nutzt durchgängig einen kollegialen und mitarbeiterorientierten Führungsstil.

- **mitarbeiterorientierte Politik** der Unternehmensleitung

  Beispiel

  Dialogfix führt regelmäßig unter seinen Mitarbeitern Zufriedenheitsbefragungen durch, aus den Ergebnissen werden ggf. Maßnahmen zur Verbesserung des Betriebsklimas abgeleitet.

- **Kommunikation** zwischen Mitarbeitern und Führungskräften sowie Mitarbeitern untereinander ermöglichen (z. B. durch Meetings)

  Beispiel

  Bei Dialogfix sind regelmäßige Meetings („Jour fixe“) zur Aussprache und zum gegenseitigen Austausch vorgesehen.

5.2 Personalführung

In den vergangenen Jahrzehnten hat es einen deutlichen Wandel in Betrieben, Unternehmen und deren Organisationsformen gegeben. Statt Körperkraft werden an Mitarbeiter heute vermehrt intellektuelle und soziale Anforderungen gestellt. Technische Errungenschaften (PC, Internet etc.) sorgen dafür, dass einerseits Mitarbeiter eine fundierte Ausbildung benötigen, sie aber andererseits weniger persönlichen Kontakt zu Kollegen haben.

Mitarbeiter stellen heute hohe Anforderungen an Unternehmen und Führungskräfte hinsichtlich Gestaltungsmöglichkeiten und persönlicher Freiräume. Dieser Wandel bedingt auch, dass der betrieblichen Führung im Allgemeinen und insbesondere der Führungskraft eine immer bedeutendere Rolle zukommt.

Richtig führen

[...] Die Chance, wieder eine Niete als Chef zu erwischen, ist groß: 57 Prozent der deutschen Beschäftigten werden von ihren Vorgesetzten unter Druck gesetzt. 40 Prozent bescheinigen ihrem Boss mangelhafte Konfliktlösungskompetenz, schlechte Arbeitsplanung und kaum Engagement im Bereich Mitarbeiterentwicklung. Das zeigt eine Umfrage unter 5400 Deutschen, im Auftrag von Inqa, einer „Initiative für neue Qualität in der Arbeit". Außerdem berichtet demnach jeder Zweite über Unklarheiten und Widersprüchlichkeiten zwischen den Führungskräften. „Der eine will dies, der andere genau das Gegenteil", sagt die Soziologin Tatjana Fuchs, die die Umfrage ausgewertet hat.

Der Sozialpsychologe Dieter Frey von der Ludwig-Maximilians-Universität in München geht davon aus, dass jede zweite Führungsposition schlecht oder falsch besetzt ist. „Deutsche Führungskräfte kennen oft die Sehnsüchte oder Ängste der Mitarbeiter nicht. Damit wird viel Potenzial vergeudet", sagt Frey. Denn am Ende leidet immer die Arbeit. Schlechte Chefs frustrieren ihre Mitarbeiter, statt sie zu motivieren. Das kann bis zur inneren Kündigung und sogar dem Burnout führen, falls zu sehr mit Druck gearbeitet wird. [...]

Sozialpsychologe Dieter Frey zählt auf die Frage, was denn für „gutes Führen" entscheidend sei, einen ganzen Katalog auf: „Es läuft auf eine Reflexion von Ist- und Sollzuständen hinaus: Wo stehen wir im Moment und wo müssen wir hin? Hat die Führungskraft den Mut, den Istzustand zu spiegeln, auch wenn er für den Mitarbeiter schmerzlich ist? Macht sie das konstruktiv? Kann sie klare Ziele vermitteln und vereinbaren? Kann der Chef zusammen mit dem Mitarbeiter oder dem Team analysieren, was die Ursachen von Abweichungen sind? Gelingt es ihm, die Mitarbeiter zu motivieren, sodass sie selbstständig agieren? Lobt und korrigiert er sie? Lässt er Leute groß werden? Kann er Synergieeffekte im Team aktivieren? Vermittelt er Sinn nach dem Prinzip: Wer Leistung fordert, muss Sinn bieten? Begründet er Entscheidungen nach dem Motto: ‚Nichts hat Bestand, was nicht gut begründet werden kann?'" [...]

Für lernwillige Führungskräfte hat der Sozialpsychologe einen guten Rat parat: „Wer sich in der Mitarbeiterführung an drei berühmten Vorbildern orientiert, vermeidet bereits viele Fehler. Halte dich an Immanuel Kant: ‚Führe so, wie du selbst geführt werden willst.' Folge Karl Popper: ‚Lasse eine kritisch-rationale Diskussion zu, also eine offene Abteilungskultur, wo man atmen kann und wo ein Dialog mit Pro und Contra stattfindet, also hierarchiefreie Kommunikation.' Und orientiere dich an Albert Schweitzers vier M: ‚Man muss Menschen mögen.'"

Quelle: Holzapfel, Nicola: Richtig führen. In: www.sueddeutsche.de. Veröffentlicht am 17.05.2010 unter: https://www.sueddeutsche.de/karriere/gut-arbeiten-richtig-fuehren-1.558438 [30.09.2021].

5.2.1 Ziele und Aufgaben der Personalführung

Mit Personalführung soll erreicht werden, dass einzelne Mitarbeiter oder Teams unter Berücksichtigung der jeweiligen Situation auf ein gemeinsames Ziel hinarbeiten.

> #
> ***Definition***
> **Führung** (auch: Personalführung, Mitarbeiterführung) ist die Beeinflussung des Handelns der Mitarbeiter durch die Führungskraft.

In Unternehmen werden grundsätzlich zwei Führungsbereiche unterschieden:

1. **Personalaufgaben:** Hier geht es um die Steuerung der Menschen, die Analyse menschlichen Verhaltens sowie die Motivation der Mitarbeiter (verhaltensorientierte Führung).

   Beispiel

   Renate Klaas führt regelmäßige Coachings mit ihren Mitarbeitern durch.

2. **Sachaufgaben:** In diesem Bereich stehen die Verteilung von Aufgaben, die Aufgabe selbst sowie das Setzen von Zielen im Vordergrund (verfahrensorientierte Führung).

   Beispiel

   Renate Klaas verteilt in ihrem Team verschiedene Sonderaufgaben wie die Korrespondenzbearbeitung.

Unter Berücksichtigung der beiden Aufgabenfelder umfasst Führung im Einzelnen folgende Tätigkeiten und Aufgaben:

Menschenführung	• Mitarbeiter motivieren • gemeinsame Zielerreichung sicherstellen • Teambuilding steuern/fördern • Konflikte lösen • Aufgaben delegieren
Information	• die Mitarbeiter über ihre Aufgaben informieren • Unternehmensziele transparent machen • Mitarbeiter einführen/einarbeiten • Veränderungsprozesse im Unternehmen transparent machen
Planung	• den Einsatz von Mitarbeitern bedarfsgerecht planen • den Mitarbeiter mit den notwendigen Hilfsmitteln für seine Arbeit ausstatten
Leitung	• Mitwirkung bei der Personalauswahl • gerechte Entlohnung der Mitarbeiter sicherstellen • Mitarbeiter weiterentwickeln
Kontrolle	• Qualität und Quantität der Arbeit begutachten • Mitarbeitern regelmäßig Feedback geben • Zielerreichung prüfen und Ziele anpassen

5.2.2 Anforderungen an die Führungskraft

Aus den beschriebenen Aufgaben wird deutlich, dass an eine Führungskraft hohe Anforderungen gestellt werden:

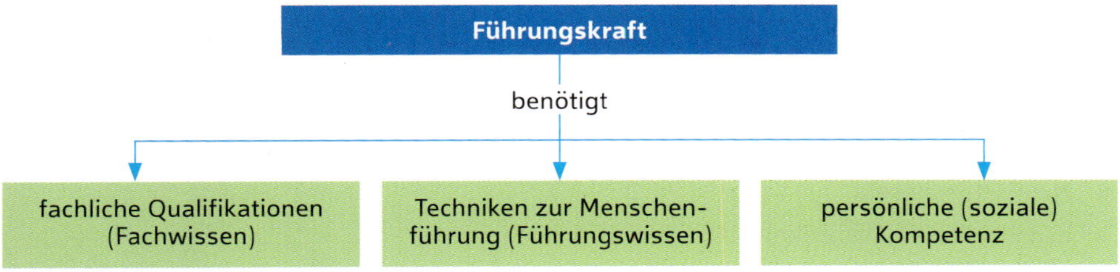

Fachwissen und Führungswissen

Damit eine Führungskraft ihre Mitarbeiter richtig einsetzen, anleiten und fördern kann, sind Kenntnisse über die fachlichen Inhalte der jeweiligen Tätigkeit erforderlich. Der Führungskraft sind aber mitunter mehrere Mitarbeiter unterstellt, die in verschiedenen Fachbereichen tätig sind, sodass es nahezu unmöglich ist, in jedem Bereich ein umfassendes Expertenwissen aufzubauen. Außerdem werden neben fachlichen Anforderungen auch organisatorische, disziplinarische und psychologische Kenntnisse abverlangt (Führungswissen). Dazu gehört z. B. unternehmerisches Denken und Handeln, die Fähigkeit zu delegieren, Problemlösungskompetenz und eine hohe Ergebnis- und Zielorientierung.

Eine Führungskraft muss daher eine Mischung aus Fach- und Führungswissen besitzen. Je höher die jeweilige Führungskraft dabei in der Hierarchie des Unternehmens steht, desto weniger Fachkenntnisse und desto mehr Führungswissen wird gebraucht.

Abb.: Fach- und Führungswissen im Callcenter

Beispiel

Renate Klaas kennt grundsätzlich alle Produkte, Prozesse und Arbeitsanweisungen, die bei TechDirekt gebraucht werden. Dadurch ist sie in der Lage, ihre Mitarbeiter zu coachen und weiterzuentwickeln. Ihr Fachwissen ist allerdings nicht in jedem Bereich so tief wie das ihrer Mitarbeiter. Dafür kennt sie sich in Grundlagen von Menschenführung, Teambuilding und Motivation aus und versteht es, Abteilungsziele auf ihr Team herunterzubrechen.

Persönliche Kompetenz

Eine Führungskraft benötigt neben Fach- und Führungswissen auch bestimmte persönliche Merkmale, um die Rolle als Vorbild für die Mitarbeiter einnehmen zu können. Folgende Anforderungen werden üblicherweise gestellt:

- Selbstbewusstsein
- Kommunikationsstärke
- Verlässlichkeit
- Emotionale Intelligenz
- Urteilsfähigkeit
- Entscheidungsfähigkeit
- Überzeugungskraft
- Kooperationsfähigkeit
- Belastbarkeit
- Stresstoleranz

Aus dieser Übersicht ist deutlich zu erkennen, dass eine Führungskraft zwar Führungstechniken und fachliche Inhalte erlernen kann, aber bei den sozialen Kompetenzen auf jeden Fall über bestimmte Grundbegabungen verfügen muss, die nur schwer erlernbar sind.

Bei der Auswahl von Führungskräften – z. B. bei einem Teamleiter – sollte deshalb auf diese persönlichen Merkmale geachtet werden. Dies kann in verschiedenen Personal-
10 | 3.1.4 auswahlverfahren, etwa in einem Assessment-Center, berücksichtigt werden.

5.2.3 Führungsstile

> # **_Definition_**
> Als **Führungsstil** wird die **persönliche** Art und Weise bezeichnet, wie die einzelne Führungskraft den Umgang mit den ihr unterstellten Mitarbeitern gestaltet.

Die „traditionellen" Führungsstile beschreiben vor allem die Art und Weise, in der die
1 | 1.1.3 Führungskraft die Mitarbeiter zur Arbeit bewegt. Die einzelnen Führungsstile unterscheiden sich dabei hinsichtlich:

- Grad der Mitbestimmung durch den Mitarbeiter
- Motivation der Mitarbeiter
- Information der Mitarbeiter
- Kontrolle der Mitarbeiter
- Strukturierung der Arbeit

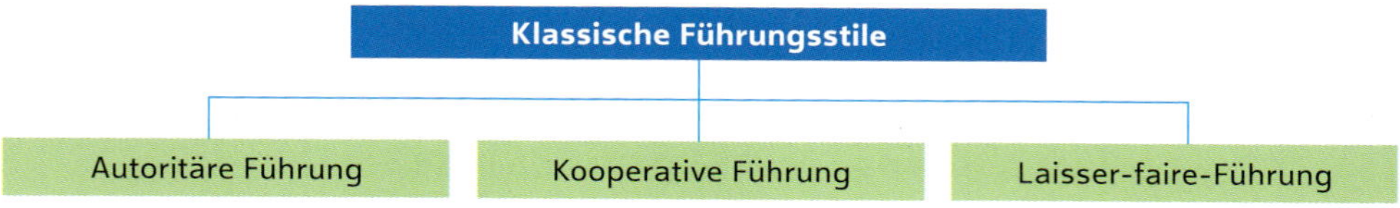

Autoritäre Führung

Beim autoritären Führungsstil werden die Entscheidungen von der Führungskraft getroffen, ohne dass die Mitarbeiter einbezogen werden. Die Führungskraft ist die alleinige Machtinstanz, ein hohes Maß an Disziplin und Gehorsam der Mitarbeiter werden erwartet. Die Mitarbeiter unterliegen ständig der Kontrolle durch die Führungskraft und haben keine Möglichkeit, eigene Ideen oder Kreativität einzubringen. Art und Weise der Tätigkeit werden genauso vorgeschrieben wie die Tätigkeit selbst. Anstelle von Feedback ist Kritik an der Tagesordnung.

Autoritärer Führungsstil	
Vorteile	**Nachteile**
• Entscheidungen können schnell getroffen werden. • hohes Maß an Kontrolle einzelner Unternehmenseinheiten bzw. Mitarbeiter • kurzfristige Leistungssteigerung möglich	• Falsche Entscheidungen können durch das Team nicht korrigiert werden. • Bei Ausfall des Vorgesetzten fehlt der Entscheidungsträger. • Erhebliches Potenzial an Ideen und Kreativität geht verloren, da sich einzelne Mitarbeiter kaum einbringen können. • fehlende Motivation der Mitarbeiter • Langfristig entsteht eine gespannte, teilweise sogar aggressive Atmosphäre.

Kooperative Führung

Bei diesem Führungsstil treffen Mitarbeiter und Vorgesetzter die notwendigen Entscheidungen gemeinsam. Die individuellen Fertigkeiten und Kenntnisse der Mitarbeiter werden zur Problemlösung herangezogen, der Mitarbeiter kann seine volle Kreativität einbringen. Die Mitarbeiter erhalten zudem dauerhaft Zugang zu allen notwendigen Informationen. Mitarbeiter arbeiten häufig selbstständig und weitgehend eigenverantwortlich. Betriebliche Hierarchien sind eher flach.

Kooperativer Führungsstil	
Vorteile	**Nachteile**
• Freisetzung von Kreativität • Entlastung des Vorgesetzten durch Delegation von Verantwortung • steigende Motivation der Mitarbeiter • hohe Zufriedenheit, die sich positiv auf das Betriebsklima auswirkt	• Entscheidungsgeschwindigkeit sinkt • Gefahr der Ausnutzung des Freiraums durch unreife Mitarbeiter • Gefahr der Überforderung durch höhere Eigenverantwortlichkeit • Gefahr von Disziplinproblemen und längeren Debatten

Laisser-faire-Führung

Dieser Führungsstil ist dadurch gekennzeichnet, dass die Führungskraft nicht aktiv versucht, Motivation, Interesse oder Aktivität bei den Mitarbeitern zu wecken. Die Mitarbeiter werden weder kontrolliert, noch erhalten sie Feedback, sie können ihre Arbeit komplett nach eigenem Ermessen strukturieren. Fehler werden übersehen oder ignoriert. Mit der Zeit entsteht dann ein distanziertes, gleichgültiges Verhältnis zur Führungskraft.

Laisser-faire-Führungsstil	
Vorteile	**Nachteile**
• Freiheit der Mitarbeiter, eigene Entscheidungen zu treffen • Freisetzung von Kreativität • Entlastung des Vorgesetzten • Eigenständige Arbeitsweise	• Führungskraft ist passiv • Die Mitarbeiter erhalten keine Vorgaben im Sinne der Unternehmensziele. • Die Mitarbeiter verfolgen eher Einzelinteressen. • Disziplinprobleme

Dieser Führungsstil ist im beruflichen Alltag kaum anzutreffen.

Anwendung in der betrieblichen Praxis

Grundsätzlich werden in Unternehmen der autoritäre und der kooperative Führungsstil eingesetzt, wobei keine dieser Varianten in absoluter Reinform anzutreffen ist. Je nach Führungskraft, Unternehmen und Mitarbeitern werden der Grad der Bestimmung durch die Vorgesetzten sowie die Möglichkeiten der Selbstbestimmung durch die Mitarbeiter variieren.

Da es keinen Führungsstil gibt, der für alle Situationen ideal ist, ist es ratsam, den im jeweiligen Kontext passenden zu wählen.

> **→ *Praxistipp***
> Der Einsatz des passenden Führungsstils je nach Situation wird als „situativer Führungsstil" bezeichnet.

10 | 5.5.2
Der kooperative Führungsstil passt am ehesten zum Streben jedes Menschen nach Selbsterfüllung und Anerkennung und dient als Basis der intrinsischen Motivation.

Es gibt jedoch oft Situationen, in denen schnelle, autoritäre Entscheidungen durch die Führungskraft notwendig sind, weil

- keine Zeit für einen demokratischen Prozess vorhanden ist,
- die Mitarbeiter aufgrund fehlender Information die Zusammenhänge nicht verstehen,
- im Team kein Konsens gefunden werden kann.

Im betrieblichen Einsatz beider Führungsstile lassen sich je nach Situation also verschiedene Variationen ausmachen. Meist wird jedoch in verschiedenen Abstufungen eine Annäherung an den kooperativen Führungsstil angestrebt.

Abb.: Eindimensionaler Führungsstil

→ ***Praxistipp***
Dieses Modell wird als **eindimensionaler Führungsstil** bezeichnet, da hier autoritäre Eigenschaften und kooperative Eigenschaften nicht gleichzeitig vorhanden sein können, sondern gegeneinander abgestuft werden.

Zweidimensionaler Führungsstil

Nach dem eindimensionalen Führungsstil kann das Führungsverhalten – in verschiedenen Abstufungen – entweder autoritär **oder** kooperativ sein. Dabei kann davon ausgegangen werden, dass die autoritäre Führung sich jeweils an den **Aufgaben** orientiert, während die kooperative Führung sich an der **Beziehung** zum Mitarbeiter orientiert, also Interesse an der Person zeigt.

Untersuchungen haben ergeben, dass beide Verhaltensweisen auch unabhängig voneinander funktionieren, sich also nicht gegenseitig ausschließen. Ein Vorgesetzter kann also gleichzeitig aufgabenorientiert und mitarbeiterorientiert handeln. Dies wird als **zweidimensionaler Führungsstil** bezeichnet.

Die amerikanischen Wirtschaftswissenschaftler und Unternehmensberater **Robert J. Blake** und **Jane S. Mouton** haben ein viel beachtetes Führungsmodell entwickelt, in dem in einem Koordinatensystem beide **Verhaltensweisen** jeweils einen Wert zwischen 1 und 9 einnehmen können.

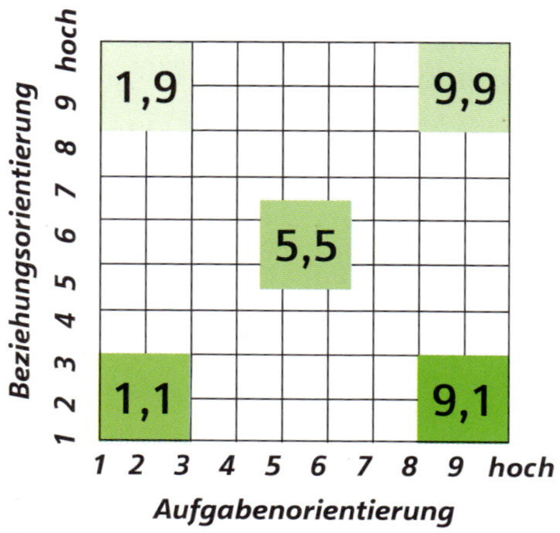

Abb.: Verhaltensgitter nach Blake/Mouton

In diesem sogenannten **Verhaltensgitter** (Managerial Grid) kann der konkrete Führungsstil verschiedene Kombinationsmöglichkeiten einnehmen. Die Zahl 1 ist jeweils der geringstmögliche, die Zahl 9 der höchste Wert.

Theoretisch lassen sich in diesem Verhaltensgitter somit bis zu 81 unterschiedliche Führungsstile erzeugen. Nach Blake und Mouton sind die fünf wichtigsten:

Führungsstil 1,1

Die Führungskraft verzichtet praktisch auf jegliche Art der Führung, sie ist weder an Aufgaben noch an den Menschen interessiert. Dieser Führungsstil kann mit der **Laisser-faire-Führung** verglichen werden.

Führungsstil 9,1

Der Vorgesetzte führt mit alleiniger Aufgabenorientierung, der Mitarbeiter (Mensch) spielt in seiner Betrachtung keine Rolle. Dieser Führungsstil entspricht am ehesten der **autoritären Führung**.

Führungsstil 1,9

Die zwischenmenschlichen Beziehungen werden in den Vordergrund allen Handelns gestellt. Es entsteht eine angenehme, kreativitätsfördernde Arbeitsatmosphäre. Die Führungskraft sucht nach Zuneigung der Mitarbeiter, allerdings ohne auf die Leistungen zu achten. Dabei sinkt die Produktivität.

Führungsstil 5,5

Bei durchschnittlicher Leistung und Zufriedenheit der Mitarbeiter wird insgesamt genügend Leistung erbracht. Die Führungskraft ist beliebt, gehört dazu, achtet aber trotzdem ausreichend auf die Zielerreichung. Es wird ein Gleichgewicht hergestellt zwischen Arbeitsleistung und Betriebsklima.

Führungsstil 9,9

Die Arbeitsleistung und die zwischenmenschlichen Beziehungen werden gleichermaßen stark beachtet. Durch gemeinsames Engagement werden hervorragende

Ziele erreicht, Konflikte können im Team gelöst werden. Es wird eine gleichzeitige Ausrichtung auf das Wohl der Mitarbeiter und die Aufgabenerfüllung angestrebt. Teilweise erlangen die Mitarbeiter durch Erfüllung der Aufgaben innere Zufriedenheit (ähnlich der Theorie Y und der intrinsischen Motivation). Dieser Führungsstil ist am 10 | 5.1.3
ehesten mit der **kooperativen Führung** zu vergleichen und wird von Blake und Mouton als der **ideale Stil** beschrieben.

Anwendung in der betrieblichen Praxis

Das **Verhaltensgitter von Blake und Mouton** liefert eine übersichtliche Darstellung verschiedener Führungsstile. Dabei sollte immer beachtet werden, dass verschiedene Einflussfaktoren die Wahl des Führungsstils bestimmen. Wichtig sind hier die entsprechende Unternehmensorganisation, die jeweilige Situation des Mitarbeiters, die Situation des Unternehmens und die Persönlichkeit der Führungskraft.

Es können also durchaus verschiedene externe Faktoren dafür sorgen, dass der Stil 9.9 nicht wählbar oder durchführbar ist.

Beispiel

KommunikativAktiv befindet sich in einer schwierigen Situation, da durch einen hohen Krankenstand die beauftragte Anzahl an Anrufen nicht durchzuführen ist. Werden über einen längeren Zeitraum die Anrufe nicht durchgeführt, besteht die Gefahr, dass verschiedene Auftraggeber abspringen. Daher werden kurzfristig Überstunden angeordnet. Sobald die „Krise" überwunden ist, kehrt man zu einem kooperativen Führungsstil zurück.

Dreidimensionaler Führungsstil

Der kanadische Wirtschaftswissenschaftler **William Reddin** greift das Modell der zweidimensionalen Führung auf und erweitert dieses um eine dritte Dimension der **Effektivität**. Maßstab für die Effektivität ist der **Grad der Zielerreichung**. ɛ | 6.1

Das sogenannte **„3-D-Modell der Führung"** umfasst also die **drei Dimensionen**
- Aufgabenorientierung,
- Beziehungsorientierung,
- Effektivität,

Reddin geht davon aus, dass es keinen grundsätzlich richtigen Führungsstil gibt, sondern dass **abhängig vom Umfeld** jeder Stil effektiv oder ineffektiv sein kann. Situative Elemente, die nach Reddin die Effektivität der Führung beeinflussen können, sind:
- unterstellte Mitarbeiter (Kenntnisse, Motivation)
- obere Führungsebene
- Arbeitsorganisation
- Anforderungen der jeweiligen Aufgabe
- Betriebsklima

Somit bestimmt sich Führungserfolg nicht mehr alleine durch die Führungskraft, sondern auch durch die Interaktion aller Beteiligten und die organisatorischen Möglichkeiten.

Reddin beschreibt zunächst aus dem zweidimensionalen Ansatz (zu erledigenden Aufgabe und Beziehungen zu anderen Menschen) vier sich daraus ergebende Grundstile der Führung:

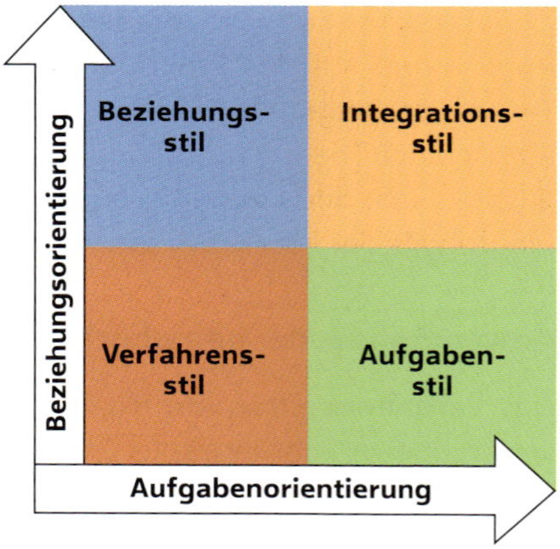

Abb.: Grundstile der Führung nach Reddin

Beziehungsstil	Die Führungskraft betont gute zwischenmenschliche Beziehungen und berücksichtigt die Bedürfnisse der Mitarbeiter.
Verfahrensstil	Die Führungskraft vertraut primär auf Systeme, Verfahrensweisen, Methoden und Regeln, sie bevorzugt stabile Situationen.
Integrationsstil	Die Führungskraft bemüht sich um eine gleichwertige Beachtung von Aufgaben und Menschen.
Aufgabenstil	Die Führungskraft betont Leistungsergebnisse und denkt dabei produktivitätsorientiert.

Jeder dieser Grundstile kann je nach den oben beschriebenen Umweltbedingungen effektiv oder ineffektiv sein:

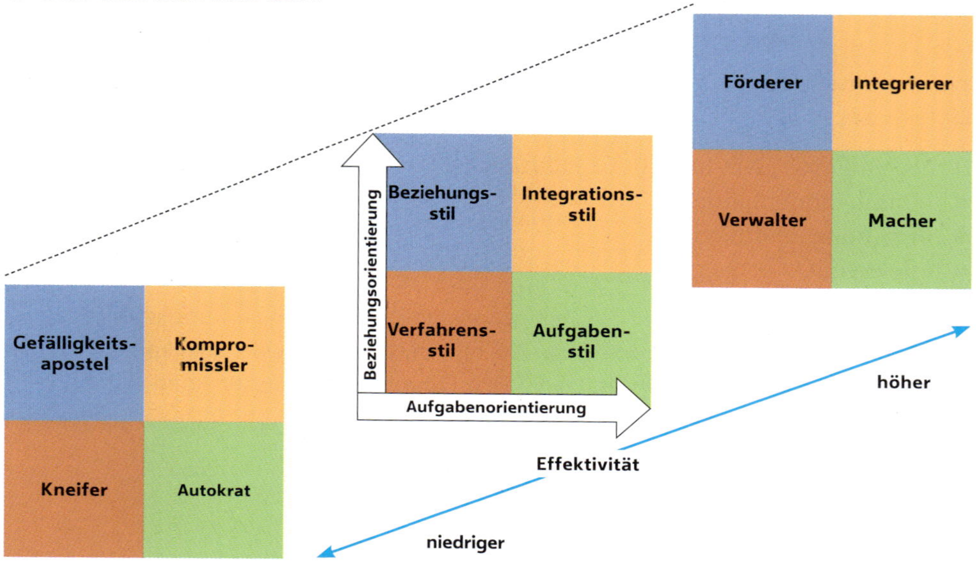

Abb.: 3-D-Modell nach Reddin

Ineffektive Führungsstile können sein:

Gefälligkeitsapostel	Die Führungskraft vernachlässigt komplett die Aufgabenerreichung, da sie glaubt, dass zufriedene Mitarbeiter alles leisten können.
Kneifer	Auch in Situationen, die eine flexible Anpassung erfordern, beharrt die Führungskraft auf Normen und Regeln.
Kompromissler	Die Führungskraft meidet jede Konfrontation mit den Untergebenen. Auch auf Angriffe reagiert sie nicht, sie versucht es jedem recht zu machen. Die Glaubwürdigkeit leidet.
Autokrat	Die Führungskraft überfordert die Mitarbeiter ständig, da sie immer höhere Produktivität abverlangt, auch wenn die maximale Leistungsfähigkeit schon erreicht ist.

Dagegen stehen die **effektiven Führungsstile**:

Förderer	Die Führungskraft delegiert so viel und so weit, wie es die jeweilige Situation erlaubt (nicht mehr!). Daneben sorgt sie für eine Mitarbeiterentwicklung, die es den Untergebenen ermöglicht, Aufgaben korrekt zu lösen.
Verwalter	Die Führungskraft sorgt durch Routineprozesse und deren Überwachung für genügend Verfahrenssicherheit und Gerechtigkeit. Ausnahmen werden zugelassen, wenn die Situation dies verlangt.
Integrierer	Die Führungskraft führt und entscheidet kooperativ, sie motiviert und fördert die Mitarbeiter zielorientiert. Trotzdem ist ihre Autorität anerkannt.
Macher	Die Führungskraft setzt anspruchsvolle, aber erreichbare Ziele, deren Einhaltung sie überwacht. Die Mitarbeiter erkennen das Expertenwissen der Führungskraft an.

Anwendung in der betrieblichen Praxis

Dieses Modell zeigt deutlich, dass Führungskräfte im betrieblichen Alltag mit sehr unterschiedlichen Führungssituationen konfrontiert sind. Daher wird passend für die jeweilige Situation auch ein entsprechender Führungsstil benötigt. Es lässt sich sehr klar ableiten, dass es den einen richtigen Führungsstil nicht gibt, sondern dass jeder Stil je nach Umfeld effektiv oder nicht effektiv sein kann. Jeder Vorgesetzte sollte also die entsprechende Situation, das Umfeld und seine Mitarbeiter genau kennen, um sich für den richtigen Stil zu entscheiden.

5.2.4 Agile Führung

Unternehmen stehen heute, wahrscheinlich stärker als je zuvor, vor der Herausforderung, mit einer sich zunehmend schneller verändernden Welt umgehen zu müssen. Die Komplexität steigt und es wird immer schwieriger, zukünftige Entwicklungen in Wirtschaft und Gesellschaft vorauszusagen.

Wichtige Treiber dieser Entwicklung sind:

- die Digitalisierung und deren Auswirkungen auf die Arbeitswelt;
- neue Verfahren in der Industrie wie 3-D-Druck, Künstliche Intelligenz und Robotik;
- neue Arbeitsmethoden und ein sich veränderndes Verhältnis zur Arbeit (z. B. New Work, Work-Life-Balance);
- weitreichende Möglichkeiten der (sozialen) Vernetzung;
- verändertes Kundenverhalten durch immer besseren Zugang zu Informationen und Bewertungssystemen.

> **Praxistipp**
> Als Sammelbegriff für diese Herausforderungen hat sich inzwischen die Bezeichnung VUCA-Welt eingebürgert.

Die VUCA-Welt – Eine Herausforderung für Führungskräfte

Die moderne Arbeitswelt ist einem ständigen Wandel unterworfen – heute mehr denn je. Doch wie stellen wir uns den Herausforderungen der VUCA-Welt am besten?

VUCA setzt sich aus den englischen Wörtern volatility (Volatilität, Flüchtigkeit), uncertainty (Unsicherheit), complexity (Komplexität) und ambiguity (Mehrdeutigkeit) zusammen. Seinen Ursprung findet der Begriff in den 90er Jahren an einer US-amerikanischen Militärhochschule, wo er zunächst die unsichere Situation nach dem Ende des Kalten Krieges beschreibt. Später wurde VUCA für die strategische Führung von Hochschulen und Unternehmen übernommen.

Heute bezieht sich der Begriff auf die immer komplexer werdenden Zusammenhänge in unserer modernen Arbeitswelt und beschreibt unter anderem die wachsende Unsicherheit im Zuge der Digitalisierung.

- **Volatility:** Innovation und Wandel schreiten mit wachsender Geschwindigkeit fort, Produkte und Prozesse ändern sich beinahe täglich, ein fester Kundenstamm und bekannte Wettbewerber fallen weg.
- **Uncertainty:** Durch diese Schnelllebigkeit sind Prozesse nicht mehr vorhersehbar – eine langfristige Planung ist kaum noch möglich. Der eigene Erfahrungsschatz kann nicht länger als Grundlage für Prognosen gelten.
- **Complexity:** Die Digitalisierung, der multilaterale Markt und die universale Verfügbarkeit von Wissen lassen Sachverhalte vielschichtiger werden. Komplikationen sind immer schwerer zu verstehen – ihre Auswirkungen kaum abzuschätzen.
- **Ambiguity:** Die Kette von Ursache und Wirkung löst sich auf. Situationen lassen sich in mehrere Richtungen deuten, Entscheidungen ziehen viele potenzielle Konsequenzen nach sich.

VUCA beschreibt also die veränderten Bedingungen, mit denen Unternehmen in der digitalisierten Arbeitswelt umgehen müssen. Management und Führungsebenen haben die schwierige Aufgabe, Unternehmen und Mitarbeiter sicher durch diese VUCA-Welt zu steuern und den permanenten Wandel aktiv zu gestalten. [...]

Grundsätzlich bedeutet das: Unternehmen müssen sich auf neue Märkte einstellen und diversifizieren, flexibel agieren und anpassungsfähig bleiben. Das erfordert die Bereitschaft, sich permanent weiterzuentwickeln und Neues zu lernen – sowohl beim Arbeitnehmer als auch Arbeitgeber. Dabei sieht die VUCA-Methode einen Human-Centered-Design-Ansatz vor, bei dem sich die Unternehmen am besten entwickeln, wenn sie alle Beteiligten mit einbeziehen und eigenverantwortlich mitgestalten. [...]

Der Fokus liegt demnach auf den neuen Kompetenzen von Führungskräften. Sie müssen lernen, empathisch zu sein, sich in die Mitarbeiter hineinzuversetzen und deren Ängste und Sorgen zu verstehen. Außerdem sollten sie lernen zu akzeptieren, dass Prozesse nicht mehr bis ins Detail durchgeplant werden können. In der VUCA-Welt gehört eine gesunde Fehlerkultur dazu und kann als Teil der Veränderung und Chance für Neues gesehen werden. Und genau diese Chance für Neues ist es, die wir ergreifen müssen. Nur so können sich Unternehmen und Mitarbeiter dem Wandel der Arbeitswelt erfolgreich anpassen.

Quelle: Steinberg, Sarah: Die VUCA-Welt – Eine Herausforderung für Führungskräfte. In: www.onlinemarketing.de. Veröffentlicht am 07.10.2019 unter: https://onlinemarketing.de/karriere/karriere-tipps/vuca-welt-herausforderung-fuehrungskraefte [03.10.2021].

Als Antwort auf diese Herausforderungen beginnen viele Unternehmen zu „agilen Organisationen" zu werden. „Agil" bedeutet von der Wortherkunft so viel wie „beweglich" oder „wendig". Dabei ist nicht klar definiert, was *genau* eine agile Organisation ist. Es existiert also kein einheitliches Verständnis von Agilität.

Es lassen sich aber folgende allgemeingültige Merkmale von Agilität festhalten:

- Der Kunde rückt in den Fokus.
- Menschen und deren Zusammenarbeit sind wichtiger als Prozesse und Bürokratie.
- Flexibel auf Veränderungen zu reagieren ist wichtiger, als an Plänen festzuhalten.
- Teams und Mitarbeiter arbeiten selbstorganisiert und eigenverantwortlich.
- Mitarbeiter erhalten Verantwortung und steigern ihre Kompetenz.
- Eine lösungsorientierte Arbeitsorganisation und Unternehmenskultur fördert Kreativität, Neugier und geistige Flexibilität.
- Vernetzung und Zusammenarbeit der Mitarbeiter über Team- und Standortgrenzen hinweg

Obwohl manche agile Unternehmen sogar versuchen, vollständig auf Führungskräfte zu verzichten, geht es meist um eine veränderte Rolle der Führungskraft in agilen Unternehmen.

Agile Führung ist die Führungs- bzw. Methodenkompetenz, die dabei hilft, in einer immer komplexeren Welt erfolgreich zu agieren. Dabei können Elemente dieser Führung auch in eher traditionellen Unternehmen eingesetzt werden, die sich noch nicht auf den Weg der Agilität begeben haben. Dabei geht es in der agilen Führung zunächst um eine veränderte Haltung der Führungskraft, daraus resultiert dann auch ein veränderter Führungsstil.

Die agile Führungskraft pocht nicht auf eine Machtposition, sondern sieht sich als Unterstützer oder sogar Dienstleister ihrer Mitarbeiter. Das heißt, sie macht es sich zur Aufgabe, den Mitarbeitern optimale Arbeitsbedingungen zu schaffen, damit diese selbstorganisiert ihre Ziele erreichen können. Außerdem übernimmt sie eine große
10|8.4 Verantwortung für die **regelmäßige Entwicklung** der Mitarbeiter. Selbstorganisation zuzulassen sollte dabei nicht mit der „Laisser-faire-Führung" verwechselt werden. In der agilen Führung sorgt die Führungskraft dafür, dass diese Selbstorganisation gelingen kann, indem sie moderiert, coacht und entwickelt.

Die zentralen Aufgaben der agilen Führung sind:

Orientierung geben	Führungskräfte geben die strategische Ausrichtung vor bzw. sorgen dafür, dass die Unternehmensstrategie klar ist. Obwohl Selbstorganisation gefördert wird, muss die gemeinsame Zielsetzung klar sein.
Sich selbst und Mitarbeiter entwickeln	Es geht darum, seine eigene sowie die Kompetenz der Mitarbeiter regelmäßig zu erweitern.
Rahmenbedingungen für Selbstorganisation schaffen	Führungskräfte setzen Rahmenbedingungen und sorgen für eine positive Kultur. Die Mitarbeiter erhalten viel Verantwortung und steuern die meisten Themen selbst. Die Führungskraft wird zum Moderator und Coach.
Kommunikation fördern	Die Führungskräfte sorgen dafür, dass wertschätzend und zielorientiert kommuniziert wird. Die Führungskraft beherrscht dazu Moderations- und Kreativitätstechniken.
Ergebnisse sicherstellen	Die Ziele und Ergebnisse werden auch in der agilen Führung regelmäßig überwacht. Kommt es zu Abweichungen, wird mit dem Team gemeinsam nach Lösungen gesucht.
Teambuilding	Die Führungskraft sorgt dafür, dass die Zusammenarbeit im Team reibungslos funktioniert.

Anwendung in der betrieblichen Praxis

Nicht nur die hohe Kunden- und Mitarbeiterorientierung macht agile Führung interessant für Unternehmen im Dialogmarketing. Viele der beschriebenen Elemente können dabei helfen, Teams zu motivieren und mit Veränderungen gut umzugehen. Doch es sollte beachtet werden, dass agile Führung nicht zu jedem Unternehmen mit jedem Reifegrad passt. Selbst wenn, braucht es eine gewisse Zeit, bis alle Mitarbeiter sich auf diese Art der Führung eingestellt haben. Besonders in bislang sehr autoritär geführten Teams kann die Umstellung auf Selbstorganisation eine lange Zeit dauern und setzt einiges an Personalentwicklung voraus.

5.2.5 Führungstechniken

Während beim Führungsstil die Art der Mitarbeiterführung des Vorgesetzten im Mittelpunkt steht, beschreiben Führungstechniken grundsätzliche **Verfahrensweisen**, 1|1.1.3 die ein Unternehmen zur Zielerreichung und Verteilung von Aufgaben einsetzt.

> **Praxistipp**
> Die Führungstechniken werden auch als Managementtechniken oder Managementprinzipien bezeichnet. In Anlehnung an die englischsprachigen Bezeichnungen nutzt man den Begriff „Management-by-Techniken".

Die Management-by-Techniken werden vor allem danach unterschieden, welche Führungsfunktion (Planung, Zielsetzung, Entscheidung, Kontrolle etc.) besonders herausgestellt wird. Dabei ist es unwahrscheinlich, in einem Unternehmen nur auf eine dieser Techniken zu stoßen, meist werden je nach Aufgabengebiet oder Situation verschiedene Techniken miteinander oder nebeneinander eingesetzt.

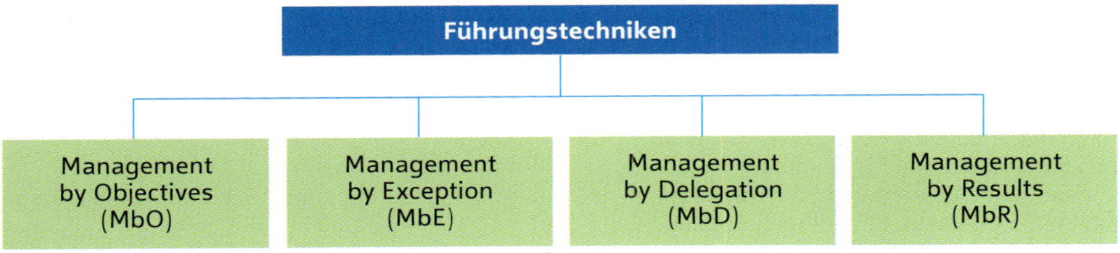

Management by Objectives

Management by Objectives bedeutet **Führen durch Zielvereinbarung**. Hierbei sollen für den Mitarbeiter präzise Ziele gesetzt werden, die im Einklang mit den Unternehmenszielen stehen. Dabei müssen diese Ziele nach der **SMART-Regel** formuliert werden: 9|1.6

- **S** – spezifisch, so konkret und abgegrenzt wie möglich
- **M** – messbar, Zielerreichung ist überprüfbar
- **A** – aktiv beeinflussbar, durch Einsatz erreichbar
- **R** – realistisch, Erreichbarkeit ist möglich
- **T** – terminiert, mit Zeitvorgaben versehen

Beispiel
Teamleiterin Renate Klaas erhält von ihrem Abteilungsleiter das Jahresziel, die AHT ihres Teams kleiner/gleich 320 Sekunden zu halten sowie den FCR-Wert konstant bei 75 %.

Die Zielerreichung kann auch mit der Zahlung einer **Prämie** verbunden sein. 10|6.3.2

Für die praktische Umsetzung der Technik Management by Objectives hat sich folgende Vorgehensweise bewährt:

1. **Festlegung der Zielhierarchie**
   Die Unternehmensziele werden in Teilziele aufgesplittet, diese werden dann an die einzelnen Bereiche oder Abteilungen vergeben. Dort erfolgt wiederum eine Aufteilung von Teilzielen an die jeweiligen Führungskräfte.
2. **Umsetzung**
   Die Ziele werden in Teilschritten realisiert. Falls notwendig, werden die Mitarbeiter dabei unterstützt. Die Führungsleistung eines Vorgesetzten wird dabei an seiner eigenen Zielerreichung gemessen. Er misst wiederum die Zielerreichung seiner Mitarbeiter.
3. **Kontrolle**
   Die Ziele (Soll-Werte) werden mit den tatsächlich erreichten Werten (Ist-Werte) verglichen.

Management by Objectives	
Vorteile	**Nachteile**
• Leistungsgerechte Entlohnung anhand objektiver Beurteilung (Zielerreichung) ist möglich. • Eigeninitiative und Verantwortung des Mitarbeiters werden gefördert. • Die Führungskräfte und Mitarbeiter können relativ frei entscheiden, wie die Arbeit geleistet wird, da das Ziel im Mittelpunkt steht.	• Eventuell entsteht hoher Leistungsdruck bei den Mitarbeitern. • Tätigkeiten, die sich nicht messen lassen, können nicht gefördert werden. • hoher Aufwand durch Planung und Kontrolle

Management by Exception

Die Mitarbeiter haben bei dieser Arbeitsweise für alle vorher festgelegten Routineaufgaben vollständige Entscheidungsgewalt. Der Vorgesetzte kommt nur im Ausnahmefall zum Einsatz, wenn in einem Arbeitsprozess Probleme auftreten. Dies führt zu einer deutlichen Entlastung der Führungskraft im operativen Tagesgeschäft.

Management by Exception erfordert, die Weisungs- und Entscheidungskompetenzen der einzelnen Entscheidungsträger klar abzugrenzen und Regeln für den Informationsfluss aufzustellen.

Beispiel

Bei TechDirekt haben die Mitarbeiter freie Hand, Hardware auch außerhalb der Garantiezeit auszutauschen. Dies gilt aber nur bis zu einem Gesamtwert von 40,00 €. Bei teureren Geräten muss der Vorgesetzte eingeschaltet werden.

Um Management by Exception zu realisieren, müssen bestimmte Voraussetzungen gegeben sein:

- Die Aufgaben müssen an den Mitarbeiter delegierbar sein.
- Die Toleranzgrenzen (wann wird die Führungskraft gebraucht) müssen bestimmt werden.
- Es muss geeignete Kommunikationswege geben, damit die Führungskraft eingeschaltet werden kann.
- Die Art des Eingreifens durch die Führungskraft muss klar sein.
- Management by Objectives muss bereits eingesetzt werden, da Ausnahmen nur bestimmt werden können, wenn Zielwerte bekannt sind.

Management by Exception	
Vorteile	**Nachteile**
• Entlastung der Vorgesetzten bei routinemäßigen Arbeiten • höhere Motivation der Mitarbeiter, da diese eigene Entscheidungen innerhalb eines Toleranzraumes treffen können	• Es besteht die Gefahr, dass Mitarbeiter durch die Beschränkung auf Routinearbeit demotiviert werden. • Es sind umfangreiche Bestimmungen zu erlassen, wann die Führungskraft benachrichtigt wird und wann nicht.

Management by Delegation

Da die Führungskraft nicht über das notwendige Spezialwissen verfügt, um alle notwendigen Arbeiten innerhalb ihres Teams oder ihrer Abteilung zu leisten, werden die Aufgaben inklusive der notwendigen Kompetenzen und Verantwortungen auf einzelne Mitarbeiter verteilt. Die Führung erfolgt durch die **Aufgabenübertragung**. Die Mitarbeiter treffen eigenständig Entscheidungen und realisieren diese. Sie müssen nicht bei jeder Abweichung innerhalb eines Arbeitsprozesses die Führungskraft fragen, sondern können eigene Lösungen entwickeln.

Die Führungsverantwortung des Vorgesetzten bleibt nach wie vor bestehen, ein Eingriff erfolgt aber bei erkennbaren Fehlentwicklungen. Management by Delegation erfordert einen kooperativen Führungsstil.

Beispiel

Renate Klaas leitet ein Projekt mit dem Ziel, Maßnahmen zu entwickeln, um den FCR-Wert für den gesamten Bereich TechDirekt zu verbessern. Ursprünglich hat der Abteilungsleiter dieses Ziel von der Unternehmensführung erhalten, delegiert es aber weiter. Renate Klaas kann nun ein geeignetes Konzept entwickeln, ohne dass der Abteilungsleiter weiter eingreift.

Management by Delegation erfordert einige Voraussetzungen:

- Das Unternehmen verfügt über eine Struktur, in der genaue Stellenbeschreibungen mit Befugnissen einzelner Mitarbeiter vorhanden sind.
- Die Mitarbeiter müssen fachlich auf ihre Aufgaben und Pflichten vorbereitet sein.

- Die Mitarbeiter müssen die Verantwortung der einzelnen Aufgaben annehmen.
- Es muss ausgeschlossen werden, dass die Mitarbeiter ihrerseits Aufgaben delegieren.
- Die Mitarbeiter erhalten einen realistischen Arbeitsumfang.

Management by Delegation	
Vorteile	**Nachteile**
• Die Vorgesetzten werden entlastet. • Die Mitarbeiter können schnelle Entscheidungen treffen. • Motivation und Eigeninitiative der Mitarbeiter werden gefördert.	• Es kann eine zu starke Aufgabenorientierung entstehen, die den einzelnen Mitarbeiter vernachlässigt. • Mitarbeiter erhalten mitunter Aufgaben, mit denen sie auf ihrer Hierarchieebene überfordert sind. • Es besteht die Gefahr, dass lediglich lästige Routineaufgaben delegiert werden.

Management by Results

Hier werden dem Mitarbeiter seine Ziele sowie die zu erreichenden **Ergebnisse** durch die Führung klar vorgegeben. Dies geschieht durch die Vorgabe eindeutiger Kennzahlen (Stückzahlen, Callzeiten, Verkaufszahlen etc.). Die zu erzielenden Ergebnisse für den Mitarbeiter werden schriftlich festgehalten. Die Einhaltung der Vorgaben wird von der Führungskraft durch einen regelmäßigen Soll-Ist-Vergleich überwacht. Positive oder negative Abweichungen ziehen entsprechende Konsequenzen nach sich, z. B. durch die Kopplung an Prämienzahlungen.

Beispiel

Im Rahmen eines zweiwöchigen Outbound-Projekts hat KommunikativAktiv einen Bestand von 10000 Adressen erhalten. Ziel ist es, 90% der Adressen zu erreichen und bei 20% einen Vertragsabschluss zu erzielen. Diese Ziele werden von der Unternehmensleitung auf die einzelnen Teams und schließlich auf die einzelnen Mitarbeiter heruntergebrochen. Das Team mit der höchsten Abschlussquote erhält einen Sonderbonus. Der aktuelle Stand wird täglich im Intranet veröffentlicht.

Im Vergleich zu Management by Objectives zeichnet sich diese Führungstechnik durch eine stärker autoritäre Ausrichtung aus, da die Mitarbeiter deutlich weniger Mitbestimmungsmöglichkeiten über die Ziele haben. Der Kontrollgedanke wird durch den häufigen Einsatz von Checklisten, Tabellen, Rankings etc. unterstützt.

Management by Results	
Vorteile	**Nachteile**
• Der Mitarbeiter erhält genaue Vorgaben, nach denen er sich richten kann. • Die Führungskraft kann die Mitarbeiter leicht beurteilen und vergleichen. • Die Zielerreichung ist einfach zu kontrollieren, da eindeutige Zahlen vorgegeben sind.	• Wenn nur quantitative Ziele ausgegeben werden, verlieren die Mitarbeiter die Qualität aus den Augen. • Durch eine starke Ergebnisorientierung besteht die Gefahr, dass man die Mitarbeiter und deren Motivation vernachlässigt. • Konkurrenzdenken und Rivalität unter den Mitarbeitern können sich negativ auf das Betriebsklima auswirken.

Weitere Führungstechniken

Neben den bereits beschriebenen Führungstechniken trifft man in Unternehmen auf zahlreiche andere Management-by-Techniken, die entweder eine Variante der bereits vorgestellten Techniken darstellen oder bei denen ein Merkmal besonders hervorgehoben ist.

Management-by-Technik	Besonderheiten:
Management by Decision Rules	Dem Mitarbeiter werden Aufgaben, Verantwortung und Kompetenzen übertragen. Entscheidungen trifft er aber anhand klar definierter Entscheidungsregeln, nach denen er zu handeln hat.
Management by Motivation	Hier werden die Ergebnisse aus der Motivationsforschung genutzt. Anreize für den Mitarbeiter und die Möglichkeit zur Selbstverwirklichung durch den Beruf sollen den Mitarbeiter motivieren und stark an das Unternehmen binden.
Management by Development	Durch die professionelle Ausbildung neuer Führungskräfte und ständige Weiterbildung bestehender Führungskräfte wird ein besonders hoher Standard der Führungsqualität angestrebt.

→ ***Praxistipp***

In verschiedenen Unternehmen können Ihnen noch weitere Führungstechniken begegnen.

5.2.6 Führungsmittel

Eine Führungskraft kann für ihre vielfältigen Aufgaben auf eine Reihe von Führungsmitteln zurückgreifen. Durch den richtigen Einsatz von Führungsmitteln werden Mitarbeiter motiviert und die Leistung gesteigert.

Definition

Führungsmittel sind einzelne Instrumente, mit denen die Führungskraft die Führungskonzepte in die Tat umsetzen kann.

Zu den bewährten Führungsmitteln gehören unter anderem:

- Mitarbeitergespräche
- Mitarbeiterbeurteilungen
- Zielvereinbarungen (vgl. Management by Objectives)
- Delegation von Aufgaben (vgl. Management by Delegation)
- Anreizsysteme (z. B. Aussicht auf Gehaltserhöhung oder Beförderung)
- 12|2 Kontrolle (z. B. durch Monitoring oder Coaching)

Im Folgenden werden die Führungsmittel Mitarbeitergespräch und Mitarbeiterbeurteilung beispielhaft erläutert.

Mitarbeitergespräche

In vielen Situationen ist es notwendig, dass die Führungskraft mit einem oder mehreren Mitarbeitern ein konstruktives Gespräch führt. Mögliche Anlässe sind z. B.:

- 10|4.3.3 Gespräch zur Konfliktlösung
- 10|5.2.5 Gespräch zur Vereinbarung von Zielen
- Gespräch zur Mitarbeiterbeurteilung
- Feedback bzw. Kritikgespräch
- Jahresgespräch
- Besprechung von Arbeitsaufträgen

Unabhängig davon, um welchen Gesprächsanlass es sich handelt, sind immer einige Grundregeln zu beachten.

Organisatorische Rahmenbedingungen

Ein Mitarbeitergespräch muss sorgfältig vorbereitet werden. Dabei sollten folgende Punkte beachtet werden:

Organisatorische Vorbereitung	Inhaltliche Vorbereitung	Nachbereitung
• Wer sind die Gesprächsteilnehmer? • Wo und wann findet das Gespräch statt? • Werden Informationen und Unterlagen benötigt? • Ist der Mitarbeiter rechtzeitig informiert? • Sind Störungen ausgeschlossen?	• Aus welchem Grund findet das Gespräch statt? • Was sind die Ziele des Gespräches? • Wie lauten die Argumente? • Welche Reaktionen sind vom Gesprächspartner zu erwarten? • Wie soll das Gespräch strukturiert werden?	• Das Gespräch reflektieren: Was lief gut? Was kann verbessert werden? • Die wichtigsten Punkte schriftlich festhalten. • Die vereinbarten Maßnahmen veranlassen.

Positionen der Gesprächspartner

In jedem Gespräch können die Gesprächspartner die Positionen „Gewinner" und „Verlierer" einnehmen. Daraus können sich verschiedene Konstellationen ergeben:

- **Gewinner – Verlierer**
  Ein Gesprächspartner setzt sich auf Kosten des anderen durch und geht klar als Sieger aus dem Gespräch hervor. Scheinbar ist dadurch das Gesprächsziel erreicht, doch längerfristig wird die Beziehung der beiden Gesprächspartner gestört sein.

Beispiel

Renate Klaas bittet ihren Abteilungsleiter um Unterstützung durch andere Teamleiter bei den Coachings ihrer Mitarbeiter. Durch ihre Projektaufgabe hat sie momentan nicht genügend Zeit, um die geforderte Anzahl an Coachings durchzuführen. Der Abteilungsleiter weist ihre Bitte empört zurück mit der Begründung, dass schließlich alle viel zu tun haben. Er gibt ihr den Auftrag, dafür zu sorgen, beide Aufgaben unter einen Hut zu bringen. Schlussendlich gibt er ihr noch zu bedenken, ob sie nicht doch ihr Zeitmanagement optimieren sollte. Renate Klaas zieht sich betreten zurück.

- **Gewinner – Gewinner**
  Bei dieser Verteilung erhalten beide Gesprächspartner die Möglichkeit, ihre Ziele, Wünsche und Ideen einzubringen. Beide respektieren einander und suchen nach einer gemeinsamen Lösung, ohne dass jemand sein Gesicht verliert. Dieses Muster fördert die zwischenmenschlichen Beziehungen und die Motivation der Beteiligten.

Beispiel

Der Abteilungsleiter reagiert auf die Bitte von Renate Klaas verständnisvoll und zeigt ihr, dass er ihre Lage versteht. Er verweist aber auf die starke Auslastung der anderen Teamleiter und bittet Renate Klaas um Verständnis, dass derzeit keine Unterstützung zu erwarten ist. Er verspricht ihr aber, ihre jetzige Projekttätigkeit zu berücksichtigen, und senkt die Anzahl der durchzuführenden Coachings für eine gewisse Zeit. Am Ende treffen beide noch die Vereinbarung, die Coachings nachzuholen, sobald sich die Möglichkeit dazu ergibt.

Gesprächsführung

Um ein konfliktfreies Verhandeln zu ermöglichen bzw. um Konflikte durch Gespräche lösen zu können, müssen in der Gesprächsführung folgende Punkte beachtet werden:

Verständnis	die Situation und Ziele des anderen berücksichtigen und verstehen
Vernunft	die eigenen Gefühle nicht überhand nehmen lassen; auch in schwierigen Situationen ruhig bleiben
Vertrauenswürdigkeit	klare und deutliche Ausdrucksweise; berechenbare Reaktionen zeigen
Akzeptanz	die Meinung des anderen akzeptieren
Kommunikation	aktiv zuhören; klar und verständlich kommunizieren
Argumentation	keine persönlichen Angriffe; den Gesprächspartner durch Argumente überzeugen

Gesprächsformen

Je nach Gesprächsform kann ein Vorgesetzter ein Mitarbeitergespräch komplett nach seinen eigenen Vorstellungen steuern, in diesem Fall spricht man von einer **direktiven Gesprächsführung**. Er kann aber auch das Gespräch den Vorstellungen und Angaben des Mitarbeiters anpassen, dann spricht man von einer **non-direktiven Gesprächsführung**.

In einer kooperativen oder auf Motivation ausgerichteten Führung wird die Führungskraft eher auf die non-direktive Gesprächsführung zurückgreifen. Es sind allerdings Situationen denkbar, in denen auch der direktive Gesprächsstil zum Einsatz kommt.

Direktive Gesprächsführung	Non-direktive Gesprächsführung
Verhalten: • Der Vorgesetzte spricht viel und lässt den Mitarbeiter kaum zu Wort kommen. • Er stellt geschlossene Fragen und interessiert sich nicht für die Meinung des Untergebenen.	**Verhalten:** • Der Vorgesetzte stellt viele offene Fragen. • Der Mitarbeiter kommt sehr oft zu Wort. • Der Vorgesetzte hört genau zu und fällt keine Werturteile.
Gesprächsanlässe: • Erteilung von Arbeitsaufträgen • Berichte	**Gesprächsanlässe:** • Klärung von (Team-)Konflikten • Motivationsgespräche • Klärung von Beschwerden • Analyse von Problemstellungen

Rechtliche Rahmenbedingungen für Mitarbeitergespräche

Neben den organisatorischen und inhaltlichen Aspekten ist bei Mitarbeitergesprächen natürlich auch der rechtliche Rahmen zu berücksichtigen:

- Aus der Fürsorgepflicht des Arbeitgebers lässt sich ableiten, dass der Mitarbeiter das Recht hat, den Vorgesetzten jederzeit um ein Mitarbeitergespräch zu bitten.

- Das Mitarbeitergespräch ist grundsätzlich als Vier-Augen-Gespräch vorgesehen. Deshalb sollte die Hinzuziehung einer dritten Person nur im Ausnahmefall erfolgen.
- Das BetrVG räumt in § 82 Abs. 2 jedem Mitarbeiter das Recht ein, zu dem Gespräch mit dem Vorgesetzten ein Betriebsratsmitglied hinzuzuziehen.

Besonderheiten bei Konflikt- und Kritikgesprächen

Konfliktgespräch

Ein Gespräch zur Lösung eines Konfliktes kann erfolgreich verlaufen, wenn es allen Gesprächspartnern gelingt, ihren jeweiligen Standpunkt zu erläutern und dabei von der Gegenseite gehört zu werden. 10 | 4.3.3

Folgender Ablauf hat sich im Konfliktgespräch bewährt:

1. **Bedürfnisse klären:** Wie lauten die Erwartungen der einzelnen Gesprächspartner, wer hat welche Schwierigkeiten?
2. **Lösungen sammeln:** Wie kann die Situation bereinigt werden, wie kann eine gemeinsame Lösung aussehen?
3. **Lösungen bewerten:** Die Vor- und Nachteile der einzelnen Lösungsvorschläge werden gegeneinander abgewogen.
4. **Wahl der besten Lösung:** Die Lösung, welche für alle Beteiligten in Ordnung ist und die meisten Vorteile bringt, wird ausgewählt.
5. **Der Lösungsweg wird realisiert:** Alle Maßnahmen, die zur Lösung notwendig sind, werden in die Wege geleitet.
6. **Rückblick:** Nach einiger Zeit wird überprüft, ob sich der Lösungsweg bewährt hat.

Kritikgespräch

Das Kritikgespräch dient dazu, den Mitarbeiter zu einer langfristigen Verhaltensänderung zu bewegen. Meist gehen diesem Gespräch Handlungen des Mitarbeiters voraus, die nicht in die Leitlinien des Unternehmens passen oder die der Arbeitsleistung abträglich sind. Dabei ist es wichtig, auf konkrete, zeitnahe Beobachtungen oder Sachverhalte zu verweisen. Nicht belegbare Aussagen sollten vermieden werden („Ich habe gehört, Sie überziehen immer die Pause ...“).

Um den Mitarbeiter zu einer Änderung des Verhaltens zu bewegen, muss die Führungskraft sicherstellen, dass der Mitarbeiter sich der Kritik nicht verschließt, sondern ihr offen gegenübersteht. Dazu ist es erforderlich, Akzeptanz und Wertschätzung zu vermitteln. Dies gelingt z. B. durch die Beachtung der Feedbackregeln. 12 | 3.3.3

Kritik sollte immer aus der eigenen Perspektive vermittelt werden. Man spricht daher auch von „Ich-Botschaften“. Diese Ich-Botschaften werden vom Gesprächspartner leichter akzeptiert als Botschaften, die direkt an ihn gerichtet sind, sogenannte „Sie-Botschaften“.

Statt: Sie-Botschaften	Besser: Ich-Botschaften
Sie sind ... Sie machen ... Sie haben ...	Ich empfinde Ihr Verhalten als ... Ich hatte erwartet, dass ... Mir erscheint es so ...

In die Lösungsfindung sollte der Gesprächspartner nach Möglichkeit mit eingebunden werden. Dies macht eine Umsetzung wahrscheinlicher als bei bloßer Vorgabe der Lösung durch die Führungskraft.

Statt: Vorgabe	Besser: Einbindung
Ich erwarte ab sofort ... Sie müssen ... Zukünftig werden wir ...	Was schlagen Sie vor? Wie bewerten Sie das Problem? Was meinen Sie dazu?

Mitarbeiterbeurteilungen

#

Definition

Die **Mitarbeiterbeurteilung** oder **Personalbeurteilung** dient dazu, Leistungen von Mitarbeitern über einen bestimmten Zeitraum zu erfassen, zu bewerten und zu vergleichen.

Typische Anlässe für Mitarbeiterbeurteilungen sind z. B.:

- Ablauf der Probezeit
- Beförderungen oder Versetzungen
- Überprüfung von Gehaltsanpassungen/-erhöhungen
- Ausscheiden des Mitarbeiters
- Antrag auf ein Zwischenzeugnis
- anstehende Weiterbildungsmaßnahmen
- Regelbeurteilung in einem bestimmten Zeitintervall

Beurteilungskriterien

Zur Beurteilung des Mitarbeiters können je nach Unternehmen und Aufgabengebiet verschiedene Kriterien herangezogen werden:

- Arbeitstempo
- Arbeitsquantität und -qualität
- Aufmerksamkeit
- Auffassungsgabe und Selbstständigkeit
- Kritikfähigkeit
- Ausdrucksfähigkeit
- Führungsqualitäten
- Belastbarkeit
- Initiative und Kreativität

- Teamfähigkeit
- Flexibilität und Anpassungsfähigkeit

Beurteilungsformulare

Um die Beurteilung des Mitarbeiters zu dokumentieren, werden Formulare eingesetzt. Diese sind so gestaltet, dass eine einfache Auswertung durch die Personabteilung erfolgen kann. Außerdem ist es wichtig, dass das System für den Mitarbeiter leicht verständlich und nachvollziehbar ist.

Beispiel

Beurteilungsformular für Teamleiter bei Dialogfix:

Personalbeurteilung für Führungskräfte dialogfix GmbH

Name: ______________________ Position: ________________

Personalnummer: ________________

Beurteilungskriterien	Beurteilung Stufe 1–5					Anmerkungen
Arbeitsquantität						
Arbeitsqualität						
Teamfähigkeit						
Kritikfähigkeit						
Führungskompetenz						
Belastbarkeit						
Kreativität						
...						

Beurteilungsschlüssel:
1 = überdurchschnittliche Leistungen
2 = übertrifft die Anforderungen
3 = erfüllt die Anforderungen
4 = erfüllt die Anforderungen nur teilweise
5 = erfüllt die Anforderungen nicht

Anlass der Beurteilung: ________________ Datum: ________________

Unterschrift Vorgesetzter: Unterschrift Mitarbeiter:

______________________ ______________________

Ablauf der Mitarbeiterbeurteilung

Um Mitarbeiter gezielt zu bewerten, hat sich folgender Ablauf bewährt:

1. **Beobachtung:** Der Vorgesetzte beobachtet den Mitarbeiter über einen längeren Zeitraum bei seinen täglichen Aufgaben. Dies kann einerseits durch den Einsatz gezielter Methoden passieren (z. B. Coaching), andererseits auch durch Beobachtung der Routinetätigkeiten, ohne dass der Mitarbeiter sich beobachtet fühlt (z. B.
12|2 Monitoring).
2. **Beschreibung:** Die Beobachtungen werden fortlaufend aufgezeichnet. Dabei achtet der Vorgesetzte darauf, alle wichtigen Fakten aufzuzeichnen, um sich später noch einmal daran zu erinnern. Die Aufzeichnungen sind wertfrei zu verfassen.
3. **Bewertung:** Die beschriebenen Ergebnisse werden in die Beurteilungsskala übertragen.
4. **Beurteilungsgespräch:** Zusammen mit dem Mitarbeiter werden die Ergebnisse besprochen.
5. **Auswertung:** Die Mitarbeiterbeurteilung wird gemäß ihrer Zielsetzung ausgewertet und in der Personalakte abgelegt.

Rechtliche Rahmenbedingungen bei Mitarbeiterbeurteilungen

Sofern im Unternehmen ein Betriebsrat existiert, hat dieser ein **Mitbestimmungsrecht** bei den Ordnungsfragen im Betrieb sowie bei der Nutzung von technischen Einrichtungen, die sich zur Verhaltens- und Leistungskontrolle eignen. Zudem unterliegt
1|2.3.1 auch die Aufstellung von Beurteilungsgrundsätzen der gesetzlichen Mitbestimmung.

Auszug aus dem Betriebsverfassungsgesetz (BetrVG)

§ 87 Mitbestimmungsrechte

(1) Der Betriebsrat hat, soweit eine gesetzliche oder tarifliche Regelung nicht besteht, in folgenden Angelegenheiten mitzubestimmen:

1. Fragen der Ordnung des Betriebs und des Verhaltens der Arbeitnehmer im Betrieb; [...]

6. Einführung und Anwendung von technischen Einrichtungen, die dazu bestimmt sind, das Verhalten oder die Leistung der Arbeitnehmer zu überwachen; [...]

§ 94 Personalfragebogen, Beurteilungsgrundsätze

(1) Personalfragebogen bedürfen der Zustimmung des Betriebsrats. Kommt eine Einigung über ihren Inhalt nicht zustande, so entscheidet die Einigungsstelle. Der Spruch der Einigungsstelle ersetzt die Einigung zwischen Arbeitgeber und Betriebsrat.

(2) Absatz 1 gilt entsprechend für persönliche Angaben in schriftlichen Arbeitsverträgen, die allgemein für den Betrieb verwendet werden sollen, sowie für die Aufstellung allgemeiner Beurteilungsgrundsatze.

Darüber hinaus ist gemäß § 75 Abs. 2 BetrVG stets das allgemeine Persönlichkeitsrecht der Beschäftigten zu schützen und zu fördern.

Auch in Betrieben, in denen kein Betriebsrat existiert, ist eine Vielzahl an **rechtlichen Rahmenbedingungen** zu berücksichtigen. Gerade bei der Erfassung von personenbezogenen Daten zur Leistungskontrolle und späteren Auswertung sind die verschiedenen Bestimmungen des Datenschutzrechts zu beachten. 12 | 2.1

5.2.7 Betriebliches Gesundheitsmanagement

Die Aufgaben im Dialogmarketing können für Mitarbeiter sehr herausfordernd sein. Nicht selten klagen die Beschäftigten über belastende Arbeitsbedingungen und Unternehmen über einen zu hohen Krankenstand. Tatsächlich sind die Krankmeldungen und Ausfallquoten im Dialogmarketing oft höher als in anderen Branchen. Dies hat unterschiedliche Ursachen, wie z. B.

- psychische Belastungen durch Kundenbeschwerden oder „Zahlendruck",
- dauerhaft sitzende Tätigkeiten mit zu wenig Bewegung,
- Schichtarbeit und ungewöhnliche Arbeitszeiten,
- hohe Veränderungsdynamik und wenig erlebte Sicherheit.

Eine wichtige unternehmerische **Führungsaufgabe**, um mit diesen Herausforderungen umzugehen, ist das **Betriebliche Gesundheitsmanagement**.

> #
> ***Definition***
> Das **Betriebliche Gesundheitsmanagement (BGM)** umfasst den systematischen Einsatz von Maßnahmen, die der Gesundheit, dem Wohlbefinden und der Motivation der Mitarbeiter dienen.

Ein **systematisches BGM** beginnt zunächst mit einer Analyse der bestehenden Verhältnisse im Betrieb. Anschließend werden mögliche Problemfelder identifiziert, die Ziele formuliert und Maßnahmen abgeleitet. Die Gesundheitsförderung kann sich dabei gemäß dem **3-Säulen-Modell** auf folgende Bereiche beziehen:

Maßnahmen, die sich auf den einzelnen **Mitarbeiter** und sein Verhalten beziehen, z. B. Bewegungsangebote, Stressbewältigung, gesunde Verpflegung, Suchtprävention	Maßnahmen, die sich auf das betriebliche **Arbeitsumfeld** beziehen, z. B. ergonomischer Arbeitsplatz, gesunde Arbeitsbedingungen, flexible Arbeitszeitmodelle	Maßnahmen, die sich auf die **Führungskräfte und Unternehmensführung** beziehen, z. B. Konfliktmanagement, Betriebsklima, Führungskräfteentwicklung

Eine Verpflichtung des Arbeitgebers zu entsprechenden Maßnahmen ergibt sich zudem aus dem **Arbeitsschutzgesetz**. 1 | 2.2.7

Betriebliches Eingliederungsmanagement

> # *Definition*
> Im **Betrieblichen Eingliederungsmanagement (BEM)** soll der Mitarbeiter bei längerer und wiederholter Krankmeldung dabei unterstützt werden, die Arbeitsunfähigkeit zu beenden und seinen Arbeitsplatz dauerhaft zu erhalten.

Es handelt sich somit um eine Anwendungsmöglichkeit des Betrieblichen Gesundheitsmanagements, die auch im **Sozialgesetzbuch** verankert ist.

Auszug aus dem Neunten Buch Sozialgesetzbuch (SGB IX)

§ 167 Prävention

(2) Sind Beschäftigte innerhalb eines Jahres länger als sechs Wochen ununterbrochen oder wiederholt arbeitsunfähig, klärt der Arbeitgeber [...] wie die Arbeitsunfähigkeit möglichst überwunden werden und mit welchen Leistungen oder Hilfen erneuter Arbeitsunfähigkeit vorgebeugt und der Arbeitsplatz erhalten werden kann (betriebliches Eingliederungsmanagement). [...]

Alle Mitarbeiter, die innerhalb eines Jahres länger als sechs Wochen dauerhaft oder wiederholt krank ausgefallen sind, haben Anspruch auf ein BEM-Verfahren. Dabei liegt die Verantwortung für die Durchführung beim Arbeitgeber. Die Mitwirkung des erkrankten Mitarbeiters ist freiwillig.

Ziele des BEM

Das Betriebliche Eingliederungsmanagement soll die Beschäftigungsfähigkeit der Mitarbeiter sichern bzw. erhalten. In einem Analyseverfahren wird dabei nach Möglichkeiten gesucht, um den Mitarbeiter bei der Eingliederung nach Krankheit und bei der eigentlichen Tätigkeit bestmöglich gesundheitsfördernd zu unterstützen. Nicht selten werden durch BEM-Verfahren auch Maßnahmen auf den Weg gebracht, die danach der gesamten Belegschaft zugutekommen (z. B. Sportprogramme). Durch ein erfolgreiches BEM-Verfahren profitieren sowohl Arbeitgeber als auch Arbeitnehmer:

- Der erkrankte Mitarbeiter profitiert, da er eine Unterstützung bei der Rückkehr an seinen Arbeitsplatz erhält. Seine Krankheit kann bei der Neugestaltung der Rahmenbedingungen berücksichtigt werden und er wird dabei unterstützt, gesund zu werden bzw. zu bleiben.
- Der Arbeitgeber profitiert, da er den Mitarbeiter dauerhaft bindet und diesen wieder einsetzen kann. Außerdem schafft er Maßnahmen, welche ggf. der gesamten Belegschaft zugutekommen und sein Image verbessern.

Akteure im BEM

Der **Arbeitgeber** ist verantwortlich für die Einleitung des BEM. Er soll herausfinden, wie die Arbeitsunfähigkeit des Arbeitnehmers überwunden und wie einer zukünftigen Arbeitsunfähigkeit vorgebeugt werden kann. Der Arbeitsplatz soll erhalten bleiben. Die Durchführung kann der Arbeitgeber an den Vorgesetzten des betroffenen Mitarbeiters oder auch die Personalabteilung delegieren.

Mitarbeiter, welche länger als sechs Monate innerhalb eines Jahres arbeitsunfähig erkrankt waren, sollen das Angebot für ein BEM erhalten. Ohne die Einwilligung des Beschäftigten dürfen allerdings weder Maßnahmen ergriffen noch weitere Stellen hinzugezogen werden. Der Mitarbeiter hat selbst das Recht, einen weiteren Partner (oftmals den Betriebsrat) zum BEM hinzuzuziehen. Eine gegebene Einwilligung kann jederzeit widerrufen werden.

Trotz dieser Rechte aufseiten des Arbeitnehmers erzeugt die Einladung zu einem BEM-Verfahren nicht selten Ängste bei Mitarbeitern. Es wird oft befürchtet, dass der Arbeitgeber die eigentliche Krankheit anzweifelt oder nach Gründen für eine Entlassung sucht. Dies macht die professionelle Durchführung sowie eine vertrauensvolle Kommunikation im Unternehmen zu wichtigen Erfolgsfaktoren.

Der **Betriebsrat** (BR) wacht über eine ordnungsgemäße Durchführung des BEM. Er 1 | 2.3.1 steht dem Arbeitnehmer auf Wunsch während des Verfahrens zur Seite. Der BR kann vom Arbeitgeber eine entsprechende Betriebsvereinbarung verlangen. Bei schwerbehinderten Mitarbeitern ist die Schwerbehindertenvertretung mit einzubeziehen.

Der **Betriebsarzt** kann sowohl die gesundheitliche Situation des Mitarbeiters als auch 1 | 3.2 die Bedingungen am Arbeitsplatz bewerten und Maßnahmen vorschlagen.

Durchführung des BEM

Zur erfolgreichen Durchführung des BEM ist eine strukturierte Vorgehensweise zu empfehlen. In der Praxis hat sich der folgende Ablauf bewährt:

1. **Feststellung des Bedarfs:** Der Arbeitgeber stellt fest, dass ein Mitarbeiter innerhalb eines Jahres mehr als sechs Wochen krankheitsbedingt gefehlt hat. Dabei ist es unerheblich, ob es sich um eine längere Krankmeldung oder mehrere einzelne handelt. Dabei wird nicht das Kalenderjahr, sondern der Zeitraum von zwölf Monaten ab der aktuellen bzw. letzten Erkrankung geprüft.

   Beispiel

   Teamleiterin Ulrike ist im Dezember drei Wochen erkrankt. Im folgenden Januar fällt Sie nochmals für drei Wochen aus sowie eine weitere Woche im Februar. Damit ist sie im Zeitraum von zwölf Monaten mehr als sechs Wochen arbeitsunfähig erkrankt.

2. **Erste Kontaktaufnahme mit dem Mitarbeiter:** Sind alle Voraussetzungen erfüllt, nimmt der Arbeitgeber Kontakt mit dem Mitarbeiter auf. Meist geschieht dies schriftlich. Der Mitarbeiter erhält erste Informationen über das BEM-Verfahren und dessen Ziele sowie das Angebot, an einem solchen mitzuwirken. Ist der Mitarbeiter dazu nicht bereit, endet das BEM bereits an dieser Stelle. Von daher werden hier häufig die Vorteile und Nutzen des Verfahrens genauer herausgestellt sowie die Möglichkeit, jederzeit aus dem Verfahren auszusteigen.
3. **Informationsgespräch:** In einem Gespräch erfährt der Mitarbeiter mehr über Möglichkeiten und auch Grenzen des BEM-Verfahrens. Er hat die Möglichkeit, Fragen zu stellen und für ihn wichtige Punkte zu benennen. Auf Wunsch des Mitarbeiters kann bereits hier der BR hinzugezogen werden. Auch können hier schon erste Ideen zur Umsetzung gesammelt werden. Das Gespräch wird in der Regel dokumentiert.
4. **Analyse und Eingliederung:** Zunächst werden alle wichtigen Daten zusammengetragen. Eventuell werden noch Tests durch den Betriebsarzt durchgeführt. Sobald alle wichtigen Informationen vorliegen, wird gemeinsam mit dem Mitarbeiter erarbeitet, welche Maßnahmen in Zukunft umgesetzt werden sollen, um seine Situation am Arbeitsplatz neu zu gestalten bzw. eine Wiedereingliederung zu erleichtern.

   Typische Maßnahmen, die dem Arbeitgeber zur Verfügung stehen sind:

   - Veränderungen der Arbeitszeit und der Arbeitsorganisation
   - schrittweise Wiedereingliederung nach längerer Krankheit
   - Umgestaltung des Arbeitsplatzes
   - Qualifizierungsmaßnahmen
   - Angebot eines anderen Arbeitsplatzes
   - Teilnahme an Fitnessprogrammen
   - Begutachtung des Arbeitsplatzes durch den Betriebsarzt
   - Konfliktlösungen und Mediationen
5. **Umsetzung der Maßnahmen:** Alle Beteiligten des BEM-Verfahrens sorgen dafür, dass die ausgewählten Maßnahmen umgesetzt werden. Wenn notwendig, werden Korrekturen sofort vorgenommen.
6. **Evaluation der Maßnahmen:** Die Wirksamkeit der Maßnahmen wird gemeinsam mit dem Mitarbeiter überprüft. An dieser Stelle wird auch entschieden, ob die Maßnahmen ausreichend waren, oder ob weitere Maßnahmen konzipiert werden sollten. Wenn möglich, wird das Verfahren hier erfolgreich abgeschlossen.

→ ***Praxistipp***
Handreichungen zur betrieblichen Umsetzung finden Sie z. B. unter www.betriebliche-eingliederung.de/umsetzung-im-betrieb/musterschreiben-eingliederung/.

Zusammenfassung

- **Arten der Motivation**
  - **extrinsische Motivation** (Sekundärmotivation) = Anreize von außen
  - **intrinsische Motivation** (Primärmotivation) = aus innerem Antrieb

- **Theorien der Arbeitsmotivation**
  - Bedürfnispyramide nach Maslow
  - Zwei-Faktoren-Theorie nach Herzberg
  - X-Y-Theorie nach McGregor

- Durch **Personalführung** sollen Mitarbeiter oder Teams unter Berücksichtigung der jeweiligen Situation auf ein gemeinsames Ziel hinarbeiten.

- **Führungskraft**
  benötigt
  - fachliche Qualifikationen (Fachwissen)
  - Techniken zur Menschenführung (Führungswissen)
  - persönliche (soziale) Kompetenz

- **Klassische Führungsstile**
  - **Autoritäre Führung** Entscheidungen werden nur durch die Führungskraft getroffen.
  - **Kooperative Führung** Entscheidungen werden unter Einbeziehung der Mitarbeiter getroffen.
  - **Laisser-faire-Führung** Entscheidungen werden durch Mitarbeiter ohne die Führungskraft getroffen.

- Eine Erweiterung der klassischen, eindimensionalen Führungsstile bietet das Verhaltensgitter nach **Blake und Mouton**, nach dem eine aufgabenorientierte Führung gleichzeitig mit einer mitarbeiterorientierten Führung ablaufen kann (zweidimensionale Führung). **Reddin** erweitert dieses Modell um eine dritte Dimension (Effektivität). Danach kann jeder Führungsstil je nach Situation effektiv oder ineffektiv sein.

- **Agile Führung** kann als eine grundlegende Erweiterung dieser Modelle gesehen werden, da sie die Haltung und Rolle der Führungskraft deutlich in Richtung Mitarbeiterorientierung und Flexibilität verändert.
- **Führungstechniken**

Management by Objectives (MbO): Führen durch Zielvorgaben	Management by Exception (MbE): Führen nach dem Ausnahmeprinzip	Management by Delegation (MbD): Führen durch Aufgabenübertragung	Management by Results (MbR): Führen durch Ergebnisorientierung

- Typische **Führungsmittel** sind:
  - Mitarbeitergespräche
  - Mitarbeiterbeurteilungen
  - Zielvereinbarungen
  - Delegation von Aufgaben
  - Kontrolle
- **Betriebliches Eingliederungsmanagement (BEM)**

Ziel:	**Akteure:**	**Durchführung:**
Mitarbeiter dabei unterstützen, Arbeitsunfähigkeit zu beenden und Arbeitsplatz dauerhaft zu erhalten	– Arbeitgeber – Mitarbeiter – Betriebsrat – Betriebsarzt	– Bedarf feststellen – Mitarbeiter kontaktieren – Informationsgespräch – Analyse und Eingliederung – Maßnahmen umsetzen – Maßnahmen evaluieren

Aufgaben

1. *Die Dialogfix GmbH möchte herausfinden, welche ihrer Mitarbeiter und Abteilungen eher extrinsisch oder intrinsisch motiviert sind. Sie sollen Ihre Kollegen hierbei unterstützen. Beschreiben Sie in einer Mindmap typische Merkmale bzw. Hinweise im Betrieb auf*
   a) vorwiegend intrinsische Motivation,
   b) vorwiegend extrinsische Motivation.

2. *Vergleichen Sie die unterschiedlichen Theorien zur Arbeitsmotivation.*
   a) Wo gibt es Gemeinsamkeiten, wo Unterschiede?
   b) Wie können diese Theorien im Arbeitsumfeld Callcenter eingesetzt werden?

3. *Erarbeiten Sie anhand des Zeitungsartikels von Seite 99 Anforderungen an eine „gute Führungskraft".*

4. *Die Dialogfix GmbH plant, ein Führungshandbuch zu entwerfen. In diesem sollen typische Führungsstile, Führungstechniken und Führungsmittel sowie klassische Anforderungen an Führungskräfte beschrieben sein. Sie sollen unterstützend an der Konzeption dieses Handbuchs mitwirken.*
   a) *Welche Führungsmittel nehmen Sie in das Handbuch auf? Begründen Sie Ihre Entscheidung.*
   b) *Die eingesetzten Maßnahmen sollen zu einer intrinsischen Motivation aller Mitarbeiter beitragen. Welche Führungsmittel, Führungsstile und Führungstechniken empfehlen Sie?*
5. *Begründen Sie folgende Aussage:*
   „Mit Aufstieg in der Hierarchie des Unternehmens nehmen die Anforderungen an das Fachwissen ab und die Anforderungen an das Führungswissen zu."
6. *Welche klassischen Führungsstile gibt es, und wo liegen jeweils die Besonderheiten?*
7. *In einem Führungskräfteseminar fällt der Satz „Führung ist kontextabhängig und kann daher nicht auf die Führungskraft alleine bezogen sein". Nehmen Sie kritisch und auf Basis der hier vorgestellten Konzepte Stellung zu diesem Satz.*
8. *Erläutern Sie den Aufbau des Verhaltensgitters nach Blake und Mouton. Welche Erkenntnisse lassen sich daraus für die betriebliche Führung gewinnen?*
9. *Sie sind Personalchef der Dialogfix GmbH und möchten das Betriebsklima verbessern. Dafür soll auch das Führungsverhalten der Abteilungs- und Teamleiter auf den „Prüfstand".*
   a) *Wie können Sie die Führungsqualitäten messen?*
   b) *Wie können Maßnahmen zur Verbesserung aussehen?*
   c) *Welche Widrigkeiten und Einwände erwarten Sie vonseiten der Abteilungs- und Teamleiter? Wie gehen Sie damit um?*
10. *In der agilen Führung verändert sich die Rolle der Führungskraft. Skizzieren Sie, welche neuen Anforderungen für Führungskräfte sich daraus ergeben.*
11. *Welchen Führungstechniken sind Sie schon begegnet?*
    a) *Wie wurden die Techniken umgesetzt?*
    b) *In welchen Situationen wurden die einzelnen Techniken eingesetzt?*
12. *Führungstechniken bieten immer wieder Anlass zur Kritik bei den Geführten. Analysieren Sie bei den nachfolgenden (plakativen) „Management-Ansätzen", auf welches Führungsphänomen jeweils aufmerksam gemacht wird.*
    a) *„Management by Helicopter": über allem schweben, von Zeit zu Zeit auf den Boden kommen, viel Staub aufwirbeln und dann wieder ab in die Wolken*
    b) *„Management by Nilpferd": auftauchen, Maul aufreißen, wieder untertauchen*
    c) *„Management by Ping-Pong": jeden Vorgang so lange hin- und herleiten, bis er sich von selbst erledigt hat*
    d) *„Management by Darwin": Mitarbeiter gegeneinander aufstacheln, Sieger befördern, Verlierer abschießen*
    e) *„Management by Robinson": Alle warten auf Freitag.*
13. *Bilden Sie Zweiergruppen. Entwerfen Sie eine Rollenspielsituation für ein Mitarbeitergespräch: Ein Teilnehmer spielt die Rolle des Vorgesetzten, ein anderer die Rolle des Mitarbeiters.* Web
    a) *Bereiten Sie sich schriftlich auf das Gespräch vor. Beachten Sie dabei die erforderlichen Rahmenbedingungen für ein Mitarbeitergespräch.*
    b) *Führen Sie das Gespräch vor der Klasse durch.*
    c) *Geben Sie sich zunächst gegenseitig Feedback, dann holen Sie das Feedback der Klasse ein.*
14. *Wie kann das Betriebliche Eingliederungsmanagement (BEM) dabei helfen, die Arbeitsfähigkeit eines erkrankten Mitarbeiters zu erhalten bzw. wieder herzustellen?*

6 Entgelte berechnen

▪ *Einstiegssituation*

Thomas bekommt während seines Ausbildungsabschnitts in der Personalabteilung auch die Gelegenheit, an den Gehaltsabrechnungen der Abteilung TechDirekt mitzuarbeiten. Er erhält die Aufgabe, die notwendigen Informationen für die Ermittlung der monatlichen leistungsbezogenen Entgeltbestandteile für jeden Mitarbeiter auszuwerten.

Beim Einführungsgespräch mit der Personalsachbearbeiterin Frau Gebhard fallen Begriffe wie Brutto und Netto, Verkaufsprämie und Zuschläge.

„Ganz schön kompliziert", denkt sich **Thomas**, *„was hier alles berücksichtigt werden muss!"*

▪ *Arbeitsaufträge*

1. ***Welche unterschiedlichen Formen der Entlohnung kennen Sie aus Ihren Ausbildungsbetrieben?***
2. ***Stellen Sie Beispiele aus Ihren Betrieben zusammen, welche Prämien gezahlt werden und an welche Bedingungen die Zahlung geknüpft ist.***
3. ***Wo liegen die Unterschiede zwischen Brutto- und Nettolohn?***

Zu den Hauptpflichten aus dem Arbeitsvertrag gehört es, dass die Mitarbeiter dem Unternehmen ihre Arbeitskraft zur Verfügung stellen. Im Gegenzug erhalten sie für
6 | 3.3.1
ihre Arbeitsleistung vom Arbeitgeber eine Entlohnung.

Entlohnung ist ein allgemeiner Begriff für die Bereitstellung finanzieller Leistungen durch ein Unternehmen an seine Mitarbeiter. In diesem Zusammenhang wird häufig von Vergütung oder **Entgelt** gesprochen. Dazu gehören auch

- Prämien oder Erfolgsbeteiligungen (z. B. Verkaufsprämien),
- betriebliche Sozialleistungen (z. B. Essenszuschuss, Jobticket),
- betriebliche Zuwendungen (z. B. Dienstwagen oder Betriebswohnung).

→ ***Praxistipp***
Von Lohn spricht man traditionell, wenn es sich um die Entlohnung eines Arbeiters handelt; von Gehalt spricht man bei Angestellten. Häufig werden diese Begriffe heutzutage aber synonym genutzt.

6.1 Grundfragen der Personalentlohnung

Aus den verschiedenen Motivationstheorien wird deutlich, dass die Lohnzahlung 10|5.1.3
alleine noch nicht ausreicht, um die Motivation in einem Unternehmen anzukurbeln. Fehlt jedoch ein angemessener Lohn, sorgt dies auf jeden Fall dafür, dass sich Motivation nicht oder nur sehr schwer einstellt. Außerdem können leistungsbezogene Lohnzahlungen die Motivation zumindest zeitweise erhöhen.

Neben ordentlichen Arbeitsbedingungen, dem Übertragen von Verantwortung und einer kooperativen Führung spielt auch die Entlohnung der Mitarbeiter eine wichtige Rolle, wenn es darum geht, ihre Leistungsbereitschaft zu wecken und zu erhalten.

Gerechte Entlohnung

Die Entlohnung der Mitarbeiter kann nur dann motivierend wirken, wenn sie als **gerecht** empfunden wird. Deshalb sollte eine gerechte Entlohnung immer angestrebt werden. Eine objektiv gerechte Entlohnung kann allerdings in der Praxis kaum erreicht werden, da ein entsprechender Maßstab fehlt. Vielmehr spielt das subjektive Empfinden der Mitarbeiter eine wichtige Rolle. Dieses bestimmt, ob das jeweilige monatliche Gehalt als gerecht empfunden wird und ob dadurch Zufriedenheit erreicht wird. Wie können Unternehmen diese Schere zwischen objektiver und subjektiver Gerechtigkeit schließen?

Unternehmen streben meist eine **relative Lohngerechtigkeit** an. Sie gilt dann als erreicht, wenn der einzelne Mitarbeiter im Vergleich zu Mitarbeitern mit ähnlichen Qualifikationen, Anforderungen und Leistungen keine Unzufriedenheit empfindet.

Die folgenden Kriterien werden herangezogen, um eine relative Lohngerechtigkeit zu erzielen:

Anforderungen	Die Anforderungen, die eine Stelle an den jeweiligen Mitarbeiter richtet, werden durch Verfahren der Arbeitsbewertung ermittelt und durch Einstufung in Lohn- und Gehaltsklassen (auch Lohn- oder Gehaltsstufen) ausgedrückt. 10|5.2
Qualifikationen	Hier stehen die verfügbaren Mitarbeiterqualifikationen im Vordergrund, dokumentiert z. B. durch Abschlüsse und Zertifikate.
Soziale Kriterien	Bei den sozialen Kriterien geht es z. B. um das Lebensalter, den Familienstand und die Zahl der Kinder sowie die Dauer der Betriebszugehörigkeit.

Marktgegebenheiten	Es wird ein Abgleich mit der Entlohnung vergleichbarer Tätigkeiten auf dem Arbeitsmarkt durchgeführt. Auch die Knappheit an Arbeitskräften oder bestimmten Qualifikationen kann hier eine Rolle spielen.
Leistungen	Als leistungsgerecht wird die Entlohnung dann empfunden, wenn die jeweils erbrachte Arbeitsleistung im Vordergrund steht. Dies kann durch die Leistungsbeurteilung des Mitarbeiters oder durch die Wahl der Lohnform (z. B. Leistungslohn) geschehen.

Darüber hinaus können im Einzelfall je nach Unternehmen weitere Faktoren in die Lohnfindung in Hinblick auf Lohngerechtigkeit einfließen:

- der jeweilige Wirtschaftszweig bzw. die Branche,
- die geografische Lage des Unternehmens,
- die Größe des Unternehmens,
- die wirtschaftliche Situation des Unternehmens,
- 6 | 4.2 die gesamtwirtschaftliche bzw. konjunkturelle Lage.

Tarifrecht

Neben den Aspekten der Lohngerechtigkeit sind bei der Lohnfindung **rechtliche Vorgaben** zu berücksichtigen, durch die die Lohnfindung reglementiert wird. Im Einzelnen kommen dabei infrage:

Gesetze	Seit 2015 gilt in Deutschland flächendeckend und branchenübergreifend ein gesetzlicher Mindestlohn als Lohnuntergrenze, dessen Höhe von ursprünglich 8,50 € in regelmäßigen Abständen angepasst wird, bis 2022 sind mindestens 10,45 € vorgesehen. Gesetzlich geregelt sind außerdem Einzelfragen der Bezahlung wie etwa die Lohnfortzahlung im Krankheitsfall (Entgeltfortzahlungsgesetz).
Tarifverträge 6 | 3.3.2	In einem Tarifvertrag werden einheitliche Arbeitsbedingungen für ganze Wirtschaftszweige (Branchen) in einem bestimmten Gebiet (z. B. bundesweit, regional oder einzelne Unternehmen) festgelegt. Sie kommen dann zum Tragen, wenn die Arbeitnehmer einer Gewerkschaft und der Arbeitgeber einem entsprechenden Arbeitgeberverband angehören oder wenn der Tarifvertrag für allgemeinverbindlich erklärt wird.
Betriebsvereinbarungen 1 | 2.3.4	Fehlen Gesetze oder Tarifverträge zur Lohnfindung, können Arbeitgeber und Betriebsrat in Betriebsvereinbarungen die Gehaltsgruppen, die Berechnungsregeln, Beurteilungsverfahren etc. festlegen.
Arbeitsvertrag	Gelten weder Gesetze, Tarifverträge noch Betriebsvereinbarungen oder sind im Einzelarbeitsvertrag bessere Bedingungen vorgesehen (Günstigkeitsprinzip), dann können im Arbeitsvertrag die Höhe des Gehaltes, Prämien oder sonstige Zuwendungen vereinbart werden.

6.2 Arbeitsbewertung

Um die Lohnhöhe für eine Aufgabe, Stelle oder Position im Unternehmen zu ermitteln, wird häufig eine **Arbeitsbewertung** durchgeführt.

 # Definition

Mit einer **Arbeitsbewertung** wird der Arbeitsplatz mit allen Anforderungen an den Mitarbeiter bewertet.

Mittels einer Arbeitsbewertung soll herausgefunden werden, welche Anforderungen ein Arbeitsplatz oder eine Gesamtaufgabe an einen Menschen stellt, unabhängig von der persönlichen Leistung des Einzelnen.

Die **Arbeitsanforderung** entsteht aus der Aufgabe, der Arbeitsumwelt, den zur Verfügung stehenden Arbeitsmitteln und der Arbeitsorganisation.

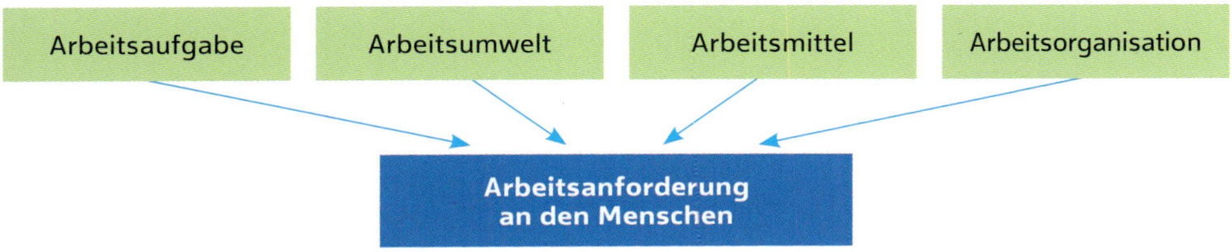

Abb.: Arbeitsanforderung

Während es bei der Mitarbeiterbeurteilung um die subjektiven, persönlichen Leistungen des einzelnen Arbeitnehmers geht, stehen hier folgende Fragen an: 10 | 5.2.6

- Wie ist der Schwierigkeitsgrad bzw. die Belastung einer Arbeit im Vergleich zu einer anderen einzuschätzen?
- Welche Anforderungen werden an den einzelnen Mitarbeiter gestellt?

Beispiel

Wie viel schwieriger ist die Arbeit eines Abteilungsleiters in Relation zu der eines Agenten? Welche Einstufung in eine Lohngruppe resultiert daraus?

Der einzelne Mitarbeiter und sein subjektives Empfinden für die Komplexität einer Aufgabe werden dabei nicht berücksichtigt. Die Arbeitsbewertung ist also immer objektiv, da vom Mitarbeiter unabhängig.

Als Grundlage für die Arbeitsbewertung dient die **qualitative Arbeitsanalyse**, die aus der Arbeitsuntersuchung und der Arbeitsbeschreibung besteht.

1. **Arbeitsuntersuchung:** Sie dient zur Abgrenzung des zu bewertenden Gegenstandes. Hier wird zunächst geklärt, ob ein Arbeitsgang oder ein Arbeitsplatz bewertet werden soll. Dann wird der Arbeitsablauf nach Art, Inhalt und Umfang der einzelnen Teilaufgaben erfasst, um herauszufinden, welche Teilaufgaben (Verrichtungen) im Einzelnen erforderlich sind. Dabei sollte auch untersucht werden, welche Betriebsmittel und Arbeitsgeräte genutzt werden, wie die Arbeitsbedingungen sind und wie die Arbeitsabläufe organisiert sind.

Es wird am Ende der Arbeitsuntersuchung festgestellt, welche Tätigkeiten im Detail zu einer Stelle gehören, sowie die Dauer und Höhe der Belastung.
Als Methoden und Hilfsmittel der Arbeitsuntersuchung dienen:
- die Befragung der Mitarbeiter,
- Beobachtung der Tätigkeiten,
- Auswertung der Stellen- oder Arbeitsplatzbeschreibung.

2. **Arbeitsbeschreibung:** Die Arbeitsuntersuchung mündet in eine Arbeitsbeschreibung. Diese muss alle Angaben erhalten, die für die spätere Bewertung notwendig sind. Der Inhalt der Arbeitsbeschreibung umfasst insbesondere die gestellte Arbeitsaufgabe, das gewünschte Ergebnis, den Arbeitsablauf und die verwendeten Arbeitsmittel.

Beispiel

Die Arbeitsuntersuchung für einen Teamleiter ergibt eine Beschreibung der folgenden Teilaufgaben:
- Überwachung des Tagesgeschäftes
- Coaching der Mitarbeiter
- Führung der Mitarbeiter (disziplinarisch)
- Durchführung von Teammeetings
- Reporting und Ergebniscontrolling
- Aufgaben des Qualitätsmanagements
- Leitung von Projekten (im Auftrag des Abteilungsleiters)

Nach genauer Befragung und Beobachtung können diese Teilaufgaben in der Arbeitsbeschreibung jeweils mit ungefähren Zeitangaben (im Gesamtzusammenhang) versehen werden und nach Komplexität eingeordnet werden.

Mithilfe der Arbeitsbewertung können die einzelnen Stellen eines Unternehmens in Lohn- und Gehaltsstufen eingeordnet werden. So wird eine relative **Anforderungsgerechtigkeit** hergestellt.

→ ***Praxistipp***
Die einzelnen technischen Verfahren zur Arbeitsbewertung sind nicht Gegenstand der Ausbildung.

6.3 Entgeltarten

Um die Mitarbeiter hinsichtlich ihrer Leistung gerecht zu entlohnen, ist es wichtig, jeweils die geeigneten **Entgeltarten** auszuwählen. Diese können grundsätzlich in
11 | 2.1.1 Zeitlohn und Leistungslohn (Prämienlohn) unterteilt werden.

	Entgeltarten	
Zeitlohn		Leistungslohn

6.3.1 Zeitlohn

***Definition***
Beim **Zeitlohn** richtet sich die Höhe des Entgelts (Bruttogehalt) nach der **Dauer** der geleisteten Arbeitszeit.

Die Vergütung wird für ein bestimmtes Zeitintervall festgesetzt, meist je Stunde oder Monat. Zur Berechnung des Bruttogehalts wird der Lohnsatz mit der Anzahl der erbrachten Zeiteinheiten multipliziert.

Bruttogehalt = Anzahl der Zeiteinheiten · Lohnsatz

Beispiele

- David Burr, der als studentische Aushilfe in Teilzeit bei KommunikativAktiv arbeitet, verdient 12,50 €/Stunde. Im Mai arbeitete er 60 Stunden. Das monatliche Bruttogehalt beträgt somit 750,00 €.
- Ein Hotline-Mitarbeiter der Dialogfix GmbH verdient bei einer Vollzeitstelle mindestens 2 100,00 €/Monat. Berechnungsgrundlage ist hier der Zeitlohn je Monat, unabhängig von der Zahl der im Einzelfall tatsächlich geleisteten Arbeitsstunden.

Bei der Festsetzung des Zeitlohnsatzes geht man von einer bestimmten **Normalleistung** aus. Darunter versteht man die Leistung, die ein Arbeitnehmer im Normalfall in einer Zeiteinheit (Stunde, Tag, Woche, Monat) erbringen kann. Die Normalleistung wird z. B. durch Arbeitswertstudien ermittelt.

Ein Unter- bzw. Überschreiten der Normalleistung hat beim Zeitlohn grundsätzlich keinen Einfluss auf die Entlohnung. Die Leistung wird allerdings insofern berücksichtigt, dass ein Mitarbeiter laut Arbeitsvertrag zu einer bestimmten Arbeitsleistung innerhalb seiner Tätigkeit verpflichtet ist.

In der Dialogmarketingbranche hat der Zeitlohn häufig den Charakter eines Grund- oder Mindestlohns. Er kann jedoch durch Leistungszulagen oder Prämien ergänzt werden, die durch Mitarbeiterbeurteilung, Zielerreichungen oder Verkaufsprämien zu erreichen sind.

Zeitlohn	
Vorteile	**Nachteile**
• kein Druck durch Zielvorgaben • geringes Konkurrenzdenken • einfach zu berechnen • konstantes Einkommen	• kein finanzieller Anreiz zu Mehrleistung oder höherem Engagement • unterdurchschnittliche Leistung des Mitarbeiters geht nur zulasten des Unternehmens • fehlende Anreize zur Qualitätsverbesserung

Die Entlohnung mit Zeitlohn ist vor allem sinnvoll bei allen Arbeiten, die

- einen hohen Grad an Genauigkeit erfordern,
- besonders schwierig sind,
- keine Leistungsmessung ermöglichen (z. B. kreative und intellektuelle Tätigkeiten u. a.),
- im Arbeitstempo durch Maschinen bestimmt werden (z. B. Dialer).

6.3.2 Leistungslohn

\# ***Definition***
Beim **Leistungslohn (Prämienlohn)** wird **zusätzlich** zu einem bestimmten Grundlohn – meist ermittelt auf Zeitbasis – ein weiteres Entgelt (Prämie) gewährt.

Die Höhe des zusätzlichen Entgelts wird an Leistungen bzw. die Zielerreichung der Mitarbeiter geknüpft. Dieses Entgelt wird oft als **variable Komponente** oder **Prämie** bezeichnet.

Je nach Position und Unternehmen kann die Höhe von Grundlohn und Prämienlohn erheblich variieren. So gibt es Unternehmen, in denen die Prämie weniger als 20 % des Gesamtlohns ausmacht, in manchen Unternehmen sind hingegen mehr als 50 % des Entgelts prämienabhängig. Häufig werden entsprechende Regelungen in einer **Betriebsvereinbarung** festgehalten.

1 | 2.3.3

In seiner einfachsten Form wird der Prämienlohn **je Stück** (z. B. Verkauf) ermittelt.

Beispiel

Die Hotline-Mitarbeiter im technischen Support der Dialogfix GmbH haben ein Grundgehalt (Zeitlohn) von 2100,00 €. Für jede verkaufte Antivirensoftware erhalten sie eine zusätzliche Prämie von 1,50 €.

Der Prämienlohn **auf Stückbasis** wird wie folgt berechnet:

Prämie = Stückzahl · Stückprämie

Beispiel

130 Verkäufe · 1,50 € = 195,00 €

Bruttogehalt = Zeitlohn + Prämie

Beispiel

2100,00 € + 195,00 € = 2295,00 €

Komplexer ist die Prämienermittlung auf Basis einer (anteiligen) **Zielerreichung**.

Beispiel

Renate Klaas hat ein Grundgehalt (Zeitlohn) von 2700,00 € mit der Möglichkeit, eine variable Komponente bzw. Prämie von 650,00 € zu erreichen. Die Prämie ist abhängig vom Grad ihrer **Zielerreichung** (Management by Objectives). 10 | 5.2.5

Rechenbeispiel
Renate Klaas hat folgende Zielvereinbarung:

Ihr Team erreicht eine AHT von 320 Sekunden.
320 Sekunden und kleiner = 100 % Zielerreichung
321 bis 330 Sekunden = 90 % Zielerreichung
331 bis 340 Sekunden = 80 % Zielerreichung
341 bis 350 Sekunden = 70 % Zielerreichung
> 350 Sekunden = Ziel nicht erreicht = 0 %

Im Monat Juli erzielte das Team eine AHT von 332 Sekunden. Renate Klaas hat eine Prämie von 80 % erreicht.

Der Prämienlohn auf Basis der **anteiligen Zielerreichung** wird wie folgt berechnet:

Prämie = Zielerreichung (in %) · Maximalprämie

Beispiel

80 % · 650,00 € = 520,00 €

Bruttogehalt = Zeitlohn + Prämie

Beispiel

2700,00 € + 520,00 € = 3220,00 €

10|5.1 Prämienorientierte Lohnbestandteile sind typisch für die Dialogmarketingbranche. Häufig werden sie als **motivationsfördernde Instrumente** genutzt. Man spricht daher auch von Anreizmodellen oder Bonussystemen. Die Gestaltung im Einzelfall ist dabei unternehmens- oder sogar projektspezifisch. Folgende Grundstrukturen sind als Prämien im Dialogmarketing möglich:

- Qualitätsprämien (abhängig z. B. von der Kundenzufriedenheit)
- Quantitätsprämien (abhängig z. B. von Nettokontakten)
- Zeitprämien (abhängig z. B. von der AHT)
- Sorgfaltsprämien (abhängig z. B von der korrekten Nutzung der Tools)
- Verkaufsprämien (abhängig z. B. von Up- und Cross-Selling)

Bei der Gestaltung der Prämien muss allerdings beachtet werden, dass eine Prämierung eines einzelnen Faktors, z. B. der Quantität, dazu führen kann, dass der Mitarbeiter andere Faktoren außer Acht lässt.

Beispiel

Durch Einführung einer Zeitprämie bei KommunikativAktiv halten alle Mitarbeiter ihre AHT-Vorgabe ein oder unterschreiten diese. Leider verlieren die Mitarbeiter dabei oft die Qualität der Anrufe bzw. des Services aus den Augen.

Aus diesem Grund gehen viele Unternehmen zu Prämiensystemen über, die verschiedene Faktoren kombinieren.

Beispiel

Ein Mitarbeiter bei Dialogfix kann im Monat 250,00 € Prämie erreichen. Die Zahlung hängt von der gleichzeitigen Erfüllung der folgenden Ziele ab:

- AHT-Ziel
- Qualität der Anrufe (Ergebnis der Kundenzufriedenheitsumfragen)

Erreicht er nur sein AHT-Ziel, verfehlt er seine Prämie. Zusätzlich hat der Mitarbeiter noch die Möglichkeit, eine Verkaufsprämie in Höhe von 2,50 € für jede verkaufte Hard- oder Software zu erhalten.

Bei der Gewährung von Verkaufsprämien muss zudem darauf geachtet werden, eine „Übermotivation" der Mitarbeiter zu vermeiden. Sehr hohe finanzielle Anreize könnten die Mitarbeiter dazu verleiten, unnötigen Verkaufsdruck auf den Kunden auszuüben. Spätere Beschwerden oder mögliche Stornos wären die Folge. Ein Übermaß an Verkaufsprämien kann zudem eine ungute Rivalität unter den Mitarbeitern schüren. Die konkrete Ausgestaltung der Verkaufsprämie sollte daher mit Bedacht gewählt werden.

Leistungslohn	
Vorteile	**Nachteile**
• Durch Zielvereinbarungen können qualitative und quantitative Aspekte bei der Entlohnung berücksichtigt werden. • Die Entlohnung bietet die Sicherheit eines Grundlohns und gleichzeitig einen Leistungsanreiz durch Prämien. • Die Mitarbeiter erhalten regelmäßig Feedback zu ihrer Zielerreichung bzw. Leistung.	• Zielvereinbarungen und deren Überwachung sind mitunter komplex und zeitaufwendig. • Mitarbeiter, die wiederholt die Prämie nicht erreichen, werden demotiviert. • Die Förderung des Konkurrenzdenkens kann sich negativ auf das Betriebsklima auswirken.

6.4 Nettoentgelt ermitteln

Einmal im Monat wird für jeden Mitarbeiter eine **Gehaltsabrechnung** erstellt, in der das **Bruttogehalt** (auch als Bruttoentgelt oder Steuer- und sozialversicherungspflichtiges Gehalt bezeichnet), die gesetzlichen **Abzüge** und das auszuzahlende **Nettogehalt** (Nettoentgelt) ausgewiesen sind.

Bei einem Mitarbeiter im Dialogmarketing kann das Bruttogehalt aus verschiedenen Komponenten bestehen:

- **Grundgehalt:** Auf der Basis des Zeitlohns (z. B. monatlich oder jährlich) wird das Grundgehalt ermittelt.

  Beispiel

  Nach der Abschlussprüfung zur „Servicefachkraft für Dialogmarketing" wird Daniel als Mitarbeiter in Vollzeit eingestellt. Sein monatliches Grundgehalt beträgt 2100,00 € bei einer wöchentlichen Arbeitszeit von 40 Stunden.

- **Erfolgsabhängige Vergütung:** Dazu zählen je nach Unternehmen verschiedene Prämien, z. B. Verkaufsprämien oder Prämien beim Erreichen bestimmter Zielvorgaben.

  Beispiel

  Daniel ist im technischen Support eingesetzt. Für Verkaufabschlüsse, die sich im Gespräch ergeben, zahlt Dialogfix eine Prämie. Zudem erhält jeder Mitarbeiter des Teams eine Zusatzprämie, wenn das Team als Ganzes einen bestimmten Qualitätsmaßstab erfüllt. Im Oktober erhält Daniel eine erfolgsabhängige Vergütung von insgesamt 542,00 €.

- **Zuschläge:** Zuschläge können z. B. für Überstunden oder besondere Arbeitszeiten (insb. Sonn- und Feiertagsarbeit, Nachtarbeit) anfallen.

Beispiel

Für Nachtarbeit zahlt Dialogfix einen Zuschlag von 20 % auf den umgerechneten Stundenlohn. Für Sonn- und Feiertagsarbeit wird ein Zuschlag von 30 % gewährt.

- **Vermögenswirksame Leistung:** Dabei handelt es sich um eine zusätzlich zum Gehalt gewährte Geldleistung, die der Arbeitgeber für den Arbeitnehmer anlegt. Eine vermögenswirksame Leistung (vL) kann tarifvertraglich oder im Arbeitsvertrag vereinbart werden, aber auch eine (teilweise) Eigenleistung durch den Arbeitnehmer mittels Abzug vom Arbeitsentgelt ist möglich. Die Anlage kann beispielsweise in einem Bausparvertrag, einer Lebensversicherung oder einem Investmentfonds erfolgen. Unter bestimmten Bedingungen wird diese Leistung noch zusätz-
6 | 4.3.2 lich staatlich gefördert.

Beispiel

Daniel erhält von Dialogfix eine vL von monatlich 7,00 €. Um die volle staatliche Förderung auszuschöpfen, steuert Daniel von seinem Gehalt 33,00 € bei und legt monatlich insgesamt 40,00 € in einem Bausparvertrag an.

→ *Praxistipp*

Alle Bestandteile des Bruttogehalts eines Arbeitnehmers (dazu gehören z. B. auch Weihnachts- und Urlaubsgeld oder Sonderprämien) bezeichnet man als „Einkünfte aus nicht selbstständiger Arbeit".

Ermittlung der Lohnsteuer

6 | 4.3.1

Bei Einkünften aus nicht selbstständiger Arbeit wird die fällige Einkommensteuer unmittelbar durch den **Abzug vom Bruttogehalt** ermittelt (Lohnsteuer). Der Arbeitgeber führt die Lohnsteuer direkt an das Finanzamt ab. Darüber hinaus fallen noch der **Solidaritätszuschlag** und ggf. die **Kirchensteuer** an, die ebenfalls vom Arbeitgeber einbehalten und an das Finanzamt abgeführt werden.

Grundsätzlich ist das gesamte Bruttogehalt steuerpflichtig, allerdings sieht das Einkommensteuergesetz (EStG) einige Ausnahmen vor. Von besonderer Bedeutung sind hier die Regelungen zur **Steuerfreiheit der Zuschläge für Sonntags-, Feiertags- und Nachtarbeit**.

Steuerfrei sind dabei folgende **Zuschläge**:

- bis 25 % bei Nachtarbeit zwischen 20:00 Uhr und 06:00 Uhr
- bis 40 % bei Nachtarbeit zwischen 00:00 Uhr und 04:00 Uhr, wenn die Arbeit vor 00:00 Uhr aufgenommen wurde
- bis 50 % bei Sonntagsarbeit
- bis 125 % bei Arbeit an gesetzlichen Feiertagen und Silvester ab 14:00 Uhr
- bis 150 % bei Arbeit an Heiligabend ab 14:00 Uhr sowie am 1. und 2. Weihnachtstag und am 1. Mai

Die Steuerfreiheit gilt allerdings nur bis zu einem umgerechneten Grundstundenlohn von maximal 50,00 €. Liegt der Grundlohn nicht über 25,00 €, bleiben die **Zuschläge** auch **sozialversicherungsfrei** (s. u.).

Für die Ermittlung der Lohnsteuer ist neben dem Bruttogehalt die **Steuerklasse** entscheidend, in der z. B. Familienstand, Kinder oder die Zahl der Arbeitsverhältnisse berücksichtigt werden.

Steuerklasse	Beschreibung
I	Arbeitnehmer, die ledig, verwitwet oder geschieden sind oder aber dauernd getrennt von ihrem Ehegatten leben
II	Arbeitnehmer aus Steuerklasse I, in deren Wohnung mindestens ein Kind gemeldet ist (Alleinerziehende)
III	verheiratete Arbeitnehmer, wenn entweder nur ein Ehegatte Arbeitslohn bezieht oder der Ehegatte in die Steuerklasse V eingetragen ist
IV	verheiratete Arbeitnehmer, wenn beide Ehegatten Arbeitslohn beziehen
V	verheiratete Arbeitnehmer, wenn der Ehegatte in Steuerklasse III eingetragen ist
VI	Steuerklasse für ein zweites oder weitere Arbeitsverhältnisse

Die Steuerklasse wird auf der **elektronischen Lohnsteuerkarte** vermerkt. Sie wird vom zuständigen Finanzamt geführt und enthält weitere Informationen, auf die der jeweilige Arbeitgeber elektronisch zugreifen kann:

- Anschrift
- Geburtsdatum
- Religionszugehörigkeit
- Zahl der Kinderfreibeträge
- ggf. weitere Freibeträge

Änderungen dieser Lohnsteuerabzugsmerkmale sind ebenfalls beim zuständigen Finanzamt zu beantragen.

Die anfallenden Steuern werden vom Arbeitgeber in der Praxis meist per EDV ermittelt, können aber auch in einer **Lohnsteuertabelle** abgelesen werden.

→ ***Praxistipp***
Eine bequeme und präzise Möglichkeit, das eigene (spätere) Nettoentgelt zu ermitteln, finden Sie in den zahlreichen Online-Gehaltsrechnern, wie z. B. unter www.nachrechnen.de.

In der Lohnsteuertabelle ist bereits eine Werbungskostenpauschale (auch als **Arbeitnehmerpauschbetrag** bezeichnet) von 1 000,00 € berücksichtigt, die zu einer entsprechenden Steuerreduzierung führt. Als **Werbungskosten** werden alle Aufwendungen des Arbeitnehmers bezeichnet, die zur **Erzielung von Einkünften** dienen und nicht zur privaten Lebensführung gerechnet werden. Typische Werbungskosten bei nicht selbstständiger Tätigkeit sind z. B.

- Bewerbungskosten,
- Beiträge zu Berufsverbänden (Gewerkschaften),
- Kosten für Arbeitsmittel und Fachliteratur,
- Fortbildungskosten,
- Aufwendungen für den Weg zwischen Wohnung und Arbeitsstätte.

Werbungskosten können steuerlich nur geltend gemacht werden, wenn sie über dem Pauschalbetrag liegen. Nachgewiesene Werbungskosten können in diesem Fall auch vorab als **Freibetrag** auf die elektronische Lohnsteuerkarte eingetragen werden und finden so bereits bei der monatlichen Gehaltsabrechnung Berücksichtigung, indem sie den Steuerabzug vermindern.

→ ***Praxistipp***
Von den Werbungskosten abzugrenzen sind die sogenannten **Sonderausgaben**, bei denen bestimmte Einkommensverwendungen steuerlich begünstigt werden. Gemäß Einkommensteuergesetz gehören dazu insbesondere **Vorsorgeaufwendungen** (z. B. Altersvorsorge, bestimmte Versicherungen, Sozialversicherungsanteil des Arbeitnehmers) sowie weitere einzelne Ausgaben wie etwa **Spenden oder Kirchensteuer**.

Nach Ablauf des Kalenderjahres werden die Informationen über das Bruttogehalt sowie über die einbehaltene Lohn- und Kirchensteuer und den Solidaritätszuschlag an das Finanzamt übermittelt. Der Arbeitnehmer erhält darüber eine Bescheinigung.

6 | 4.3.1 Charakteristisch für das deutsche Steuersystem ist die **Steuerprogression**. Damit ist gemeint, dass mit zunehmendem Einkommen ein ansteigender Steuersatz fällig wird. Dies führt dazu, dass höhere Einkommen nicht nur betragsmäßig, sondern auch mit einer prozentual höheren Steuer belastet werden.

→ ***Praxistipp***
Auch der Solidaritätszuschlag („Soli") ist eine Steuer. Er beträgt 5,5 % von der fälligen Lohnsteuer und ist somit ein Zuschlag zur Lohnsteuer. Seit 2021 entfällt der „Soli" allerdings für die Mehrheit der Steuerzahler, da ein hoher Freibetrag eingeführt wurde. Auch die Kirchensteuer wird als Steuerzuschlag erhoben. In Baden-Württemberg und Bayern beträgt der Satz 8 % der Lohnsteuer, in den restlichen Bundesländern 9 %.

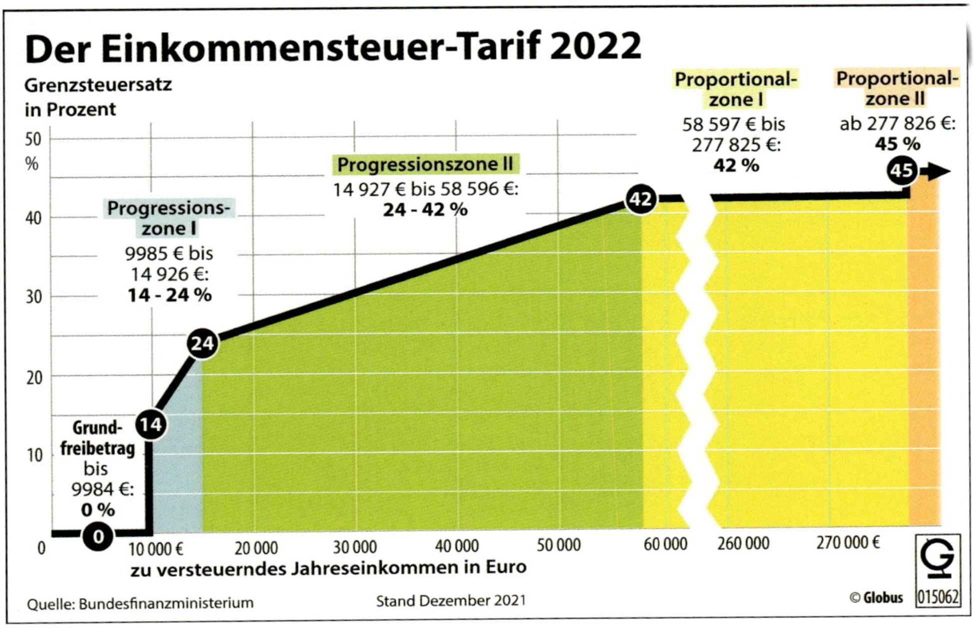

Ermittlung der Sozialversicherungsbeiträge

1 | 2.4

Die Sozialversicherung ist eine **Pflichtversicherung**, die anteilig durch Beiträge der versicherten **Arbeitnehmer und Arbeitgeber** finanziert wird. Dies führt dazu, dass die tatsächlichen Gesamtausgaben für den Arbeitgeber (das sogenannte Arbeitnehmerentgelt) deutlich über dem Bruttoverdienst des Arbeitnehmers liegen.

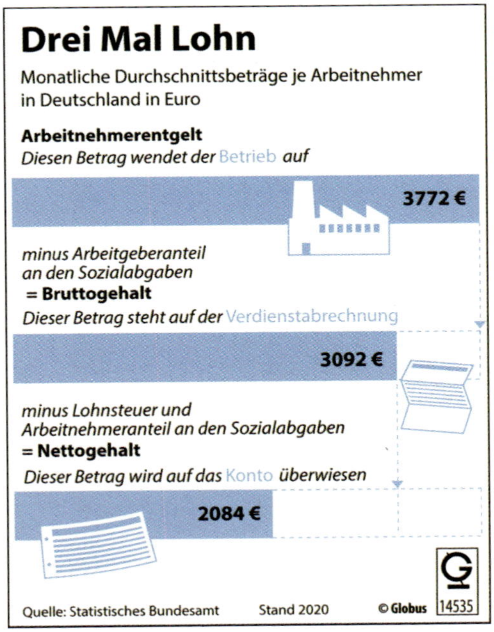

Bemessungsgrundlage für die Sozialversicherung ist grundsätzlich das Bruttogehalt des Arbeitnehmers (mit Ausnahme der oben genannten sozialversicherungsfreien Zuschläge). Beiträge werden allerdings nur maximal bis zur **Beitragsbemessungsgrenze** erhoben, darüberliegende Bruttovergütungen sind sozialabgabenfrei. Die Gesamtsozialversicherungsbeiträge – also die Beiträge zur Kranken-, Pflege-, Renten- und Arbeitslosenversicherung – werden direkt durch den Arbeitgeber an die Krankenkasse (Einzugsstelle) des Arbeitnehmers abgeführt.

Folgende Beiträge zur Sozialversicherung werden fällig:

Sozialversicherungsbeiträge (2022)		
Sozialversicherung	**Beitragssatz (AN + AG)**	**Beitragsbemessungsgrenze**
Rentenversicherung	18,6 %	7.050,00 €/84.600,00 € (W) 6.750,00 €/81.000,00 € (O)
Arbeitslosenversicherung	2,4 %	7.050,00 €/84.600,00 € (W) 6.750,00 €/81.000,00 € (O)
Krankenversicherung	14,6 % allgemeiner Beitragssatz (kassenindividueller Zusatzbeitrag möglich, der hälftig von AN und AG getragen wird)	4.837,50 €/58.050,00 € (W) 4.837,50 €/58.050,00 € (O)
Pflegeversicherung	3,05 %, kinderlose Arbeitnehmer ab 23 Jahren zahlen einen Zusatzbetrag von 0,35 %	4.837,50 €/58.050,00 € (W) 4.837,50 €/58.050,00 € (O)

Beispiel

Die Gehaltsabrechnung für Daniel sieht im Monat Oktober so aus:

Gehaltsabrechnung

dialogfix GmbH

für Monat: April Jahr: 2022

Name: Daniel Zimmermann

Lohnsteuerklasse:	Kinderfreibetrag:	Steuerfreibetrag pro Monat:	Konfession:	Krankenkasse:	Jahrgang:
I	0	0	rk	Barmer	2001

Steuer- und sozialversicherungspflichtiges Gehalt:		€ 2 229,00
Gesetzliche Abzüge		
Lohnsteuer:	€ **211,16**	
Solidaritätszuschlag:	€ **0,00**	
Kirchensteuer:	€ **16,89**	
Krankenversicherung (Arbeitnehmeranteil):	€ **162,72**	
Pflegeversicherung (Arbeitnehmeranteil):	€ **33,99**	
Arbeitslosenversicherung (Arbeitnehmeranteil):	€ **26,75**	
Rentenversicherung (Arbeitnehmeranteil):	€ **207,30**	
Summe gesetzlicher Abzüge:		€ **658,81**
Nettogehalt:		€ **1 570,19**
Sonstige Abzüge:		
Sparrate vL:	€ **40,00**	
Auszahlungsbetrag:		€ **1 530,19**

> **→ *Praxistipp***
> Eine Ausnahmestellung bei den Sozialversicherungen hat die gesetzliche Unfallversicherung: Sie wird ausschließlich vom Arbeitgeber finanziert, der die Beiträge an die zuständige Berufsgenossenschaft abführt.

Zusammenfassung

- Eine echte Lohngerechtigkeit kann nicht erreicht werden, da hier sehr viele subjektive Faktoren eine Rolle spielen. Deshalb versuchen Unternehmen, eine **relative Lohngerechtigkeit** zu erreichen.

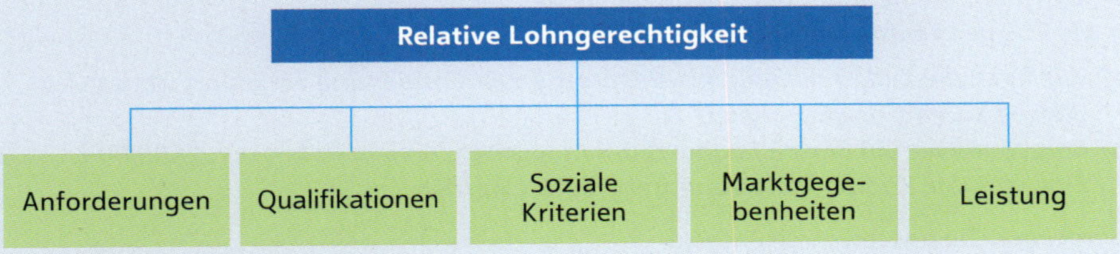

- 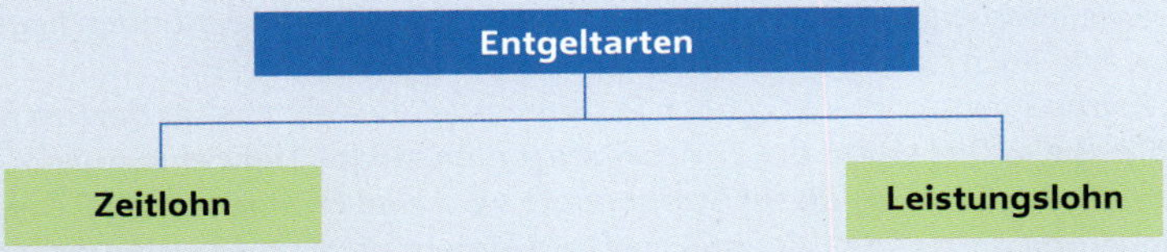

- Die monatliche Ermittlung des Nettoentgelts folgt diesem Schema:

	Grundgehalt
+	*erfolgsabhängige Vergütung*
+	*Zuschläge (teilweise steuer- und sozialabgabenfrei)*
+	*vermögenswirksame Leistung des Arbeitgebers*
=	***Bruttolohn/-gehalt***
–	*Lohnsteuer*
–	*Kirchensteuer*
–	*ggfs. Solidaritätszuschlag*
–	*Sozialversicherungsbeiträge*
	– *Krankenversicherung*
	– *Rentenversicherung*
	– *Arbeitslosenversicherung*
	– *Pflegeversicherung*
=	***Nettolohn/-gehalt***
–	*vermögenswirksame Anlage*
=	***Auszahlungsbetrag***

- Für die Ermittlung der Lohnsteuer ist neben dem Bruttogehalt die **Steuerklasse** entscheidend, in der z. B. Familienstand, Kinder oder die Zahl der Arbeitsverhältnisse berücksichtigt werden. Weitere **Freibeträge** können die Steuerlast mindern.

Aufgaben

1. Nennen Sie die Faktoren, die hinsichtlich einer gerechten Entlohnung überprüft werden sollten. Erklären Sie in diesem Kontext den Begriff „relative Lohngerechtigkeit".

2. Grenzen Sie Zeitlohn und Leistungslohn voneinander ab:
   a) Wo sehen Sie jeweils Vorteile und Nachteile?
   b) Welche Lohnform erscheint für Ihren Ausbildungsbetrieb am besten geeignet?
   c) Welche Lohnform bietet Ihrer Meinung nach die höchste Gerechtigkeit gegenüber dem Mitarbeiter?

3. Mit einem Teamleiter der KommunikativAktiv KG wurden folgende Ziele vereinbart:
   - sein Team erhält im Monat zwölf Coachings,
   - die FCR des Teams beträgt 75 %.

   a) Wie kann die Zielerreichung mit entsprechender Entlohnung verknüpft werden? Welche Lohnform ist geeignet?
   b) Berechnen Sie ein Beispiel anhand des möglichen Maximallohns von 2800,00 €. Eine variable Komponente kann frei gewählt werden.

4. Berechnen Sie das jeweilige Entgelt:
   a) Im Januar hat der Agent Pascal Valentin bei einer Arbeitszeit von täglich 7,5 Stunden 22 Tage gearbeitet. Sein Stundenlohn beträgt 12,50 €. Überstunden liegen nicht vor. Wie hoch ist sein Bruttolohn (Zeitlohn) im Januar?
   b) Bei der KommunikativAktiv KG gehen je Arbeitstag und Mitarbeiter durchschnittlich fünf Stornos ein. Das ergibt bei 22 Arbeitstagen im Monat März eine Anzahl von 110 Stornos. Zur Senkung dieser Stornoquote wird eine Prämie von 2,50 € je Stornoverringerung ausgesetzt. Agentin Evelyn Nyamekye hat im Abrechnungszeitraum März laut Beleg nur 95 Stornos. Wie hoch ist ihr Leistungslohn?

5. Die Dialogfix GmbH beabsichtigt, ein neues Entgeltmodell einzuführen. Den Agenten sollen neben einem Grundgehalt von 10,85 €/Stunde erfolgsorientierte Bestandteile nach folgenden Bedingungen gezahlt werden:
   - Qualitätsprämie im Kundenservice: maximal 10 % des monatlichen Grundgehalts
   - Verkaufsprämie: 3,00 € je Verkauf
   - Die erfolgsorientierten Bestandteile dürfen insgesamt maximal 40 % des Grundgehalts betragen.

   a) Wie hoch ist das maximal erreichbare Monatsgehalt eines Agenten bei 168 Arbeitsstunden?
   b) Berechnen Sie, wie viele Verkäufe pro Monat höchstens abgerechnet werden, wenn gleichzeitig die maximale Qualitätsprämie erreicht wird.

6. Thomas erhält im dritten Ausbildungsjahr eine monatliche Vergütung von 930,00 €. Erstellen Sie seine Gehaltsabrechnung unter Berücksichtigung der o. g. Beitragssätze. (Hinweis: Lohnsteuer fällt nicht an.)

7. Daniel sortiert die Unterlagen für seine Steuererklärung. Entscheiden Sie, ob es sich um Werbungskosten oder Sonderausgaben handelt:
   a) Mitgliedsbeitrag Gewerkschaft
   b) Buch „Ausbildung im Dialogmarketing – Prüfungstraining"
   c) Beitrag zu einer privaten Rentenversicherung
   d) Spende an ein gemeinnütziges Tierheim
   e) Monatskarte für den Weg zum Arbeitsplatz

7 Personalentwicklung durchführen

■ *Einstiegssituation*

In der Personalabteilung der Dialogfix GmbH soll der Bedarf an Personalentwicklungsmaßnahmen für das gesamte Unternehmen ermittelt werden. Thomas soll den Personalleiter dabei unterstützen. *„Bedarf an Personalentwicklung ... hört sich hochtrabend an"*, denkt sich **Thomas**, *„da geht es bestimmt nur um die eine oder andere Schulung, weil gerade irgendein neuer Drucker auf den Markt kommt ..."*

■ *Arbeitsaufträge*

1. ***Warum ist Personalentwicklung mehr als eine Sammlung von Schulungsmaßnahmen?***
2. ***Wie kann der Bedarf an Personalentwicklungsmaßnahmen in einem Unternehmen ermittelt werden?***
3. ***Welche Methoden der Personalentwicklung sind Ihnen bekannt?***

#

Definition

Als **Personalentwicklung** werden alle Maßnahmen bezeichnet, die der individuellen beruflichen Entwicklung der Mitarbeiter dienen und ihnen unter Beachtung ihrer persönlichen Interessen die Qualifikationen zu vermitteln, die zur optimalen Wahrnehmung ihrer jetzigen und zukünftigen Aufgaben erforderlich sind.

Maßnahmen der Personalentwicklung

Zur **Personalentwicklung** im engeren oder weiteren Sinne gehören:

Ausbildung
- betriebliche Erstausbildung
- Erwerb theoretischer beruflicher Kenntnisse
- breit angelegte berufliche Grundausbildung

Umschulung
- Zweitausbildung
- berufliche Neuorientierung

Fortbildung

Berufliche Kenntnisse und Fertigkeiten werden an die sich ständig ändernden betrieblichen Erfordernisse angepasst.

Personalförderung
- bezieht sich direkt auf Arbeitsplätze und Positionen innerhalb des Unternehmens
- Durch z. B. Coachings oder Fördergespräche sollen die Leistungen Einzelner individuell verbessert werden.

Organisationsentwicklung
- organisationsweite Veränderungsprozesse und deren Steuerung
- dient der Steigerung der Leistungsfähigkeit der Mitarbeiter sowie der Humanisierung der Arbeit
- bezieht sich auf Arbeitsplätze und Positionen innerhalb des Unternehmens

Abgrenzung zur Organisationsentwicklung

Unter Personalentwicklung werden Maßnahmen verstanden, die zur Erhaltung und Förderung des Mitarbeiterpotenzials notwendig sind. Diese Maßnahmen richten sich nach der Qualifikation des Mitarbeiters und den Anforderungen seiner Stelle im Unternehmen.

1 | 1.2 Die Organisationsentwicklung ist darauf ausgerichtet, **Abläufe und Strukturen in der Organisation des Unternehmens** zu analysieren und mit den Mitarbeitern zu optimieren. Dafür werden auch Maßnahmen der Personalentwicklung eingesetzt, im Fokus stehen aber die Abläufe und die Organisation des Unternehmens.

> #
> ***Definition***
> **Organisationsentwicklung** ist ein wissenschaftlich fundierter Ansatz, der mit Methoden der Arbeitsorganisation und der Kommunikation versucht, geplanten sozialen Wandel in Organisationen umzusetzen.

Ein wichtiger Leitsatz für das Funktionieren der Organisationsentwicklung ist es, die Betroffenen – also die Mitarbeiter – zu Beteiligten (im Verbesserungsprozess) zu machen. Die Personalentwicklung bedient sich häufig Methoden der Organisationsentwicklung und umgekehrt. Beide Techniken sind eng miteinander verbunden und bedingen sich gegenseitig. Aus Maßnahmen der Personalentwicklung resultieren daher oft Organisationsentwicklungsthemen, während aus Organisationsentwicklung auch oft die Notwendigkeit der Personalentwicklung entsteht.

7.1 Ziele der Personalentwicklung

Durch die ständigen Veränderungen in Gesellschaft, Wirtschaft und Technologie wird es zunehmend wichtiger, Mitarbeiter fortlaufend weiterzuqualifizieren und zu fördern. Ein einmal erlernter Beruf ist in der heutigen Arbeitswelt oft nicht mehr ausreichend, um den sich ständig wandelnden Anforderungen zu genügen. Unternehmen sollten darauf in ihrer Personalentwicklung professionell und mitarbeiterorientiert reagieren.

Die Ziele der Personalentwicklung können nach Unternehmen und Mitarbeitern differenziert werden:

Ziele des Unternehmens	Ziele der Mitarbeiter
• Anpassung an neue Technologien und Methoden • Sicherung des Bestands an Fach- und Führungskräften • Steigerung der Leistung und Sicherung der Zielerreichung	• Prestigegewinn • Aufstiegschancen sichern • neue Aufgaben lernen und übernehmen • neue Kenntnisse, Methoden, Fertigkeiten erlernen

Ziele des Unternehmens	Ziele der Mitarbeiter
• Erhöhung fachlicher Qualifikationen • Unabhängigkeit vom Arbeitsmarkt • Steigerung der Mitarbeitermotivation • Senkung der Kosten und Steigerung der Wettbewerbsfähigkeit • Erhöhung der Methoden- und Sozialkompetenz • Erkennen von Entwicklungspotenzial bei den Mitarbeitern • Senkung der Fluktuation	• Weiterqualifizierung • Sicherung des Arbeitsplatzes • bessere Chancen auf dem Arbeitsmarkt sichern • erfüllende Arbeit • Erhöhung des Einkommens

Personalentwicklung ist sowohl auf die fachlichen Qualifikationen als auch auf die methodischen Kenntnisse und die sozialen Kompetenzen ausgerichtet.

7.2 Berufliche Fortbildung

7.2.1 Arten der beruflichen Fortbildung

Der Erfolg eines Unternehmens hängt wesentlich von den Leistungen und Fähigkeiten seiner Mitarbeiter ab. Daher ist es wichtig, die Mitarbeiter zu fördern und zu fordern, um eine stetige Verbesserung der Leistungsfähigkeit zu erreichen.

Das einmal durch Schule, Ausbildung oder Studium erworbene Wissen dient als Grundlage für diese Anforderung, kann alleine aber nicht genügen. Um die Fähigkeiten der Mitarbeiter an eine sich ständig verändernde Arbeitswelt anzupassen und gegenüber den Mitbewerbern einen Vorsprung durch Wissen und Können zu gewährleisten, können – aufbauend auf der **begrifflichen Systematik** von § 1 Berufsbildungsgesetz (BBiG) – verschiedene Arten der beruflichen Fortbildung (Weiterbildung) genutzt werden.

Erhaltungsfortbildung

Diese Maßnahme dient dem **Erhalt** bereits erlernter Fähigkeiten. Es soll verhindert werden, dass einmal erworbenes Wissen wieder vergessen wird.

> **Beispiel**
> Die Teamleiter im technischen Support „TechDirekt“ erhalten regelmäßig einen Auffrischungskurs in Englisch.

Anpassungsfortbildung

Bei der Anpassungsfortbildung wird die Qualifikation des Mitarbeiters an die aktuellen oder zukünftigen Anforderungen seiner Stelle **angepasst**. Der Mitarbeiter bleibt nach der Fortbildung auf seiner Stelle. Die Maßnahme dient dazu, dass der Mitarbeiter weiterhin seine Arbeit an seinem Arbeitsplatz verrichten kann.

Beispiel

Dialogfix führt ein neues Mahnwesen ein. Die Mitarbeiter in der kaufmännischen Abteilung erhalten eine entsprechende Fortbildung.

Erweiterungsfortbildung

In der Erweiterungsfortbildung sollen **zusätzliche** Fähigkeiten und Kenntnisse vermittelt werden. Diese müssen nicht zwangsläufig mit der aktuellen Stelle in Verbindung stehen oder an eine Beförderung geknüpft sein.

Beispiel

Thomas möchte an einem MS-Office-Kurs teilnehmen, um seine Fähigkeiten zu erweitern.

Aufstiegsfortbildung

Die Aufstiegsfortbildung zielt auf einen **beruflichen Aufstieg** ab. Der Mitarbeiter hat in der Vergangenheit seine Qualifikation unter Beweis gestellt und wird nun durch entsprechende Maßnahmen für Aufgaben einer höheren Hierarchieebene ausgebildet. Die Initiative für solche Maßnahmen geht in der Praxis häufig vom Mitarbeiter aus.

Beispiel

Ein Agent in der Abteilung „TechDirekt“ wird über eine Qualifizierungsmaßnahme zum Teamleiter ausgebildet. Zuvor fand ein Auswahlverfahren statt.

→ ***Praxistipp***

Grundsätzlich können Unternehmen intern die berufliche Fortbildung – in Abstimmung mit dem Betriebsrat – nach eigenen Bedürfnissen regeln. Sofern sich die Fortbildung auf die Bestimmungen des BBiG stützt, sind bestimmte Rahmenbedingungen einzuhalten, dies gilt insbesondere für die Aufstiegsfortbildung.

6 | 3.3.3

7.2.2 Potenziale der Mitarbeiter erkennen und fördern

Um die oben beschriebenen Maßnahmen der betrieblichen Bildung zielgerichtet einzusetzen, ist es zunächst notwendig, den Istbestand an Wissen und Fähigkeiten der Mitarbeiter zu kennen und diesen mit zukünftigen Anforderungen der einzelnen

Stellen abzugleichen. Basis dieser Analyse können Mitarbeiterbeurteilungen und Arbeitsbewertungen sein, die mit der zukünftigen Entwicklung des Unternehmens abgeglichen werden.

Es reicht allerdings nicht aus zu wissen, welche Kenntnisse und Fähigkeiten die Mitarbeiter aktuell besitzen. Darüber hinaus sollte ein Unternehmen herausfinden, welche Entwicklungsmöglichkeiten für die einzelnen Mitarbeiter bestehen. Ein Instrument, welches für die Personalentwicklung von erheblicher Bedeutung ist, ist die **Potenzialanalyse**. Anders als bei der Mitarbeiterbeurteilung geht es hier nicht um die Bewertung vergangener Leistungen, sondern um die Analyse **zukünftiger Möglichkeiten** für jeden Mitarbeiter. 10|5.2

\# ***Definition***

Unter **Potenzial** versteht man das Leistungsvermögen bzw. die Fähigkeiten des einzelnen Mitarbeiters, sich weiterzuentwickeln.

Mit der Potenzialanalyse versucht der Personalentwickler oder der Teamleiter, die vorhandenen, aber im Unternehmen brachliegenden, sowie die noch nicht erkannten Fähigkeiten festzustellen. Neben der Mitarbeiterbeurteilung liefert die Potenzialanalyse wichtige Erkenntnisse über das Qualifikationsprofil des Mitarbeiters und dient als Grundlage für mögliche Qualifizierungsmaßnahmen oder Weiterbildungen.

Um das Potenzial von Mitarbeitern festzustellen, stehen der Führungskraft oder dem Personalentwickler verschiedene Methoden zur Verfügung:

- **Regelmäßige Beobachtung der Fähigkeiten im Tagesgeschäft:** Die Teamleiter bewerten Arbeitsergebnisse und Verhalten der Mitarbeiter. Außerdem werden Sonderaufgaben vergeben.
- **Durchführung eines Assessment-Centers:** In verschiedenen Tests und Übungen werden die Leistungsfähigkeit und das Potenzial der Mitarbeiter untersucht. 10|3.1.4
- **Individuelle Beratungs- und Fördergespräche:** In Gesprächen findet der Teamleiter heraus, welche Interessen der Mitarbeiter hat und wie diese mit der betrieblichen Situation verknüpft werden können.

→ ***Praxistipp***

Häufig wird die Potenzialanalyse in Unternehmen zusammen mit der jährlichen Beurteilung der Mitarbeiter durchgeführt. Der Beurteilungsbogen enthält dann einen entsprechenden Zusatz über Entwicklungs- und Fördermöglichkeiten.

7.2.3 Qualifizierungspläne

Nach einer Potenzialanalyse sollten für die Mitarbeiter Qualifizierungspläne aufgestellt werden. In diesen wird festgehalten, welche Maßnahmen betrieblicher oder außerbetrieblicher Fortbildung für einen Mitarbeiter in Zukunft notwendig sind, um weiterhin den Anforderungen seiner Stelle gerecht zu werden.

Basis für diese Entscheidung sind vorhandene Fähigkeiten des Mitarbeiters, die mit aktuellen und zukünftigen Anforderungen an seine Stelle abgeglichen werden. Durch die Potenzialanalyse ist auch bekannt, über welche Entwicklungsmaßnahmen der Mitarbeiter gefördert werden kann, um zukünftig zusätzliche Aufgaben wahrzunehmen oder befördert zu werden. Dazu wird in Unternehmen meist ein **Qualifizierungsgespräch** mit dem Mitarbeiter geführt.

Geeignete **Leitfragen** sind hier:

- Verändert sich die Stelle des Mitarbeiters durch Veränderungen im Unternehmen?
- Welche neuen Anforderungen sind vom Mitarbeiter zu erfüllen?
- Wechselt der Mitarbeiter die Stelle, wird er befördert?
- Erhält der Mitarbeiter zusätzliche Aufgaben oder Sonderthemen?
- Welche Anforderungen hat der Mitarbeiter selbst bezüglich seiner Weiterentwicklung, welche davon kann das Unternehmen umsetzen?

7.3 Maßnahmen der Personalentwicklung planen

Um Personalentwicklung erfolgreich für Unternehmen und Mitarbeiter zu gestalten, ist eine umfassende **Planung** sowie eine systematische und konsequente **Durchführung** und **Nachbereitung** unerlässlich.

Personalentwicklung beginnt dabei immer mit einer konsequenten Bedarfsermittlung, bei der sowohl die Belange der einzelnen Mitarbeiter als auch die des gesamten Unternehmens untersucht werden. Danach werden Inhalte bestimmt, die Durchführung geplant und organisiert und am Ende die Zielerreichung überprüft.

In der Praxis hat sich folgender Ablauf bewährt:
1. Bedarfsermittlung und Evaluation der Zielgruppen
2. Analyse der Tätigkeiten und Aufgaben
3. Lernziele formulieren und Lerninhalte bestimmen
4. Auswahl der Trainer (intern oder extern)
5. Auswahl geeigneter Lerninstrumente und Methoden
6. Erfolgs- und Qualitätskontrolle

7.3.1 Bedarfsermittlung und Auswahl der Zielgruppen

In dieser Phase geht es darum herauszustellen, welche Mitarbeiter, Abteilungen oder Mitarbeitergruppen aus welchen Gründen für welche Personalentwicklungsmaßnahmen infrage kommen. Der Bedarf kann auf Unternehmensebene und auf Mitarbeiterebene bestehen:

Bedarf auf Unternehmensebene	Bedarf auf Mitarbeiterebene
↓	↓
Maßnahmen in der Personalentwicklung für • Mitarbeitergruppen • Abteilungen • das ganze Unternehmen	Maßnahmen in der Personalentwicklung für den einzelnen Mitarbeiter

Bedarfsermittlung auf Unternehmensebene

Ziele und Prioritäten des Unternehmens

Welche kurz-, mittel- oder langfristig angesetzten Ziele werden durch die Unternehmensleitung angestrebt? Aus dieser Fragestellung werden die benötigten Schlüsselqualifikationen abgeleitet, und es wird bestimmt, für welche Abteilungen oder Mitarbeitergruppen diese benötigt werden.

Beispiel

Dialogfix erreicht in der kaufmännischen Kundenbetreuung bereits sehr gute Up- und Cross-Sell-Ergebnisse. Für das kommende Geschäftsjahr sollen diese auch in der technischen Kundenbetreuung erreicht werden. Ein Ergebnis aus dieser Zielsetzung ist, dass alle Mitarbeiter von TechDirekt entsprechende Vertriebstrainings benötigen.

Planung nach Einsatzbereichen

Welche Unternehmensbereiche sollen in Zukunft verändert oder verbessert werden? Eventuell plant die Unternehmensleitung auch, das Unternehmen am Markt neu zu positionieren. Dabei werden sowohl **interne Faktoren** (Führung, Projektkompetenzen) als auch **externe Faktoren** (Image, Kommunikation, Leistungsbandbreite und Zielgruppe) betrachtet. Daraus ergibt sich, welche Kernkompetenzen zukünftig gefördert werden sollen.

Beispiel

dialogfix GmbH

Dialogfix hat durch verschiedene Marktforschungen festgestellt, dass die Kunden die Werbung als altmodisch wahrnehmen. Die Werbung soll im kommenden Geschäftsjahr verbessert werden. Aus diesem Grund erhält die Marketingabteilung verschiedene Qualifikationsmaßnahmen.

Unternehmenskultur

Hier möchte man herausfinden, wie das Arbeitsklima, die Führungskultur sowie die Motivation der Mitarbeiter gefördert werden können.

Beispiel

Durch eine Mitarbeiterbefragung wurde festgestellt, dass die Motivation der Mitarbeiter nachlässt. Einer der Gründe dafür ist die Unzufriedenheit mit der momentanen Führungskultur. Die Führungskräfte erhalten aufgrund dieser Ergebnisse Schulungen und Qualifikationsmaßnahmen in moderner Mitarbeiterführung.

Weitere Fragestellungen auf Unternehmensebene

Neben den oben beschriebenen Maßnahmen können bei der Ermittlung des Bedarfs noch weitere Fragen berücksichtigt werden:

- Wie war die Umsatzentwicklung des Unternehmens?
- Wie war die Kosten-/Gewinnentwicklung?
- 13 | 1.2.4 Welche besonderen Stärken und Schwächen sind bekannt?
- Welche Stärken können optimiert werden?
- Welche grundlegenden Veränderungen haben im Unternehmen stattgefunden?
- Worin liegt die aktuelle strategische Ausrichtung des Unternehmens?
- Welche Kernkompetenzen müssen entwickelt werden, um auf Veränderungen und die strategische Ausrichtung zu reagieren?
- Welche Ziele sollen verfolgt werden?
- Welche Produkte sind neu in das Portfolio des Unternehmens aufgenommen worden?
- 13 | 2.1 Wie empfinden die Kunden den Service des Unternehmens?

Bedarfsermittlung auf Mitarbeiterebene

Wünsche und Bedürfnisse des Mitarbeiters

Qualifizierungspläne, Potenzialanalysen, Mitarbeitergespräche, Mitarbeiterumfragen und bestehende Qualifikationen sind wichtige Instrumente, um die Bedürfnisse und Wünsche der Mitarbeiter in Hinblick auf Personalentwicklungsmaßnahmen zu ermitteln. Wenn der Mitarbeiter selbst einen Lernbedarf erkennt und diesen einfordert, ist die Lernbereitschaft und Motivation für solche Maßnahmen entsprechend hoch. Natürlich muss hier weiter geprüft werden, ob die Wünsche des Mitarbeiters in Einklang mit den Unternehmenszielen und Bedürfnissen gebracht werden können.

Beispiel

Aus Mitarbeiter- bzw. Fördergesprächen weiß der Abteilungsleiter von Tech-Direkt, dass Renate Klaas für sich einen Entwicklungsbedarf im Hinblick auf moderne Führungsinstrumente sieht. Dies meldet er an die Personalabteilung zurück, um entsprechende Maßnahmen anzufordern.

Motivation und Ambitionen der Mitarbeiter

Personalentwicklung kann nur dann erfolgreich verlaufen, wenn der Mitarbeiter sich für das Thema motivieren lässt. Ein ehrgeiziger, dynamischer Mitarbeiter mit entsprechenden Ambitionen, sich im Unternehmen weiterzuentwickeln, ist also eher geeignet als ein Mitarbeiter, der bereits innerlich gekündigt hat.

Beispiel

Ein Mitarbeiter aus dem Team von Renate Klaas erzielt in allen Bereichen gute Ergebnisse und hat bereits deutlich zu erkennen gegeben, dass er sich bei Dialogfix zum Teamleiter weiterentwickeln möchte. Renate Klaas schlägt für ihn eine Coachingausbildung vor, damit er sie hierbei schon unterstützen kann und einen wichtigen Schritt in Richtung einer neuen Position geht.

Vorkenntnisse der Mitarbeiter

Bei der Planung muss berücksichtigt werden, welche Vorkenntnisse der Mitarbeiter bereits mitbringt. So kann es innerhalb einer Mitarbeitergruppe unterschiedliche Kenntnisstände geben, die wiederum jeweils unterschiedliche Maßnahmen erfordern.

Beispiel

Innerhalb von TechDirekt gibt es drei Teamleiter, die bereits eine umfassende Coachingausbildung haben. Andere haben nur erste Kenntnisse im Rahmen einer Teamleiterausbildung erworben. Für die Kollegen mit entsprechender Vorkenntnis werden Maßnahmen geplant, die auf diesem Vorwissen aufbauen. Die anderen Teamleiter erhalten eine Grundausbildung.

7.3.2 Analyse von Tätigkeiten und Aufgaben

Welche Tätigkeiten stehen für einzelne Mitarbeiter oder Mitarbeitergruppen im Vordergrund, und welche Fähigkeiten und Fertigkeiten werden dafür benötigt? Grundlage für diese Analyse kann das **Stellenprofil** sein. 10 1.1

Darauf aufbauend muss allerdings untersucht werden, welche Veränderungen sich für einzelne Positionen ergeben und welche Aufgaben neu dazukommen. Ein wichtiger Bestandteil dieser Analyse ist die Fragestellung, wie hoch der prozentuale Anteil einzelner Tätigkeiten an der Gesamtarbeitszeit ist.

Beispiel

Tätigkeitsanalyse für einen Agenten bei TechDirekt
Aufgaben der Stelle: telefonische und schriftliche Betreuung der Kundenanfragen sowie Dokumentation der Vorgänge in der CRM-Software
Aufgaben, Kompetenzen und Verantwortung des Mitarbeiters: Die Haupttätigkeit liegt in der telefonischen Kundenbetreuung und daraus resultierenden administrativen Aufgaben. Dazu kommen Aufgaben im Bereich der Kundenkorrespondenz. Kernkompetenzen für diese Stelle sind Kundenorientierung, Freundlichkeit, professionelle Gesprächsführung sowie Kommunikationsgeschick in Sprache und Schrift.

Tätigkeiten	Zeitanteil
Telefonate mit Kunden	50 %
Kundenkorrespondenz	25 %
Dokumentation/Pflege der Datenbanken und CRM-Systeme	25 %

Bei der Einführung in eine neue CRM-Software wird deutlich, dass ein Mitarbeiter eine grundlegende Schulung benötigt.

7.3.3 Lernziele und Lerninhalte bestimmen

Auf Basis der Bedarfsermittlung werden Lernziele bestimmt. Diese können z. B. **Führungs-, Fach- oder Sozialkompetenzen** beschreiben. **Lernziele** sollen klar, konkret und wann immer möglich messbar formuliert werden. Bei späterer Kontrolle muss es möglich sein zu überprüfen, inwiefern die Lernziele erreicht wurden. Zum Abgleich empfiehlt sich bei der Formulierung der Ziele eine nochmalige Rücksprache mit den Betroffenen.

Beispiel

Für die Abteilung TechDirekt sollen bessere Up-Selling-Kompetenzen geschaffen werden. Nach genauer Bedarfsermittlung wird für die Hotlinemitarbeiter folgendes Ziel formuliert:

„Die Mitarbeiter optimieren ihre Gesprächsführung im Hinblick auf den Einstieg in Verkaufsgespräche, die gezielte Bedarfsermittlung und die Verkaufsargumentation. Außerdem werden Techniken zu Einwandbehandlung, Preisargumentation und Verkaufsabschluss vertieft. Im Nachgang ist es den Mitarbeitern möglich, eine Verkaufsquote von 3,5 % zu erreichen."

Von den Lernzielen werden dann die konkreten **Lerninhalte** abgeleitet: In welcher Detailtiefe werden welche Themen behandelt, um die Lernziele zu verwirklichen? Außerdem wird hier noch einmal geprüft, ob es bereits Vorkenntnisse bei den einzelnen Mitarbeitern gibt, auf die aufgebaut werden kann.

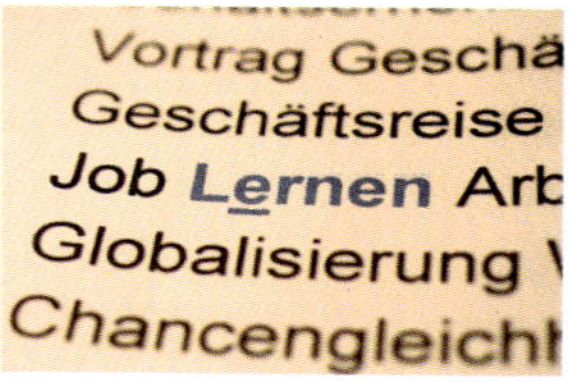

Das Ergebnis der inhaltlichen Planung ist ein **Grobkonzept**, in dem alle Lerninhalte aufgeführt sind; Details über die Methoden bzw. Vorgehensweise sind hier noch nicht enthalten.

Beispiel

Um die Ziele bei TechDirekt zu erreichen, werden folgende Inhalte geplant:
- Phasen des Verkaufsgesprächs
- Verkaufseinstieg
- gezielte Bedarfsermittlung und Fragetechniken
- Wiederholung ,,Aktives Zuhören"
- Zusammenhang zwischen Eigenschaft, Vorteil und Nutzen
- verschiedene Kaufmotive beim Kunden
- Techniken zur Preisargumentation
- Einwandbehandlung
- Abschlusstechniken

7.3.4 Trainer auswählen (intern oder extern)

Zu den wichtigsten Punkten bei der Organisation von Personalentwicklungsmaßnahmen gehören die Entscheidung, ob bei der Durchführung auf interne Ressourcen oder externe Partner zurückgegriffen wird, sowie der Abgleich der finanziellen Möglichkeiten:

1. Stehen intern die entsprechenden Kompetenzen zur Durchführung überhaupt zur Verfügung? Falls nicht, muss entweder eine Qualifikation der eigenen Trainer bzw. Personalentwickler in Betracht gezogen oder die Durchführung durch externe Trainer geplant werden.
2. Prüfung der Finanzmittel: Welches Budget steht für externe Ressourcen zur Verfügung?

Natürlich sind jederzeit Kombinationen von internen und externen Ressourcen denkbar, so kann beispielsweise zunächst ein externer Partner mit den Trainingsmaßnahmen beginnen und später, nachdem die Kompetenz intern geschaffen wurde, ein Wechsel stattfinden. Bei der Auswahl externer Trainer ist es wichtig zu prüfen, welche Erfahrungen dieser mitbringt und ob die jeweiligen Lernziele mit diesem Partner erreicht werden können.

Externe Trainer	
Vorteile	**Nachteile**
• Kontakt zu anderen Unternehmen, es wird ein Erfahrungsaustausch initiiert. • Es können Spezialisten eingekauft werden. • Meist gelingt externen Partnern ein besserer Blick von außen auf die Gesamtsituation des Unternehmens, da keine „Betriebsblindheit" herrscht.	• Es besteht die Gefahr, dass andere Unternehmen oder externe Partner vertrauliche Informationen erhalten. • Das Unternehmen hat einen geringeren Einfluss auf Inhalte und Methoden als bei einer internen Maßnahme. • Der Transfer auf den eigenen Arbeitsplatz und die unternehmensspezifischen Abläufe ist schwieriger.

7.3.5 Lerninstrumente und Methoden auswählen

Die Wahl der richtigen Lerninstrumente und entsprechender Methoden ist von zentraler Bedeutung für die Erreichung des Lernziels. Dabei geht es um die Beantwortung von zwei entscheidenden Fragen:

Didaktik: Was soll vermittelt werden?
Methodik: Wie soll es vermittelt werden?

Bei der Gestaltung von Personalentwicklungsmaßnahmen spielt darüber hinaus eine Rolle, ob es sich um Einzel- oder Gruppenarbeit handelt und ob die Maßnahme am Arbeitsplatz oder außerhalb erfolgen soll.

Einzel- oder Gruppenarbeit

Sowohl die Lernziele als auch die Zielgruppe sollten hier analysiert werden: Handelt es sich um einen individuellen Bedarf, der sich nicht mit dem Bedarf von anderen deckt, so kann eine Arbeit mit dem Einzelnen sinnvoll sein. Die Einzelschulung kann auch eine hilfreiche Ergänzung zu vorangegangenen Gruppenaktivitäten sein.

Beispiel

Das Vertriebstraining für TechDirekt wird als Gruppenaktivität geplant. So können sich die Mitarbeiter gegenseitig austauschen und in der Gruppe die notwendigen Fertigkeiten erlernen. Im Nachgang werden vertiefende Coachings für einzelne Mitarbeiter geplant, in deren Rahmen auf individuelle Stärken und Schwächen eingegangen werden kann.

Personalentwicklung am Arbeitsplatz oder außerhalb

Die Frage, ob die Weiterbildung am Arbeitsplatz (Training on the Job) oder außerhalb des Arbeitsplatzes vorgenommen wird (Training off the Job), ist eine weitere grundsätzliche Entscheidung.

Am Arbeitsplatz ist eine direkte Verknüpfung der Lerninhalte mit der Praxis möglich, sodass Lerninhalte direkt geübt werden können.

Außerhalb des Arbeitsplatzes ist es wiederum leichter, größere Mengen von theoretischem Wissen zu vermitteln. Außerdem kann es für den Lernprozess wichtig sein, eine Distanz zum Arbeitsplatz zu schaffen. Auch hier wird oft ein Mix beider Methoden vorgenommen.

Beispiele

- Die Einarbeitung eines Mitarbeiters am Empfang von Dialogfix verläuft komplett on the Job. Ein erfahrener Mitarbeiter (Pate) vermittelt die wichtigsten Inhalte und lässt den neuen Mitarbeiter dann selbst ausprobieren.
- Ein neuer Mitarbeiter bei TechDirekt erhält zunächst eine Schulung off the Job, um die notwendigen Kenntnisse zu erlernen. Ergänzt wird dies dann durch kurze Maßnahmen und Coachings on the Job (Patenmodell).

Überblick über verschiedene Lernmethoden

Nachdem entschieden wurde, ob eine Trainingsmaßnahme on oder off the Job, in Einzel- oder Gruppenbildung verläuft, wird für einzelne Lerninhalte die passende Lernmethode gewählt.

Folgende Lernmethoden werden im Dialogmarketing häufig eingesetzt:

Lernmethode	Beschreibung
4-Stufen-Methode	Diese Methode dient dazu, eine Tätigkeit bzw. einen Ablauf zu vermitteln, und ist vor allem für Training on the Job oder im Patenmodell geeignet. Ablauf: 1. Die Aufgabe und deren Teilschritte werden erklärt. 2. Die Aufgabe wird demonstriert (Vormachen). 3. Der Unterwiesene führt die Tätigkeit selbst durch (Nachmachen). Danach erhält er Feedback vom Trainer. 4. Der Unterwiesene arbeitet alleine weiter. Der Trainer führt stichprobenartig Lernerfolgskontrollen durch.
Lehrgespräch	Diese Methode eignet sich für Gruppenmaßnahmen. Der Stoff wird auf Basis vorhandenen Wissens durch gezielte Fragestellungen des Trainers gemeinsam erarbeitet.
Vortrag	Auch diese Methode eignet sich für Gruppentrainings. Hier wird der neue Stoff vom Trainer vorgetragen, dazu werden Fragen beantwortet.
Rollenspiel	Die Teilnehmer schlüpfen in verschiedene Rollen in einer vorher definierten beruflichen Situation. Durch Beobachtungen und Feedback wird das Verhalten analysiert bzw. verbessert.
Moderation	Durch Einsatz von Moderationstechniken wird in einer Gruppensitzung ein bestimmtes Thema oder Problem diskutiert und gelöst.
Podiumsdiskussion	Eine Gruppe von Experten beantwortet bzw. diskutiert unterschiedliche Fragestellungen. Als Ergebnis werden unterschiedliche Lösungsansätze für vorgetragene Problemstellungen erarbeitet.
Gruppenübung	Eine Kleingruppe von Mitarbeitern erarbeitet eine Lösung zu einer vom Trainer gestellten Problemstellung oder Frage. Der Trainer unterstützt, indem er notwendige Informationsmaterialien bereithält. Die Teilnehmer stellen die Lösung später der Gesamtgruppe vor.
Einzelübung	Die Teilnehmer erhalten eine Aufgabenstellung, die sie jeweils alleine bearbeiten sollen. Das Ergebnis wird vom Trainer geprüft.
Problembasiertes Lernen	Der Lernende wird mit einer praxisnahen Problemstellung konfrontiert, diese soll entweder in Einzel- oder Gruppenübung gelöst werden. Dabei werden sowohl Kreativität als auch Fachwissen gefördert.
Jobrotation	Der Lernende nimmt unterschiedliche Aufgaben innerhalb des Unternehmens wahr, wechselt also regelmäßig den Arbeitsplatz. Durch die unterschiedlichen Aufgaben wird die Qualifikation des Mitarbeiters erweitert.
Jobenrichment	Der Mitarbeiter wird schrittweise mit höherwertigen und anspruchsvolleren Aufgaben betraut.

Lernmethode	Beschreibung
Jobenlargement	Hier werden die Tätigkeiten eines Mitarbeiters schrittweise erweitert; er übernimmt innerhalb seiner Stelle weitere Aufgaben.
Lernplatz	Die Mitarbeiter eignen sich mithilfe von audiovisuellen Medien und entsprechenden Inhalten selbstständig Wissen an. Dazu muss entweder am Arbeitsplatz des Mitarbeiters oder an ausgewiesenen Plätzen das entsprechende Material zur Verfügung stehen.
5|8.2 **E-Learning**	Der Mitarbeiter kann über ein internet- bzw. computergestützes Portal einzelne Lerninhalte an seinem Arbeitsplatz erarbeiten. Im Nachgang findet eine Lernerfolgskontrolle statt.

Um innerhalb einer Maßnahme den bestmöglichen Erfolg zu gewährleisten, empfiehlt es sich, verschiedene **Methoden im Mix** einzusetzen.

Im Zusammenhang mit E-Learning fällt oft der Begriff des **„Blended Learning“** (integriertes Lernen). Dabei handelt es sich um eine Mischform aus E-Learning-Modulen und Präsenzveranstaltungen. Durch den Einsatz verschiedener Methoden soll erreicht werden, dass das Lernen effektiver, interessanter und kostengünstiger abläuft. Dies wird dadurch erreicht, dass verschiedene **Wahrnehmungskanäle** der Teilnehmer, gleichzeitig aber auch verschiedene
1|6.8 **Lerntypen** angesprochen werden.

Ein typischer Ablauf von Blended Learning könnte wie folgt aussehen:
1. **Vorbereitung:** Die Mitarbeiter erhalten ein webbasiertes Training zur Einstimmung auf das Thema, zusätzlich werden Literatur und Aufgaben zur Einzelübung ausgegeben.
2. **Vermittlung:** Das Thema wird in Gruppentrainings oder Workshops behandelt. Auch hier werden im Ablauf wieder verschiedene Methoden im Mix eingesetzt (Einzelübungen, Gruppenübungen).
3. **Transfer:** Das Gelernte wird umgesetzt, dabei erhalten die Mitarbeiter z.B. Coachings oder Training on the Job.
4. **Nachbereitung:** Das Gelernte wird gefestigt und vertieft, dafür werden erneut z.B. webbasierte Trainings oder Workshops eingesetzt.

7.3.6 Erfolgs- und Qualitätskontrolle

Abschließend muss geprüft werden, ob die im Vorfeld definierten Ziele erreicht wurden. Dies erfolgt einerseits in qualitativer, andererseits in quantitativer Hinsicht. Diese Kontrolle sollte bereits bei der Zielsetzung berücksichtigt werden, d.h. es sollten konkrete Ziele definiert werden, die hinsichtlich Qualität und Quantität klar überprüfbar sind.

Folgende Maßnahmen werden häufig eingesetzt:

Lernerfolgskontrolle	Am Ende von Gruppentrainings findet ein Test statt, in dem das Fachwissen der Mitarbeiter überprüft wird. Die Ergebnisse werden ausgewertet hinsichtlich der vorher definierten Ziele.
Mitarbeiterbefragung	Anhand standardisierter Bögen werden die Mitarbeiter befragt, ob die Maßnahme ihren Erwartungen entsprochen hat bzw. ob die Maßnahme die notwendige Unterstützung darstellt.
Messung der Erfolgskriterien	Vorher definierte Erfolgskennzahlen werden nach den Maßnahmen erneut erhoben und hinsichtlich der Zielerreichung geprüft (z. B. Steigerung der Up-Selling-Rate).
Erfolgskontrolle im Arbeitsumfeld	Durch Coaching bzw. Beobachtung am Arbeitsplatz wird analysiert, inwiefern die Mitarbeiter das neue Wissen in die Praxis umsetzen.
Kostenkontrolle	Die Kosten der Personalentwicklungsmaßnahmen werden geprüft und der Zielerreichung gegenübergestellt: Rechtfertigen die Verbesserungen die entsprechenden Kosten? Ist dies nicht der Fall, muss geprüft werden, ob die Zielsetzung fehlerhaft war oder ob die Maßnahme nicht erfolgreich durchgeführt wurde.

7.4 Agile Personalentwicklung

Wie bereits durch den Trend zur **agilen Führung** deutlich wurde, stehen Unternehmen aufgrund technologischer und sozialer Veränderungen vor neuen Herausforderungen. Diese haben nicht nur Auswirkungen auf die Führung, sondern in besonderer Weise auch auf die Personalentwicklung in Unternehmen. Motor dieser Entwicklung ist der immer schnellere technologische Fortschritt und der enorme Zuwachs an neuen Erkenntnissen in Wissenschaft und Forschung. Daraus resultieren immer kürzere Produktzyklen. Die Möglichkeit, Mitarbeiter so auszubilden, dass das erworbene Wissen für lange Zeit ausreicht, schwindet. Es wird immer wichtiger, dass Mitarbeiter sich Kompetenzen im Moment des Bedarfs selbst aneignen können.

10 | 6.2.6

Agile Personalentwicklung (oder **agiles Lernen**) beschäftigt sich mit den daraus resultierenden Folgen und versucht, die lebenslange Anpassungs- und Innovationsfähigkeit von Mitarbeitern und damit auch von Unternehmen zu fördern.

Lernen wird agil: Neues Arbeiten braucht eine neue Lernkultur

Was haben Honecker, die BER-Planer und viele Unternehmen gemeinsam? Sie wurden und werden bei ihren Planungen von der Realität überholt. Die Fünfjahrespläne der DDR-Wirtschaft erwiesen sich als Selbstbetrug. Beim Berliner Flughafen war schon mit dem ersten Spatenstich klar, dass er doppelt so groß gebaut werden müsste. Auch so manches Unternehmen wird von einer dynamischen Gegenwart überrascht. In der Personalentwicklung erleben wir es oft genug. Strategien ändern sich, Mitarbeiter gehen, Bereiche schließen – und plötzlich zwickt das scheinbar maßgeschneiderte Trainingsprogramm wie ein Konfirmationsanzug. Die Konsequenz: In einer immer schnelllebigeren Zeit müssen wir flexibler, wendiger, flinker werden. [...]

In vielen Unternehmen orientieren sich Weiterbildung und Personalentwicklung noch am tradierten Bild vom Maschinenmenschen: Der Arbeitnehmer wird vermessen, ein Kompetenzprofil entworfen, Lücken identifiziert und langfristige Programme aufgestellt. Dann entwickelt man den Mitarbeiter für die jeweiligen Aufgaben, Rollen und Profile irgendwie zurecht. Anpassung an neue Anforderungen? Schwer möglich. [...]

Quelle: Kresse, Albrecht: Lernen wird agil: Neues Arbeiten braucht eine neue Lernkultur. In: www.club55-experts-com. Veröffentlicht am 10.05.2017 unter: https://www.club55-experts.com/agiles-arbeiten/ [04.10.2021].

Die wesentlichen **Grundprinzipien** der agilen Personalentwicklung sind:

- Individuelle Lernbedarfe werden stärker berücksichtigt, Standardfortbildungen verlieren an Bedeutung. Dies erfordert einen Wandel von der Angebots- zur Nachfrageorientierung.
- Der Lernende steuert seinen Lernprozess selbst und wird dabei lediglich begleitet.
- Der Lernende wird zum Kunden, seine Bedürfnisse stehen im Mittelpunkt.
- Überfachliche Kompetenzen werden wichtiger als reines Fachwissen.

Merkmale der agilen Personalentwicklung

Initiative	Die Initiative für Lernprozesse kann und soll auch vom Mitarbeiter ausgehen. Der Lernende kann seinen Lernbedarf selbst formulieren und findet Angebote dazu.
Auslöser	Lernen erfolgt im Moment des Bedarfs. Es wird weniger „auf Vorrat" gelernt, vielmehr kann auf individuelle Situationen reagiert werden.
Bezug zur Arbeit	Der direkte Bezug zum individuellen Arbeitsplatz im Sinne von „Learning on the Job" nimmt zu. Oftmals finden Coachings oder Workshops anstelle von Seminaren statt.
Ergebnis	Lernen führt zu einem Kompetenzerwerb, der sich in konkreten Handlungen zeigt.
IT-Unterstützung	Nutzung von Lernvideos, Wissensmanagement-Tools, Kollaborationstools, E-Learning und virtuellen Seminaren
Soziale Lernformen	Team-Lernen und der Einsatz von Kreativitätstechniken nehmen zu. Spaß beim Lernen hat eine wichtige Bedeutung.

Neben den fachlichen Kompetenzen (z. B. DSGVO, Produktkenntnisse) und den Handlungskompetenzen (z. B. Bedienung der Software, Kundengespräche) im agilen Lernen die sogenannten **überfachlichen Kompetenzen** immer wichtiger:

- digitale Kompetenzen
- Kommunikations- und Sozialkompetenz
- Lernkompetenz (Lernen lernen)

Die folgenden beispielhaften Fragestellungen umreißen die aufzubauenden Kompetenzen des Mitarbeiters, die in den Fokus agiler Lernprozesse rücken:

Digitale Kompetenzen	Geht der Mitarbeiter kompetent und verantwortungsbewusst mit sozialen Netzwerken um? Ist er in der Lage, seine Zeit vor dem Bildschirm zu managen, sodass genügend bildschirmfreie Zeit verfügbar ist? Kann er Desinformation im Internet erkennen und eine sorgfältige Quellensuche durchführen? Ist er in der Lage, den Datenschutz auch im Interesse des Unternehmens zu gewährleisten? Weiß er über seinen digitalen Fingerabdruck?
Kommunikations- und Sozialkompetenz	Wie nutzt der Mitarbeiter digitale und analoge Medien? Ist er in der Lage, über verschiedene Kanäle adressatengerecht zu kommunizieren? Kann er auch in sozialen Medien Empathie zeigen und wertschätzend auch mit anderen Meinungen umgehen?
Lernkompetenz	Ist der Mitarbeiter in der Lage, Verantwortung für seinen eigenen Lernprozess zu übernehmen? Recherchiert er selbstständig in Wissensdatenbanken und ordentlichen Quellen? Kann er im Team neue Lösungen aus vorhandenem Wissen generieren? Wie stark ist der Mitarbeiter selbstreflektiert?

Der Personalentwickler und die Führungskraft haben die Aufgabe, gemeinsam mit den Lernenden diese Kompetenzen zu entwickeln und zu fördern.

Zusammenfassung

- Um dem gesellschaftlichen, wirtschaftlichen und technologischen Wandel Rechnung zu tragen, sind Unternehmen auf eine **ständige Personalentwicklung** angewiesen.
- 

- Bei der **Planung von Personalentwicklungsmaßnahmen** ist folgender Ablauf zu berücksichtigen:
  1. Bedarfsermittlung und Evaluation der Zielgruppen
  2. Analyse der Tätigkeiten und Aufgaben
  3. Lernziele formulieren und Lerninhalte bestimmen
  4. Auswahl der Trainer (intern oder extern)
  5. Auswahl geeigneter Lerninstrumente und Methoden
  6. Erfolgs- und Qualitätskontrolle
- Die **Bedarfsermittlung** findet einerseits auf der **Unternehmensebene**, andererseits auf der **Mitarbeiterebene** statt.
- In der Personalentwicklung wird meist ein **Mix aus verschiedenen Methoden** eingesetzt.

- **Blended Learning** ist eine Mischform aus E-Learning-Methoden und Präsenzveranstaltungen.
- **Agile Personalentwicklung** nimmt überfachliche Kompetenzen in den Fokus und setzt auf individuelle sowie digitale Lernformate.

Aufgaben

1. *Informieren Sie sich über die Aufgaben der „Personalentwicklung". Entwerfen Sie dazu einen Aufgabenkatalog eines Mitarbeiters in der Personalentwicklung, indem Sie entsprechende Stellenanzeigen auf verschiedenen Online-Job-Portalen analysieren.*
2. *Finden Sie für die vier Arten der beruflichen Fortbildung jeweils ein Beispiel aus Ihrem Ausbildungsbetrieb.*
3. *Führen Sie selbst eine Potenzialanalyse unter www.gepedu.de/potenzialanalyse durch und vergleichen Sie die Ergebnisse in der Klasse.*
4. *Ihr Unternehmen möchte ein Talent-Entwicklungsprogramm für zukünftige Führungskräfte entwickeln.*
   a) Wie können mögliche Kandidaten für ein solches Programm gefunden werden?
   b) Welche Maßnahmen der Weiterentwicklung sollten angeboten werden?
5. *Finden Sie sich in der Klasse zu kleinen Gruppen zusammen und führen Sie jeweils eine Bedarfsermittlung für Personalentwicklungsmaßnahmen in Ihrer derzeitigen betrieblichen Situation durch.*
   a) Was sind aktuelle Herausforderungen und wie können Sie durch Personalentwicklungsmaßnahmen darauf reagieren?
   b) Formulieren Sie die entsprechenden Lernziele.
   c) Wählen Sie die passenden Lernmethoden aus, begründen Sie Ihre Entscheidung.
   d) Wie würden Sie eventuelle Veränderungen messbar machen?
6. *Welche Möglichkeiten stehen einer Führungskraft zur Verfügung, um nach einem Seminar den Lernfortschritt ihrer Mitarbeiter zu überprüfen?*
   a) Entwerfen Sie eine Methodensammlung auf Basis Ihrer eigenen Erfahrungen.
   b) Wie lässt sich bereits im Vorfeld einer Bildungsmaßnahme der Lernerfolg erhöhen?
7. *Grenzen Sie die Lernformen „Bildung am Arbeitsplatz" (Training on the Job) und „Bildung außerhalb des Arbeitsplatzes" (Training off the Job) voneinander ab. Wann sollte welche Form eingesetzt werden?*
8. *Vergleichen Sie klassische Personalentwicklung mit agiler Personalentwicklung. Fertigen Sie eine Tabelle mit den Unterschieden an.*
9. *Entwerfen Sie ein Trainingskonzept zur Schulung eines neuen Hotlinemitarbeiters in Ihrem Unternehmen. Achten Sie darauf, einen Methoden-Mix einzusetzen.*
10. *Welche berufsbezogenen Lern- und Trainingsmöglichkeiten bietet das Internet?*
    a) Führen Sie eine Recherche durch und stellen Sie verschiedene Konzepte vor.
    b) Welche dieser Konzepte lassen sich gut in den betrieblichen Alltag integrieren?
11. *In einem Seminar sagt der Trainer eingangs den Satz „Man kann viel wissen und trotzdem nichts können".*
    a) Worauf könnte hier angespielt werden?
    b) Wie kann der beschriebene Aspekt verhindert werden?

8 Personaleinsatz auftragsorientiert planen

■ *Einstiegssituation*

Julia kann sich über mangelnde Arbeit nicht beklagen. Kaum hat sie von der Geschäftsleitung die Zusage bekommen, nach der erfolgreichen Prüfung zur „Servicefachkraft für Dialogmarketing“ noch das dritte Ausbildungsjahr zur „Kauffrau für Dialogmarketing“ anhängen zu dürfen, da steht schon das nächste große Projekt vor der Tür, bei dem sie voll eingeplant wurde.

Thomas: *„Du siehst ja ganz schön gestresst aus!“*

Julia: *„Nicht ohne Grund ... ich werde bei uns schon wie eine normale Mitarbeiterin eingeplant. Das ist ja auch in Ordnung, aber unser Personaleinsatzplaner ist seit fast vier Wochen krank, da geht es jetzt drunter und drüber. Ständig gibt es neue Schichtpläne und trotzdem schaffen wir es kaum, den Servicelevel einzuhalten. Das läuft ziemlich unprofessionell im Moment, und dann macht der Chef auch noch Druck, weil die Zahlen so schlecht sind.“*

Thomas: *„Die Personaleinsatzplanung ist ja auch ein schwieriges Geschäft. Wie man auch plant, irgendjemand ist immer unzufrieden.“*

■ *Arbeitsaufträge*

1. ***Welche Komponenten müssen bei der Personaleinsatzplanung berücksichtigt werden? Vergleichen Sie in der Klasse Unterschiede zwischen den einzelnen Ausbildungsbetrieben.***
2. ***Welche unterschiedlichen Interessen treten bei den Beteiligten der Personaleinsatzplanung auf?***
3. ***Stellen Sie gegenüber, wie sich die Personaleinsatzplanung bei Inbound und Outbound unterscheidet. Welche Planung halten Sie für schwieriger?***
4. ***Woran kann der Erfolg der Personaleinsatzplanung festgemacht werden?***

8.1 Aufgaben und Ziele der Personaleinsatzplanung

\# ***Definition***

Die zentrale **Aufgabe der Personaleinsatzplanung** im Callcenter besteht darin, die Mitarbeiterinnen und Mitarbeiter entsprechend ihren Qualifikationen und unter Berücksichtigung der betrieblichen und individuellen Erfordernisse einzusetzen.

Personaleinsatzplanung im Contact Center – Was ist das und wie funktioniert‘s?

Am 7. Oktober 1913 begann Henry Ford in Detroit mit dem Probebetrieb des ersten Fließbandes. Dieses Produktionsprinzip fußte darauf, dass die Arbeit zu den Mitarbeitern „getragen“ wurde. So musste an der richtigen Stelle immer jemand sein, der diese abarbeitet, sodass der nächste Arbeitsschritt erfolgen kann. Diese Organisationsform war der Durchbruch für die Massenproduktion günstiger Automobile, zulasten der Mitarbeiter aufgrund monotoner Arbeitsabläufe.

Heutzutage ist man im Personalmanagement Gottseidank schon weiter. Nichtsdestotrotz ist es im Contact Center ähnlich, es steht ein Berg von Arbeit an und es müssen ausreichend Mitarbeiter mit den richtigen Fähigkeiten zum richtigen Zeitpunkt zur Verfügung stehen, um diese abzuarbeiten. Und genau hier kommt das Fachgebiet der Personaleinsatzplanung (Englisch „Workforce Management“, kurz WFM) ins Spiel, welches eigentlich ein Zusammenspiel und Kreislauf mehrerer Prozesse ist. [...]

Quelle: Ruf, Roland: Personaleinsatzplanung im Contactcenter – Was ist das und wie funktioniert‘s? In: iserviceblog.com. Veröffentlicht am 18.08.2020 unter: https://i-serviceblog.com/2020/08/18/personaleinsatzplanung-im-contact-center-was-ist-das-und-wie-funktionierts [28.09.2021].

Die Personaleinsatzplanung ist eine komplexe Herausforderung für das Callcenter-Management. Verschiedene Faktoren müssen berücksichtigt werden.

1. Gestiegene Qualitätsansprüche der Kunden an die Erreichbarkeit

Die **Bereitschaft** der Anrufer, in Warteschlangen auszuharren („Anrufertoleranz“), nimmt stetig ab. Entscheidend ist hier die dem Anliegen aus Kundensicht beigemessene **Bedeutung** bzw. Dringlichkeit.

- Wie lange ist der Kunde bereit, auf den Kundenbetreuer zu warten?
- Gibt es für den Anrufer Alternativen? Kann er eine Anfrage z. B. per E-Mail stellen?
- Welche Zeit hat der Anrufer überhaupt für ein Gespräch eingeplant?
- Wer zahlt die Telefongebühren?
- Ist es möglicherweise einfacher, auf den Service der Konkurrenz zurückzugreifen?

Unzufriedenheit, verloren gegangener Umsatz oder gar Abwanderung von Kunden können die Folgen sein. Dies macht deutlich, dass eine durch die Personaleinsatzplanung gesicherte, gute Erreichbarkeit auch die durch den Anrufer wahrgenommene
12|1.1 **Servicequalität** positiv beeinflussen kann. Es kommt demnach entscheidend darauf an, zu jedem Zeitpunkt eine ausreichende Anzahl an Agenten bereitzustellen.

2. Die typische Kostenstruktur eines Callcenters

Typischerweise fallen 60 bis 70 Prozent der Gesamtkosten im Personalbereich an, dies erfordert eine **effiziente Nutzung der Personalressourcen**. Überbesetzungen führen zwar zu einem guten Service in Bezug auf die Wartezeiten, aber eine zu niedrige Auslastung der Agenten lässt die Kosten pro Anruf in die Höhe schnellen. 12 | 2.1

Der Zielkonflikt der Personaleinsatzplanung besteht also darin, die Personalkosten durch eine **angemessene Auslastung** der Mitarbeiter zu reduzieren und gleichzeitig eine **hohe Erreichbarkeit** für die potenziellen Anrufer zu gewährleisten.

3. Die Mitarbeiterorientierung

Ebenfalls müssen die sozialen Interessen aller Mitarbeiter berücksichtigt werden. Neben den gesetzlichen und tarif- bzw. arbeitsvertraglichen Vorschriften gilt es immer, auch **die persönlichen Präferenzen und Restriktionen der Mitarbeiter** zu beachten. 10 | 8.5.1

Dies ergibt in der Summe einen schwierigen Balanceakt für jeden Callcenter-Manager.

Eine **bedarfsorientierte Personaleinsatzplanung** ist demnach dadurch gekennzeichnet, dass

- für den geplanten Zeitraum mindestens die jeweils benötigte Anzahl von Mitarbeitern eingeplant wurde,
- die geplanten Mitarbeiter den Aufgaben entsprechend qualifiziert sind,
- die gewählte Personaleinsatzplanung die geringsten Personalkosten erzeugt.

Personaleinsatzplanung im Inbound und Outbound

Zwischen Inbound und Outbound gibt es erhebliche Planungsunterschiede: 9 2.3.1

Inbound	**Outbound**
Die Anrufe gehen häufig nicht gleichmäßig über den Tag verteilt ein, sondern unterliegen einer mehr oder weniger zufälligen Verteilung.	Die Menge der zu tätigenden Anrufe und zu erzielenden Kontakte ist in der Regel vorher bekannt.
Die Gesprächsdauer ist schwer vorhersehbar.	Die Gesprächsdauer wird über Erfahrungswerte oder Vorab-Testtelefonate prognostiziert.
Es kommt zu sogenannten „Peaks“ (Anrufspitzen, Ausreißer nach oben) bzw. Schwankungen im Anrufvolumen.	Das Arbeitsvolumen („Workload“) ist verhältnismäßig ausgeglichen verteilt.
Die „Peaks“ variieren je nach Aufgabenschwerpunkt des Callcenters.	Die für eine Kampagne benötigte Zeit sowie die dafür erforderliche Mitarbeiteranzahl sind rechnerisch einfach zu bestimmen.
Die erforderliche Mitarbeiterzahl ist starken Schwankungen ausgesetzt.	Die Erreichbarkeit der Zielgruppe muss berücksichtigt werden.

8|6.1 Aufgrund dieser Merkmale hat sich in **Inbound-Callcentern** eine strukturierte Vorgehensweise bei der Personaleinsatzplanung etabliert, die im nachfolgenden **Prozessmodell** veranschaulicht wird:

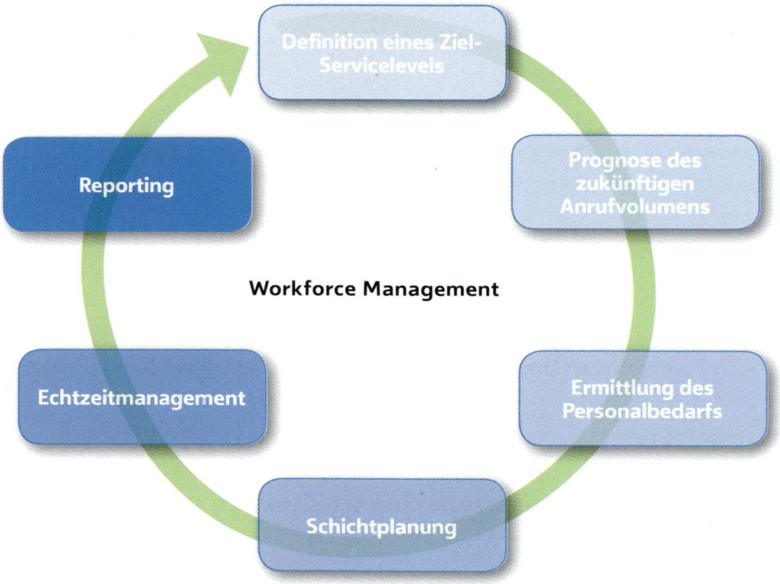

Abb.: Prozessmodell der Personaleinsatzplanung

2|2.1.2 Diese Vorgehensweise kann auf sämtliche Kommunikationsvorgänge übertragen werden, die direkt bei Eintreffen bearbeitet werden müssen (z. B. Instant Messaging, Live-Support-Systeme) und keine zeitversetzte Bearbeitung dulden (z. B. Korrespondenzbearbeitung).

8.2 Definition eines Ziel-Servicelevels

Der erste Schritt bei der Personaleinsatzplanung ist die Definition eines Ziel-Servicelevels.

> # ***Definition***
> Der **Servicelevel** ist die maßgebliche Größe zur Messung der **Erreichbarkeit** eines Callcenters.

Der Servicelevel bringt zum Ausdruck, wie viel Prozent der Anrufe innerhalb einer bestimmten Zeit entgegengenommen werden. Er wird deshalb auch häufig als Messinstrument zur Bewertung des Leistungsniveaus herangezogen. So bedeutet z. B. ein geplanter Servicelevel von 90/10, dass 90 % aller Anrufe innerhalb von zehn Sekunden bedient werden. Im Umkehrschluss bedeutet dies, dass 10 % der Anrufer länger als zehn Sekunden in der Warteschlange warten müssen, bis sie einen Agenten erreichen.

Um die Vergleichbarkeit herzustellen, sollte beim Servicelevel immer auf die **durchgängige Erreichbarkeit** abgezielt werden. Tages-, Wochen- oder gar Monatswerte überdecken wichtige Informationen.

Die drei **Bestimmungsgrößen des Servicelevels** sind demnach:

1. der prozentuale Anteil der Anrufer, die einen Agenten erreichen,
2. das Zeitintervall, innerhalb dessen die Anrufe vom Agenten angenommen werden,
3. der Bezugszeitraum, innerhalb dessen der Servicelevel überwacht wird.

Die Wahl des optimalen Servicelevels ist eine **strategische Entscheidung**. 1 | 1.1.2

Jedes Callcenter sollte bestrebt sein, Kunden und Interessenten einen möglichst hohen Servicelevel zu bieten und damit die Wartezeiten für Anrufer auf ein Minimum zu reduzieren.

Im Gegensatz zu den Warteschlangen an Bankschaltern oder Supermarktkassen sind die Wartezeiten im Callcenter in der Regel nicht sichtbar. Während sich die Stimmung in der Schlange im Supermarkt oder in der Bank normalerweise bessert, weil der Kunde abschätzen kann, bald selbst bedient zu werden, verschlechtert sie sich, je länger der Kunde in der Warteschlange eines Callcenters ist und sein Anruf unbeantwortet bleibt.

> **→** ***Praxistipp***
> Sofern ACD-Anlagen die Option bieten, Ansagen über die voraussichtliche Wartezeit in der Warteschlange machen zu können, sollte diese auch genutzt werden. Eine sichtbare Warteschlange führt dazu, dass Kunden, die sich einmal für das Warten entscheiden, so lange in der Warteschlange verbleiben, bis sie mit einem Agenten verbunden sind.

Mit dem Grad der Erreichbarkeit sind natürlich ein bestimmter Personaleinsatz und damit auch **Personalkosten** verbunden. Je höher der Ziel-Servicelevel also definiert wird, desto größer sind die Kosten für den daraus resultierenden Personaleinsatz.

Die Wahl des **optimalen Servicelevels** ist u. a. abhängig von

- dem Wert, den das Unternehmen dem einzelnen Gespräch beimisst,
- den Lohn- bzw. Gehaltskosten, 10 | 5.3
- den Telekommunikationskosten,
- der Anrufertoleranz und
- der Strategie des Unternehmens, Wettbewerbsvorteile auch durch den vom Callcenter angebotenen Service zu erzielen. 13 | 2.3.2

In der Praxis wird häufig ein **Standard-Servicelevel** von 80/20 genutzt (z. B. bei Banken, Versicherungen und Reservierungszentren), mit dem der Großteil aller Kunden unter wirtschaftlich vertretbaren Bedingungen zufriedengestellt wird. Dieser Standard ist jedoch nur ein Richtwert – je nach Kundenerwartungen und Aufgabenschwerpunkten des Callcenters kann er variieren.

Beispiel

Callcenter in wettbewerbsintensiven und sensiblen Branchen (z.B. Finanzdienstleister) streben einen höheren Servicelevel von 90/20 oder 85/15 an, während als Zielvorgabe für Softwaresupportzentren oder bei Behörden auch niedrigere Servicelevel von 80/60 oder 90/120 verbreitet sind.

Da sich grundsätzlich die Faktoren zur Bestimmung ändern können, genügt es nicht, den Servicelevel einmalig festzulegen. Vielmehr muss er flexibel an die Rahmenbedingungen angepasst werden. In Zeiten geringen Anrufaufkommens sind höhere Maßstäbe zu erreichen, während in auslastungsstarken Intervallen trotz gewissenhafter Planung auch niedrigere Werte durchaus noch akzeptabel und konkurrenzfähig sein können.

In jedem Fall sollte das Callcenter immer daran denken, dass es nicht nur darauf ankommt, wie hoch die definierten Servicelevel-Ziele sind, sondern wie durchgängig diese tatsächlich zu erreichen sind.

8.3 Forecasting

Definition

Forecasting bezeichnet die **Vorhersage** des zukünftig zu erwartenden Anrufvolumens.

8.3.1 Analyse der Vergangenheitswerte

Die Basis für die Kalkulation des zukünftigen Anrufvolumens bilden in der Regel **Vergangenheitswerte**, die von der ACD-Anlage – dem technischen Herzstück eines jeden Callcenters – bereitgestellt werden. ACD-Anlagen schreiben sämtliche Anrufinformationen kontinuierlich nieder. Hierzu werden in kleinen Zeiteinheiten u.a. folgende Informationen festgehalten:
4|1.2.2

- die Anzahl der eingegangenen Anrufe,
- der Anrufzeitpunkt (Tag, Uhrzeit),
- 5|5.1.3 die Anzahl der Besetztzeichen und Aufleger (Lost Calls), bereinigt um die Wiederanrufer,
- 10|8.3.3 die durchschnittliche Gesprächsbearbeitungsdauer (AHT).

Diese Detailanalyse ermöglicht es, Tageszeiten zu erkennen, in denen erfahrungsgemäß mit einem höheren Anrufaufkommen zu rechnen ist. Der übliche Betrachtungszeitraum ist hier meist das Halbstundenintervall, wobei einige Callcenter auch den Viertelstundentakt zur korrekten Prognose und Personalbedarfsermittlung wählen (für Peaks auch kürzere Zeiträume, z. B. 5-Minuten-Abschnitt).

Diese Datensammlungen können in verschiedene Formate wie relationale Datenbanken und Tabellenkalkulationen exportiert und dort weiterbearbeitet werden. Heutzutage nutzt man häufig moderne **Workforce-Management-Systeme**, die in der Lage sind, das Zahlenmaterial mehrerer Jahre zu verarbeiten. Umfang und Qualität dieser Daten bestimmen im Wesentlichen, inwieweit die Prognose zu verlässlichen Ergebnissen führt. 10 | 8.5

Beispiel

Zeitraster von	Incoming Calls	Lost Calls	Handled Calls	Handled in 20 Sek.	SVL in 20 Sek.	Ø Talktime	Ø Wrap-up-Time	Ø Holdtime	Auflegequote	Ø Wartezeit
08:30	2	0	2	0	0,00 %	00:03:46	00:00:22	00:00:45	0 %	168
09:00	4	0	4	4	100,00 %	00:01:55	00:01:37	00:00:00	0 %	5,25
09:30	5	0	5	5	100,00 %	00:03:32	00:01:06	00:00:00	0 %	6
10:00	3	0	3	3	100,00 %	00:03:54	00:02:10	00:01:19	0 %	5,33
10:30	8	0	8	7	87,50 %	00:05:52	00:01:28	00:00:06	0 %	9,75
11:00	2	0	2	1	50,00 %	00:03:21	00:00:34	00:00:00	0 %	36
11:30	8	1	7	4	50,00 %	00:08:47	00:01:29	00:00:00	13 %	72,25
12:00	8	0	8	7	87,50 %	00:06:42	00:01:16	00:00:00	0 %	14,75
12:30	5	1	4	2	40,00 %	00:01:29	00:00:23	00:00:12	20 %	34,4
13:00	4	0	4	2	50,00 %	00:04:03	00:00:42	00:00:00	0 %	44,75
13:30	6	0	6	6	100,00 %	00:04:26	00:01:39	00:00:00	0 %	6,33
14:00	7	0	7	5	71,43 %	00:06:59	00:01:16	00:00:00	0 %	26,57
14:30	6	0	6	6	100,00 %	00:04:04	00:03:47	00:00:00	0 %	8,5
15:00	9	0	9	9	100,00 %	00:04:14	00:01:04	00:00:00	0 %	7,44
15:30	4	0	4	4	100,00 %	00:02:13	00:01:43	00:00:00	0 %	5,5
16:00	7	0	7	6	85,71 %	00:03:38	00:02:21	00:00:00	0 %	10,29
16:30	8	0	8	4	50,00 %	00:03:10	00:01:39	00:00:21	0 %	41,75
17:00	14	2	12	3	21,43 %	00:03:37	00:00:46	00:00:32	14 %	92,43
17:30	9	0	9	8	88,89 %	00:02:30	00:00:57	00:00:08	0 %	10,22
18:00	5	0	5	5	100,00 %	00:05:28	00:02:55	00:00:00	0 %	6,8
18:30	2	0	2	2	100,00 %	00:04:27	00:00:43	00:00:00	0 %	6,5
19:00	2	0	2	2	100,00 %	00:03:02	00:00:08	00:00:00	0 %	4
19:30	4	0	4	3	75,00 %	00:05:41	00:01:35	00:00:00	0 %	20
20:00	2	0	2	1	50,00 %	00:03:59	00:00:36	00:00:00	0 %	20,5
20:30	3	0	3	3	100,00 %	00:05:37	00:01:06	00:00:00	0 %	8,67
21:00	1	0	1	1	100,00 %	00:03:04	00:00:01	00:00:00	0 %	6
Gesamt	138	4	134	103	74,84 %	00:04:25	00:01:25	00:00:08	3 %	28,72

Abb.: Report der Vergangenheitsdaten

8.3.2 Prognosemodelle

Eine der wichtigsten Grundannahmen ist, dass die Verteilung der eingehenden Gespräche in Zeitabständen bestimmten Gesetzmäßigkeiten unterliegt. Dabei sind **typische Anrufmuster** im Tages-, Wochen- oder Monatsverlauf feststellbar, die sich immer wieder in ähnlicher Form wiederholen.

Beispiele

Ist das Anrufaufkommen am Monatsanfang höher als am Ende des Monats?
Fällt am Montag regelmäßig mehr Arbeit an als am Freitag?
Gehen morgens mehr Anrufe ein als am Nachmittag?

Zur eigentlichen Prognose können unterschiedliche Modelle genutzt werden:

- Zum einen nutzt man **Zeitreihenmodelle**, die mittels statistischer Berechnungen die Anrufmuster und Entwicklungstrends der **Vergangenheit** untersuchen. Ziel ist, diese Daten auf zukünftige Planungszeiträume zu projizieren.

Beispiel

Im Callcenter von Dialogfix führte das Weihnachtsgeschäft im Dezember in den vergangenen drei Jahren stets zu einem um 20 % erhöhten Anrufaufkommen im Vergleich zum Jahresdurchschnitt. Aufgrund dieser Beobachtung geht die Planung davon aus, dass sich diese sogenannte „Saisonkomponente“ Jahr für Jahr genauso wiederholt.

- Einen anderen Ansatz verfolgen **Erklärungsmodelle**. Diese definieren Gesetzmäßigkeiten, die eine logische Beziehung zwischen **Ursache und Wirkung** herstellen. Es handelt sich um den Versuch, Abhängigkeiten zu erkennen und beobachtete Vorgänge auf ihre Ursachen zurückzuführen.

Beispiel

Dialogfix möchte durch gezielte Marketingmaßnahmen den Absatz des Laptops „Portablix“ steigern. Dazu verschickt sie an 10000 selektierte Interessenten ein Mailing. Die Responsequote beträgt 10 %. Daraus ergibt sich ein Anrufaufkommen von 1000. Demzufolge führt der Versand des Mailings (= Ursache) zu einem erhöhten Anrufaufkommen (= Wirkung). Der Personalbedarf ist entsprechend anzupassen.

Da sich jedoch vergangene Anrufstrukturen in der Zukunft nicht zwangsläufig wiederholen, müssen neben den zuvor beschriebenen rechnerischen Techniken immer auch **subjektive** Einfluss- und Steuerungsmöglichkeiten für das Callcenter-Management gegeben sein.

Erfahrungen, Kenntnisse und Fingerspitzengefühl werden nicht nur beim Fehlen quantitativer Daten angewandt, sondern ergänzen jede Prognose, die auf mathematischen Verfahren basiert. Zudem können aktuelle Informationen einfließen. Dazu muss es den Verantwortlichen jederzeit möglich sein, ihre Einschätzungen in die Prognose einzubeziehen.

Eine enge Zusammenarbeit und Koordination verschiedener Fachabteilungen für das Inbound-Callcenter bzw. eine strukturierte unternehmensübergreifende Kommunikation für externe Dienstleister sind die Voraussetzungen dafür, dass Einflussfaktoren wie z. B. anstehende Mailingaktionen, Werbekampagnen, die Einführung neuer Produkte, eine angepasste Preispolitik sowie aufgedeckte Qualitätsmängel berücksichtigt werden können.

Beispiel

Bei einer Teillieferung des Laptops „Portablix" fehlte das Zubehör, erhöhte Reklamationen sind zu erwarten. Aufgrund dessen muss Dialogfix ein zusätzliches Anrufaufkommen in der Personaleinsatzplanung berücksichtigen.

Ferner fließt im Kundenservice auch ein erwarteter Zuwachs im Kundenbestand in die eigene Beurteilung ein. In diesen Entwicklungsfaktor wird die erwartete Steigerung zur Vorperiode eingerechnet.

Schließlich sind auch noch die Anrufer zu berücksichtigen, die auf ein **Besetztzeichen** (Busy) gestoßen sind, ebenso die aufgrund langer Wartezeiten **abgebrochenen Gespräche** (Lost Calls). Dabei müssen die Statistiken um die Wiederanrufer bereinigt werden, die nach einem erfolglosen Anrufversuch möglicherweise erneut versucht haben, das Callcenter zu erreichen. Andernfalls wäre in diesem Fall die Anzahl der Anrufer größer als bei geringeren Wartezeiten und weniger Auflegern. Nicht jedes Besetztzeichen und jeder Aufleger steht also für einen neuen Anrufer.

→ ***Praxistipp***

Als Faustregel gilt, dass Anrufer bei einem Besetztzeichen im Durchschnitt drei- bis fünfmal wiederwählen. Abgebrochene Gespräche können anhand einer Rufnummernidentifizierung erkannt und aus den Prognosedaten herausgerechnet werden.

In der Aufbauphase eines Callcenters oder bei neuen Projekten liegen meist noch keine historischen Daten zur Analyse vor. Dann muss zunächst mit **Schätzwerten** oder **Stichproben** gearbeitet werden. Auch hier profitieren externe Dienstleister von ihrem Erfahrungsschatz aus der Abwicklung und Betreuung bereits durchgeführter Projekte. Ausgehend von Gesamtjahresdaten bzw. Gesamtaktionsdaten schließen sie über die Monats- auf eine Wochenverteilung und schließlich auf konkrete Halbstundenintervalle. Tabellarische und grafische Darstellungen der Anrufdaten können diese Auswertung erleichtern. 9 | 2.3

Die nachfolgende Berechnung zeigt anhand eines Beispiels, wie das gesamte Jahresanrufaufkommen zunächst auf Wochen (1/52), dann auf den Wochentag (1/7) und schließlich auf das Halbstundenintervall (1/24 bei einer Öffnungszeit von täglich zwölf Stunden) heruntergebrochen werden kann.

Beispiel

	Gesamtgespräche im Vorjahr	6 000 000
+	erwarteter Zuwachs	500 000
=	erwartete Gespräche im Forecast-Jahr	6 500 000
·	Wochenfaktor (1/52)	1,92 %
=	erwartete Gespräche/Woche	125 000
:	Tagesfaktor (1/7)	14,29 %
=	erwartete Gespräche/Tag	17 857
·	Intervallfaktor (1/24)	4,17 %
=	erwartete Gespräche/Halbstundenintervall	744

Abb.: Anrufprognose auf Basis einer linearen Anrufverteilung

Praxistipp

Diese einfache **lineare Prognose**, die von einer gleichmäßigen Anrufverteilung im Tagesablauf ausgeht, kann allenfalls in kleinen Callcentern zur Anwendung kommen.

In der Regel visualisieren **Verteilkurven** das Anruferverhalten und ermöglichen dadurch wesentlich genauere, **intervallbezogene Prognosen**. Üblicherweise werden die Daten dabei auf Jahres-, Wochen- und Tagesbasis ausgewiesen.

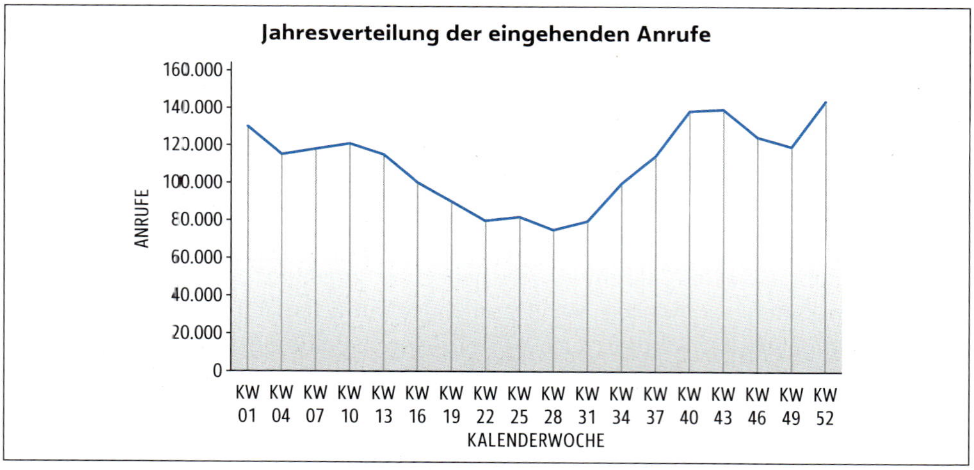

Abb.: Jahresverteilung der eingehenden Anrufe

Die Jahresverteilung der eingehenden Anrufe zeigt in dem obigen Beispiel deutlich saisonale Schwerpunkte im Anrufaufkommen. Während branchentypisch die Nachfrage im Sommer geringer ist (bedingt durch die Urlaubszeit), erreicht sie zum Jahresende ihren Höhepunkt (Jahresendgeschäft).

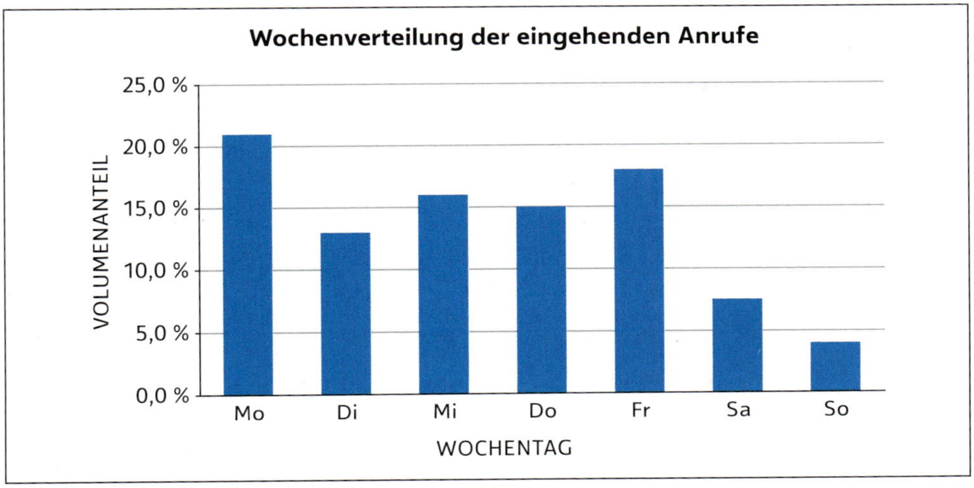

Abb.: Wochenverteilung der eingehenden Anrufe

Die Wochenverteilung der eingehenden Anrufe (Anteile einzelner Wochentage am Gesprächsaufkommen) zeigt hier einen Schwerpunkt auf den Wochentagen Montag (Serviceanfragen nach dem Wochenende) und Freitag (Erledigung von Anfragen noch vor dem Wochenende). Bei Schließzeiten oder geringer Erreichbarkeit am Wochenende ist dieser Effekt noch deutlicher ausgeprägt.

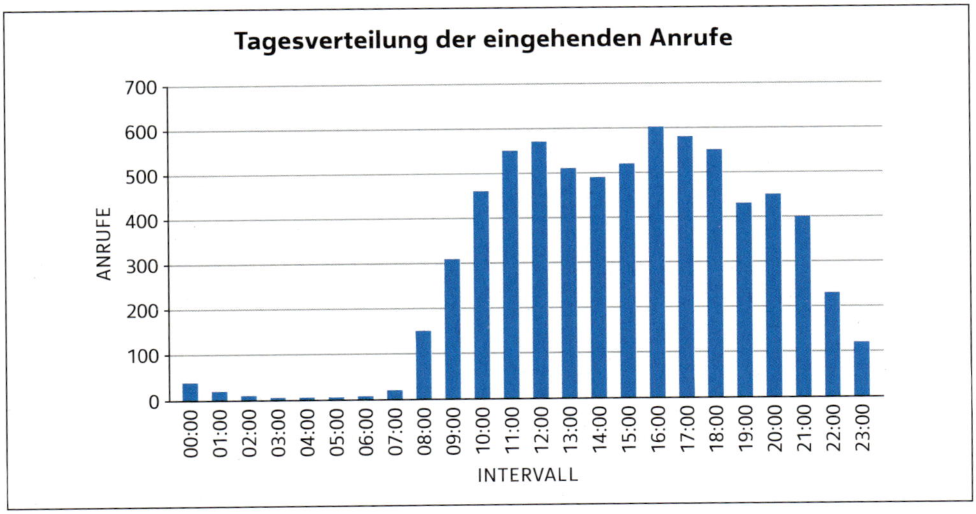

Abb.: Tagesverteilung der eingehenden Anrufe

Die Tagesverteilkurve, die das erwartete Anrufaufkommen für die einzelnen Planungsintervalle spezifiziert, zeigt hier den typischen „M-Verlauf" mit Anrufspitzen am späten Vormittag und späten Nachmittag.

8.3.3 Berücksichtigung der Gesprächsbearbeitungsdauer

Neben Anzahl und Verteilung der Anrufe ist darüber hinaus die Gesprächsbearbeitungsdauer ein wichtiger Parameter zur Bestimmung des Arbeitsvolumens. Üblicherweise wird hier ein **Durchschnittswert** berücksichtigt.

> # ***Definition***
> Die durchschnittliche **Gesprächsbearbeitungsdauer (Average Handling Time, AHT)** setzt sich aus der **Gesprächszeit** (Handle Time, Talking Time) und der **Nachbearbeitungszeit** (Wrap-up-Time) zusammen.

5|5.1.1

Zwar folgt die durchschnittliche Gesprächsbearbeitungsdauer, ebenso wie das Anrufaufkommen, vorhersagbaren, sich wiederholenden Mustern. Im Unterschied zum Anrufaufkommen sind aber Gesprächszeit und Nachbearbeitungszeit über längere Zeiträume und innerhalb eines Tages relativ konstant, da sie ja als Durchschnittswerte aus einer Vielzahl von Daten gewonnen werden. Auch diese Zahlen liefern in der Regel die Statistiken der ACD-Anlage. Liegen keine Vergangenheitsdaten vor, muss auch hier wieder auf Schätzwerte oder Testtelefonate zurückgegriffen werden.

Ein **Inboundgespräch** besteht aus vier unterschiedlichen **Phasen**:

Phase 1 Der Zeitraum, in dem der Anrufer ein Freizeichen hört.
Phase 2 Die Zeit, die der Anrufer in der Warteschlange oder im computergestützten Sprachdialogsystem (IVR) verbringt.
4|1.2.3
Phase 3 Die Zeitspanne, in der der Agent mit dem Anrufer spricht.
Phase 4 Die Nachbearbeitungszeit, in der der Agent nach dem Telefonat alle notwendigen Schritte einleitet oder Datenbankeinträge vornimmt.

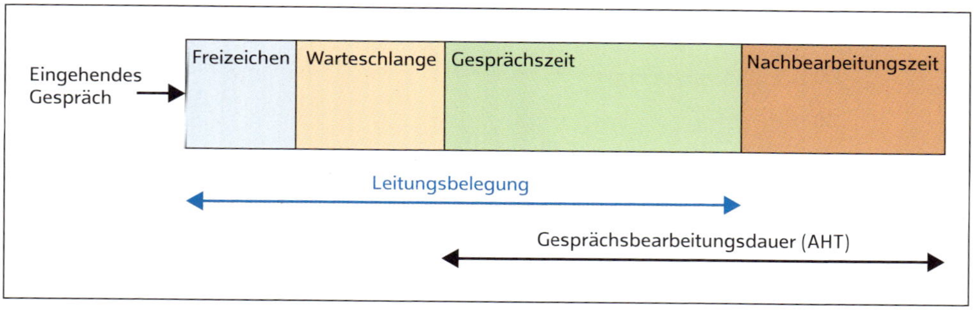

Abb.: Phasen eines Inboundgespräches

Nun wird das zuvor prognostizierte Anrufaufkommen mit der AHT multipliziert, um so auf den **Mitarbeiterstundenbedarf** (Arbeitsvolumen) zu schließen. 9 | 2.3.1

$$\textit{Mitarbeiterstundenbedarf} = \frac{\textit{Anrufvolumen} \cdot \textit{AHT}}{\textit{Zeitintervall}}$$

Beispiel

Für eine Hotline werden in einem Zeitraum von einer Stunde insgesamt 400 Anrufe erwartet. Die voraussichtliche Gesprächszeit beträgt 130 Sekunden, für die Nachbearbeitungszeit werden 50 Sekunden kalkuliert.

$$\frac{400 \text{ Anrufe} \cdot 180 \text{ Sekunden}}{3600 \text{ Sekunden}} = 20 \text{ (MAK)}$$

Nach der einfachen Personalbedarfsplanung im Inbound ergibt sich im Beispiel ein Personalbedarf von 20 Agenten pro Stunde.

Übliche Rechengröße ist hier die **MAK (Mitarbeiterkapazität)**, also die Mitarbeiterzahl (pro Stunde) auf Basis von Vollzeitarbeitskräften. 9 | 2.3.1

8.4 Ermittlung des Personalbedarfs

Der **Mitarbeiterstundenbedarf** (Arbeitsvolumen) ist die Basis für die Ermittlung des Personalbedarfs. Jedoch wäre die Annahme trügerisch, dass in dem obigen einfachen Beispiel ein tatsächlicher Bedarf von 20 Agenten im Planungsintervall ausreichen würde.

Diese Annahme berücksichtigt weder eine ungleichmäßige Anrufverteilung, Anrufspitzen oder Zeiträume mit geringem Anrufaufkommen, noch den Ziel-Servicelevel. Außerdem liegt die unrealistische Annahme zugrunde, dass die Agenten zu jedem Zeitpunkt zu 100 % ausgelastet werden, sich also ausschließlich mit Anrufarbeit bzw. Nachbearbeitung beschäftigen.

Definition

Die **Auslastung** im Sinne der Personaleinsatzplanung gibt den **Anteil der Produktivzeit an der Nettoarbeitszeit** an. Die Kennzahl bestimmt den prozentualen Anteil, den ein Mitarbeiter während seiner Nettoarbeitszeit damit verbringt, Gespräche entgegenzunehmen und nachzubearbeiten. 9 | 2.3.1

$$\textit{Auslastung} = \frac{\textit{Produktivzeit} \cdot 100}{\textit{Nettoarbeitszeit}}$$

→ **Praxistipp**

Eine erweiterte Definition der Auslastung umfasst auch andere produktive Zeiten des Agenten (z. B. notwendige Schulungen). Als Basis für die Personaleinsatzplanung ist dieser Ansatz aber ungeeignet.

Die folgende Abbildung verdeutlicht den Zusammenhang:

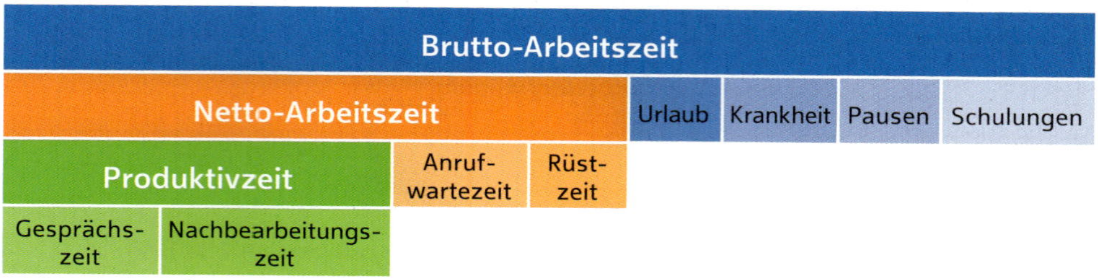

Auch wenn es sich Callcenter-Manager vielleicht noch so sehr wünschen würden – eine derart hohe Auslastung der Agenten kann nicht oder nur für kurze Zeit aufrechterhalten werden.

> **→** ***Praxistipp***
> Häufig wird eine durchschnittliche Mitarbeiterauslastung von 80 % angestrebt. Diese Auslastung führt dauerhaft zu einer angemessenen Beanspruchung der Agenten, die zu keiner Beeinträchtigung von Qualität und Freundlichkeit im Kundenservice führt.

Eine zu hohe Auslastung der Agenten führt gleichzeitig zu einer Verschlechterung der Erreichbarkeit – besonders zu den Spitzenzeiten. Es bestehen dann keine Puffer für unvorhergesehene Peaks mehr, sodass Anrufer zunächst in der Warteschlange landen: Der Servicelevel sinkt.

Für die Erreichung des Ziel-Servicelevels bedeutet dies, dass mehr Agenten einzusetzen sind. Allerdings lässt sich ab einem bestimmten Servicelevel feststellen, dass der Einsatz weiterer Agenten nur zu einer unterproportionalen Zunahme der Erreichbarkeit führt. Jeder zusätzlich eingesetzte Agent erhöht den Servicelevel nur noch marginal, also um einen lediglich unbedeutenden Faktor.

> **→** ***Praxistipp***
> Dieser Effekt wird als „abnehmender Grenznutzen“ oder „Law of Diminishing Returns“ bezeichnet.

Demgegenüber geht aber die Auslastung der Agenten zurück. Diese **„Überbesetzungen“** sind unrentabel und ineffizient und können darüber hinaus die Motivation der Agenten durch vermehrte Langeweile negativ beeinflussen.

Die folgende Abbildung veranschaulicht die beschriebenen, zunächst etwas komplex und abstrakt erscheinenden Zusammenhänge zwischen Servicelevel und Auslastung der Mitarbeiter.

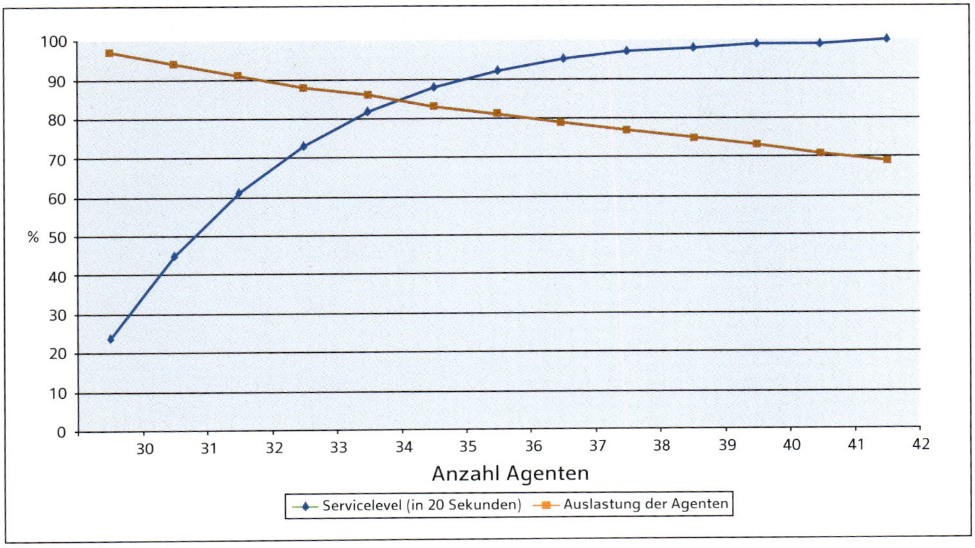

Abb.: Zusammenhang zwischen Auslastung und Servicelevel

Um den erforderlichen Personalbedarf besser bestimmen zu können, kommen in der Praxis häufig **Warteschlangenmodelle** und Computersimulationen zum Einsatz.

Der dänische Ingenieur **A.K. Erlang** erkannte schon früh die Verteilungsproblematik und erforschte bereits 1917 Theorien zur Übertragung von Ferngesprächen. Das nach ihm benannte Modell ist ein Warteschlangenmodell, das die Wahrscheinlichkeit und die durchschnittliche Wartezeit bis zur Anruf-Entgegennahme (Average Speed of Answer, ASA) bei der Telefonvermittlung ermittelt. Die sogenannte **Erlang-C-Formel** gibt die Verteilung der Wartezeit in diesem Modell wieder. Heute wird die Formel in Callcentern eingesetzt, um aus den vorgegebenen Größen Anrufvolumen, Anzahl der Agenten und mittlere Gesprächsbearbeitungsdauer einen Servicelevel oder (indirekt über eine Servicelevel-Vorgabe) einen Personalbedarf zu ermitteln.

→ ***Praxistipp***

Um den Personalbedarf effizient planen zu können, muss man die (komplexe) Erlang-C-Formel nicht im Detail kennen. Entsprechende Programme ermitteln nach Eingabe der Parameter die gewünschten Werte. Ein nützliches Rechentool finden Sie z. B. unter www.fbm-callcenter.de/ccc.html. Dort haben Sie die Möglichkeit, Methoden und Modelle selbst zu testen. Sie können eigene Szenarien durchspielen und Beispiele nachrechnen oder verändern.

Beispiel

Anzahl Agenten	Servicelevel (Prozent in 20 Sekunden)	Durchschnittliche Wartezeit (ASA)	Auslastung der Agenten (in Prozent)
30	24	208,7	97
31	45	74,7	94
32	61	37,6	91
33	73	21,3	88
34	82	12,7	86
35	88	7,8	83
36	92	4,9	81
37	95	3,1	79
38	97	1,9	77
39	98	1,2	75
40	99	0,7	73
41	99	0,5	71
42	100	0,3	69

Tab.: Nach der Erlang-C-Formel errechneter Personalbedarf

Bei einem definierten Ziel-Servicelevel von 80/20 sind demnach 34 Agenten erforderlich, um die Erreichbarkeitsvorgaben mindestens zu erfüllen. Mit dieser Personalstärke können dann sogar 82 % der Anrufe bedient werden. Die durchschnittliche Wartezeit beträgt 12,7 Sekunden. Allerdings liegt die Auslastung der Agenten nun bei 86 %. Um die empfohlene Mitarbeiterauslastung von 80 % zu erreichen, müssten in diesem Beispiel dagegen 37 Agenten eingesetzt werden. Der nach der Berechnungsformel aus der einfachen Personalbedarfsplanung (s. o.) ermittelte Personalbedarf von 30 reicht also nicht, um die Zielvorgaben zu erfüllen.

➔ ***Praxistipp***

Beachten Sie die Veränderungen des Servicelevels und der Auslastung in der obigen Tabelle, wenn sich nur ein Mitarbeiter unvorhergesehen abmeldet. Daraus erkennen Sie Ihren individuellen Beitrag zur Erreichung der Zielvorgaben, aber auch zur Arbeitsbelastung Ihres Teams.

Ausgangspunkt weiterer Berechnungen ist die **Leitungsbelegungsdauer**, die sich aus Gesprächszeit, Warteschlange und Freizeichen zusammensetzt (siehe Abb. Seite 24: Phasen eines Inboundgespräches). Jeder Kunde, der eine Verbindung mit dem Callcenter aufbaut bzw. unterhält, belegt eine Leitung. Bietet das Callcenter beispielsweise eine gebührenfreie Rufnummer an, so fallen Telefongebühren auch für die Wartezeit der Kunden an. Ein ständig niedriger Servicelevel kann damit zu hohen Zusatzkosten führen.

4 | 3.1

Beim Erlang-C-Modell werden jedoch weder Aufleger noch Besetztzeichen miteinbezogen. Auch in Callcentern mit skillbasiertem Routing liefert der Ansatz keine optimalen Ergebnisse, da er die komplexe ACD-Routinglogik und die Effizienzvorteile aus dem Einsatz von Multi-Skill-Agenten nicht adäquat berücksichtigt. Tendenziell ergeben sich daraus prognostizierte Personalbedarfe, die über den tatsächlichen liegen.

4 | 1.3.5

Aufgrund dieser Nachteile wurden **neuere Verfahren** zur Ermittlung des Personalbedarfs entwickelt. So berücksichtigt beispielsweise **Hills-B** auch eine Wiederanruferquote, die **Merlang-Formel** bezieht Aufleger und Besetztzeichen mit ein. Komplexe Computersimulationen kommen in Umgebungen mit skillbasiertem Routing zum Einsatz.

→ ***Praxistipp***
Diese hochkomplexen Aufgaben werden in der Praxis von einem Personalplanungsteam übernommen, das sich meist aus Experten zusammensetzt und das Callcenter-Management als Stabsstelle unterstützt. Während sich dieses Team um die Planung und den Einsatz der Agenten kümmert, optimiert ein Teamleiter oder Supervisor den Personaleinsatz im Tagesgeschäft.

Abschließend fließen über einen „Schwundfaktor" Abwesenheiten wie Krankheit, Rüstzeiten zu Schichtbeginn, Pausen (z. B. Bildschirmunterbrechungen gemäß BildscharbV), kurzfristige Qualitätsworkshops und Besprechungen für jedes Planungsintervall in die Berechnung ein.

8.5 Schichtplanung

Der Prognose des zukünftigen Anrufvolumens und der Ermittlung des Personalbedarfs schließt sich die **operative Schichtplanung** an. Basierend auf dem benötigten Personalbedarf je Planungsintervall werden vor der individuellen Einsatzplanung die benötigten Arbeitsschichten generiert. Dies ist maßgeblich von folgenden Planungsparametern abhängig:

- Öffnungszeiten des Callcenters
- Berücksichtigung arbeitsrechtlicher, tarifvertraglicher und durch Betriebsvereinbarungen getroffener Regelungen
- arbeitsorganisatorische Anforderungen (z. B. Teamgespräche, Pausenregelungen)
- die maximale Anzahl der Schichten
- Anfangszeiten
- Budgetrichtlinien

8.5.1 Rechtliche Vorschriften

Zu den wichtigsten gesetzlichen Regelungen zählen neben dem Arbeitszeitgesetz das Betriebsverfassungsrecht, das Jugendarbeitsschutzgesetz sowie das Mutterschutzgesetz.

Das **Arbeitszeitgesetz (ArbZG)** verfolgt das Ziel, Sicherheit und Gesundheitsschutz der Arbeitnehmer bei der Arbeitszeitgestaltung zu gewährleisten und die Rahmenbedingungen für flexible Arbeitszeiten zu verbessern. Danach müssen u.a. folgende Regelungen in der Personaleinsatzplanung Berücksichtigung finden:

- Die **werktägliche Arbeitszeit** der Arbeitnehmer darf acht Stunden nicht überschreiten. Sie kann nur in Ausnahmefällen auf bis zu zehn Stunden verlängert werden, wenn ein Ausgleich innerhalb von sechs Kalendermonaten erfolgt.
- Da viele Callcenter im 24-Stunden-Betrieb arbeiten, ist auch auf die Besonderheiten der **Nachtarbeit** zu achten. Für Nachtarbeitnehmer muss der Ausgleich bei verlängerten Arbeitszeiten auf durchschnittlich acht Stunden innerhalb eines Monats hergestellt werden.
- Für **Arbeiten an Sonn- und Feiertagen** müssen Callcenter eine behördliche Ausnahmegenehmigung der jeweiligen Landesregierung einholen, da diese Tage laut Arbeitszeitgesetz als Tage der Arbeitsruhe und der Erholung der Arbeitnehmer zu schützen sind.
- Das Arbeitszeitgesetz schreibt im Voraus feststehende **Ruhepausen** vor. Mindestens 30 Minuten sind bei einer Arbeitszeit von mehr als sechs, mindestens 45 Minuten bei einer Arbeitszeit von mehr als neun Stunden zu gewähren.
- Davon unterschieden wird die **Ruhezeit**. Arbeitnehmer müssen nach Beendigung der täglichen Arbeitszeit eine ununterbrochene Ruhezeit von mindestens elf Stunden haben.

Das **Betriebsverfassungsgesetz (BetrVG)** sieht in Bezug auf die Personaleinsatzplanung umfangreiche Mitbestimmungsrechte vor. In Form von **Betriebsvereinbarungen** können Regelungen zu Beginn und Ende der Arbeitszeit sowie zur Verteilung der Wochenarbeitszeit auf die einzelnen Tage getroffen werden.

1 | 2.3

Von besonderer Bedeutung sind diese **Mitbestimmungsrechte** im Zusammenhang mit Formen der Schichtarbeit, Teilzeitarbeit oder gleitender Arbeitszeit. Kollektive Regelungen werden gerade in Callcentern häufig zur Ableistung von Überstunden bzw. zur vorübergehenden Verkürzung der Arbeitszeit getroffen.

Beispiel

dialogfix GmbH

Auszug Betriebsvereinbarung „Regelung der wöchentlichen Arbeitszeit"

§ 1 Geltungsbereich
Diese Betriebsvereinbarung (BV) gilt für alle MitarbeiterInnen der Dialogfix GmbH.

§ 2 Zweckbestimmung
Zweck dieser Betriebsvereinbarung ist die Regelung der Wahrnehmung von Mitbestimmungsrechten des Betriebsrates bei der Erstellung von Dienstplänen gem. § 87 Abs. 1 Satz 2 BetrVG.

§ 3 Durchführung
Der Arbeitgeber legt dem Betriebsrat wöchentlich, spätestens am Donnerstag bis 15:00 Uhr, die Dienstpläne der zu planenden Woche zur Zustimmung vor. Sofern kein Widerspruch bis 17:00 Uhr vorliegt, gelten die Dienstpläne als genehmigt.

§ 4 Kriterien für die Erstellung von Dienstplänen
Die Dienstpläne sind so zu erstellen, dass die Arbeitszeitwünsche der Beschäftigten unter Berücksichtigung der betrieblichen Belange und zur Vermeidung von wirtschaftlichen Nachteilen für das Unternehmen möglichst gleichmäßig berücksichtigt werden.

§ 5 Dienstplanänderungen
Der Betriebsrat erteilt mit Abschluss dieser Betriebsvereinbarung zu folgenden Dienstplanänderungen vorab seine Zustimmung:
- Tausch der Arbeitszeiten zwischen den Beschäftigten
- Veränderung (Verschiebung) der Arbeitszeit auf Wunsch der Mitarbeiter
- Änderungen und Korrekturen des Tagesforecasts
- Einteilung der Mitarbeiter in einzelne Abteilungen

§ 6 Informations- und Kontrollrechte des Betriebsrates
Dem Betriebsrat sind spätestens am Dienstag bis 12:00 Uhr sämtliche Abweichungen des Dienstplanes der abgelaufenen Woche, die außerhalb der Regelungen des § 4 liegen, auf elektronischem Weg mitzuteilen. Die Abweichungen sind entsprechend zu begründen.

§ 7 Beschwerdemöglichkeit
Es wird der Personaleinsatzplanung, dem Betriebsrat und den Mitarbeitern die Möglichkeit gegeben, Beschwerden und Anmerkungen auf elektronischem Weg an einen Verteiler „PEP-Ausschuss" zu schicken. Somit ist der Informationsfluss für eine schnelle Bearbeitung aller Anliegen gewährleistet.

→ ***Praxistipp***
Die gesetzlichen Vorschriften nach **Jugendarbeitsschutzgesetz** und **Mutterschutzgesetz** wurden bereits in Band 1 behandelt.

1 | 2.2.1

8.5.2 Modelle zur Arbeitszeitflexibilisierung

Unter Einhaltung der vorgenannten rechtlichen Restriktionen verfolgt die Schichtplanung das Ziel, der zuvor berechneten Nachfrage einen entsprechenden Personalbestand gegenüberzustellen. Personelle Über- oder Unterdeckungen sollen möglichst vermieden werden.

Um auf schwankende Personalbedarfe angemessen reagieren zu können, reichen jedoch die Vorgaben einer starren Schichtplanung mit festgelegten Anfangs- und Endzeiten nicht aus. Genauso wichtig ist hier eine **flexible Organisation**:

- Arbeitszeitmodelle, die dem Personalbedarf gerecht werden,
- eine entsprechende Anzahl an kurzfristig verfügbaren Mitarbeitern.

Können **flexible Arbeitszeiten** genutzt werden, so kann sich die Personalplanung nahezu deckungsgleich am Anrufvolumen orientieren.

Weit verbreitet ist heute in Callcentern der Einsatz von **Teilzeitkräften** mit unterschiedlichen Wochenarbeitszeiten. Die wöchentliche Arbeitszeit der Teilzeitmitarbeiter ist geringer als die vergleichbarer Vollzeitbeschäftigter. Somit können auch kürzere Schichten dargestellt werden, die durch ihre höhere Flexibilität eine bessere Abstimmung zwischen dem Einsatz der Agenten und dem tatsächlichen Personalbedarf ermöglichen.

Die folgende Abbildung zeigt eine beispielhafte Planung mit flexiblen Anfangs- und kürzeren Schichtzeiten:

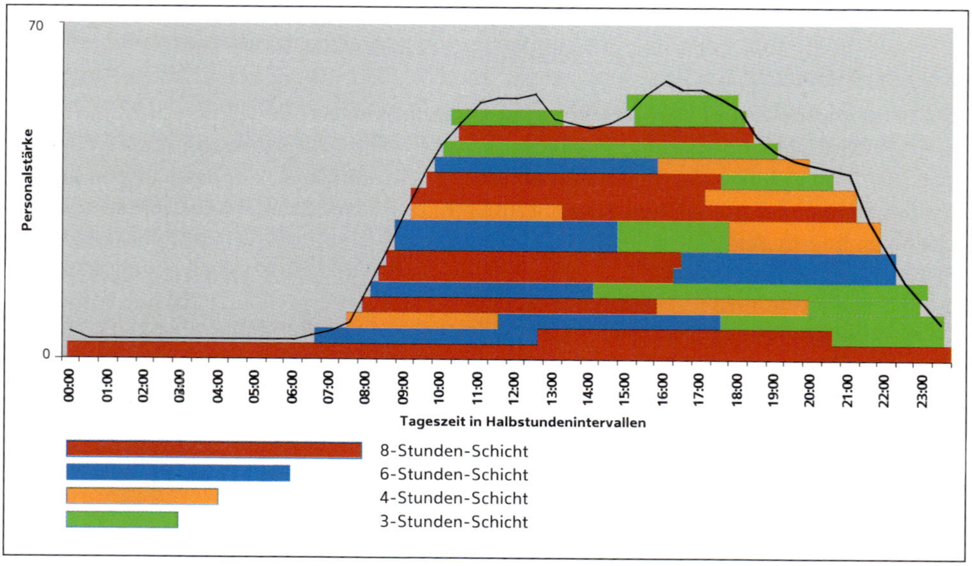

Abb.: Flexible Personaleinsatzplanung

Neben dem Einsatz von Teilzeitkräften bestehen weitere Möglichkeiten zur **Arbeitszeitflexibilisierung** in Callcentern:

Gleitzeitsystem	Die Anwesenheit der Mitarbeiter ist in einer definierten **Kernzeit** vorgeschrieben. Die Mitarbeiter bestimmen die Rahmenzeiten individuell.
KAPOVAZ-System	Eine **kap**azitäts**o**rientierte **v**ariable **A**rbeits**z**eit, die entsprechend dem Arbeitsanfall im Unternehmen bestimmt wird. Der Arbeitnehmer erbringt seine Arbeitsleistung nicht zu bereits vorher festgelegten Arbeitszeiten, sondern nach Aufforderung des Arbeitgebers („Arbeit auf Abruf"). Dies ermöglicht eine kurzfristige Verteilung der Arbeitszeit durch den Arbeitgeber. Häufig erfolgt eine Kombination der variablen Arbeitszeit mit einem Teilzeitarbeitsverhältnis. Weitere Bestimmungen finden sich im Teilzeit- und Befristungsgesetz (TzBfG).
Jahresarbeitszeitsystem	Auf Basis einer definierten Jahresarbeitszeit (z. B. 1840 Jahresstunden) kann die individuelle Tages-, Wochen- oder Monatsarbeitszeit flexibel und bedarfsorientiert eingeteilt werden. Die tatsächlich geleistete Arbeit (inklusive Urlaub, Krankheit, Überstunden etc.) des Mitarbeiters wird auf einem **Arbeitszeitkonto** erfasst und mit der arbeits- oder tarifvertraglich zu leistenden Arbeitszeit verrechnet. Hat der Arbeitnehmer mehr gearbeitet als vertraglich geschuldet, weist das Arbeitszeitkonto ein Guthaben auf, ansonsten ein Defizit. Arbeitgeber und Arbeitnehmer achten gemeinsam darauf, dass das Arbeitszeitkonto am Jahresende keinen Saldo ausweist.
Überstunden/ Verkürzung der Arbeitszeit	In Abhängigkeit vom tatsächlichen Arbeitsaufkommen erfolgt die Verkürzung bzw. Verlängerung der Arbeitszeit im Rahmen gesetzlicher Vorgaben auf freiwilliger Basis.
Personalleasing	Es erfolgt der Einsatz von Leiharbeitnehmern, um insbesondere Anrufspitzen (Peaks) aufzufangen.

10 | 2.3.4

Beispiel

Die Dialogfix GmbH wendet ein Jahresarbeitszeitsystem an. Die monatliche Sollarbeitszeit im Februar beträgt 160 Stunden (20 Arbeitstage je acht Stunden). In den ersten beiden Wochen des Monats wird ein Mitarbeiter aufgrund eines erhöhten Arbeitsanfalls je 48 Stunden eingesetzt. Ein Ausgleich erfolgt in den darauffolgenden zwei Wochen, in denen dieser Mitarbeiter nur jeweils 32 Stunden arbeitet. Das Arbeitszeitkonto für Februar weist keinen Saldo auf.

Nachdem der Schichtplan erstellt wurde, erfolgt die **Zuteilung der Schichten** auf einzelne Mitarbeiter durch den **Personaleinsatzplaner**. In größeren Unternehmen erfolgt auch dieser Planungsschritt mit Unterstützung einer geeigneten Callcenter-Software, z. B. mithilfe eines **Workforce-Management-Systems** (s. u.).

In diesen Planungsvorgang fließen ein

- die Rahmenbedingungen (z. B. Gesetze, Tarifverträge),
- Verfügbarkeiten (z. B. Urlaub, Zeitkonten),
- Qualifikation und Ausbildungsstand der Mitarbeiter sowie
- die Präferenzen und Wünsche der Mitarbeiter.

Außerdem berücksichtigt eine geeignete Software vor dem Hintergrund der Kostenoptimierung die Stundensätze der Mitarbeiter und etwaige Zuschläge.

Die Anforderungen an die zu besetzenden Arbeitszeiten in einem Callcenter sind hoch. In vielen Fällen müssen Agenten 24 Stunden am Tag und 365 Tage im Jahr verfügbar sein. Um dennoch die Freizeit planen zu können, sollte die Planung mit einer angemessenen Vorlaufzeit erfolgen. Auch können so Ausfallzeiten verringert werden.

10|5.1.4 Eine **mitarbeiterorientierte Einsatzplanung**, die gerecht ist und die Flexibilität nicht einseitig versteht, schafft ein motivierendes Betriebsklima. Dieses wiederum ist eine
12|1.1 wichtige Säule der **Servicequalität** im Callcenter.

8.5.3 Workforce-Management-Systeme

> # *Definition*
> **Workforce Management** bedeutet, mithilfe von Planungsinstrumenten die richtige Anzahl von Mitarbeitern mit den richtigen Qualifikationen zur richtigen Zeit am richtigen Ort einzusetzen.

Was auf den ersten Blick einfach aussieht, stellt sich gerade in größeren Callcentern als komplexe Herausforderung dar. Bei der Personaleinsatzplanung muss ein erhebliches Datenvolumen verarbeitet werden. Diese Verarbeitung ist nur rechnergestützt sinnvoll möglich.

Workforce-Management-Systeme unterstützen den gesamten **Prozess der Personaleinsatzplanung**. Neben sämtlichen Funktionen aus der klassischen Planung können mit ihrer Hilfe **exakte Prognosen** erzeugt werden, da sie verschiedene, auf Erlang-C basierende Algorithmen verwenden.

Modernere Systeme ermöglichen in zunehmendem Maße rechenintensive Simulationsprogramme nach unternehmensspezifischen Vorgaben. Selbst Schichtpläne können mit dieser Software den Mitarbeitern automatisch zugeordnet werden. Darüber hinaus eignen sich Workforce-Management-Systeme hervorragend für das Echtzeitmanagement und liefern eine Fülle von Informationen aus dem Tagesgeschäft (z.B. Anwesenheitsabgleich). Durch die optimierte Planung gelingt es, sowohl die Personalkosten deutlich zu senken als auch die Mitarbeiterzufriedenheit zu steigern, die Produktivität zu erhöhen und einen besseren Service zu erreichen.

Dazu bieten die Systeme die passenden Module:

Workforce-Management-Systeme

Modul Bedarfsprognose:	**Modul Bedarfsplanung:**	**Modul Einsatzplanung:**	**Modul Analyse & Steuerung:**
Wie hoch ist das künftige Anrufvolumen?	Wie viele Mitarbeiter mit welchen Qualifikationen werden zukünftig benötigt?	Erstellung der Schichtpläne und Zuordnung der Mitarbeiter nach Vorgaben. Hier besteht für die Mitarbeiter die Möglichkeit, ihre Wünsche in einer Datenbank zu hinterlegen.	ein Soll-Ist-Abgleich, um bei Abweichungen schnell und effektiv reagieren zu können

Workforce-Management-Systeme richten die Einsätze der Mitarbeiter durch Optimierung, Standardisierung und Automatisierung konsequent am Bedarf aus. Sie bieten für die Personaleinsatzplanung folgende Vorteile:

- Erhöhung der Qualität durch computergestützte Analysen und Prognosen,
- Vermeidung teurer Überdeckungen und Unterbesetzungen,
- Zeitersparnis sowie
- Steigerung der Mitarbeiterzufriedenheit durch Berücksichtigung persönlicher Präferenzen und Wünsche.

Obwohl die Anschaffung und Implementierung zum Teil mit erheblichen Kosten verbunden ist, kommen Workforce-Management-Systeme auch in mittelgroßen Callcentern immer häufiger zum Einsatz.

→ ***Praxistipp***
Häufig spricht man in diesem Kontext synonym auch von Personaleinsatzplanungs-Software (PEP). 4|2.3

8.6 Echtzeitmanagement

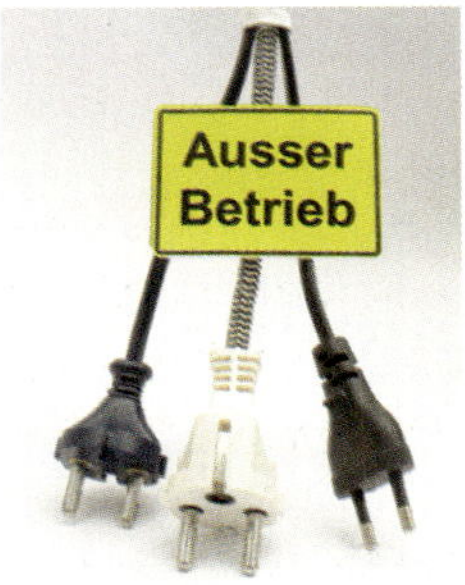

Durch zufallgesteuerten Anrufeingang können selbst die besten Prognosen und genauesten Dienstpläne von der Realität „eingeholt werden“. Ob ein Stromausfall im Bereich der Stadtwerke, ein Defekt bei einem Kabelnetzbetreiber oder EDV-Störungen am Helpdesk – all jene unvorhersehbaren Einflussfaktoren müssen durch ein wirkungsvolles **Echtzeitmanagement (Real-Time-Monitoring)** ergänzt werden.

Aber auch interne Ursachen – wie ein plötzlich erhöhter Krankenstand oder der dringend erforderliche Abzug von Agenten für andere Tätigkeiten – können dazu führen, dass der prognostizierte vom tatsächlich benötigten Personalbedarf abweicht.

Das Echtzeitmanagement übernimmt im Tagesgeschäft ein übergeordneter **Supervisor**. In vielen Callcentern wird diese verantwortungsvolle Aufgabe auch rollierend durch die Teamleiter wahrgenommen. Der Supervisor beobachtet im Tagesgeschäft Abweichungen und entscheidet, welche **Korrekturmaßnahmen** er durchführen muss. In einem im Voraus erarbeiteten Katalog sind genaue Maßnahmen definiert, die zu ergreifen sind, wenn bestimmte Grenzwerte erreicht werden.

Beispiel

Der Supervisor kann die ursprüngliche Planung von Pausen, Besprechungen und Schulungen an den aktuellen Personalbedarf anpassen oder die Korrespondenzbearbeitung zurückstellen, wenn ein erhöhtes Anrufaufkommen vorherrscht. Der Kunde erwartet zwar auch hier eine schnelle Bearbeitung – aber eben keine unmittelbare. Außerdem stehen weitere Möglichkeiten aus
10 | 8.5.2 der **Arbeitszeitflexibilisierung** wie z. B. Überstunden zur Verfügung.

Die Echtzeitanwendungen des Workforce-Management-Systems stellen dem Super-
8 | 7.2.5 visor als **technische Qualitätskontrolle** die Entwicklung der wesentlichen Größen aus der ACD-Anlage dar. Wichtige Indikatoren sind hierbei

- die Anzahl der Gespräche in der Warteschlange,
- die längste gegenwärtige Wartezeit,
- der Servicelevel in einem möglichst kleinen Intervall (z. B. fünf Minuten).

Die dazu benötigten Informationen erhält der Supervisor aus einem sogenannten **Volumenmonitoring**:

Struktur	Aktive Gespräche	Warteschlange	Längste Zeit in Warteschlange	Eingehend	Geführte Gespräche	Aufleger innerhalb Servicelevel	Auflegefaktor innerhalb Servicelevel	Besetzt	Servicelevel Tagesschnitt	Servicelevel 5 Min.	Aufleger nach Servicelevel	Aufle gefa tor na Servic leve
1st Level		4		822	791	10	1,22 %	21	92 %	92 %	8	1,00
Line 1	7	3	0:15	100	92	3	3,00 %	5	96 %	96 %	2	2,17
Line 2	2	0	0:00	37	36	1	2,70 %	0	92 %	92 %	0	0,00
Line 3	5	0	0:00	56	50	3	5,36 %	3	92 %	92 %	2	4,00
Line 4	10	0	0:00	123	120	2	1,63 %	1	63 %	63 %	1	0,83
Line 5	1	0	0:00	45	43	0	0,00 %	2	95 %	95 %	0	0,00
Line 6		1	0:10	5	4	1	20,00 %	0	75 %	75 %	0	0,00
Line 7	12	0	0:00	456	446	0	0,00 %	10	99 %	99 %	0	0,00
2nd Level		12		235	221	6	2,55 %	8	98 %	98 %	6	2,71
Line 8		3	0:15	100	92	3	3,00 %	5	95 %	95 %	3	3,26
Line 9	1	4	1:15	12	12	0	0,00 %	0	67 %	67 %	0	0,00
Line 10		5	2:05	123	117	3	2,44 %	3	95 %	95 %	3	2,56

Abb.: Volumenmonitoring

Ergänzend dazu kann das Anrufaufkommen auch dem Mitarbeiter visualisiert werden, indem am Bildschirmarbeitsplatz und auf dem Telefondisplay die aktuelle Erreichbarkeit oder die Anzahl der Anrufer in der Warteschlange angezeigt wird. Durch diese Visualisierung werden die Mitarbeiter motiviert, kurzfristig ein besonderes Engagement abzurufen. Wirkungsvoll ist dies aber nur, wenn der Erfolg spürbar durch das Verhalten zu beeinflussen ist. Eine Visualisierung für alle Mitarbeiter kann auch über ein Wallboard erfolgen.

Dagegen zeigt das **Ressourcenmonitoring** an, wie viele Agenten zur Verfügung stehen und in welchem Bearbeitungsstatus sie sich aktuell befinden. Moderne Systeme ermöglichen das Einstellen vordefinierter Grenzwerte. Entsprechende Warnfarben signalisieren dem Supervisor beispielsweise Nachbearbeitungszeiten, die erheblich über dem Durchschnitt liegen und möglicherweise auf Schwierigkeiten in der Bearbeitung schließen lassen. Der Supervisor kann daraufhin die fachliche Unterstützung des Agenten organisieren.

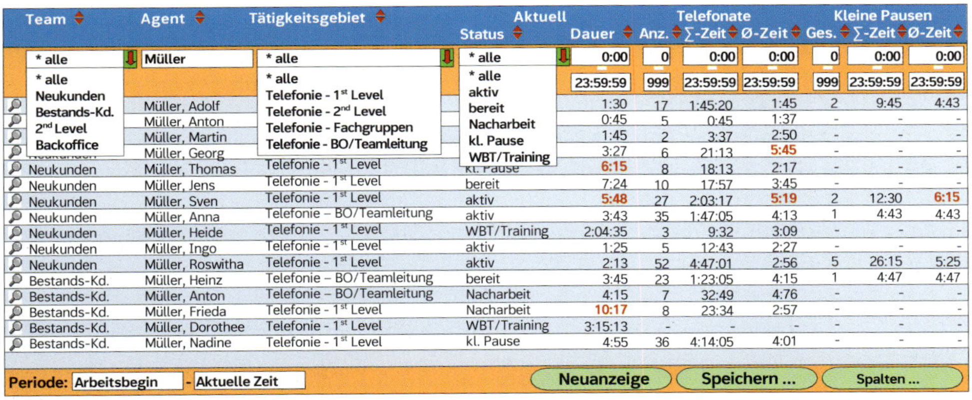

Team	Agent	Tätigkeitsgebiet	Aktuell Status	Dauer	Telefonate Anz.	∑-Zeit	Ø-Zeit	Kleine Pausen Ges.	∑-Zeit	Ø-Zeit
* alle	Müller	* alle	* alle	0:00	0	0:00	0:00	0	0:00	0:00
				23:59:59	999	23:59:59	23:59:59	999	23:59:59	23:59:59
	Müller, Adolf			1:30	17	1:45:20	1:45	2	9:45	4:43
	Müller, Anton			0:45	5	0:45	1:37	-	-	-
	Müller, Martin			1:45	2	3:37	2:50	-	-	-
	Müller, Georg			3:27	6	21:13	5:45	-	-	-
Neukunden	Müller, Thomas	Telefonie - 1st Level	kl. Pause	6:15	8	18:13	2:17	-	-	-
Neukunden	Müller, Jens	Telefonie - 1st Level	bereit	7:24	10	17:57	3:45	-	-	-
Neukunden	Müller, Sven	Telefonie - 1st Level	aktiv	5:48	27	2:03:17	5:19	2	12:30	6:15
Neukunden	Müller, Anna	Telefonie – BO/Teamleitung	aktiv	3:43	35	1:47:05	4:13	1	4:43	4:43
Neukunden	Müller, Heide	Telefonie - 1st Level	WBT/Training	2:04:35	3	9:32	3:09	-	-	-
Neukunden	Müller, Ingo	Telefonie - 1st Level	aktiv	1:25	5	12:43	2:27	-	-	-
Neukunden	Müller, Roswitha	Telefonie - 1st Level	aktiv	2:13	52	4:47:01	2:56	5	26:15	5:25
Bestands-Kd.	Müller, Heinz	Telefonie – BO/Teamleitung	bereit	3:45	23	1:23:05	4:15	1	4:47	4:47
Bestands-Kd.	Müller, Anton	Telefonie – BO/Teamleitung	Nacharbeit	4:15	7	32:49	4:76	-	-	-
Bestands-Kd.	Müller, Frieda	Telefonie - 1st Level	Nacharbeit	10:17	8	23:34	2:57	-	-	-
Bestands-Kd.	Müller, Dorothee	Telefonie - 1st Level	WBT/Training	3:15:13	-	-	-	-	-	-
Bestands-Kd.	Müller, Nadine	Telefonie - 1st Level	kl. Pause	4:55	36	4:14:05	4:01	-	-	-

Abb.: Ressourcenmonitoring

8.7 Reporting

Die Erkenntnisse aus dem Echtzeitmanagement werden nicht nur im Tagesgeschäft genutzt, sondern fließen auch in die zukünftige Planung ein. Dazu liefern **ACD-Reports** eine Vielzahl von Auswertungen, die mithilfe einer Software individuell angepasst und erweitert werden können.

Reports geben Auskunft über die in der Vergangenheit erbrachten Leistungen eines Callcenters. Sie sind damit auch ein wichtiges Instrument der **Qualitätskontrolle**. 12 | 2.1.6

11 | 4.2 Die wesentlichen **Leistungskennzahlen**, die für verschiedene Zeitintervalle erfasst werden können, sind

- die Anzahl der Anrufe,
- die durchschnittliche Gesprächsbearbeitungsdauer (AHT),
- die durchschnittliche Nachbearbeitungszeit (Wrap-up-Time),
- der Servicelevel,
- die durchschnittliche Zeit bis zur Anrufannahme (Average Speed of Answer – ASA),
- die Anzahl der abgebrochenen Anrufe (Lost Calls),
- die durchschnittliche und die längste Wartezeit in der Warteschlange (Average Delay/Longest Call Waiting),
- die Auslastung der Agenten (Occupancy).

Während die vorgenannten Kennzahlen dem Callcenter-Management vorrangig dazu dienen, Abweichungen zu Planungszahlen zu analysieren und die Erkenntnisse bei der zukünftigen Planung zu berücksichtigen, liefern die ACD-Reports der Mitarbeiter-Performance Statistiken auf **Team- bzw. Agentenebene**. Die überwiegende Anzahl der Reports nimmt vordefinierte Teams oder Abteilungen als Bezugsgröße, andere wiederum spiegeln das Arbeitsverhalten von einzelnen Agenten wider.

Beispiel

Wie viele Gespräche hat ein Agent am jeweiligen Tag geführt? Wie lange war der Mitarbeiter am System verfügbar oder nicht? Wenn er nicht verfügbar war, kann bis zu einem gewissen Grad auch der Grund der Nichtverfügbarkeit (z. B. Pausenverhalten) erkennbar sein.

Mitarbeiter-Performance									
Auswertungszeitraum:									
	Anmeldezeit in Stunden	Gespräche Anzahl	Gespräche Inbound		Gespräche Anzahl	Gespräche Outbound		Wartezeit in Stunden	Auslastung in %
			Gesprächszeit Ø in Minuten	Nachbearbeitungszeit Ø in Minuten		Gesprächszeit Ø in Minuten	Nachbearbeitungszeit Ø in Minuten		
Team Sonnenschein									
Agent 1	5:38:44	43	0:03:30	0:00:56	8	0:01:33	0:00:56	0:25:30	62
Agent 2	8:35:12	48	0:04:08	0:01:11	1	0:01:00	0:01:11	0:44:49	50
Agent 3	3:27:55	30	0:02:50	0:00:32	1	0:00:02	0:00:32	0:16:12	49
Agent 4	3:33:24	29	0:02:53	0:01:17	10	0:00:30	0:01:17	0:20:44	65
Agent 5	3:28:52	25	0:03:19	0:01:03	2	0:02:01	0:01:03	0:19:12	55
Agent 6	2:29:37	22	0:03:50	0:01:29	2	0:00:02	0:01:29	0:09:19	80
...									
...									
...									
Gesamt für das Team:	84:18:04	663	0:03:31	0:01:23	55	0:01:06	0:01:23	7:49:15	67

Abb.: Auszug aus einer Mitarbeiter-Performance-Übersicht

Je nachdem, auf welcher Auswertungsebene Reports erstellt werden, kann damit eine umfassende **Leistungs- und Verhaltenskontrolle** verbunden sein. Durch die genaue Abbildung der Tätigkeit, die der Agent ausführt, entsteht eine hohe Transparenz des Arbeitsverhaltens. Der Mitarbeiter wird „gläsern" und kann so in seinem Arbeitsverhalten relativ genau kontrolliert werden.

Bei der Einführung von ACD-Anlagen sind daher die **Mitbestimmungsrechte** des Betriebsrates gemäß **§ 87 Abs. 1 Satz 6 BetrVG** zu beachten. Nach dem Grundsatz der Verhältnismäßigkeit sollte die Erfassung mitarbeiterbezogener Daten auf das geringstmögliche Maß reduziert werden. Stattdessen sollten zur Steuerung eines Callcenters lediglich team- oder abteilungsbezogene Auswertungen herangezogen werden. Auch die für die Kostenrechnung relevanten Anmeldezeiten der Agenten oder die Anzahl geführter Gespräche sind auf zusammengefasster Ebene in der Regel ausreichend. 11 | 2.1.1

Sollen die erhobenen Daten dazu dienen, das Arbeitsverhalten eines bestimmten Agenten zu kontrollieren, so muss dieser noch die Möglichkeit haben, sich bei Beanstandungen an die zugrunde liegenden Vorfälle zu erinnern. Deshalb empfiehlt sich auch für die Speicherung personenbezogener Daten ein eingeschränkter Zeitraum (maximal vier Wochen). Nur in diesem Abschnitt können personenbezogene Auswertungen vorgenommen werden. Anschließend erfolgt die Vernichtung der mitarbeiterbezogenen Reports.

→ ***Praxistipp***

Die häufig sehr komplexen Voraussetzungen zur Erstellung von Reports werden zumeist in **Betriebsvereinbarungen** geregelt. | 2.3.3

✳ *Zusammenfassung*

- Die zentrale Aufgabe einer **bedarfsorientierten Personaleinsatzplanung** ist die Planung der benötigten Anzahl von Mitarbeitern entsprechend ihren Qualifikationen unter Berücksichtigung der betrieblichen und individuellen Erfordernisse für einen jeweils definierten Zeitraum.
- Die besondere Herausforderung bei der Personaleinsatzplanung besteht darin, die **Personalkosten** durch eine angemessene Auslastung der Mitarbeiter zu reduzieren und gleichzeitig eine hohe **Erreichbarkeit** für die potenziellen Anrufer zu gewährleisten.
- **Zeitreihen- und Erklärungsmodelle** versuchen, Abhängigkeiten und Zusammenhänge aus vergangenen Zeiträumen zu erkennen und daraus Rückschlüsse auf das zukünftige Anruferverhalten zu ziehen.
- **Verteilkurven** visualisieren das Anruferverhalten und ermöglichen genaue, intervallbezogene Prognosen.
- Ein **Inboundgespräch** besteht aus vier Phasen:
  1. Freizeichen
  2. Warteschlange
  3. Gesprächszeit
  4. Nachbearbeitungszeit

- Zur Ermittlung des Personalbedarfs kommt das **Erlang-C-Modell** zum Einsatz, das aus den vorgegebenen Größen Anrufvolumen, Anzahl der Agenten und mittlere Gesprächsbearbeitungsdauer einen Servicelevel oder (indirekt über eine Servicelevel-Vorgabe) einen Personalbedarf ermittelt.
- 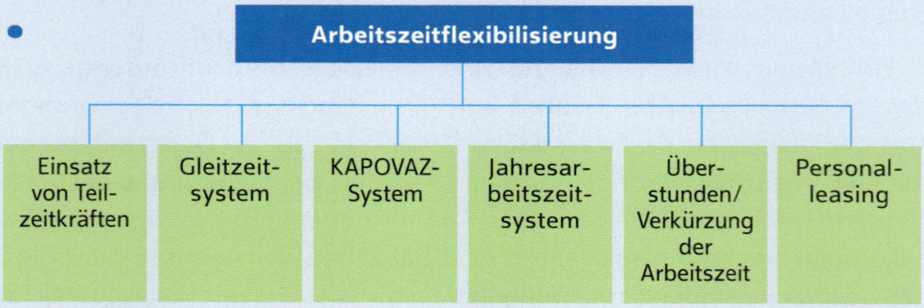

- Die **Schichtplanung** ist abhängig von den Öffnungszeiten des Callcenters und erfolgt unter Berücksichtigung arbeitsrechtlicher, tarifvertraglicher und durch Betriebsvereinbarungen getroffener Regelungen.
- **Workforce-Management-Systeme** optimieren, standardisieren und automatisieren den Planungsprozess.
- Ein **Echtzeitmanagement** erlaubt im Tagesgeschäft einen Soll-Ist-Abgleich. Der Supervisor entscheidet, welche Korrekturmaßnahmen bei Abweichungen durchzuführen sind.
- Das **Reporting** gibt Auskunft über die in der Vergangenheit erbrachten Leistungen eines Callcenters und ist damit gleichzeitig ein wichtiges Instrument der Qualitätskontrolle.

Aufgaben

1. *Erläutern Sie die Aufgaben der Personaleinsatzplanung anhand der Aussage: „Die richtige Person zur richtigen Zeit am richtigen Ort."*
2. *Beschreiben Sie den Zielkonflikt der Personaleinsatzplanung im Inbound. Welche Elemente müssen im Planungsprozess berücksichtigt werden?*
3. *Finden Sie zwei typische Kundenanliegen, für die eine unterschiedliche Bereitschaft der Anrufer besteht, in Warteschlangen auszuharren. Begründen Sie, warum eine unterschiedliche „Anrufertoleranz" gerechtfertigt sein kann.*
4. *Welche Informationen sind für die Analyse von Vergangenheitsdaten von Bedeutung?*
5. *Welche Möglichkeiten hat das Callcenter-Management, wenn keine Vergangenheitsdaten zur Verfügung stehen?*
6. *Prüfen Sie anhand der Abbildung auf Seite 173, ob die folgenden Aussagen zutreffend sind.*
   a) Im ersten Halbstundenintervall konnte keines der eingehenden Gespräche innerhalb von 20 Sekunden angenommen werden.
   b) Das Servicelevel-Ziel von 80/20 konnte auf Tagesbasis erreicht werden.
   c) Die Average Handling Time (AHT) ist im Zeitintervall von 11:30 Uhr bis 12:00 Uhr am höchsten.
   d) Ab 17:30 Uhr steigt die Anzahl der Aufleger stark an.
   e) In den letzten zwei Stunden gehen insgesamt nur vier Gespräche ein.

7. *Stellen Sie eine typische Tagesverteilkurve im Inbound in einem Diagramm grafisch dar. Beschriften Sie die Achsen des Diagramms sinnvoll. Begründen Sie anhand des gewählten Beispiels die Notwendigkeit der Arbeitszeitflexibilisierung.*

8. *Eine statistische Auswertung hat ergeben, dass der Anrufer bei Inboundgesprächen durchschnittlich 5 Sekunden ein Freizeichen hört, bevor er mit dem computergestützten Sprachdialogsystem verbunden wird. Noch einmal 25 Sekunden vergehen, bis der Anrufer aus der IVR zum Kundenberater gelangt. Für das Gespräch mit dem Kunden und die Nacharbeit weist die ACD-Anlage eine durchschnittliche Gesamtzeit von vier Minuten aus. Der Anteil der Nachbearbeitungszeit beträgt durchschnittlich 25 %. Berechnen Sie die Leitungsbelegung eines eingehenden Gespräches in Sekunden.*

9. *Die Auswertung der ACD-Anlage ergab eine Gesprächszeit von 220 Sekunden und eine Nachbearbeitungszeit von 110 Sekunden im Monatsschnitt.*
   a) *Ermitteln Sie die AHT in Minuten.*
   b) *Wie viele Gespräche kann ein Agent pro Stunde führen, wenn eine Bildschirmpause von fünf Minuten zu berücksichtigen ist?*

10. *Für den Telefonsupport ihres Onlineshops prognostiziert die Dialogfix GmbH ein Anrufvolumen von 500 Calls pro Stunde und eine AHT von sechs Minuten. Ermitteln Sie, wie viele Agents (MAK) rechnerisch pro Stunde eingeplant werden müssen, wenn deren Auslastung bei 80 % liegen soll.*

11. *Beurteilen Sie die Wahl des Servicelevels im Beispiel auf Seite 182 vor dem Hintergrund einer empfohlenen Mitarbeiterauslastung von 80 %.*

12. *Für die Personaleinsatzplanung einer Service-Hotline liegen Ihnen folgende Daten vor:*
    - *1 000 Anrufe pro Stunde*
    - *Gesprächszeit: 210 Sek.*
    - *Nachbearbeitungszeit: 30 Sek.*
    - *Ziel-Servicelevel: 70/30*

    a) *Berechnen Sie mittels der Erlang-C-Formel (z. B. unter www.fbm-callcenter.de/ccc.html), wie viele Agenten mindestens benötigt werden.*
    b) *Wie ändert sich die Zahl der Agenten, wenn die Auslastung bei maximal 80 % liegen soll?*

13. *Die Personaleinsatzplanung ist abgeschlossen und wird den Mitarbeitern zur Verfügung gestellt. Die Auszubildende Svenja Stepanovic (17 Jahre), der Teamleiter Marcus Hochstätter (33 Jahre) und die Kundenberaterin Steffi Braun (26 Jahre) wenden sich an den Betriebsrat, um die Rechtmäßigkeit ihrer Schichtpläne zu kontrollieren. Prüfen Sie anhand geeigneter Gesetze, ob die Schichtplanung rechtlich zulässig ist.*
    a) *Die Schicht von Svenja Stepanovic beginnt am Montag 11:30 Uhr, zwischen 15:30 Uhr und 16:00 Uhr macht sie Pause. Sie hat um 20:00 Uhr Feierabend. Am darauffolgenden Dienstag arbeitet Svenja von 07:00 Uhr bis 14:30 Uhr.*
    b) *Marcus Hochstätter arbeitet aufgrund eines zeitkritischen Projekts von Montag bis Samstag, jeweils von 08:00 Uhr bis 16:30 Uhr. Eine Mittagspause (12:00 Uhr bis 12:30 Uhr) wurde berücksichtigt.*
    c) *Steffi Braun ist von Dienstag bis Samstag (10:00 Uhr bis 18:30 Uhr) im Outbound eingeplant. Sie möchte auf ihre Ruhepause von 30 Minuten verzichten, um so bereits um 18:00 Uhr Feierabend machen zu können. Grund hierfür ist eine Fahrgemeinschaft.*

14. *Erläutern Sie, welche Vorteile ein Workforce-Management-System bietet.*

15. *Welche Informationen sind für ein Echtzeitmanagement von Bedeutung?*

16. *Worin unterscheiden sich Echtzeitmanagement und Reporting?*

Geschäftsprozesse im Dialogmarketing erfolgsorientiert steuern

1 Grundlagen der Kosten- und Leistungsrechnung (KLR) kennen

■ *Einstiegssituation*

Nachdem Julia bislang im Rahmen ihrer Ausbildung zur Servicefachkraft überwiegend am Telefon gearbeitet hat, wird sie nun auf ihrem Weg zur Kauffrau für Dialogmarketing auch in einigen Fachabteilungen eingesetzt. Ihre erste Station ist die Abteilung „Betriebliches Rechnungswesen“, die von Geschäftsführer Hans Herrmann geleitet wird. Zu Beginn ihres ersten Tages sagt **Julia** zu Herrn Herrmann: *„So sieht also die Buchhaltung von innen aus! Wahrscheinlich werde ich hier demnächst hauptsächlich Belege buchen, oder?“*

Herr Herrmann schmunzelt: *„Die Buchhaltungsarbeiten umfassen lediglich einen kleinen Teilbereich unserer Tätigkeit. Sie werden in den nächsten Wochen in den gesamten Bereich Kosten- und Leistungsrechnung eingearbeitet. Derzeit stehen wieder viele Kundenprojekte vor dem Abschluss. Außerdem werden wir uns für einige Ausschreibungen bewerben. Wir müssen also ständig einen genauen Überblick über unsere aktuellen Kosten haben, ebenso brauchen wir zuverlässige Zahlen für unsere Planung.“*

■ *Arbeitsaufträge*

1. *Diskutieren Sie in der Klasse, welche Aufgaben die Kosten- und Leistungsrechnung über die reine Buchführung hinaus haben könnte.*
2. *Stellen Sie in der Klasse zusammen, woher die benötigten Daten für die Kosten- und Leistungsrechnung stammen können.*
3. *Vergleichen Sie in der Klasse, wie Ihre Ausbildungsbetriebe strukturiert sind. Gibt es z. B. eine eigene „Abteilung KLR“, eine eigene Arbeitsstelle „Kostenrechnung“, oder werden diese Aufgaben im Rahmen der Abteilung „Buchhaltung“ durchgeführt?*

1.1 Finanzbuchhaltung und KLR

Gesamtaufgabe des **Rechnungswesens** ist es, alle Aktivitäten eines Unternehmens zahlenmäßig zu **erfassen**, zu **überwachen** und **auszuwerten**. Hierbei gibt es zwei Zielrichtungen: 7 | 1.1

- **Nach außen:** Dokumentationsaufgabe, Rechenschaftslegung und Informationsaufgabe
- **Nach innen:** Kontrollaufgabe und Dispositionsaufgabe

Um beiden unterschiedlichen Zielrichtungen gerecht zu werden, unterteilt man das Rechnungswesen in zwei Bereiche:

Rechnungswesen

Zielrichtung nach außen	Zielrichtung nach innen
Externes Rechnungswesen Finanz- und Bilanzbuchhaltung	**Internes Rechnungswesen Kosten- und Leistungsrechnung**
Das **externe Rechnungswesen** basiert auf gesetzlichen Vorschriften (HGB, EStG, AO). Es ist nach außen gerichtet (Finanzamt, Banken, Gesellschafter etc.). Die Ermittlung des Jahreserfolges, der Vermögens- und Schuldenbestände sowie des zu versteuernden Gewinns sind hier die Hauptthemen.	Das **interne Rechnungswesen** unterliegt keinen gesetzlichen Verpflichtungen. Der Zweck liegt in der Ermittlung des kurzfristigen Betriebserfolges, der Erstellung von Entscheidungsgrundlagen (z. B. für Planungszwecke) sowie in der Überwachung der Wirtschaftlichkeit und Zahlungsfähigkeit.
Aufgaben der Finanzbuchhaltung (externes Rechnungswesen)	**Aufgaben der KLR (internes Rechnungswesen)**
Die Finanzbuchhaltung (Buchführung) ist die **offizielle Jahresrechnung des Unternehmens**. Sie erfasst alle Veränderungen des Vermögens und der Schulden und bewertet diese in der Jahresbilanz. Ebenso ermittelt die Finanzbuchhaltung durch die Erfassung aller Aufwendungen und Erträge das Unternehmensergebnis in der Gewinn- und Verlust-Rechnung (GuV-Konto). Diese Vorgänge sind eng an **gesetzliche Vorschriften** geknüpft (z. B. bei der Wahl von Abschreibungsbeträgen oder der Bewertung von Anlage- und Umlaufvermögen), **lassen also wenig Gestaltungsspielraum**.	Gegenüber der Finanzbuchhaltung, die das Ergebnis der Unternehmung ermittelt, will die KLR zusätzliche Aussagen zu den **Aufwendungen** gewinnen: • In welchen Bereichen des Betriebes sind die Aufwendungen entstanden? • Welche Projekte bis hin zum „Einzelcall“ haben sie verursacht und müssen sie im Preis tragen? • Bereitstellung von Informationen für die Preisberechnung (Kalkulation) • Wirtschaftlichkeitskontrolle der Teams, der Projekte, der Calls • Bereitstellung von Informationen für die Beschaffung (z. B. Preisobergrenze für externe Mitarbeiter) und beim Absatz (z. B. Selbstkostenpreis, Projektpreis etc.)

7 | 1.1.2
11 | 1.3.2

Neben der Überwachung der Kosten (Wirtschaftlichkeitskontrolle) dient die Kosten- und Leistungsrechnung der Unternehmensführung also auch als Grundlage für wichtige Entscheidungen.

Fragen wie

- Sollen wir Aufträge weiterhin selbst durchführen oder fremd vergeben?
- Kaufen wir kostengünstig ein?
- Sind unsere Personalkosten zu hoch?
- Wie hoch sind unsere Kosten insgesamt?
- Wie hoch sind die Kosten je Kostenträger (z. B. Projekt, Stunde, Call)?
- Wie liegen wir mit unseren Kosten im Branchenvergleich?

können hiermit beantwortet werden.

In diesem Sinne ist die Kosten- und Leistungsrechnung die **innerbetriebliche Planungs- und Kontrollrechnung**. Sie ist betriebsbezogen und befasst sich lediglich mit den Aufwendungen und Erträgen, die in direktem Zusammenhang mit den geplanten betrieblichen Tätigkeiten des Dialogmarketingunternehmens, also der **Beschaffung** (z. B. von Betriebsmitteln oder dem Einsatz von Zeitarbeitsmitarbeitern), der **Erbringung der Dienstleistung** (z. B. „Produktion" von Calls) und damit gleichzeitig der **Vermarktung** (Verkauf) der Dienstleistung stehen.

1.2 Grundbegriffe der KLR

In der Kosten- und Leistungsrechnung müssen bestimmte Begriffe gegenüber der Finanzbuchhaltung **abgegrenzt** werden. Darüber hinaus ist es notwendig, bestimmte zusätzliche Begriffe einzuführen, die in der Finanzbuchhaltung nicht vorkommen. Die Zahlen der GuV können also nicht immer mit den dort ermittelten Werten in die KLR übernommen werden. Es müssen zusätzlich zur Abgrenzungsrechnung sogenannte **kostenrechnerische Korrekturen** vorgenommen werden. Aus diesem Zweck ist auch eine **begriffliche Abgrenzung (Erweiterung)** innerhalb der KLR notwendig.

Beispiel

Der Jahresabschluss der KommunikativAktiv KG beinhaltet folgende GuV-Zahlen:

Gewinn- und Verlust-Rechnung			
Soll		**Haben**	
Abschreibung für TK-Anlage	100000,00	Umsatzerlöse aus Callcenter-Dienstleistung	1120000,00
Lohnaufwand	800000,00	Erlöse aus Mieteinnahmen	5000,00
Gehälter	200000,00		
Verluste aus Aktienspekulationen	36000,00	Unternehmensverlust	11000,00
	1136000,00		1136000,00

1.2.1 Ausgaben und Einnahmen

Das **Geldvermögen** (Finanzumlaufvermögen) ist die Summe des jederzeit verfügbaren Geldes. Die Summe aus Kassenbestand, Guthaben bei Kreditinstituten und Postbankguthaben stellt den **Zahlungsmittelbestand** als Teil des Geldvermögens dar. Beim Geldvermögen werden außerdem die **kurzfristigen Forderungen** und **kurzfristigen Verbindlichkeiten** berücksichtigt.

Beispiel

Die KommunikativAktiv KG verfügte am 31. Dezember über folgendes Geldvermögen:

	Zahlungsmittelbestand	250000,00 €
+	kurzfristige Forderungen	150000,00 €
–	kurzfristige Verbindlichkeiten	100000,00 €
=	Geldvermögen	300000,00 €

Wird das Geldvermögen durch Geschäftsfälle verändert, spricht man von Ausgaben und Einnahmen:

- Alle Geschäftsfälle, die das **Geldvermögen vermindern**, führen zu **Ausgaben**.

  Beispiel

  Bar- und Zieleinkäufe von Büromaterial

- Alle Geschäftsfälle, die das **Geldvermögen erhöhen**, führen zu **Einnahmen**.

  Beispiele

  Bar- und Zielverkäufe von Erzeugnissen, Forderungen aus der Durchführung von Telefonprojekten

1.2.2 Aufwendungen und Erträge

Aufwendungen sind alle Geschäftsfälle, die das **Eigenkapital vermindern**.
Folgende Geschäftsfälle führen beispielsweise zu Aufwendungen:
- Das Unternehmen zahlt **Löhne** und **Gehälter**.
- Für einen betrieblich genutzten Pkw werden **Abschreibungen** vorgenommen.
- Für einen aufgenommenen Kredit werden **Zinszahlungen** vorgenommen.

Erträge hingegen **erhöhen das Eigenkapital**.
Folgende Geschäftsfälle führen z. B. zu Erträgen:
- Die Bank schreibt Zinsen für bei ihr angelegtes Kapital gut.
- Umsatzerlöse für die Durchführung einer Outbound-Kampagne eines Kunden
- Mieteinnahmen für vermietete Büroräume

1.2.3 Kosten und Leistungen

Die Gesamtaufwendungen zeigen sich auf der linken Seite des Gewinn- und Verlust-Kontos (im vorangegangenen Beispiel der KommunikativAktiv KG betrug die Gesamtsumme der Aufwendungen 1 136 000,00 €). **Aufwendungen** sind der gesamte, das Eigenkapital mindernde Werteverzehr an Gütern (Waren und Dienstleistungen) während einer Abrechnungsperiode.

Für die Zwecke der Kostenrechnung müssen die Aufwendungen jedoch unterschieden werden nach:

Kosten = ***betriebsbedingte Aufwendungen***	und	***Nichtkosten*** = ***neutrale Aufwendungen***

Kosten sind betriebsbedingte Aufwendungen, die in unmittelbarem Zusammenhang mit dem eigentlichen Betriebszweck stehen. Sie erfassen den Verzehr an Gütern, Diensten und Abgaben, der im Rahmen der geplanten **betrieblichen Leistungserstellung** (z. B. Durchführung von Calls) anfällt. Diese Aufwendungen werden in der Regel als Kosten in die Kosten- und Leistungsrechnung übernommen.

Beispiel

Von den Aufwendungen des GuV-Kontos der KommunikativAktiv KG können aus der Gewinn- und Verlust-Rechnung folgende **Kosten** in die KLR übernommen werden:

Abschreibung für TK-Anlage	100 000,00 €
Lohnaufwand	800 000,00 €
Gehälter	200 000,00 €
= Gesamtkosten des Betriebes	1 100 000,00 €

Nichtkosten sind neutrale Aufwendungen, die in **keinem Zusammenhang mit der Verfolgung betrieblicher Ziele** (z. B. Verkauf und Durchführung von In- und Outbound-Calls) stehen oder unregelmäßig oder in außergewöhnlicher Höhe anfallen. Sie werden nicht in die Kosten- und Leistungsrechnung übernommen, da sie bei der Ermittlung des Betriebsergebnisses und zur Kalkulation der Selbstkosten (z. B. zur Angebotserstellung) nicht berücksichtigt werden dürfen.

Neutrale Aufwendungen entstehen z. B.

- bei der **Verfolgung betriebsfremder Ziele**,

  Beispiel

  Verluste aus Aktienspekulationen

- durch **Verluste aus dem Abgang von Vermögensgegenständen** und durch **Verluste aus Schadensfällen**,

  Beispiel

  Ein nicht versicherter Wasserschaden zerstört 10 PCs.

- aus **betrieblichen periodenfremden Vorgängen**,

  Beispiel

  Nachzahlung von betrieblichen Steuern

- als außerordentliche Aufwendungen aufgrund **ungewöhnlicher und selten vorkommender Geschäftsfälle**.

  Beispiel

  Ein Mitarbeiter entwendet Firmeneigentum.

Als neutrale Aufwendungen werden somit die in der GuV des Beispiels ausgewiesenen 36000,00 € Verlust aus Aktienspekulationen **nicht** in die KLR übernommen.

Systematisierung der Kosten

Die Kosten selbst werden, je nachdem mit welchem Betrag sie von der GuV in die KLR übernommen werden, nochmals unterteilt:

Grundkosten = *Kosten, deren Aufwand in **gleicher Höhe** von der GuV in die KLR übernommen werden* 11 | 1.2.3.1

Anderskosten = *Kosten, die mit einem **anderen Wert** als in der GuV in die KLR übergehen* 11 | 1.2.3.2

Zusatzkosten = *sogenannte kalkulatorische Kosten, denen kein **Aufwand** (aus der GuV) gegenübersteht* 11 | 1.2.3.3

Folgendes Schaubild verdeutlicht den **Zusammenhang** zwischen Aufwendungen der Finanzbuchhaltung und den Kosten der Kosten- und Leistungsrechnung:

1.2.3.1 Grundkosten

Grundkosten sind **betriebliche Aufwendungen**, die aus der Finanzbuchhaltung (GuV) mit dem **gleichen Wert** in die Kosten- und Leistungsrechnung übernommen werden. Dazu gehören z. B. Löhne und Gehälter, Aufwendungen für Büromaterial, Telefonkosten.

Beispiel

Folgende Kosten der KommunikativAktiv KG sind Grundkosten und müssen in gleicher Höhe von der GuV in die KLR übernommen werden:

Löhne	800000,00 €
Gehälter	200000,00 €

1.2.3.2 Anderskosten

Anderskosten sind **kalkulatorische Kosten**, die zwar einen entsprechenden Aufwand
11 | 2.1.1 in der GuV der Buchhaltung haben, aber in der KLR (aufgrund einer anderen Sichtweise bzw. Zielsetzung der KLR) mit einem **anderen Wert** angesetzt werden.

Zu den typischen Anderskosten gehören
- Abschreibungen auf das Anlagevermögen,
- kalkulatorische Zinsen.

Abschreibung auf das Anlagevermögen

Das Anlagevermögen (Betriebs- und Geschäftsausstattung wie Telefonanlage, PC-Arbeitsplätze, Büromöbel, aber auch Fuhrpark u. Ä.) soll dem Unternehmen langfristig
7 | 1.2.4 dienen. Die Nutzungsdauer ist jedoch in der Regel **zeitlich begrenzt**. Der Wert dieser Sachanlagen mindert sich durch Nutzung (Gebrauch), natürlichen Verschleiß, technischen Fortschritt und außergewöhnliche Ereignisse (z. B. Schadensfälle).

Die **Wertminderung** wird in der Buchhaltung über das Konto „Abschreibung auf Sachanlagen" erfasst und wirkt sich in der GuV-Rechnung als Aufwand aus.

Die Höhe der möglichen Abschreibungsbeträge für die **Buchhaltung** (externes Rechnungswesen) ist vom Gesetzgeber vorgeschrieben. Diese **lineare Abschreibung** erfolgt stets in einem gleichbleibenden Prozentsatz von Anschaffungs- bzw. Herstellungskosten des Anlagegegenstandes. Somit werden die Anschaffungs- bzw. Herstellungskosten in gleichen Beträgen auf die Nutzungsjahre verteilt. Am Ende der Nutzungsdauer ist der Gegenstand dann **buchmäßig** voll abgeschrieben.

Den Abschreibungsprozentsatz (AfA-Satz %) ermittelt man allgemein:

$$\text{AfA-Satz \%} = \frac{100\,\%}{\text{Nutzungsdauer}}$$

Der Abschreibungsbetrag (AfA-Betrag) wird über den AfA-Prozentsatz errechnet:

$$\text{AfA-Betrag} = \text{Anschaffungs- bzw. Herstellkosten} \cdot \text{AfA-Satz}$$

Alternativ lässt sich der AfA-Betrag wie folgt ermitteln:

$$\textbf{AfA-Betrag} = \frac{\textbf{Anschaffungs- bzw. Herstellkosten}}{\textbf{Nutzungsdauer}}$$

Beispiel

Eine Telefonanlage mit einem Anschaffungspreis von 500 000,00 € wird nach den gesetzlichen Vorschriften über fünf Jahre mit gleichbleibenden Beträgen (linear) abgeschrieben.

$$\text{AfA-Satz \%} = \frac{100\,\%}{5\ \text{Jahre}} = 20\,\%$$

$$\text{AfA-Betrag pro Jahr} = \frac{500\,000{,}00\ €}{5\ \text{Jahre}} = 100\,000{,}00\ €$$

oder

$$\text{AfA-Betrag pro Jahr} = 500\,000{,}00\ € \cdot 20\,\% = 100\,000{,}00\ €$$

Die Telefonanlage fließt also (nach gesetzlichen Vorschriften) mit einem jährlichen Abschreibungsaufwand in Höhe von 100 000,00 € in die Buchhaltung (GuV) ein.

→ ***Praxistipp***

Die betriebsgewöhnliche Nutzungsdauer der Güter des Anlagevermögens ist gesetzlich festgelegt über eine Abschreibungstabelle (AfA-Tabelle) des Bundesministeriums der Finanzen.

Für die Kosten- und Leistungsrechnung (kalkulatorische Abschreibung) ist es jedoch sinnvoller, die Kosten genau mit dem tatsächlichen Werteverbrauch der Sachanlagen anzusetzen. Eine der Aufgaben der KLR ist es ja, die Kalkulationsgrundlagen für die Verkaufspreise (z. B. Preis je Call) zu ermitteln. 11 | 2.1.1

Dabei muss ein Ziel sein, so viel Umsatzerlös (über die Verkaufspreise) einzunehmen, dass am Ende der voraussichtlichen Lebensdauer für die verbrauchten Sachanlagen eine Ersatzinvestition durchgeführt werden kann. In der Regel wird dabei der Preis für die neue Sachanlage gestiegen sein.

Um die Ersatzinvestitionen in entsprechender Höhe durchführen zu können, muss in der KLR die (kalkulatorische) Abschreibung somit zum **Wiederbeschaffungswert** der Sachanlagen erfolgen. Die Berechnung des Abschreibungsbetrages kann über die betriebsgewöhnliche Nutzungsdauer des Anlagegegenstandes durchgeführt werden.

Beispiel

Die betriebsgewöhnliche Nutzungsdauer der Telefonanlage aus dem obigen Beispiel ist mit 15 330 Stunden angegeben. Im abgelaufenen Jahr wurde die Anlage 3100 Stunden genutzt. Der voraussichtliche Wiederbeschaffungswert (= Wert einer gleichwertigen Anlage) beträgt 520 000,00 €. Die kalkulatorische Abschreibung erfolgt nach der tatsächlichen Nutzung/Std.

Hieraus folgt:

$$\text{Abschreibungsbetrag je Nutzungsstd.} = \frac{\text{Wiederbeschaffungswert}}{\text{betriebsgewöhnliche Nutzungsdauer in Std.}}$$

und Abschreibungsbetrag je Nutzungsstd. · tatsächliche Nutzung/Std.

Der Ansatz in der KLR beträgt also: $\frac{520\,000{,}00\ €}{15\,330} \cdot 3100 = 105\,153{,}29\ €$

Da die kalkulatorische Abschreibung mit einem anderen Wert in die KLR einfließt als im Abschluss des GuV-Kontos, handelt es sich hierbei also um **Anderskosten**.

Bei der **kalkulatorischen Abschreibung** erfolgt der Kostenansatz in der KLR also nach dem **tatsächlichen Leistungsverbrauch** zu **Wiederbeschaffungskosten** einer gleichwertigen Anlage. Die gesetzlichen Vorgaben spielen hier keine Rolle.

Kalkulatorische Zinsen

7 | 1.2.4

Üblicherweise setzt sich das betriebsnotwendige Gesamtkapital der Unternehmen aus einem Teil Fremdkapital und einem Teil Eigenkapital zusammen. Für das Fremdkapital entrichten die Unternehmen **Fremdkapitalzinsen**. Werden die in dieser Höhe anfallenden Zinsen in die KLR als Kosten übernommen, ist das grundsätzlich richtig, da diese Zinsen einen betrieblichen Aufwand darstellen. Jeder Unternehmer wird jedoch danach streben, dass ihm in den Umsatzerlösen eine angemessene **Verzinsung auch des eingesetzten Eigenkapitals** zufließt. Um das zu erreichen, werden in der Kostenrechnung Zinsen für das gesamte bei der Leistungserstellung und -verwertung erforderliche Kapital angesetzt.

In der Kosten- und Leistungsrechnung werden also anstelle der tatsächlich gezahlten Zinsen kalkulatorische Zinsen angesetzt und verrechnet. Diese werden auf der Grundlage des **gesamten betriebsnotwendigen Kapitals** ermittelt. Der kalkulatorische Zinssatz richtet sich nach dem marktüblichen Zinssatz für langfristige Darlehen.

Beispiel

Die KommunikativAktiv KG hat im abgelaufenen Jahr für ein betriebsnotwendiges Darlehen (Fremdkapital) in Höhe von 1 400 000,00 € 9 % Zinsen p. a. entrichtet. Das gesamte betriebsnotwendige Kapital (Fremdkapital + Eigenkapital) betrug in diesem Zeitraum 2 500 000,00 €.

Die Fremdkapitalzinsen lt. GuV betrugen demnach 9 % von 1 400 000,00 € = 126 000,00 €.

Der Ansatz in der KLR (über die Ergebnistabelle) erfolgt nach den kalkulatorischen Zinsen des betriebsnotwendigen Kapitals also mit 9 % von 2 500 000,00 € = 225 000,00 €.

1.2.3.3 Zusatzkosten

Zusatzkosten sind **kalkulatorische Kosten**, denen in der GuV **kein Aufwand** gegenübersteht. Sie werden somit **ausschließlich in der KLR** berücksichtigt.

Zu den typischen Zusatzkosten gehören
- kalkulatorischer Unternehmerlohn und
- kalkulatorische Miete.

Kalkulatorischer Unternehmerlohn

In Kapitalgesellschaften (z. B. GmbH) beziehen die Geschäftsführer Gehälter, die als Aufwand in der Finanzbuchhaltung ausgewiesen werden und somit als Grundkosten in die KLR einfließen. In Einzelunternehmen und Personengesellschaften (e. K., OHG, KG) dagegen erhalten die mitarbeitenden Inhaber oder Gesellschafter keine Gehälter. Ihre Arbeitsleistung wird durch den erwirtschafteten Unternehmensgewinn abgegolten. 1 | 1.3

Dieser angemessene Gewinn kann aber nur dann erzielt werden, wenn zuvor für die Tätigkeit des Unternehmers ein entsprechender Betrag als Kosten (= Unternehmerlohn) angesetzt und in die Preise für die angebotenen Dienstleistungen einkalkuliert wird. Nur so fließen über die Umsatzerlöse die entsprechenden Finanzmittel in das Unternehmen zurück.

Beispiel
Die KommunikativAktiv KG wird von den beiden Gründern Hans Herrmann und Reinhold Groß geführt. Für ihre Tätigkeit werden in der KLR jeweils 130 000,00 € (insgesamt also 260 000,00 €) kalkulatorischer Unternehmerlohn angesetzt.

Kalkulatorische Miete

Dabei handelt es sich um den **Mietwert** für die betriebseigenen Gebäude. Anstelle der tatsächlich anfallenden Gebäude- und Grundstücksaufwendungen (z. B. Abschreibungen auf Gebäude, Hypothekenzinsen, Grundsteuer) kann eine kalkulatorische Miete für die selbst genutzten, betriebsnotwendigen Räume ermittelt und in der Kosten- und Leistungsrechnung erfasst werden. Dabei müssen jedoch alle tatsächlich entstandenen Gebäudeaufwendungen dem verrechneten kalkulatorischen Mietwert gegenübergestellt werden.

In den meisten Unternehmen entfällt die Verrechnung einer besonderen kalkulatorischen Miete für die betriebseigenen Gebäude. Werden im Extremfall überhaupt keine Kosten für betriebseigene Gebäude angesetzt (keine Kosten aus GuV vorhanden), fließen auch keinerlei Kosten in die Verkaufspreise mit ein. Wird jedoch in diesem Fall eine kalkulatorische Miete angesetzt, fließen über die Umsatzerlöse „quasi Mieteinnahmen" ins Unternehmen zurück. Alternativ könnte ein Unternehmen ja durch eine Fremdvermietung eigene Mieteinnahmen erzielen.

Beispiel

Die KommunikativAktiv KG nutzt eigene Büroräume mit einem Jahresmietwert in Höhe von 12000,00 €. Dieser Mietwert fließt als kalkulatorische Miete in die KLR (und somit in die Kalkulation der Angebotspreise) ein.

1.2.3.4 Leistungen

Für die Aufwendungen wurde eine Unterscheidung in Kosten und Nichtkosten vorgenommen, ebenso müssen auch die **Erträge der GuV** auf die Eignung für die KLR überprüft werden. Erträge bezeichnen den gesamten erfolgswirksamen (das Eigenkapital erhöhenden) Wertezufluss innerhalb einer Abrechnungsperiode. Für die **Zwecke der Kostenrechnung** werden die Erträge unterschieden nach:

Leistungen
=
betriebsbedingte Erträge

und

neutrale Erträge
=
nicht betriebsbedingte Erträge

Leistungen sind betriebsbedingte Erträge, die in unmittelbarem Zusammenhang mit dem **eigentlichen Betriebszweck** stehen. Zu den Leistungen zählen in der Dialogmarketingbranche z. B. die erzielten Umsatzerlöse aus dem Verkauf von Calls. Diese Erträge werden als Leistungen in die Kosten- und Leistungsrechnung **übernommen**.

Beispiel

Von den Erträgen des GuV-Kontos der KommunikativAktiv KG können aus der Gewinn- und Verlust-Rechnung folgende **Leistungen** in die KLR übernommen werden:

Umsatzerlöse aus Callcenter-Dienstleistung	1120000,00 €

Nicht betriebsbedingte Erträge sind **neutrale Erträge**. Sie stehen in **keinem Zusammenhang mit dem eigentlichen Betriebszweck** (Callcenter-Dienstleistungen) oder fallen **unregelmäßig** oder **in außergewöhnlicher Höhe** an. Sie werden von den Leistungen **abgegrenzt**.

Neutrale Erträge entstehen z. B.

- bei der **Verfolgung betriebsfremder Zwecke**,

  Beispiele

  Mieterträge, Zinserträge, Erträge aus Wertpapierverkauf

- durch den **Abgang von Vermögensgegenständen**,

  Beispiel

  Verkauf einer PC-Anlage zu einem Preis über dem Buchwert

- durch **periodenfremde Erträge**,

  Beispiel

  Steuerrückerstattung aus dem vergangenen Geschäftsjahr

- als außergewöhnliche Erträge aufgrund **ungewöhnlicher und selten vorkommender Geschäftsvorgänge**.

  Beispiele

  Steuererlass, Zahlung bereits abgeschriebener Forderungen aus dem Vorjahr

Aus der GuV der KommunikativAktiv KG sind somit die 5000,00 € Mieteinnahmen als neutrale Erträge für Zwecke der KLR **abzugrenzen**.

1.3 Vom Unternehmensergebnis zum Betriebsergebnis

Alle Aufwendungen und Erträge aus der Finanzbuchhaltung (ermittelt in der Gewinn- und Verlust-Rechnung), welche eben nicht in diesem direkten, engen Zusammenhang mit der betrieblichen Tätigkeit (betriebsbezogen) stehen, sind für die KLR nicht relevant, dürfen also nicht berücksichtigt werden. Daher führt man eine **Abgrenzungsrechnung** zwischen der Finanzbuchhaltung und der Kosten- und Leistungsrechnung durch.

Ausgangspunkt der Abgrenzungsrechnung ist das in der Finanzbuchhaltung ermittelte Unternehmensergebnis.

> # ***Definition***
> Das **Unternehmensergebnis** weist den Gewinn bzw. Verlust der **gesamten wirtschaftlichen Tätigkeit** (innerhalb einer Periode) des Unternehmens aus.

Beispiel

Die KLR erhält von der Finanzbuchhaltung der KommunikativAktiv KG folgende GuV-Zahlen:

Gewinn- und Verlust-Rechnung			
Soll		**Haben**	
Abschreibung für TK-Anlage	100000,00	Umsatzerlöse aus	
Lohnaufwand	800000,00	Callcenter-Dienstleistung	1120000,00
Gehälter	200000,00	Erlöse aus Mieteinnahmen	5000,00
Verluste aus Aktienspekulationen	36000,00	Unternehmensverlust	11000,00
	1136000,00		1136000,00

Den **Aufwendungen** in Höhe von 1136000,00 € stehen **Gesamterträge** in Höhe von 1125000,00 € gegenüber. Daraus resultiert per Saldo ein **Unternehmensverlust** von 11000,00 €. Da das im Rahmen der Gewinn- und Verlustrechnung ermittelte Unternehmensergebnis jedoch alle Aufwendungen und Erträge erfasst, beinhaltet es meist auch Aufwendungen und Erträge, die in keinem direkten Zusammenhang mit dem eigentlichen Betriebszweck stehen oder unregelmäßig oder in außergewöhnlicher Höhe anfallen. In unserem Beispiel stellen die Verluste aus Aktienspekulationen (36000,00 €) und die Erlöse aus Mieteinnahmen (5000,00 €) Positionen dar, die nicht in direktem Zusammenhang mit der eigentlichen betrieblichen Tätigkeit bzw. dem Kerngeschäft (Callcenter-Dienstleistungen) stehen.

Der Betrieb „Callcenter" selbst hat **Kosten** in Höhe von 1100000,00 € verursacht, welchen **Leistungen** in Höhe von 1120000,00 € gegenüberstehen (aus der Erstellung und dem Verkauf von Callcenter-Dienstleistungen). Dies verdeutlicht, dass im Callcenter-Betrieb selbst ein **vorläufiger** Gewinn (es werden noch kostenrechnerische Korrekturen durchgeführt, siehe unten) in Höhe von 20000,00 € erwirtschaftet wurde (welcher gänzlich durch die Spekulation aufgebraucht wurde).

Ermittlung des Betriebsergebnisses mithilfe der Abgrenzungsrechnung

Ausgangspunkt der KLR ist das erzielte Betriebsergebnis.

#

Definition

Das **Betriebsergebnis** weist den Gewinn bzw. Verlust aus der **eigentlichen betrieblichen Tätigkeit** des Unternehmens aus.

Die Berechnungsgrundlage liefern die Zahlen aus der GuV-Rechnung der Finanzbuchhaltung. Diese müssen jedoch zunächst um alle für die KLR nicht relevanten (neutralen) Positionen bereinigt werden. Diese Bereinigung erfolgt über die sogenannte **Abgrenzungsrechnung**.

Finanzbuchhaltung	Abgrenzungsrechnung	Kosten- und Leistungsrechnung
GuV = Unternehmensergebnis bzw. Gesamtergebnis	filtert alle nicht betrieblichen Aufwendungen und Erträge heraus = neutrales Ergebnis	enthält alle betriebsbezogenen Aufwendungen (Kosten) und Erträge (Leistungen) = Betriebsergebnis

Gesamtergebnis (Unternehmensergebnis) = neutrales Ergebnis + Betriebsergebnis

Als Hilfsmittel zur Abgrenzung der nicht relevanten Positionen bedient man sich der **Ergebnistabelle.**

Beispiel

Finanzbuchhaltung (GuV) ①			Kosten- und Leistungsrechnung ②			
Gesamtergebnisrechnung der FiBu			Abgrenzungsrechnung ③		Betriebsergebnisrechnung ④	
Konto	**Aufwand**	**Erträge**	**Neutrale Aufwendungen**	**Neutrale Erträge**	**Kosten**	**Leistungen**
Umsatzerlöse aus CC		1 120 000 →				1 120 000
Mieterträge		5 000 →		5 000		
Abschreibung	100 000 →				100 000	
Löhne	800 000 →				800 000	
Gehälter	200 000 →				200 000	
Verlust aus Aktienspekulation	36 000 →		36 000			
	1 136 000	1 125 000	36 000	5 000	1 100 000	1 120 000
		11 000		31 000	20 000	
	1 136 000	1 136 000	36 000	36 000	1 120 000	1 120 000
⑤	Gesamtergebnis		neutrales Ergebnis		Betriebsergebnis	

Abstimmung der Ergebnisse:		
1. Unternehmensergebnis		– 11 000,00 €
2. Neutraler Verlust	– 31 000,00 €	
3. Betriebsgewinn	+ 20 000,00 €	
4. Gesamtergebnis (2. + 3.)		– 11 000,00 €

Die Ergebnistabelle ist folgendermaßen aufgebaut:

① In den linken Teil – Finanzbuchhaltung – werden alle Ertrags- und Aufwandspositionen aus der GuV-Rechnung der Finanzbuchhaltung eingetragen. Die Summen der Aufwands- und Ertragsspalte entsprechen dem GuV-Konto. Als Saldo wird das Gesamtergebnis der Unternehmung ausgewiesen (11 000,00 € Gesamtverlust).

② Der rechte Teil repräsentiert die Kosten- und Leistungsrechnung. Er wird untergliedert in die Abgrenzungsrechnung und die Betriebsergebnisrechnung.

③ In der Abgrenzungsrechnung werden aus dem linken Teil Finanzbuchhaltung die neutralen Aufwendungen und neutralen Erträge übernommen. Den Abschluss bildet das neutrale Ergebnis (neutraler Gewinn oder neutraler Verlust).

④ Die Betriebsergebnisrechnung übernimmt aus dem linken Teil alle Kosten und Leistungen und ermittelt daraus das Betriebsergebnis.

⑤ Die Summen bzw. Salden der Spalten ermöglichen eine übersichtliche Darstellung der Ergebnisse (Gesamtergebnisse der Finanzbuchhaltung, neutrales Ergebnis und Betriebsergebnis der KLR). Ebenso ist es einfach möglich, die Ergebnisse auf ihre Richtigkeit hin abzustimmen.

#

Definition
Der erste Ansatz der KLR besteht darin, aus dem **Unternehmensergebnis** (GuV der Finanzbuchhaltung) das **Betriebsergebnis** zu ermitteln.

1.4 Erstellung und Auswertung der endgültigen Ergebnistabelle

Um die Kosten und Leistungen vollständig und periodengerecht zu erfassen, wird die **vorläufige Ergebnistabelle** unter Einbeziehung der kalkulatorischen Kosten um die **kostenrechnerischen Korrekturen** (betriebliche Aufwendungen/verrechnete Kosten) erweitert.

→

Praxistipp
Die Ergebnistabelle wird auch als Abgrenzungstabelle bezeichnet.

Beispiel

Die KommunikativAktiv KG erweitert ihre Ergebnistabelle um den Bereich kostenrechnerische Korrekturen. In die Spalte „Betriebliche Aufwendungen" werden die Werte aus der GuV-Rechnung (evtl. korrigiert durch neutrale Aufwendungen – neutrale Erträge) übertragen.

In der Spalte „Verrechnete Kosten“ werden die für die KLR-Zwecke geeigneten Anderskosten gegenübergestellt (siehe Abschreibung – kalkulatorische Abschreibung) und der Betrag der Anderskosten wird in die Kostenspalte übernommen.
Die ermittelten Zusatzkosten (hier: kalkulatorische Miete) haben keinen Gegenwert in der GuV, werden also direkt in die Spalten „Verrechnete Kosten“ und „Kosten“ übertragen.

Finanzbuchhaltung			Kosten- und Leistungsrechnung					
Unternehmensergebnis aus der GuV			Abgrenzungsrechnung				Betriebsergebnis-rechnung	
			Unternehmensbezogene Abgrenzung		Kostenrechnerische Korrekturen		Kosten- und Leistungs-rechnung	
Konto	Aufwand	Erträge	Neutrale Aufwendungen	Neutrale Erträge	Betriebliche Aufwendungen	Verrechnete Kosten	Kosten	Leistungen
Umsatzerlöse aus CC		1120000						1120000
Mieterträge		5000		5000				
Abschreibung	100000				100000	105153	105153	
Löhne	800000						800000	
Gehälter	200000						200000	
Verlust aus Aktien-spekulation	36000		36000					
Kalkulatorische Miete						12000	12000	
	1136000	1125000	36000	5000	100000	117153	1117153	1120000
		11000		31000	17153		2847	
	1136000	1136000	36000	36000	117153	117153	1120000	1120000
	Gesamtergebnis		neutrales Ergebnis				Betriebsergebnis	

Abstimmung der Ergebnisse:		
1. Unternehmensergebnis		– 11000,00 €
2. Neutraler Verlust	– 31000,00 €	
3. Ergebnis aus kostenrechnerischen Korrekturen	+ 17153,00 €	
4. Betriebsgewinn	+ 2847,00 €	
5. Gesamtergebnis (2. + 3. + 4.)		– 11000,00 €

Die in der endgültigen Ergebnistabelle der Betriebsergebnisrechnung ermittelten Kosten und Leistungen bilden die Grundlagen für alle weiteren Berechnungen innerhalb der Kosten- und Leistungsrechnung.

✱ Zusammenfassung

- Die **Finanzbuchhaltung** ist die offizielle Jahresrechnung der Unternehmung. In der FiBu werden alle Arten von Aufwendungen und Erträgen einer Rechnungsperiode aufgezeichnet – ohne Rücksicht darauf, ob sie betriebsbedingt oder betriebsfremd sind –, sodass sie in der Gewinn- und Verlust-Rechnung das Gesamtergebnis der Unternehmung ausweist. Dabei gilt:

  Erträge > Aufwendungen = Gesamtgewinn
  Erträge < Aufwendungen = Gesamtverlust

- Die **Kosten- und Leistungsrechnung** ist die innerbetriebliche Planungs- und Kontrollrechnung. Sie ist **betriebsbezogen** und befasst sich nur mit den Aufwendungen und Erträgen, die im engen Zusammenhang mit den geplanten betrieblichen Tätigkeiten des Dienstleistungsbetriebes stehen, also insbesondere
  - Beschaffung,
  - Durchführung und
  - Verkauf der Dienstleistung.

- Die betrieblichen Aufwendungen (z. B. Personalaufwand, Abschreibungen, Mietaufwand) werden **Kosten**, die betrieblichen Erträge (z. B. Umsatzerlöse) werden **Leistungen** genannt.

- Aus der Gegenüberstellung der Kosten und Leistungen resultiert das Ergebnis der eigentlichen betrieblichen Tätigkeit, das **Betriebsergebnis**. Dabei gilt:

  Leistungen > Kosten = Betriebsgewinn
  Leistungen < Kosten = Betriebsverlust

- **Bilanzabschreibungen** werden auf Grundlage der Anschaffungs- und Herstellungskosten des Anlagegutes vorgenommen (nach gesetzlichen Vorschriften). **Kalkulatorische Abschreibungen** werden von den gestiegenen Wiederbeschaffungskosten des Anlagegutes berechnet, um in Zukunft so viele Abschreibungsbeträge über die zufließenden Umsatzerlöse ansammeln zu können, dass Ersatzinvestitionen möglich sind.

- Unter **Aufwendungen** versteht man den gesamten Werteverzehr im Unternehmen an Gütern, Diensten und Abgaben während einer Abrechnungsperiode. Dabei unterteilt man nach **betrieblichen und neutralen Aufwendungen**. Betriebliche Aufwendungen bezeichnet man im Sinne der KLR als **Kosten**, neutrale Aufwendungen als **Nichtkosten**.

- Unter **Erträgen** versteht man den gesamten erfolgswirksamen Wertezufluss (erhöht das Eigenkapital) im Unternehmen innerhalb einer Abrechnungsperiode.
  - Erträge lassen sich in **betriebliche und neutrale Erträge** einteilen.
  - **Betriebliche Erträge** bezeichnet man im Sinne der KLR als **Leistungen**.
  - **Neutrale** Aufwendungen bzw. Erträge sind **betriebsfremde, periodenfremde oder außerordentliche** Aufwendungen bzw. Erträge. Sie werden **nicht** in die Kosten- und Leistungsrechnung übernommen.

■ *Aufgaben*

1. *Grenzen Sie internes und externes Rechnungswesen voneinander ab.*
2. *Erläutern Sie die Begriffe Kosten und Leistungen.*
3. *Wozu dient die Kostenrechnung?*
4. *Grenzen Sie Aufwendungen und Kosten voneinander ab.*
5. *Ordnen Sie zu, ob es sich um Grundkosten, Anderskosten oder Zusatzkosten handelt:*
   a) kalkulatorische Abschreibung
   b) Löhne/Gehälter
   c) kalkulatorischer Unternehmerlohn
   d) Büromaterial
   e) kalkulatorische Miete
   f) kalkulatorische Zinsen
6. *Unterteilen Sie die Aufwendungen/Erträge in neutral und betrieblich bedingt. Kreuzen Sie an:*

Aufwand/Ertrag	Neutral	Betrieblich bedingt
Gehälter für Agenten		
Miete für Callcenter-Räume		
Mietzahlung für Einliegerwohnung des Geschäftsinhabers im Geschäftsgebäude		
Zinserträge		
Umsatzerlöse für Call-Projekte		
Abschreibung der Telefonanlage		
Portokosten für Mailing-Werbeaktionen		
Zinszahlungen für einen aufgenommenen Kredit zur Finanzierung einer Dialer-Software		
Mieteinnahmen fremdvermieteter Geschäftsräume		

7. *Die Dialogfix GmbH erwirbt einen Firmen-Lkw für 70000,00 €. Laut Abschreibungstabelle der Finanzbehörden beträgt die Abschreibungsdauer vier Jahre. Laut Hersteller hat der Lkw eine betriebsgewöhnliche Leistung von 500000 km. Bei Ersatzbeschaffung für einen neuen Lkw rechnet das Unternehmen mit einem Wiederbeschaffungswert von 80000,00 €.*

   a) Ermitteln Sie den linearen Abschreibungssatz und den Abschreibungsjahresbetrag für die Finanzbuchhaltung.

   b) Ermitteln Sie den kalkulatorischen Abschreibungsbetrag nach dem tatsächlichen Werteverbrauch für 100000 km.

   c) Erläutern Sie, warum man bei der Berechnung der kalkulatorischen Abschreibungen anstatt von den Anschaffungskosten von den voraussichtlichen Wiederbeschaffungskosten ausgeht.

8. Erläutern Sie den Unterschied zwischen Unternehmens- und Betriebsergebnis.

9. Wie wird das Betriebsergebnis ermittelt?

10. In der Gewinn- und Verlustrechnung der KommunikativAktiv KG wurde für das vergangene Geschäftsjahr ein Aufwand für Fremdkapitalzinsen in Höhe von 105000,00 € gebucht (7% von 1500000,00 €). Das betriebsnotwendige Kapital betrug für diesen Zeitraum 3200000,00 €. Ermitteln Sie die kalkulatorischen Zinsen.

11. Folgende GuV eines Callcenters liegt Ihnen vor:

Gewinn- und Verlust-Rechnung			
Soll		**Haben**	
Gehälter	200000,00 €	Umsatzerlöse	2220000,00 €
Löhne	1200000,00 €	Mieterträge	60000,00 €
Abschreibungen	350000,00 €	Zinserträge	12000,00 €
Zinsaufwand	230000,00 €		
Büromaterial	5000,00 €		
Werbeaufwand	150000,00 €		
Spekulationsverluste	55000,00 €		
Gewinn	102000,00 €		
	2292000,00 €		2292000,00 €

Die kalkulatorische Abschreibung beträgt 370000,00 €.

a) Ermitteln Sie mit diesen Angaben den Betriebsgewinn mithilfe der Ergebnistabelle.

b) Erläutern Sie zwei Unterschiede zwischen der bilanziellen und der kalkulatorischen Abschreibung.

c) Erläutern Sie neben der Abschreibung zwei weitere Gründe für die unterschiedliche Höhe des Unternehmens- und des Betriebsergebnisses.

12. In der Buchhaltung der Dialogfix GmbH schließen die Erfolgskonten mit folgenden Beträgen ab:

Umsatzerlöse aus Callcenter-Dienstleistungen	1450000,00 €
Erträge aus Anlagenabgängen (Verkauf)	8000,00 €
Zinserträge	3000,00 €
Löhne	520000,00 €
Gehälter	175000,00 €
Soziale Abgaben	95000,00 €
Bilanzielle Abschreibung	120000,00 €
Mietaufwand für angemietete Räume	68000,00 €
Verlust aus Abgang von Gegenständen des Anlagevermögens durch Brand (nicht versichert)	105000,00 €
Steuernachzahlung für das vergangene Geschäftsjahr	25000,00 €
Verluste aus Wertpapierverkäufen	55000,00 €

Die kalkulatorische Abschreibung beträgt 140000,00 €.

Erstellen Sie die Ergebnistabelle. Ermitteln Sie dabei:

a) das Unternehmensergebnis,

b) das neutrale Ergebnis,

c) das Ergebnis aus kostenrechnerischen Korrekturen,

d) das Betriebsergebnis.

2 Teilbereiche der KLR unterscheiden

▪ *Einstiegssituation*

Julia hat nun einen ersten Einblick in die Grundlagen der Kosten- und Leistungsrechnung erhalten. Auf die Frage von Herrn Herrmann, ob sie bis jetzt alles verstanden hat, antwortet **Julia**: *„Der Unterschied zwischen Unternehmens- und Betriebsergebnis ist mir jetzt klar geworden, auch dass man die Zahlen der Finanzbuchhaltung für die KLR entsprechend aufbereiten muss. Und dass es das Ziel der KLR ist, das Betriebsergebnis zu ermitteln. Somit ist die KLR doch wohl eine ‚Vergangenheitsbetrachtung' der zurückliegenden Periode, oder?"*

Herr Herrmann erwidert: *„Die Ermittlung des Betriebsergebnisses ist ein erster und wichtiger Schritt, also sozusagen der Ausgangspunkt der KLR. Danach müssen wir das Betriebsergebnis so aufbereiten, dass wir Antworten auf die unterschiedlichsten Fragestellungen erhalten können. So ist es z. B. wichtig zu wissen, welche Art von Kosten bei uns anfallen, wo die Kosten anfallen und wie die angefallenen Kosten auf die einzelnen Verkaufspreise je Call verteilt werden müssen."*

▪ *Arbeitsaufträge*

1. ***Diskutieren Sie in der Klasse, was die Begriffe Kostenarten, Kostenstellen und Kostenträger bedeuten könnten.***
2. ***Nennen Sie zu den Begriffen jeweils zwei Beispiele aus Ihrem Ausbildungsbetrieb.***
3. ***Welche Daten müssen Ihrer Meinung nach berücksichtigt werden, um einen Angebotspreis für einen Call zu kalkulieren?***

Je nach Fragestellung lässt sich die KLR in unterschiedliche Bereiche unterteilen:

Kosten- und Leistungsrechnung		
Kostenartenrechnung	**Kostenstellenrechnung**	**Kostenträgerrechnung**
Erfassung und Gliederung der Kosten	Verteilung der Kosten auf die Betriebsbereiche (Kostenstellen), in denen sie angefallen sind	Verteilung der Kosten auf die erbrachten Leistungen (Kostenträger)
Welche Kosten sind entstanden?	**Wo** sind die Kosten entstanden? Wer hat sie zu verantworten?	**Wer** trägt die Kosten? Welcher Anteil entfällt auf die einzelnen Kostenträger?

2.1 Kostenartenrechnung

> # **Definition**
> Aufgabe der **Kostenartenrechnung** ist es, die **Kosten zu erfassen** und nach verschiedenen Kriterien **zu gliedern**. Sie wird auch als erste Stufe der Kosten- und Leistungsrechnung bezeichnet.

Je nach den verfolgten Zielen der Kostenartenrechnung kommen folgende **Kostengliederungen** in Betracht:

Ziele der KLR	Gliederungs-kriterium	Kostenunterteilung	Beispiele
1. Planung und Kontrolle des Verbrauchs an Produktionsfaktoren	Gliederung nach Verbrauchsart	• Personalkosten	**Beispiele** Löhne, Gehälter, Lohnnebenkosten
		• Betriebsmittelkosten	**Beispiel** Wertminderung an Betriebsmitteln (Telefon-, EDV-Anlagen)
		• kalkulatorische Kosten	**Beispiele** kalkulatorische Miete, kalkulatorischer Unternehmerlohn
		• Dienstleistungskosten	**Beispiele** Versicherungsprämien, Frachtkosten, Fremdinstandhaltung, Vertriebsprovision, Rechts- und Beratungskosten
		• Zwangsabgaben	**Beispiele** Steuern, Gebühren, Zölle
2. Erstellung von Kalkulationen	Zurechnung der Kosten auf den Kostenträger (z. B. Projekt, Auftrag, Callvolumen)	• Einzelkosten (= direkt dem Kostenträger zurechenbar)	**Beispiele** Stundenlöhne für Zeitarbeitsmitarbeiter; Telefonkosten, die nach Telefonzeit abgerechnet werden
		• Gemeinkosten (= nicht direkt dem Kostenträger zurechenbar)	**Beispiele** Gehälter, Zeitlöhne, soziale Abgaben, Abschreibungen, Mieten, betriebliche Steuern etc.
3. Entscheidungsfindung bei veränderten Rahmenbedingungen	Verhalten der Kosten bei Beschäftigungsänderung	• variable Kosten (= reagieren auf Beschäftigungsänderung)	**Beispiele** Stundenlöhne für Zeitarbeitsmitarbeiter, Leistungslöhne
		• fixe Kosten (= reagieren nicht auf Beschäftigungsänderung)	**Beispiele** Gehälter, zeitabhängige Löhne, Abschreibungen, Versicherungsprämien, Mieten
		• Mischkosten (= enthalten zugleich variable und fixe Kostenbestandteile)	**Beispiele** Telefonkosten, Gehälter mit fixen und variablen Anteilen (Grundgehalt und Prämien)

2.1.1 Planung und Kontrolle der Verbrauchskosten

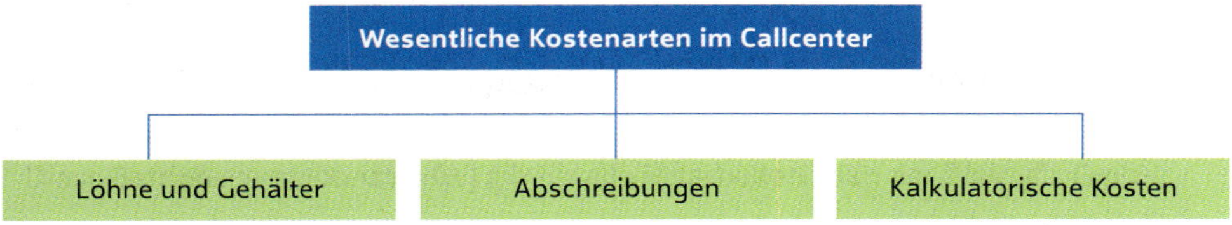

Kostenart Löhne und Gehälter

In Callcentern stellen die Löhne und Gehälter sowie Lohn-/Gehaltszusatzkosten in der Regel die wesentlichen Kostenpositionen dar. Schon aus diesem Grund muss die Kos- 10 | 6.3
tenrechnung auf diese Kostenart ein besonderes Augenmerk richten.

Die Ermittlung des Bruttolohns hängt davon ab, ob der Arbeitnehmer nach der Zeit oder nach der erbrachten Leistung entlohnt wird. Man unterscheidet deshalb zwischen **Zeit- und Leistungslohn.**

> → ***Praxistipp***
> Die einzelnen Lohnformen werden im vorliegenden Band in Lernfeld 10, Kapitel 6.3 ausführlich behandelt.

Kostenart Abschreibungen

Während in der Finanzbuchhaltung mit der bilanzmäßigen Abschreibung (in der Regel nach steuerlichen Grundsätzen) gerechnet wird, arbeitet man in der KLR mit der **kalkulatorischen Abschreibung**, da man in der KLR die Kosten verursachungsge- 11 | 1.2.3.2
recht erfassen will.

> → ***Praxistipp***
> Während die bilanzielle Abschreibung immer von den Anschaffungskosten vorgenommen werden muss, geht man bei der kalkulatorischen Abschreibung von den Wiederbeschaffungskosten aus.

In der KLR werden überwiegend die beiden folgenden Abschreibungsmöglichkeiten eingesetzt:

- **Lineare Abschreibung**
  Die Abschreibung wird **gleichmäßig** auf die betriebsgewöhnliche Nutzungsdauer aufgeteilt.

  Beispiel

  Die KommunikativAktiv KG soll im Auftrag der US-Invest-Bank die telefonische Aktienorder durchführen. Nach einer sehr gut verlaufenen Probephase wird ein Vertrag mit einer Laufzeit von zehn Jahren geschlossen. Abgerechnet wird auf Stundenbasis, die KommunikativAktiv KG stellt pro Jahr 5600 Stunden Inbound-Bereitschaft mit der notwendigen Leitungsanzahl zur Verfügung. Aufgrund rechtlicher Bestimmungen und der Nachweismöglichkeit ist es dabei notwendig, dass alle Gespräche aufgezeichnet und gespeichert werden.

Zur Sicherung von telefonischen Aktienbestellungen wird daher ein Sprachaufzeichnungssystem für 200000,00 € gekauft. Das System hat eine betriebsgewöhnliche Nutzungsdauer von fünf Jahren. Der vermutliche Wiederbeschaffungswert beträgt 250000,00 €.

Der Abschreibungsbetrag (auf Basis des Wiederbeschaffungspreises) pro Jahr bei der **linearen Abschreibung** ermittelt sich wie folgt:

$$\text{Abschreibungsbetrag} = \frac{250000{,}00\ €}{5\ \text{Jahre}}$$

Abschreibungsbetrag = 50000,00 €

Für die fünf Jahre der Nutzungsdauer ergibt sich daher Folgendes:

Jahre	Abschreibungsbetrag pro Jahr	Restwert am Ende des Jahres
0		250000,00 €
1	50000,00 €	200000,00 €
2	50000,00 €	150000,00 €
3	50000,00 €	100000,00 €
4	50000,00 €	50000,00 €
5	50000,00 €	0,00 €

Die lineare Abschreibung führt pro Periode (Jahr) zu den gleichen Abschreibungskosten in Höhe von 50000,00 €. Dies ist unabhängig von der tatsächlichen Nutzungsdauer der Anlage innerhalb der Perioden (Jahre).

- **Leistungsabschreibung**

  Bei der **Leistungsabschreibung** (verbrauchsbedingte Abschreibung) wird die **tatsächliche Nutzung** berücksichtigt. Der Abschreibungsbetrag ermittelt sich demnach wie folgt:

  Beispiel

  Für das Sprachaufzeichnungssystem wird mit einer tatsächlichen Lebensdauer von 25000 Betriebsstunden gerechnet. Für das laufende Jahr wird mit dem Kunden eine Auftragszeit von 5600 Stunden vereinbart.

Die Abschreibung für das laufende Jahr beträgt:

$$\frac{250\,000{,}00\ €}{25\,000\ \text{Std.}} \cdot 5600\ \text{Std.} = 56\,000{,}00\ €$$

Die Leistungsabschreibung ist im Sinne der KLR meist die sinnvollste Form der Abschreibung, da diese den tatsächlichen Verbrauch des Anlagegutes am besten widerspiegelt und bei der Kalkulation von Angebotspreisen zu „homogenen" Werten führt.

Beispiel

Würde der Angebotspreis in o. g. Beispiel nach linearer AfA angesetzt, führte dies zu folgendem Kostenansatz im Angebotspreis:

$$\frac{50\,000{,}00\ €\ \text{(AfA-Jahresbetrag)}}{5600\ \text{Ist-Stunden}} = 8{,}93\ €/\text{Std.}$$

Beim Ansatz der Abschreibungskosten nach dem tatsächlichen Leistungsverbrauch ergibt sich folgender Kostenstundensatz:

$$\frac{250\,000{,}00\ €}{25\,000\ \text{Std.}} = 10{,}00\ €/\text{Std.}$$

Bei linearer Abschreibung wären zum Zeitpunkt des endgültigen Verbrauchs der Anlage lediglich 25 000 Std. · 8,93 € = 223 250,00 € über die Verkaufspreise zur KommunikativAktiv zurückgeflossen. Die notwendige Ersatzinvestition könnte nicht in erforderlicher Höhe durchgeführt werden. Bei der Leistungsabschreibung sind es 25 000 Std. · 10,00 € = 250 000,00 €. Dies entspricht dem Betrag der Ersatzinvestition.

Eine Änderung der Callstunden in Folgeperioden führt somit bei linearer AfA gleichzeitig zur Änderung des Kostenansatzes. Der Angebotspreis ändert sich. Bei Leistungsabschreibung bleibt bei Änderung der Callstunden in Folgeperioden der AfA-Kostensatz je Callstunde gleich. Der Angebotspreis bleibt insofern unverändert.

Kostenart kalkulatorische Kosten (Zusatzkosten)

Bei Einzelunternehmen und Personengesellschaften wird häufig für die Arbeitsleistung des Unternehmers ein **kalkulatorischer Unternehmerlohn** angesetzt. Dadurch fließt die Arbeitsleistung des Unternehmers in die Kalkulation ein, und es wird eine Vergleichbarkeit mit **Kapitalgesellschaften** hergestellt. 1 | 1.3.3

Werden bei Einzelunternehmen und Personengesellschaften private Räumlichkeiten genutzt, so wird auch hier für Kalkulationszwecke und aus Gründen der Vergleichbarkeit mit anderen Unternehmen mit einem kalkulatorischen Wert in der KLR gearbeitet. Man spricht hier von der **kalkulatorischen Miete**.

2.1.2 Erstellung von Kalkulationen

Nach Erfassung aller Kosten in der Ergebnistabelle besteht eine wesentliche Aufgabe der Kostenrechnung darin, alle Kosten **verursachungsgerecht** auf die Leistungseinheiten zu verteilen. Auf diese Weise werden die **Selbstkosten** der Leistungseinheit
11 | 2.2.3 ermittelt. Dabei geht es u. a. um die Aufteilung der Einzel- und Gemeinkosten.

Die Leistungseinheit im Callcenter sind in der Regel die einzelnen Calls, aber auch einzelne Projekte oder ein Gesamtauftrag kommen dafür infrage. Diese Leistungseinheit in der KLR heißt **Kostenträger**. Den Kostenträgern werden alle Kosten zugewiesen, die sie verursacht haben. Dies hat zwei entscheidende Auswirkungen:

- Für die Kostenträger werden kostendeckende Preise kalkuliert (Selbstkosten).
- Durch den Verkauf der Kostenträger fließen alle Kosten in Form von Umsatzerlösen wieder in das Unternehmen zurück.

→ ***Praxistipp***
Ein ausführliches Beispiel für die Erstellung einer Kalkulation im Callcenter finden Sie in Band 2 (vgl. Kapitel 2.4.2).

2.1.3 Entscheidungsfindung bei veränderten Rahmenbedingungen

Hier wird das Verhalten der Kosten bei Beschäftigungsänderung betrachtet, also die Abhängigkeit der Kosten von der Beschäftigung.

Definition
Unter **Beschäftigung** versteht man das Leistungsvermögen eines Unternehmens, ausgedrückt in Produktionszahlen je Zeiteinheit (z. B. Tag, Woche, Monat, Jahr), das jedes Unternehmen aufgrund seiner Kapazität hat.

Jedes Unternehmen besitzt eine **technische Kapazität** (im Callcenter z. B. Telefonanlage, Anzahl der Leitungen, Telefonarbeitsplätze) und eine **wirtschaftliche Kapazität**, die die kostengünstigste Variante angibt. In der Regel wird das Unternehmen die wirtschaftliche Kapazität anstreben und nicht die technische Kapazität. Als **Beschäftigungsgrad (Kapazitätsausnutzungsgrad)** wird das Verhältnis aus tatsächlicher Ausnutzung der Kapazität und der technischen Kapazität (maximal mögliche Kapazität) bezeichnet.

$$\textit{Beschäftigungsgrad} = \frac{\textit{tatsächliche Anzahl Calls} \cdot 100}{\textit{mögliche Anzahl Calls}}$$

Beispiel

Die KommunikativAktiv KG rechnet aufgrund der guten Auftragslage im Inbound im nächsten Jahr mit einer Zunahme der Calls. Im abgelaufenen Geschäftsjahr wurden 324800 Gespräche (mit gleichbleibender durchschnittlicher Gesprächszeit) angenommen.

Damit konnten die Agenten und die technischen Anlagen zu **80% ausgelastet** (beschäftigt) werden. Die Gesamtkosten betrugen dabei 812000,00 €. Die KommunikativAktiv KG erwartet im kommenden Jahr eine Erhöhung des durchzuführenden Gesprächsaufkommens um 20300 Calls.

Zur Entscheidungsfindung muss die **Maximalkapazität** ermittelt werden.

Bei derzeitiger Auslastung von 80% ergibt sich eine Maximalkapazität (bei gleichbleibender durchschnittlicher Gesprächsdauer) von:

$$\frac{324800 \text{ Calls} \cdot 100}{80} = 406000 \text{ Calls}$$

Die geplante Callzahl von 345100 (324800 + 20300) lässt sich mit dem vorhandenen Personal und der technischen Anlage durchführen; die zusätzlichen Calls würden den Beschäftigungsgrad wie folgt erhöhen:

$$\text{Beschäftigungsgrad für 345100 Calls} = \frac{345100 \text{ Calls}}{406000 \text{ Calls}} \cdot 100 = 85\,\%$$

Wie sich die Kosten aufgrund der erhöhten Callzahlen im nächsten Geschäftsjahr entwickeln, lässt sich vereinfacht auf **Grundlage der Durchschnittskosten** mit folgenden Annahmen ermitteln:

Beispiel

Die durch die bislang durchgeführten Calls verursachten Kosten in Höhe von 812000,00 € ergeben pro Call folgende Durchschnittskosten:

1) $\text{Callkosten} = \frac{812000{,}00\ €}{324800 \text{ Calls}} = 2{,}50\ € \text{ je Call}$

2) Die Kosten für die erwarteten 345100 Calls des nächsten Jahres betragen dann rechnerisch 2,50 € je Call · 345100 Calls = 862750,00 €.

Diese auf den Durchschnittskosten beruhende Rechnung führt jedoch **nur näherungsweise** zu einem richtigen Ergebnis. Zwar werden die Kosten im kommenden Jahr wegen der steigenden Beschäftigung höher ausfallen müssen als im abgelaufenen Jahr. Es ist jedoch fraglich, ob sich alle Kosten bei dieser Beschäftigungsänderung proportional – also im gleichen Verhältnis wie die Beschäftigung – verändern, wie es in obigem Beispiel unterstellt worden ist.

Verhalten der Kosten bei Beschäftigungsänderung

Im Rahmen der beschäftigungsbezogenen Kosten werden folgende Kosten unterschieden:

Beschäftigungsbezogene Kosten

- fixe Kosten
- variable Kosten
- Mischkosten

In jedem Unternehmen stehen die Kosten in einer ganz bestimmten Beziehung zur Beschäftigung (z. B. Anzahl der durchgeführten Calls).

Definition

Kosten, die bei Änderung der Ausbringungsmenge (z. B. Erhöhung und Verminderung der Callanzahl) gleich bleiben, bezeichnet man als **fixe Kosten**. Kosten, die sich mit der Ausbringungsmenge (Callanzahl) ändern, bezeichnet man als **variable Kosten**.

Die **Gesamtkosten** ergeben sich aus der Summe der fixen und der variablen Kosten:

$$K(x) = Kv(x) + Kf$$

K(x) = Gesamtkosten bei einer Callmenge/Std. von x
Kv(x) = gesamtvariable Kosten bei einer Callmenge/Std. von x
Kf = gesamtfixe Kosten

→ ***Praxistipp***

Zusätzlich sind in der Kostenrechnung noch diese Abkürzungen gängig:

k(x) = *Kosten je Einheit (z. B. je Call/Std./Stück)*
kv(x) = *variable Kosten je Einheit (z. B. je Call/Std./Stück)*
kf = *fixe Kosten je Einheit (z. B. je Call/Std./Stück)*

Beachten Sie den Unterschied zwischen Groß- und Kleinschreibung!

- **Variable Kosten** ändern sich mit der Menge der hergestellten Güter und Dienstleistungen (z. B. Kosten für Leiharbeitnehmer auf Stundenbasis, Stromverbrauch am Telefonarbeitsplatz). Sie sind also abhängig von der Produktion.
- **Fixkosten** fallen unabhängig von der Menge der hergestellten Güter und Dienstleistungen an (z. B. Kosten für festangestellte Mitarbeiter, Abschreibungen auf Telefonanlage). Man spricht daher von Kosten der Betriebsbereitschaft.
- **Mischkosten** enthalten sowohl fixe als auch variable Anteile (z. B. Gehälter mit fixen und variablen Bestandteilen = Grundgehalt und Provisionen).

Nun lassen sich die **Durchschnittskosten** als Kosten pro Leistungseinheit ermitteln, die auch **Stückkosten** genannt werden (z. B. je Call).

$$k = \frac{K}{x}$$

***k* = Durchschnittskosten (€/Stück)**
***K* = Gesamtkosten (€/Periode)**
***x* = Leistungsmenge (Calls/Stück/Periode)**

Beispiel

Für ein Callcenter liegen folgende Kosteninformationen vor:

Calls/Periode	0	5000	10000	15000	16000	20000	21120
Kosten (€/Periode)	40000,00	42500,00	45000,00	47500,00	48000,00	50000,00	50560,00

Aus diesen Angaben können sowohl die fixen als auch die variablen Gesamtkosten sowie in Abhängigkeit von der Callmenge die Kosten je Call in einer Wertetabelle ermittelt werden:

Calls/ Periode	Kosten gesamt K in Euro	Fixe Kosten K_f (€/ Periode)	Variable Kosten Kv in Euro	Variable Kosten je Call kv in Euro	Fixe Kosten je Call kf in Euro	Durchschnitts-kosten je Call in Euro
0	40000,00	40000,00	0,00	0,00	40000,00	40000,00
5000	42500,00	40000,00	2500,00	0,50	8,00	8,50
10000	45000,00	40000,00	5000,00	0,50	4,00	4,50
15000	47500,00	40000,00	7500,00	0,50	2,67	3,17
16000	48000,00	40000,00	8000,00	0,50	2,50	3,00
20000	50000,00	40000,00	10000,00	0,50	2,00	2,50
21120	50560,00	40000,00	10560,00	0,50	1,89	2,39

Bei der Analyse der Wertetabelle können folgende Aussagen getroffen werden:

- Bei steigendem Callvolumen bleiben die gesamtfixen Kosten gleich (beschäftigungsunabhängig).
- Bei steigendem Callvolumen sinken die fixen Kosten je Call.
- Bei steigendem Callvolumen steigen die gesamtvariablen Kosten, und zwar gleichmäßig um 0,50 € je Call (= proportional).
- Bei steigendem Callvolumen bleiben die variablen Kosten je Call gleich (0,50 € je Call).
- Bei steigendem Callvolumen steigen die Gesamtkosten.
- Bei steigendem Callvolumen sinken die Kosten je Call.

Diese typischen **Kostenverläufe** lassen sich grafisch darstellen:

1. Variable Kosten insgesamt

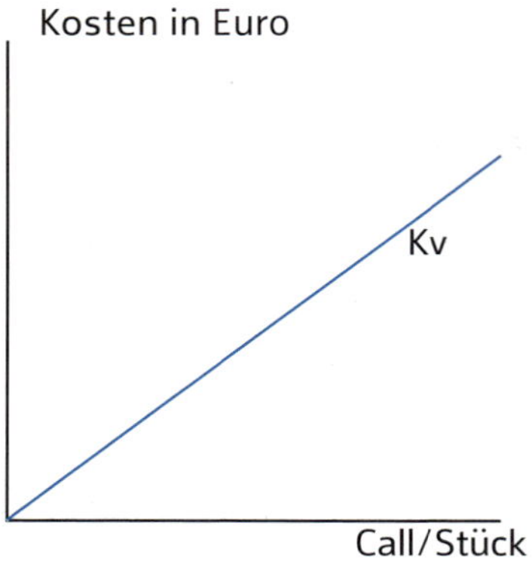

2. Variable Kosten je Call

Zu 1.: Die variablen Gesamtkosten steigen proportional. In der grafischen Darstellung erkennt man dies an der Geraden mit **gleichbleibender Steigung**.

Zu 2.: Die variablen Kosten je Call betragen gleichbleibend 0,50 €. In der Grafik wird dies **als Gerade ohne Steigung** dargestellt.

3. Fixe Kosten insgesamt

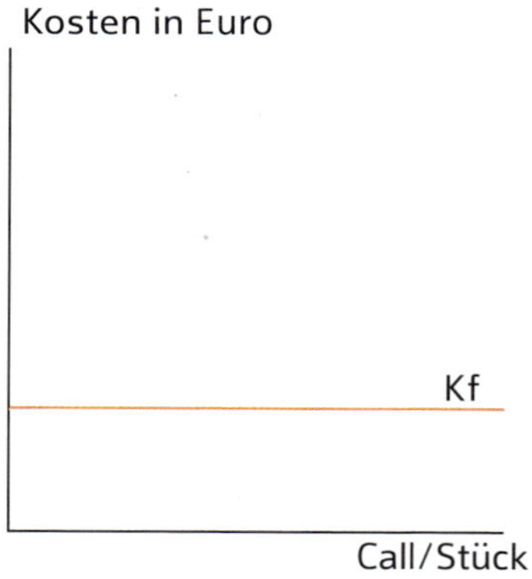

4. Fixe Kosten je Call/Stück

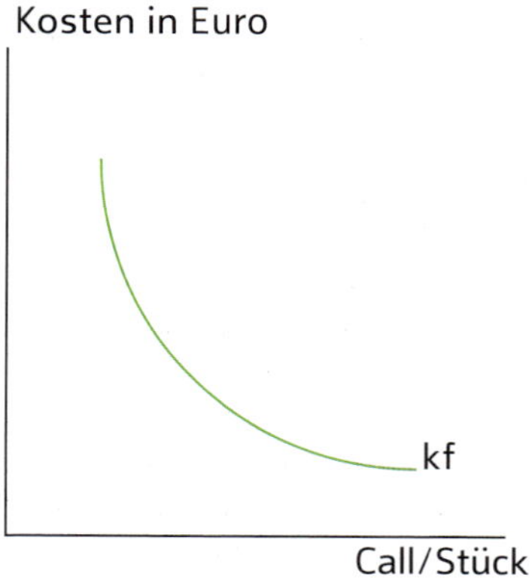

Zu 3.: Die fixen Kosten insgesamt ändern sich nicht bei verändertem Callvolumen. Man sieht dies an der Gerade ohne Steigung.

Zu 4.: Bei steigendem Callvolumen sinken die fixen Kosten je Call überproportional.

→ ***Praxistipp***
Der Effekt, dass bei steigendem Volumen die fixen Kosten überproportional sinken (Abb. 4), wird als **Fixkostendegression** bezeichnet.

2.2 Kostenstellenrechnung

> **#** ***Definition***
> Die **Kostenstellenrechnung** untersucht, wo die Kosten angefallen sind und wie die angefallenen Kosten auf die Kostenstellen verteilt werden.

Innerhalb der Kosten- und Leistungsrechnung fungiert die Kostenstellenrechnung als zweite Verbindungsstufe zwischen der Kostenartenrechnung und der Kostenträgerrechnung. Hauptaufgabe der Kostenstellenrechnung ist es, die **Gemeinkosten** über die Kostenstellen auf die **Kostenträger zu verteilen**.

Beispiele

Kostenträger im Callcenter können sein: einzelne Calls, Callstunden, einzelne Projekte, Aufträge oder verkaufte Produkte wie Smartphones oder PCs.

Die Kostenstellenrechnung ist somit Grundlage für

- die Verteilung der Gemeinkosten auf die Kostenstellen des Betriebes,
- die Errechnung von Zuschlagssätzen (z. B. Handlungsgemeinkostenzuschlag),
- die Kontrolle der Kosten vor Ort,
- eine verursachungsgemäße Kalkulation.

2.2.1 Gliederung des Unternehmens in Kostenstellen

Zur Einrichtung von Kostenstellen wird der Gesamtbetrieb zunächst je nach Funktionen in zwei bis vier Kostenbereiche untergliedert. Diese Kostenbereiche bilden dann die Grundlage für die Einrichtung der Kostenstellen.

Kostenstellen nach Tätigkeiten

Nach Bildung der Kostenbereiche werden für alle Kostenbereiche Kostenstellen eingerichtet. Für kleinere Callcenter genügt oft die Bildung einer Kostenstelle für jeden Kostenbereich. Im Allgemeinen wird jedoch jeder Kostenbereich in mehrere Kostenstellen (z. B. Teams) aufgeteilt, die ihrerseits das Merkmal einheitlicher Tätigkeit aufweisen. Die Zahl der zu bildenden Kostenstellen hängt von der Art und Größe des Callcenters und der angestrebten Genauigkeit der Kostenrechnung ab.

Beispiel

Kostenbereiche nach Funktion	Kostenstellen nach Tätigkeit
I. Bereich Telefonie (Callproduktion)	Team 1, Team 2, Inbound-Team, Outbound-Team etc.
II. Verwaltungsbereich	Kfm. Leitung, Finanzbuchhaltung, Buchhaltung etc.
III. Vertriebsbereich	Werbung, Verkauf

Kostenstellen nach Verantwortung

Damit die Kostenstellenrechnung ihrer Kontrollaufgabe gerecht werden kann, ist es erforderlich, dass sich die nach einheitlichen Tätigkeitsmerkmalen gebildeten Kostenstellen mit den Verantwortungsbereichen decken. Der Teamleiter sollte somit verantwortlich sein für den Kostenverbrauch seines Teams und der Supervisor für den Kostenverbrauch seines Verantwortungsbereichs, der mehrere Teams umfassen kann.

Bei der Bildung von Kostenstellen ist auf Folgendes unbedingt zu achten:

- Schaffung eindeutiger Verantwortungsbereiche
- Wirtschaftlichkeit

2.2.2 Einzel- und Gemeinkosten

Bei der Kostenstellenrechnung unterscheidet man nach **Einzelkosten** und **Gemeinkosten**. Einzelkosten können jedem Kostenträger direkt zugeordnet werden. Gemeinkosten werden über ein Umlageverfahren auf die Kostenstellen (z. B. Team 1, Team 2, ...) verteilt. Damit fließen die Gemeinkosten dem Kostenträger nach dem Verursachungsprinzip zu.

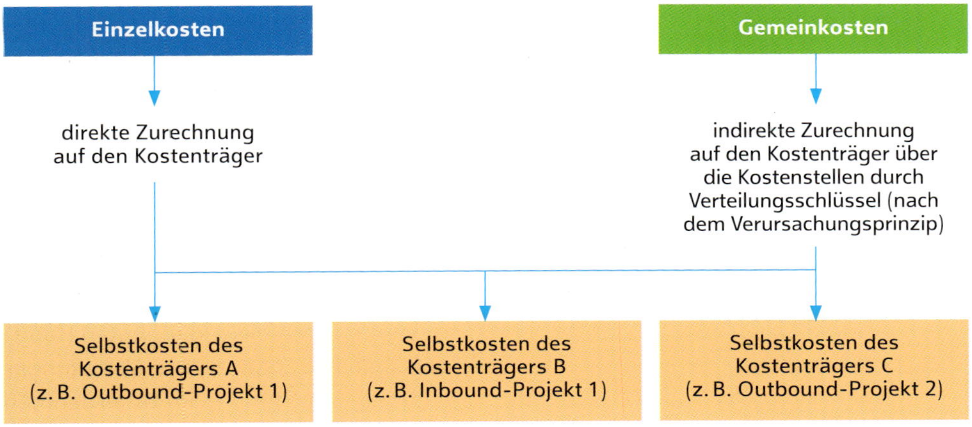

Für ein Callcenter ist folgende Aufteilung in Einzel- und Gemeinkosten typisch:

Zurechnung auf Kostenträger	Kostenarten	Zurechnungsgrundlage
Einzelkosten	projektbezogene Agentengehälter, Löhne für Zeitarbeitskräfte	direkte Zurechnung aufgrund von Auftragszetteln, Laufzetteln, Lohn- und Gehaltslisten
Gemeinkosten	Gehälter von Verwaltungsmitarbeitern, projektübergreifender Teamleitung, Geschäftsleitung	indirekte Zurechnung aufgrund von Gehaltslisten
	Sozialabgaben	indirekte Zurechnung aufgrund von Gehaltslisten
	Abschreibungen	indirekte Abschreibung aufgrund von Anlagekartei
	Werbung	indirekte Zurechnung aufgrund von Rechnungen und Verteilungsschlüsseln
	Büromaterial	indirekte Zurechnung aufgrund von Rechnungen und Verteilungsschlüsseln
	betriebliche Steuern	indirekte Zurechnung aufgrund von Verteilungsschlüsseln
	kalkulatorische Kosten	indirekte Zurechnung aufgrund von Anlagewerten, Beschäftigungszahlen

2.2.3 Ermittlung der Handlungsgemeinkosten als Zuschlagssatz

In Dialogmarketingunternehmen sind die Strukturen oft ähnlich: Die operative Ebene besteht aus Telefonteams mit einer Mitarbeiterzahl von acht bis 20 Agents. Diese Teams wiederum werden von Teamleitern geführt, welche dann der Geschäftsleitung direkt unterstellt sind.

Die beauftragten Projekte werden in der Regel von verschiedenen Teams bearbeitet. So kann es z. B. spezielle In- und Outbound-Teams, Teams für Projekt 1, 2 etc. geben. Das bedeutet, dass die **Einzelkosten**, die von den jeweiligen Teams verursacht werden (Gehälter, Telefon, Arbeitsplatzkosten), relativ einfach direkt dem einzelnen Kostenträger (Projekt, Auftrag) zugeordnet werden können. Die Summe dieser Kosten bilden die **operativen Gesamtkosten**.

Schwieriger ist die Verteilung der **Gemeinkosten** (Verwaltung, Vertrieb, Abschreibungen etc.). Diese können nicht direkt den Kostenträgern zugeordnet werden. Zur Verteilung müssen daher sinnvolle Schlüssel gefunden werden. Fasst man alle diese Kosten zu einer Summe zusammen, ergeben sich als Gesamtsumme die sogenannten Handlungsgemeinkosten (auch allgemeine Geschäftskosten genannt). Als Verteilungsschlüssel könnten etwa die gesamten durchgeführten Call-Stunden im Unternehmen dienen. Zur Ermittlung der Selbstkosten werden die **Handlungsgemeinkosten** zu den operativen Gesamtkosten addiert.

Beispiel

Die gesamten Handlungsgemeinkosten einer Periode betrugen 960 000,00 €. In der gleichen Zeit wurden von allen Teams insgesamt 240 000 Callstunden geleistet. In der Kostenkalkulation erhält jede Callstunde also einen Zuschlag von 960 000,00 € : 240 000 = 4,00 € Handlungsgemeinkosten.

Um künftige Angebote kalkulieren zu können, ist es sinnvoll, für die vorhandenen Handlungsgemeinkosten allgemeingültige **Zuschlagssätze** zu ermitteln. Der **Handlungsgemeinkostenzuschlagssatz** wird als Prozentsatz der operativen Gesamtkosten ermittelt. Dabei gilt allgemein:

$$\textit{Handlungsgemeinkostenzuschlagssatz} = \frac{\textit{Handlungsgemeinkosten} \cdot 100}{\textit{operative Gesamtkosten}}$$

Beispiel 1

Die KommunikativAktiv KG bearbeitet mit drei Teams drei unterschiedliche Projekte:

Team 1 Outbound-Projekt 1
Team 2 Inbound-Projekt 1
Team 3 Outbound-Projekt 2

Die einzelnen Teams bilden auch gleichzeitig die Kostenstellen. Zusätzlich wird aufgrund ihrer Kostenbereiche die Kostenstelle Verwaltung (inkl. Vertrieb/Marketing) eingerichtet. Die Kosten für Agenten, Teamleiter und Arbeitsplätze (kalk. Abschreibung) können den einzelnen Teams (Kostenstellen) direkt zugeordnet werden.

- Alle Gemeinkosten, ebenso wie die Verwaltungs- und Vertriebsgemeinkosten, sollen anteilig (nach Callstunden) auf die einzelnen Projekte verteilt werden.
- Zusätzlich möchte die KG für künftige Angebotskalkulationen einen allgemeinen Handlungskostenzuschlagssatz ermitteln.

Die Kunden zahlen entweder je Call bzw. je Callstunde oder einen Festpreis für das Gesamtprojekt. Callanzahl, Callstunden bzw. Gesamtprojekt bilden somit die Kostenträger. Die Selbstkosten je Projekt insgesamt und je Callstunde sind zu ermitteln. In den einzelnen Projektkostenstellen werden folgende Einzelkosten aufgestellt:

Einzelkosten	Kostenstelle I Team 1	Kostenstelle II Team 2	Kostenstelle III Team 3
durchgeführte Calls	20160	18060	27720
	Outbound-Projekt 1	Inbound-Projekt 1	Outbound-Projekt 2
Projektdauer in Std.	3872 Std.	4200 Std.	4620 Std.
Einzelkosten (direkt dem Projekt zuzuordnen, wie z. B. Agentengehälter, AfA für Arbeitsplätze)	66520,96 €	69300,00 €	55440,00 €

In der Kostenstelle IV Verwaltung und Vertrieb/Marketing sind im gleichen Zeitraum 38203,01 € Gesamtkosten (Handlungsgemeinkosten) angefallen. Als Verteilungsschlüssel dieser Gesamtkosten werden die im Zeitraum geleisteten Gesamtcallstunden gewählt. Weitere Gemeinkosten werden aus Vereinfachungsgründen nicht berücksichtigt.

1. **Ermittlung der gesamten Callstunden**
   Durchgeführte Callstunden:
   3872 Std. + 4200 Std. + 4620 Std = 12692 Gesamtstunden (Summe der Projekte)

2. **Ermittlung des Handlungsgemeinkostenzuschlags je Callstunde**
   38203,01 € : 12692 Std. = 3,01 € Handlungsgemeinkosten je Callstunde

3. **Ermittlung der Selbstkosten**

	Kostenstelle Team 1	Kostenstelle Team 2	Kostenstelle Team 3	Summe
	Outbound-Projekt 1	**Inbound-Projekt 1**	**Outbound-Projekt 2**	
Call-Anzahl	20160	18060	27720	65940
Projektdauer Std.	3872	4200	4620	12692
Operative Gesamtkosten	66520,96 €	69300,00 €	55440,00 €	191261,00 €
Handlungs-gemeinkosten	= 3,01 € · 3872 Std.	= 3,01 € · 4200 Std.	= 3,01 € · 4620 Std.	
	11654,72 €	12642,00 €	13906,20 €	38203,00 €
Selbstkosten	78175,68 €	81942,00 €	69346,20 €	229464,00 €
Selbstkosten je Stunde	20,19 €	19,51 €	15,01 €	
Selbstkosten je Call	3,88 €	4,54 €	2,50 €	

Auf Basis der **Istkosten** ist es nun möglich, die **allgemeinen Handlungsgemeinkostenzuschlagssätze** für die einzelnen Projekte zu ermitteln. Damit kann die Ermittlung künftiger Angebotspreise bei gleichartigen Projekten vereinfacht werden. Auf Basis von Beispiel 1 ergeben sich folgende Zuschlagssätze:

$$\text{Zuschlagssatz Outbound-Projekt 1: } \frac{11\,654{,}72\ € \cdot 100}{66\,520{,}96\ €} = 17{,}52\,\%$$

$$\text{Zuschlagssatz Inbound-Projekt 1: } \frac{12\,642{,}00\ € \cdot 100}{69\,300{,}00\ €} = 18{,}24\,\%$$

$$\text{Zuschlagssatz Outbound-Projekt 2: } \frac{13\,906{,}20\ € \cdot 100}{55\,440{,}00\ €} = 25{,}08\,\%$$

Beispiel 2

Die KommunikativAktiv KG soll für einen Kunden ein Angebot mit einem Projektgesamtpreis für 17000 Calls erstellen. Die durchzuführenden Calls entsprechen in ihrer Art denen, die zurzeit von Team 1 (Outbound-Projekt 1) übernommen werden. Als Projektdauer werden 3265 Std. veranschlagt. Die operativen Gesamtkosten werden mit 53200,00 € errechnet.

Kostenstelle Team 1	
Outbound-Projekt 1	
Anzahl der Calls	17000
Projektdauer in Std.	3265
Operative Gesamtkosten	53200,00 €
Allgemeiner Handlungsgemeinkostensatz	17,52 %
Handlungsgemeinkosten	9320,64 €
Selbstkosten gesamt	**62520,64 €**
Selbstkosten je Stunde	19,15 €
Selbstkosten je Call	3,68 €

Die Selbstkosten für dieses Projekt betragen also 62520,64 €.

→ ***Praxistipp***
Weitere Beispiele zu diesem Thema finden Sie in Kapitel 14 von **„Ausbildung im Dialogmarketing – Prüfungstraining“** (ISBN 978-3-427-23021-2).

2.3 Kostenträgerrechnung

Nach der **Kostenartenrechnung** und der **Kostenstellenrechnung** ist die **Kostenträgerrechnung** der dritte Baustein eines Kostenrechnungssystems.

> # ***Definition***
> Die **Kostenträgerrechnung** soll mithilfe von Kalkulationsverfahren die Frage beantworten, auf welche Kostenträger die Kosten (Einzel- und Gemeinkosten) verteilt werden müssen.

Die Kostenträgerrechnung ermittelt also, welche Kostenhöhe genau auf einen Kostenträger (erbrachte Leistung) entfällt. Somit kann dann z. B. ein Angebotspreis kalkuliert werden.

Beispiel

Selbstkosten eines Calls in einem bestimmten Projekt

Die gesamten Selbstkosten einer Periode werden dann den entsprechenden Umsatzerlösen gegenübergestellt, sodass sich aus der Differenz zwischen Umsatzerlösen und Selbstkosten der kalkulatorische Periodenerfolg ergibt.

Die Aufgabe der Kostenträgerrechnung im Callcenter besteht im Einzelnen in der Lieferung von Daten für

- die Kalkulation von Stundensätzen,
- die Kalkulation von Callpreisen,
- die Kalkulation von Inbound- und Outbound-Projekten,
- Entscheidungen bezüglich der eigenen Durchführung von Aufträgen oder einer Fremdvergabe (Outsourcing),
- die Bildung interner Verrechnungspreise im Rahmen der innerbetrieblichen Leistungsverrechnung,
- die Kontrolle des Betriebsergebnisses,
- die Analyse von Kundengruppen, Absatzgebieten etc.

Man unterscheidet dabei zwischen der **Kostenträgerstückrechnung** und der **Kostenträgerzeitrechnung**.

2.3.1 Kostenträgerstückrechnung (Kalkulation)

> # ***Definition***
> Die Aufgabe der **Kostenträgerstückrechnung** liegt in der Ermittlung der Herstellkosten, der Selbstkosten und des kalkulatorischen Erfolges einer Leistungseinheit.

Die Kosten einer Leistungseinheit werden im Callcenter allgemein als **Callkosten** (Kosten je Call; Callstückkosten) bezeichnet. Die Verfahren zur Ermittlung der Callkosten (Kostenträgerstückrechnung) bezeichnet man auch als **Kalkulation**.

Nach dem **Zeitpunkt der Rechnung** kann diese unterteilt werden in
- Vorkalkulation (Angebotskalkulation),
- Zwischenkalkulation,
- Nachkalkulation (s. u.).

Zur Ermittlung der **Kosten je Leistungseinheit** haben sich in der Praxis zwei grundlegende Verfahren herausgebildet:
- Divisionskalkulation
- Zuschlagskalkulation

Divisionskalkulation

7 | 2.3.1 Die Divisionskalkulation findet Anwendung bei Unternehmen, die ein einheitliches Produkt herstellen. Um die Kosten je Einheit (je Call, je Callstunde, Kundenauftrag etc.) zu ermitteln, teilt man die Gesamtkosten durch die Leistungseinheit (Callanzahl, Callgesamtstunden, Auftragsvolumen etc.):

$$\textit{Selbstkosten je Call} = \frac{\textit{Gesamtkosten in Euro}}{\textit{Anzahl Calls}}$$

Beispiel

Mehrere Kreditkartengesellschaften gründen ein Callcenter ausschließlich, um die Betreuung von Kreditkartenkunden sicherzustellen. Die Kunden rufen an, wenn die Karten z. B. bei Verlust gesperrt werden müssen, es Probleme bei Zahlungen gab etc. Die durchschnittliche Gesprächsdauer ist in etwa gleich. Die Kartengesellschaften zahlen je bearbeitetem Call (unabhängig von der Gesprächszeit). Für welche Kreditkarte telefoniert wurde, wird innerhalb einer Datenbank erfasst. Die Gesamtkosten werden auf die Callanzahl umgelegt und dann den Kreditkartengesellschaften entsprechend berechnet.

Die Gesamtkosten des Callcenters beliefen sich auf 2500000,00 €. In der Abrechnungsperiode wurden 500000 Calls bearbeitet.

Die Selbstkosten je Call betragen somit: $\frac{2500000{,}00\ €}{500000\ \text{Calls}} = 5{,}00\ €$

2.3.2 Kostenträgerzeitrechnung

Bei der Kostenträgerzeitrechnung kommt es auf die zeitliche Betrachtung der Kalkulation der Selbstkosten an. Damit soll eine Aussage über das Unternehmensergebnis getroffen werden. Die Kalkulation kann auf **Istkostenbasis** oder auf **Normalkostenbasis** durchgeführt werden.

Normalkosten	Istkosten
• die in vergangenen Aufträgen ermittelten Istkosten • werden als Berechnungsbasis für künftige Aufträge verwendet • bilden üblicherweise die Basis für die **Vorkalkulation**	• die tatsächlich angefallenen Kosten • stehen für die **Nachkalkulation** bereits zur Verfügung

Zuschlagskalkulation als Angebotskalkulation

Die Angebots- oder Vorkalkulation soll bereits bei Vertragsabschluss eine verbindliche Aussage über den Verkaufspreis machen. Sie liegt also zeitlich vor dem Produktionsprozess und basiert auf **Normalkosten**. Normalkosten werden auf Basis tatsächlich entstandener Kosten in der Vergangenheit bzw. aktualisierter Kosten berechnet. 7 | 2.3.2

Zuschlagskalkulation als Nachkalkulation

Die Nachkalkulation zeigt, ob der zu Normalkosten kalkulierte und angenommene Auftrag im Rahmen dieser Kosten verwirklicht werden konnte. Sie wird nach Beendigung des Auftrages (oder als Zwischenkalkulation) als Zuschlagskalkulation aufgrund der tatsächlich entstandenen Kosten (Istkosten und Istzuschlägen) durchgeführt. Aus der Gegenüberstellung mit der Angebotskalkulation (als Vorkalkulation) werden Abweichungen ersichtlich.

Durch die Gegenüberstellung der Istkosten und der Normalkosten ergibt sich entweder eine Kostenüber- oder -unterdeckung:

- Bei einer **Kostenüberdeckung** liegen die verrechneten Normalgemeinkosten über den Ist-Gemeinkosten.
- Bei einer **Kostenunterdeckung** werden die tatsächlich angefallenen Istkosten nicht durch die vorkalkulierten Normalgemeinkosten gedeckt.

Beispiel

Als Zusatzgeschäft verkauft die KommunikativAktiv KG an ihre Kunden Handys. Die Werte der Angebotskalkulation (Normalkosten) werden den tatsächlichen Werten (Istkosten) in der Nachkalkulation gegenübergestellt.

Kalkulationsschema	Vorkalkulation		Nachkalkulation		Differenz
Listeneinkaufspreis		60,00 €		60,00 €	–
– Liefererrabatt	40 %	24,00 €	40 %	24,00 €	–
Zieleinkaufspreis		36,00 €		36,00 €	–
– Liefererskonto	3 %	1,08 €		–	– 1,08 €
Bareinkaufspreis		34,92 €		36,00 €	– 1,08 €
+ Transportkosten	0,20 €	0,20 €	0,36 €	0,36 €	– 0,16 €
Wareneinsatz/Bezugspreis		35,12 €		36,36 €	– 1,24 €
+ Handlungsgemeinkosten	25 %	8,78 €	25 %	9,09 €	– 0,31 €
Selbstkosten		43,90 €		45,45 €	– 1,55 €
+ Gewinn	20 %	8,78 €	**15,91 %**	**7,23 €**	– 1,55 €
Barverkaufspreis		52,68 €	→	52,68 €	–
+ Kundenskonto	2 %	1,08 €			
Zielverkaufspreis		53,76 €			
+ Kundenrabatt	5 %	2,83 €			
Listenverkaufspreis		56,59 €			

Auswertung der Nachkalkulation: Die tatsächlichen Selbstkosten fallen um 1,55 € höher aus als die vorkalkulierten Normalselbstkosten. Da der Angebotspreis verbindlich vorgegeben war, führt diese **Kostenunterdeckung** zu einem entsprechend niedrigeren Gewinn um 1,55 € je verkauftem Handy. Eine genaue Analyse zeigt, dass der Lieferantenskonto nicht ausgenutzt wurde und die Ist-Transportkosten um 0,16 € höher waren als die vorkalkulierten Normaltransportkosten. Insgesamt führt dies zu einer Gewinnminderung von geplanten 20 % um 4,09 % auf 15,91 %.

Zusammenfassung

- **Kosten- und Leistungsrechnung**
  - **Kostenartenrechnung:** Welche Kosten sind entstanden?
  - **Kostenstellenrechnung:** Wo sind die Kosten entstanden? Wer hat sie zu verantworten?
  - **Kostenträgerrechnung:** Welcher Kostenanteil entfällt auf die einzelnen Kostenträger?

- 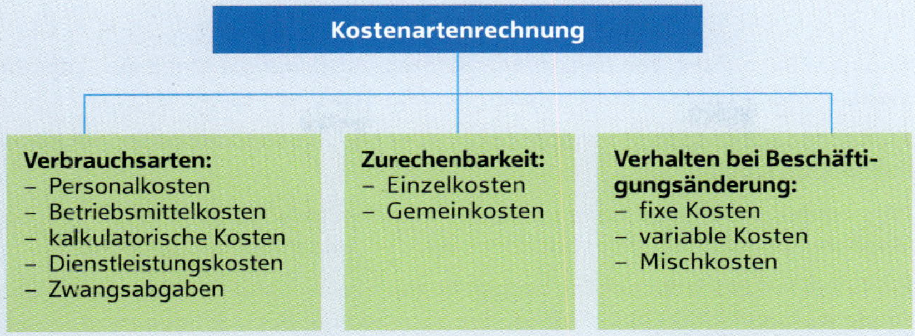

- Beim **Zeitlohn** richtet sich der Bruttoverdienst nach der Dauer der Arbeitszeit und der Höhe des Lohnsatzes je Zeiteinheit (z. B. Stundenlohn). Der **Leistungslohn** ist davon abhängig, ob der Mitarbeiter vorgegebene Ziele erreicht.
- Nach dem Verhalten der Kosten bei Beschäftigungsänderung unterscheidet man fixe und variable Kosten: **Fixe Kosten** sind beschäftigungsunabhängig, **variable Kosten** sind beschäftigungsabhängig. Die Gesamtkosten ergeben sich aus der Summe der fixen und variablen Kosten.
- 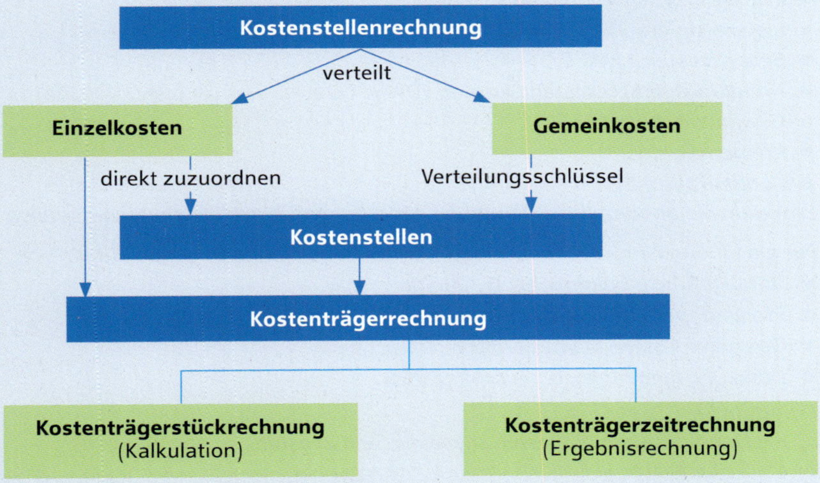

- Für **Gemeinkosten** außerhalb der operativen Kostenstellen werden Handlungsgemeinkosten und -zuschlagssätze ermittelt.
- **Zuschlagssätze** dienen sowohl der Angebotskalkulation, der Zwischenkalkulation als auch der Nachkalkulation (Kostenkontrolle).
- **Istkosten** sind die tatsächlich entstandenen Kosten (Vergangenheitsbetrachtung). **Normalkosten** sind die voraussichtlichen Kosten, abgeleitet aus den Istkosten (Zukunftsbetrachtung).

▪ *Aufgaben*

1. *Erläutern Sie anhand von Beispielen aus Ihrem Ausbildungsbetrieb die Unterschiede zwischen Kostenarten-, Kostenstellen- und Kostenträgerrechnung.*
2. *Erläutern Sie fixe Kosten, variable Kosten und Mischkosten und geben Sie jeweils ein Beispiel dazu an.*
3. *Was versteht man unter kalkulatorischer Abschreibung? Vergleichen Sie die möglichen Verfahren und geben Sie begründet an, welches Verfahren vorteilhaft ist.*
4. *Ein Unternehmen kann am Tag durchschnittlich maximal 20000 Calls durchführen. Heute wurden 17000 Calls getätigt. Wie hoch war der Beschäftigungsgrad des Unternehmens für diesen Tag?*
5. *Kosten lassen sich nach ihrer Zurechenbarkeit unterscheiden.*
   a) Grenzen Sie Einzel- und Gemeinkosten voneinander ab.
   b) Finden Sie jeweils zwei Beispiele für Einzel- und Gemeinkosten.
6. *Erläutern Sie den Unterschied zwischen Ist- und Normalkosten.*
7. *Wozu dient der Handlungsgemeinkostenzuschlag?*

Web

8. *Ihnen liegen folgende Kalkulationszahlen eines Produktes vor:*
   - *Listeneinkaufspreis 100,00 €*
   - *Liefererskonto 3 %*
   - *Bezugskosten 12,00 €*
   - *Handlungsgemeinkostenzuschlag 70 %*
   - *Gewinnzuschlag 15 %*
   - *Kundenskonto 2 %*
   - *Kundenrabatt 5 %*

   Ermitteln Sie anhand dieser Angaben den Angebotspreis (Listenverkaufspreis).
9. *Für ein Inbound-Projekt der Dialogfix GmbH liegen Ihnen folgende Zahlen vor:*
   - *Durchgeführte Callanzahl: 35700 Stk.*
   - *Projektdauer: 4580 Std.*
   - *Operative Kosten je Std.: 17,50 €*
   - *Handlungsgemeinkostenzuschlag: 25 %*

   Ermitteln Sie
   a) die Handlungsgemeinkosten sowie die Selbstkosten,
   b) die Selbstkosten je Call,
   c) die Selbstkosten je Stunde.
10. *In der KommunikativAktiv KG bearbeiten zwei Teams je ein eigenes Projekt:*

Kostenstelle 1 (Team 1: Inbound)	Kostenstelle 2 (Team 2: Outbound)	Kostenstelle 3 (Verwaltung) (Kosten für Vertrieb, Marketing)
Durchgeführte Calls: 25200 Projektdauer in Std.: 4840 Einzelkosten: 83151,20 €	Durchgeführte Calls: 34650 Projektdauer in Std.: 5775 Einzelkosten: 69300,00 €	Gemeinkosten: 37152,50 €

   a) Ermitteln Sie die Selbstkosten je Projekt insgesamt, je Stunde und je Call. Die Handlungsgemeinkosten sind anteilig – nach Callstunden – auf die beiden Projekte zu verteilen.
   b) Ermitteln Sie zusätzlich – für künftige Angebotskalkulationen – einen allgemeinen Handlungsgemeinkostenzuschlagssatz.
11. *Ein Outbound-Projekt hat operative Gesamtkosten von 320000,00 €, die Handlungsgemeinkosten liegen bei 80000,00 €. Ermitteln Sie den Handlungsgemeinkostenzuschlagssatz.*

3 Deckungsbeitragsrechnung als Teilkostenrechnung verstehen

■ ***Einstiegssituation***

Im Rahmen ihrer Ausbildung ist Julia nun schon einige Wochen in der KLR eingesetzt.

Herr Herrmann spricht sie an: *„Sie haben ja in den letzten Wochen sehr viel über die KLR gelernt. Dabei haben wir uns immer mit der ‚Vollkostenrechnung' beschäftigt. Wenn wir aber unsere Kalkulationen an der Deckung der gesamten Kosten ausrichten, wird sich zeigen, dass diese Entscheidungsregel nicht unbedingt immer zum optimalen Betriebserfolg führt."*

Julia fragt erstaunt zurück: *„Ist das nicht selbstverständlich, dass alle Kosten gedeckt werden müssen?"*

„Nicht zwingend", entgegnet **Herr Herrmann**, *„bei der Entscheidung, zu welchem Preis wir einen Auftrag durchführen sollten, bietet uns die Teilkostenrechnung wichtige Entscheidungshilfen."*

■ ***Arbeitsaufträge***

1. ***Diskutieren Sie in der Klasse folgende Aussage:***
   „Wenn der Kunde nicht die gesamten ermittelten Kosten als Angebotspreis akzeptiert, muss der Auftrag auf jeden Fall abgelehnt werden."
2. ***Wo sollte die Preisuntergrenze für ein Angebot liegen?***

3.1 Vergleich zwischen Voll- und Teilkostenrechnung

Vollkostenrechnung

\# ***Definition***
Die **Vollkostenrechnung** erfasst **alle Kosten** innerhalb einer Periode und ordnet sie den einzelnen Kostenträgern zu.

Die Zuordnung der Kosten erfolgt z. B. in der Zuschlagskalkulation über die Zuschlagssätze. Auf dieser Grundlage entsteht zwangsläufig der Verkaufspreis (je Call, Std. etc.). 11 | 2.3

Sind die Kosten bei der Vollkostenrechnung höher als der Verkaufspreis, muss der Verkaufspreis erhöht werden. Sollte sich dieser Preis auf dem Markt nicht realisieren lassen, muss auf die Durchführung des Auftrages ganz verzichtet werden.

Beispiel

Die KommunikativAktiv KG soll für einen Outbound-Auftrag ein Angebot erstellen. Die Abrechnung mit dem Kunden erfolgt nach Nettokontakten, der Kunde verlangt ein entsprechendes Angebot. 14000 Nettokontakte sollen realisiert werden. Die Gesamtkosten werden auf der Grundlage der Normalkosten kalkuliert und mithilfe eines Pilotprojekts abgesichert. Dabei werden die gesamten Kosten (Selbstkosten) zur Erreichung des Auftragsziels mit 42000,00 € ermittelt. Die Realisierbarkeit der Kontakte ist unstrittig.

Die KommunikativAktiv KG ermittelt den Angebotspreis je Call wie folgt:

	Gesamt	Je Nettokontakt
Selbstkosten	42000,00 €	3,00 €
zzgl. 10% Gewinnzuschlag	4200,00 €	0,30 €
Angebotspreis	46200,00 €	3,30 €

Nach Rücksprache mit dem Kunden ist dieser jedoch nur bereit, einen Preis bis zu 2,90 € je Nettokontakt zu zahlen. Der Auftrag kommt nicht zustande.

Teilkostenrechnung

#

Definition

Bei der **Teilkostenrechnung** wird zunächst nur ein Teil der anfallenden Kosten (in der Regel die variablen Kosten) auf die einzelnen Kostenträger verteilt. Die fixen Kosten werden mittels zu erzielender Deckungsbeiträge berücksichtigt.

13 | 3.1

Bei der Teilkostenrechnung geht es letztlich darum, sich den **Bedingungen des Marktes** hinsichtlich Preis, Absatzmenge und Angebotspalette anzupassen. Dabei ist zugleich auf die Erhaltung der Arbeitsplätze und die Erzielung von Gewinn zu achten. So hat die Unternehmensleitung z. B. in Zeiten konjunkturellen Rückgangs mit fallenden Marktpreisen zu entscheiden, ob im Einzelfall zu einem nicht mehr kostendeckenden Preis produziert werden soll.

Eine solche Entscheidung lässt sich nur dann zuverlässig treffen, wenn in der Kostenrechnung von Voll- auf Teilkostenrechnung **umgedacht** wird:

Nicht entscheidend

Die Kosten sind Grundlage der Kalkulation und bestimmen den Preis.

→

Entscheidend

Der Marktpreis des Erzeugnisses ist die Grundlage der Kalkulation und legt den Gewinn nach Abzug der Kosten offen.

Das unterschiedliche Verhalten der Kosten bei Auslastungsschwankungen wird in der Teilkostenrechnung dadurch berücksichtigt, dass von den Umsatzerlösen der einzelnen Umsatzträger (Projekte, Aufträge, Calls) zunächst nur die auf sie entfallenden variablen Kosten abgezogen werden.

Fazit

- Langfristig bietet die Vollkostenrechnung die erforderliche Grundlage zur Kostenkontrolle und für die Betriebsergebnisrechnung.
- Für kurzfristige, marktorientierte Entscheidungen liefert die Vollkostenrechnung keine geeignete Grundlage.
- Der Einsatz der Teilkostenrechnung im Rechnungswesen setzt voraus, dass alle Kostenarten auf ihre Abhängigkeit von der betrieblichen Tätigkeit untersucht und in variable und fixe Kosten aufgeteilt werden.

3.2 Ermittlung des Deckungsbeitrags

Der Betriebserfolg wird entscheidend von den variablen Kosten beeinflusst, da sie sich auf die Kostenhöhe proportional zur Beschäftigung verhalten. Die fixen Kosten 1 | 2.1.3 hingegen sind in der Regel unvermeidbar. Sie fallen also auch dann an, wenn die Beschäftigung Schwankungen unterworfen ist oder im Callcenter überhaupt keine Calls durchgeführt werden.

Die **Deckungsbeitragsrechnung** erfordert deshalb die Auflösung der Kosten in ihre fixen und variablen Bestandteile.

#

Definition

Der **Deckungsbeitrag** ist der Beitrag, der nach Abzug der variablen Kosten von den Umsatzerlösen übrig bleibt, um die fixen Kosten zu decken. Der Gesamtdeckungsbeitrag wird als **DB** bezeichnet, der Deckungsbeitrag je Einheit als **db** (Stückdeckungsbeitrag).

Deckungsbeitrag (DB) = Umsatzerlöse – variable Kosten

Ist der Deckungsbeitrag größer als die fixen Kosten, bedeutet dieser Teil **Gewinn**. Dieses Grundprinzip der Deckungsbeitragsrechnung soll nachfolgend anhand von zwei Beispielen verdeutlicht werden.

Beispiel 1

Die KommunikativAktiv KG soll für einen Outbound-Auftrag ein Angebot erstellen. Die Abrechnung mit dem Kunden erfolgt nach Nettokontakten. 14000 Nettokontakte sollen realisiert werden. Bei der Kostenanalyse und Auflösung der Kosten in fixe und variable Bestandteile wurde ermittelt, dass die variablen Kosten je Nettokontakt 0,50 € betragen. Der Kunde ist bereit, 2,90 € je Nettokontakt zu zahlen. Zu ermitteln sind der Deckungsbeitrag je Call (db) und der Deckungsbeitrag insgesamt (DB).

Umsatzerlöse je Call	2,90 €
– variable Kosten je Call	0,50 €
= db (Deckungsbeitrag je Nettokontakt)	**2,40 €**

Umsatzerlöse gesamt	2,90 € · 14000 Calls = 40600,00 €
– variable Kosten gesamt	0,50 € · 14000 Calls = 7000,00 €
= DB (Deckungsbeitrag des Gesamtauftrages)	**2,40 € · 14000 Calls = 33600,00 €**

Durch die Auftragsannahme entstehen zwar zusätzliche variable Kosten in Höhe von 7000,00 €. Insgesamt würde der Auftrag jedoch 33600,00 € Deckungsbeitrag (zur Deckung der fixen Kosten) erzielen. Die Entscheidung, den Auftrag zu den vom Kunden angebotenen Konditionen anzunehmen, hängt davon ab, ob z. B. genügend Kapazitäten vorhanden sind oder ob man über den einmal akzeptierten Preis bei diesem Kunden künftig an ein Preisniveau gebunden ist.

Beispiel 2

Die KommunikativAktiv KG erhält einen Outbound-Auftrag zur Durchführung von 20000 Calls zu einem Callpreis von 3,00 €. Die variablen Kosten betragen 0,50 € je Call, die fixen Kosten 35000,00 €. Zu ermitteln ist der Deckungsbeitrag je Call (db), der Deckungsbeitrag insgesamt (DB) sowie der Gewinn/Verlust für den Auftrag.

Umsatzerlöse je Call	3,00 €
– variable Kosten je Call	0,50 €
= db	**2,50 €**

Umsatzerlöse gesamt	3,00 € · 20000 Calls	= 60000,00 €
– variable Kosten gesamt	0,50 € · 20000 Calls	= 10000,00 €
= DB	**2,50 € · 20000 Calls**	**= 50000,00 €**
– fixe Kosten		35000,00 €
= Gewinn des Auftrags		**15000,00 €**

Um also festzustellen, in welchem Umfang ein Kostenträger am Betriebserfolg beteiligt ist, werden von den Umsatzerlösen dieses Kostenträgers dessen variable Kosten subtrahiert. Die Differenz stellt den **Bruttoerfolg** (Deckungsbeitrag) dar.

3.3 Bestimmung der Gewinnschwelle (Break-even-Point)

#

Definition

Die **Gewinnschwelle** (Break-even-Point) kennzeichnet den Punkt, an dem die Summe aus fixen und variablen Kosten genauso hoch wie der Erlös ist. Es handelt sich dabei um die Produktionsmenge, bei der die Summe der Stückdeckungsbeiträge (z. B. je Call) gerade zur Deckung der fixen Kosten ausreicht, d. h., der Betriebsgewinn beträgt bei dieser Menge 0,00 €.

Der Deckungsbeitrag je Call und die abzusetzende Call-Anzahl zur Deckung der fixen Kosten (und damit zur Erreichung der Gewinnschwelle) lassen sich rechnerisch auf folgendem Weg ermitteln:

1. Deckungsbeitrag je Call (db) = Umsatzerlös je Call – variable Kosten je Call

2. Gewinnschwelle (Absatzmenge am Break-even-Point) $= \dfrac{\textit{fixe Gesamtkosten}}{\textit{db}}$

Beispiel

Die KommunikativAktiv KG erhält einen Auftrag für die Durchführung von 30000 Calls. Dabei fallen 1,00 € variable Kosten je Call und Fixkosten in Höhe von 60000,00 € an. Der Umsatzerlös beträgt 3,00 € je Call. Zu ermitteln ist die Gewinnschwelle (Break-even-Point).

Erlös je Call	= 3,00 €
var. Kosten je Call	= 1,00 €
db je Call	= 2,00 €

$$\frac{\text{Fixkosten gesamt}}{\text{db je Call}} \qquad \frac{60000{,}00\ €}{2{,}00\ €} \qquad = \qquad \mathbf{30000\ Calls}$$

Probe:	Erlöse	30000 Calls · 3	=	90000,00 €
	var. Kosten	30000 Calls · 1	=	30000,00 €
	DB		=	60000,00 €
	Fixkosten		=	60000,00 €
	Betriebsgewinn		**=**	**0,00 €**

Grafisch lässt sich die Gewinnschwelle wie folgt darstellen:

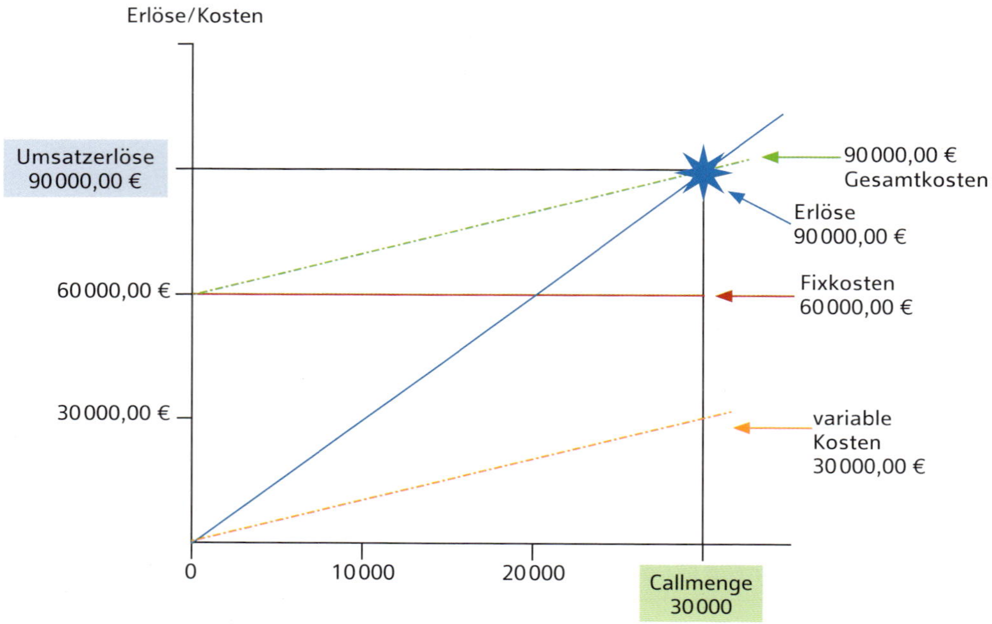

3.4 Deckungsbeitragsrechnung als Erfolgsrechnung

Die Deckungsbeitragsrechnung führt mithilfe von Deckungsbeiträgen zur Ermittlung des Betriebserfolgs innerhalb einer Periode. Man unterscheidet dabei die einstufige und die mehrstufige Deckungsbeitragsrechnung.

3.4.1 Einstufige Deckungsbeitragsrechnung

Die Deckungsbeitragsrechnung als Zeitraumrechnung stellt monatlich, quartalsweise oder jährlich den Umsatz und die variablen Kosten des Umsatzes einander gegenüber und weist als Saldo dieser Größe den Deckungsbeitrag aus. Da sie auf eine Schlüsselung der Fixkosten verzichtet, werden nur die variablen Kosten auf die Produkte verrechnet. Als Kostenträgerergebnis ergibt sich somit jeweils nur der Deckungsbeitrag.

Vom Gesamtdeckungsbeitrag aller Kostenträger gelangt man in der **einstufigen Deckungsbeitragsrechnung** zum Ergebnis des Gesamtbetriebes, indem abschließend noch der **Fixkostenblock** abgesetzt wird.

Die Deckungsbeitragsrechnung kann als **Kostenträgerstückrechnung** oder als **Kostenträgerzeitrechnung** durchgeführt werden:

- Die **Kostenträgerstückrechnung** ermittelt die Deckungsbeiträge für bestimmte Kostenträger.

  Beispiele

  Einzelcalls, Teams, Abteilungen, Projekte

- Die **Kostenträgerzeitrechnung** ermittelt die Deckungsbeiträge einzelner Kostenträger im Beobachtungszeitraum.

  Beispiele

  Stunde, Tag, Woche, Monat, Quartal, Jahr

Ist der Deckungsbeitrag (z. B. aller Calls) bekannt, kann der Gesamtdeckungsbeitrag des Teams oder des Betriebes ermittelt werden. Der Gewinn wird ermittelt, indem vom Gesamtdeckungsbeitrag (DB) die fixen Kosten abgezogen werden.

Gewinn (Rechnungsperiode) = Gesamtdeckungsbeitrag (DB) – Fixkosten des Betriebs

Beispiel

In der KommunikativAktiv KG werden in vier Teams unterschiedliche Aufträge abgearbeitet. Für das laufende Jahr betragen die gesamten Fixkosten 3000000,00 €.

Darüber hinaus liegen folgende Kosteninformationen vor:

Team Nr.	Callmenge	Variable Kosten je Call	Umsatzerlöse je Call
1	50000	2,00 €	14,00 €
2	60000	2,70 €	16,00 €
3	40000	4,00 €	24,00 €
4	80000	3,00 €	18,00 €

Ermittelt werden sollen die Deckungsbeiträge der einzelnen Calls, die Deckungsbeiträge der einzelnen Teams und das Betriebsergebnis der Abrechnungsperiode.

Lösung:

Team Nr.	Call-menge	Variable Kosten je Call	Umsatz-erlöse je Call	db je Call	DB je Team
1	50000	2,00 €	14,00 €	12,00 €	600000,00 €
2	60000	2,70 €	16,00 €	13,30 €	798000,00 €
3	40000	4,00 €	24,00 €	20,00 €	800000,00 €
4	80000	3,00 €	18,00 €	15,00 €	1200000,00 €
			DB gesamt		3398000,00 €
			abzüglich fixe Gesamtkosten		3000000,00 €
			Betriebsergebnis (Gewinn)		398000,00 €

3.4.2 Mehrstufige Deckungsbeitragsrechnung

Bei der mehrstufigen Deckungsbeitragsrechnung werden die **Fixkosten** im Gegensatz zur einstufigen Deckungsbeitragsrechnung nicht als ein Fixkostenblock behandelt, sondern **weiter aufgeteilt** und anschließend in mehreren Stufen verrechnet.

Deckungsbeitrag I (DB I)

Bei der Analyse des obigen Beispiels zeigt sich, dass Team 3 den höchsten Deckungsbeitrag je Call erzielt und Team 4 über die höchste Callanzahl den höchsten Gesamtdeckungsbeitrag liefert. Diese Deckungsbeiträge ergeben sich aus der Differenz der Umsatzerlöse minus der variablen Kosten, sie heißen **Deckungsbeitrag I**.

Die fixen Kosten werden im Beispiel keiner näheren Betrachtung unterzogen, sondern als Block von der Summe der Deckungsbeiträge subtrahiert. In der Praxis wird jedoch ein Teil der fixen Kosten den einzelnen Kostenträgern (hier Teams) direkt zurechenbar sein. Es handelt sich hierbei um sogenannte **kostenträgerfixe Kosten** (z. B. Kosten für spezielle Anlagen, die für bestimmte Aufträge genutzt werden müssen, Sprachaufzeichnungssystem bei Aktienverkauf, Kosten für Mitarbeiterschulungen, die für das Projekt notwendig sind etc.).

Deckungsbeitrag II (DB II)

Subtrahiert man von den Deckungsbeiträgen I der einzelnen Kostenträger deren trägerfixe Kosten, erhält man den **Deckungsbeitrag II**. Er zeigt den Beitrag der Kostenträger zur Deckung der Restfixkosten an, die nicht kostenträgerbezogen sind.

Deckungsbeitrag III (DB III)

Subtrahiert man von den gruppenweise zusammengefassten DB II die trägergruppenfixen Kosten, so erhält man den **Deckungsbeitrag III**. Er gibt die Fixkostendeckung durch die Trägergruppen an.

Beispiel

Team 2, 3 und 4 führen Outbound-Calls durch, für die ein PowerDialer zum Einsatz kommt. Die Abschreibungskosten für den Dialer werden auf 150000,00€ je Periode beziffert.

Unternehmensfixe Kosten bilden den restlichen Fixkostenblock, der für das Unternehmen insgesamt angefallen ist und nicht mehr verursachungsgerecht einem Kostenträger zugerechnet werden kann.

Beispiel

Kosten der kaufmännischen und betrieblichen Verwaltung und der Unternehmensleitung

Die unternehmensfixen Kosten werden von der Summe der Deckungsbeiträge III subtrahiert; die Differenz stellt das Betriebsergebnis der Rechnungsperiode dar.

Beispiel

	Team 1	Team 2	Team 3	Team 4	Kostenträger insgesamt
Deckungsbeitrag I	600000,00 €	798000,00 €	800000,00 €	1200000,00 €	3398000,00 €
– trägerfixe Kosten	250000,00 €	198000,00 €	500000,00 €	800000,00 €	1748000,00 €
Deckungsbeitrag II	350000,00 €	600000,00 €	300000,00 €	400000,00 €	1650000,00 €
– gruppenfixe Kosten			150000,00 €		150000,00 €
Deckungsbeitrag III					1500000,00 €
– unternehmensfixe Kosten					1102000,00 €
= Betriebsgewinn					**398000,00 €**

3.5 Bestimmung der Preisuntergrenze

Definition

Die **Preisuntergrenze** gibt den Verkaufspreis an, den das Unternehmen für seine Dienstleistung fordern muss, um **kurzfristig** oder **langfristig** zu bestehen.

In Zeiten von Auftragsengpässen oder starkem Konkurrenzkampf, der durch Preisverfall gekennzeichnet ist, werden die Dienstleister unter Umständen gezwungen sein, die Verkaufspreise zu senken, um den Absatzrückgang aufzuhalten. Hierzu 13|3.1

muss man aber wissen, **in welchem Ausmaß** die Preissenkung vorgenommen werden kann, **ohne Verluste** zu erleiden.

Langfristige Preisuntergrenze

> #
> ***Definition***
> Die **langfristige Preisuntergrenze** legt den Preis fest, der zu insgesamt kostendeckenden Erlösen führt.

Wird die langfristige Preisuntergrenze eingehalten, kann der Callcenter-Betrieb in dieser Situation über längere Zeit fortgesetzt werden, da Ersatzinvestitionen durchführbar sind, weil ja alle im Verkaufspreis enthaltenen Kosten als Umsatzerlöse ins Unternehmen zurückfließen. Zum Erhalt der Arbeitsplätze und zur Stabilisierung des Absatzes wird die Unternehmensleitung diese Preisuntergrenze anstreben.

Beispiel

Der Auftraggeber der Outbound-Calls, welche von Team 3 (s. o.) bearbeitet werden, hat ein Alternativangebot eines Konkurrenten erhalten (bei gleichem Callvolumen), welches unter dem des Callcenters von Team 3 liegt. Um den Kunden zu halten, soll der Preis so weit gesenkt werden, dass der DB II dieses Auftrages auf 0,00 € fällt.

Die Umsatzerlöse sollen also gerade die variablen Kosten und die direkt zurechenbaren fixen Kosten decken. Der Kostenträger ist nicht mehr an der Deckung der gruppenfixen und der unternehmensfixen Kosten beteiligt. Die Deckung dieser Kosten wird von den anderen Kostenträgern voll übernommen.

Der DB II kann demnach um 300000,00 € niedriger ausfallen. Dies wird durch Verminderung der Umsatzerlöse um den Betrag von 300000,00 € erreicht:

	Umsatzerlöse insgesamt	Callmenge	Erlöse je Call
früherer Nettoverkaufspreis Team 3	960000,00 €	40000	24,00 €
– Preissenkung	300000,00 €	40000	7,50 €
= neuer Nettoverkaufspreis			16,50 €

	Team 1	Team 2	Team 3	Team 4	Kostenträger insgesamt
Umsatzerlöse	700000,00 €	960000,00 €	660000,00 €	1440000,00 €	3760000,00 €
– variable Kosten	100000,00 €	162000,00 €	160000,00 €	240000,00 €	662000,00 €
Deckungsbeitrag I	600000,00 €	798000,00 €	500000,00 €	1200000,00 €	3098000,00 €
– trägerfixe Kosten	250000,00 €	198000,00 €	500000,00 €	800000,00 €	1748000,00 €
Deckungsbeitrag II	350000,00 €	600000,00 €		400000,00 €	1350000,00 €
– gruppenfixe Kosten			150000,00 €		150000,00 €
Deckungsbeitrag III					1200000,00 €
– unternehmensfixe Kosten					1102000,00 €
= Betriebsgewinn					**98000,00 €**

Der Preis für die Outbound-Calls von Team 3 wurde auf die langfristige Preisuntergrenze festgesetzt. Über die Umsatzerlöse fließen dem Unternehmen genau so viele finanzielle Mittel zu, dass die **variablen Kosten und die direkt zurechenbaren fixen Kosten** gedeckt werden. Der Kostenträger ist nicht mehr an der Deckung der gruppenfixen und der unternehmensfixen Kosten beteiligt. Die Deckung dieser Kosten wird von den übrigen Kostenträgern (Team 1, Team 2 und Team 4) übernommen.

Kurzfristige Preisuntergrenze

\# ***Definition***
Die **kurzfristige Preisuntergrenze** (= **absolute Preisuntergrenze**) legt den Preis fest, der genau die **variablen Kosten** des Kostenträgers deckt.

Bei der kurzfristigen Preisuntergrenze sind somit nur diejenigen Kosten gedeckt, die bei der Durchführung des Auftrages zusätzlich zu den fixen Kosten entstehen. Der Verkaufspreis ist also in diesem Fall gleich den variablen Callkosten. In Höhe der gesamten fixen Kosten (= Kosten der Betriebsbereitschaft) ergibt sich dann ein Betriebsverlust.

Beispiel

Die kurzfristige Preisuntergrenze lautet für obiges Beispiel:

Team Nr.	Callmenge	Variable Kosten je Call	Variable Gesamtkosten
1	50000	2,00 €	100000,00 €
2	60000	2,70 €	162000,00 €
3	40000	4,00 €	160000,00 €
4	80000	3,00 €	240000,00 €

Liquiditätsorientierte Preisuntergrenze

Die Ausrichtung der Verkaufspreise nach der kurzfristigen Preisuntergrenze kann ein Unternehmen in Liquiditätsschwierigkeiten bringen. Da in der kurzfristigen Preisuntergrenze nur die variablen Kosten erfasst werden, bleiben die fixen Kosten, die kurzfristig zu Ausgaben führen, unberücksichtigt.

Beispiele

Mietaufwendungen, betriebliche Steuern, Gehälter, Sozialabgaben

\# ***Definition***
Die **liquiditätsorientierte Preisuntergrenze** legt den Preis fest, der die variablen Kosten und die ausgabenwirksamen fixen Kosten des Kostenträgers genau deckt.

Reichen die Umsatzerlöse insgesamt aus, um alle anfallenden Kosten zu decken, so hat der Verkaufspreis die **langfristige Preisuntergrenze** erreicht. Die **kurzfristige**

oder absolute Preisuntergrenze ist erreicht, wenn der Nettoverkaufspreis gerade die variablen Kosten deckt. Auf den Ersatz der ohnehin anfallenden fixen Kosten wird vorübergehend verzichtet.

3.6 Annahme von Zusatzaufträgen

Alle Aufträge, die zu Preisen unterhalb der aktuellen Verkaufspreise angenommen werden, heißen **Zusatzaufträge**. Durch Zusatzaufträge sollen

- die zurzeit nicht genutzten Callkapazitäten optimal genutzt werden und
- das Betriebsergebnis verbessert werden.

Auf dem Markt lässt sich diese Strategie nur durchsetzen, wenn die Abnehmer einander nicht kennen.

Beispiel

Bei der KommunikativAktiv KG liegt für das abgelaufene Geschäftsjahr folgende Call-Absatzsituation vor:

	Team 1	Team 2	Team 3	Team 4	Insgesamt
Verkaufspreis je Call	14,00 €	16,00 €	24,00 €	18,00 €	
variable Kosten je Call	2,00 €	2,70 €	4,00 €	3,00 €	
– trägerfixe Kosten	250000,00 €	198000,00 €	500000,00 €	800000,00 €	
gruppenfixe Kosten		150000,00 €			
unternehmens-fixe Kosten					1102000,00 €
Absatzmenge – Calls	50000	60000	40000	80000	
Kapazität	70000	70000	45000	90000	

Im kommenden Geschäftsjahr rechnet Herr Herrmann mit einer unveränderten Absatzsituation. Er wird von einem befreundeten Konkurrenzunternehmen, der CallCenterHotel GmbH, angesprochen. Die CallCenterHotel GmbH führt im Auftrag einer Bank, ebenso wie die KommunikativAktiv KG, den telefonischen Wertpapierverkauf durch. Aus Kapazitätsgründen benötigt die CallCenterHotel GmbH einen erfahrenen Partner, der die abzusehenden Überläufe mit einem Callvolumen von 10000

Calls (mit Zustimmung des Bankkunden) übernimmt, wenn ein Verkaufspreis von 5,00 € je Call akzeptiert wird.

Die Annahme des Zusatzauftrages durch Team 1 empfiehlt sich unbedingt: Der Zusatzauftrag erbringt einen positiven Calldeckungsbeitrag von 3,00 € (5,00 € – 2,00 € kv). Jeder zusätzlich durchgeführte und verkaufte Call hilft also bei der Deckung der fixen Kosten bzw. erhöht den Betriebsgewinn um 3,00 €, hier also um insgesamt 10000 · 3,00 € = 30000,00 €.

3.7 Ermittlung des optimalen Auftragsprogramms

Gerade für Dienstleister kommt es darauf an, in unterschiedlichen Projekten verschiedener Kunden zu arbeiten (z. B. um Abhängigkeiten zu vermeiden). Bei der Durchführung ist es jedoch sehr wichtig, die rentabelsten Aufträge zu erkennen.

> #
> ***Definition***
> Unter **optimalem Auftragsprogramm** versteht man die Ausrichtung eines Unternehmens auf die Durchführung der rentabelsten Aufträge.

Beim optimalen Auftragsprogramm steht also nicht die erzielbare Umsatzhöhe, sondern die **Ertragskraft der Aufträge** im Mittelpunkt. Dabei richtet sich die Rangfolge der angenommenen und durchgeführten Aufträge nach der Höhe der Deckungsbeiträge je Call.

> →
> ***Praxistipp***
> Die Deckungsbeitragsrechnung beantwortet die Frage: Welcher Auftrag soll bevorzugt bearbeitet werden bzw. welches Projekt/welcher Auftrag (bei begrenzter Callzeit- und Ressourcenkapazität) soll überhaupt angenommen werden?

Zur Festlegung der optimalen Ausnutzung der Callkapazitäten ist es notwendig, die Deckungsbeiträge der Calls absolut und bezogen auf die Callzeit zu betrachten:

- **Absoluter Deckungsbeitrag**
  Unter der Voraussetzung ausreichender Callzeit (es stehen genügend Agenten und Leitungen zur Verfügung) hängt die Produktionsrangfolge von der Höhe der absoluten Deckungsbeiträge je Call ab.
- **Relativer Deckungsbeitrag**
  Im betrieblichen Engpass wird die „Produktion“ vorrangig auf jene Calls gelegt, die die höchsten Ertragszuwächse erbringen. Als Maßzahl für den Ertragszuwachs gelten die **Deckungsbeiträge je Callminute**, die auch relative Deckungsbeiträge genannt werden.

Beispiel 1: Absoluter Deckungsbeitrag

Die KommunikativAktiv KG soll vier unterschiedliche Projekte realisieren. Die durchschnittlichen Callzeiten je Projekt wurden vorab durch Testtelefonate ermittelt. Es ist davon auszugehen, dass die Callzeiten je Call nicht reduzierbar sind.

Aufgrund der vorhandenen Personal- und Leitungskapazität sind die Projekte nacheinander zu telefonieren (parallel ist nicht möglich).

Projekt-Nr.	Callmenge	Deckungsbeitrag je Call
A1	50000	12,00 €
A2	60000	13,30 €
A3	**40000**	**20,00 €**
A4	80000	15,00 €

Da im Projekt A3 der höchste db zu erzielen ist, würde ohne Engpass die Reihenfolge der „Produktion" wie folgt nach Höhe der **absoluten Deckungsbeiträge** geordnet ablaufen:

Rang 1 – A3
Rang 2 – A4
Rang 3 – A2
Rang 4 – A1

Beispiel 2: Relativer Deckungsbeitrag

Unter der Annahme, dass im Callcenter nur maximal 60000 Callstunden gearbeitet werden können, ist nun die vorhandene Callzeit zu berücksichtigen.

Wenn nur 60000 Stunden (= 3600000 Callminuten) für die Produktion zur Verfügung stehen (= Engpass), ist der erzielbare **Deckungsbeitrag je Minute** für die Entscheidung, welche Projekte bevorzugt werden sollen, ausschlaggebend.

1. Ermittlung des Minutendeckungsbeitrages (relativer db):

Projekt	Callmenge	Deckungsbeitrag je Call	Minuten	Relativer db
A1	50000	12,00 €	10	1,20 €/Min.
A2	60000	13,30 €	15	0,89 €/Min.
A3	40000	20,00 €	30	0,67 €/Min.
A4	80000	15,00 €	20	0,75 €/Min.

2. Festlegung der Reihenfolge, in der die Projekte abgearbeitet werden, anhand der **Rangfolge der relativen db** und Berechnung, wie viel Kapazität für das nächste zu telefonierende Projekt noch zur Verfügung steht:

Projekt	Callmenge	relativer db	Zeitbedarf	Verbleibende Restzeit
A1	50000	1,20 €/Min.	500000 Min.	3100000
A2	60000	0,89 €/Min.	900000 Min.	2200000
A4	80000	0,75 €/Min.	1600000 Min.	600000
A3	**20000**	0,67 €/Min.	600000 Min.	0
		Summe	3600000 Min.	

Wenn nicht genügend Kapazitäten zur Bearbeitung aller Aufträge zur Verfügung stehen, muss sich das Unternehmen entscheiden, welche Projekte bevorzugt werden. Unter kostenrechnerischen Aspekten wird man die Projekte wählen, die den höchsten Minutendeckungsbeitrag (relativen db) erbringen. Die Projekte mit dem niedrigsten Minutendeckungsbeitrag werden mit den zur Verfügung stehenden Restkapazitäten bearbeitet bzw. scheiden aus.

Beispiel

Im Beispiel können somit vom Auftrag A3 nur 20000 Calls durchgeführt werden, da nur eine Restkapazität von 600000 Min. zur Verfügung steht.

Bei einem Produktionsengpass entscheidet sich anhand des relativen Deckungsbeitrags, welches Projekt bevorzugt werden soll. Aus betriebswirtschaftlicher Sicht ist das Projekt zu bevorzugen, welches den höchsten Minutendeckungsbeitrag erzielt. Aus unternehmenspolitischer Sicht könnte die Entscheidung auch anders ausfallen (z. B. aus Rücksicht auf Großkunden, Erstaufträge etc.). 13|3.1.2

✳ *Zusammenfassung*

- Bei der **Vollkostenrechnung** werden die gesamten Kosten auf die Kostenträger umgelegt, um z. B. einen Angebotspreis zu ermitteln.
- Bei der **Teilkostenrechnung** bildet der erzielbare Marktpreis die Kalkulationsgrundlage, dabei erfolgt eine Aufteilung in fixe und variable Kosten.
- Der **Deckungsbeitrag** ergibt sich aus den Umsatzerlösen abzüglich der variablen Kosten. Der Deckungsbeitrag abzüglich der fixen Kosten ergibt dann den Gewinn bzw. Verlust.
- Der **absolute Deckungsbeitrag** gibt den Deckungsbeitrag je Leistungseinheit (z. B. Call) an.
- Der **relative Deckungsbeitrag** ermittelt die Deckungsbeiträge in Abhängigkeit von der verbrauchten Zeiteinheit (Minute, Stunde etc.). Daraus ergibt sich eine Entscheidungshilfe bei Kapazitätsengpässen.

■ Aufgaben

1. *Was bedeutet die Gewinnschwelle (Break-even-Point)? Geben Sie auch die Formel zur Ermittlung an.*

2. *Mit einem Auftraggeber der Dialogfix GmbH wurde vereinbart, auf der Basis der erzielten Nettokontakte abzurechnen. Der Auftraggeber ist bereit, 2,50 € je Nettokontakt zu zahlen. In der Vorkalkulation wird mit folgenden Werten gerechnet:*
   - *variable Kosten je Nettokontakt 1,25 €*
   - *fixe Projektkosten 20 000,00 €*

   Ermitteln Sie den Deckungsbeitrag je Nettokontakt und die Gewinnschwellenmenge für diesen Auftrag.

3. *Aus den Zahlen der Kostenrechnung ergeben sich für ein Callcenter fixe Kosten in Höhe von 500 000,00 € je Rechnungsperiode. Die variablen Kosten verlaufen in Abhängigkeit von der Beschäftigung wie folgt:*

Anzahl Calls	Variable Kosten
500 000	200 000,00 €
600 000	240 000,00 €
700 000	280 000,00 €
800 000	320 000,00 €
900 000	360 000,00 €
1 000 000	400 000,00 €

   a) *Ermitteln Sie die Gesamt- und Stückkosten für die einzelnen Callmengen.*
   b) *Bestimmen Sie den Deckungsbeitrag und den Betriebserfolg für die unterschiedlichen Callmengen bei einem Nettoverkaufspreis von 1,50 € je Call.*
   c) *Berechnen Sie die Gewinnschwellenmenge.*
   d) *Welche Auswirkung hat eine Preissenkung von 0,15 € je Call auf die Gewinnschwellenmenge?*

4. *In einem Outbound-Callcenter werden für den Monat April folgende Daten ermittelt:*

	Projekt 1	Projekt 2	Projekt 3	Projekt 4	Insgesamt
Erlöse je Call	4,80 €	3,70 €	5,20 €	6,10 €	
Variable Kosten je Call	2,475 €	2,10 €	3,05 €	3,51 €	
Fixe Kosten insgesamt					90 500,00 €
Durchgeführte Calls	35 000	9 000	15 000	2 200	

   Berechnen Sie den Betriebserfolg des betreffenden Monats.

5. *Die Geschäftsführung der Dialogfix GmbH möchte einen zusätzlichen Auftrag für eine Outbound-Aktion annehmen. Im Rahmen des Projektes sollen 60 000 Calls im nächsten Monat durchgeführt werden. Derzeit liegen folgende durchschnittliche Zahlen für die monatliche Auslastung der Outbound-Abteilung vor: getätigte Calls 400 000, Preis je Call 3,00 €, variable Kosten je Call 1,50 €, Fixkosten 450 000,00 €, Kapazitätsauslastung 75 %.*

a) Stellen Sie fest, ob die vorhandene Kapazität ausreicht, um den Auftrag anzunehmen.
b) Ermitteln Sie das Betriebsergebnis der Outbound-Abteilung vor Annahme des Auftrages.
c) Der Kunde ist bereit für den Zusatzauftrag einen Preis von 1,90 € je Call zu zahlen. Berechnen Sie das mögliche neue Betriebsergebnis, das sich durch die Annahme des Auftrages ergeben würde.
d) Entscheiden Sie unter der Zielsetzung der Gewinnmaximierung, ob die Dialogfix GmbH diesen Zusatzauftrag annehmen sollte, und begründen Sie Ihre Entscheidung.

6. Ein Callcenter führt monatlich 100000 Calls durch. Der Verkaufspreis je Call beträgt 9,00 €. Die Kapazitätsgrenze liegt bei 120000 Calls pro Monat. Ein neuer Auftraggeber garantiert dem Callcenter für ein Jahr einen Outbound-Auftrag von 20000 Calls pro Monat zu einem Preis von 5,50 €. Das Callcenter rechnet bei diesem Zusatzauftrag aufgrund der Seriengröße mit einer Kosteneinsparung von 0,50 € pro Call gegenüber der bisherigen Produktion.
a) Unter Anwendung der Vollkostenrechnung ergeben sich – bei einer Normalproduktion von 100000 Calls – 700000,00 € Gesamtkosten (fixe und variable Kosten) pro Monat. Wie hoch ist der Betriebserfolg für die Normalproduktion?
b) Wie hoch wäre der Betriebserfolg bei Annahme des Zusatzauftrags?
c) Welche Entscheidung sollte das Callcenter auf Basis der Vollkostenrechnung treffen?
d) Wie wird sich das Callcenter in Bezug auf den Zusatzauftrag entscheiden, wenn man eine Deckungsbeitragsrechnung (Teilkostenrechnung) einführt und feststellt, dass sich die Gesamtkosten in Höhe von 700000,00 € für die Normalproduktion in einem Monat in 400000,00 € variable Kosten und 300000,00 € fixe Kosten aufspalten? Wie hoch ist dann der Betriebserfolg?

7. Ein Servicecenter arbeitet in drei Telefonprojekten, für die folgende Daten gelten:

Projekt	Zurzeit produzierte Calls	Preis je Call/ Periode	Variable Kosten je Call
A	40000	10,00 €	5,00 €
B	10000	40,00 €	30,00 €
C	2000	80,00 €	55,00 €

Die Fixkosten des Unternehmens betragen 300 000,00 € je Periode. Die Gesamtauslastung beträgt derzeit 85 %. Bei einer möglichen Auftragserweiterung durch die Kunden könnten bei Vollauslastung im Projekt A 15 000 Calls, im Projekt B 6 000 Calls oder im Projekt C 1 500 Calls mehr durchgeführt werden.
a) Wie hoch ist das Betriebsergebnis vor der möglichen Auftragserweiterung?
b) Eine volle Kapazitätsauslastung kann durch intensive Werbung erreicht werden. Die zusätzlichen Werbekosten werden auf 50000,00 € geschätzt. Das bisherige Produktprogramm bleibt bestehen.
Für welche Projektart (A, B oder C) sollte zusätzlich geworben werden?
Wie hoch ist dann das Betriebsergebnis?
c) Die freie Kapazität könnte mit einem Auftrag eines Versandhauses über 2000 Calls (Projekt D) pro Periode ausgefüllt werden. Die variablen Kosten betragen 3,50 € pro Call, der Verkaufspreis 5,50 € je Call. Weitere Aufträge durch das Versandhaus sind in Aussicht gestellt worden. Wie wirkt sich diese Alternative im Vergleich zu b) auf das Betriebsergebnis aus?

8. Aufgrund der harten Konkurrenzsituation in der Callcenter-Branche überlegen manche Unternehmen, die Preise für Calls deutlich zu senken. Unterscheiden Sie in diesem Zusammenhang die Bedeutung der kurz- und langfristigen Preisuntergrenze.

4 Kennzahlen als Instrument des Controllings anwenden

Einstiegssituation

Julia und Thomas treffen sich nach dem Berufsschulunterricht, um sich gemeinsam auf eine Klassenarbeit zum Thema Kosten- und Leistungsrechnung vorzubereiten. **Julia** berichtet: *„Mein Vorgesetzter Herr Herrmann hat mir erzählt, dass wir Controlling mithilfe der Balanced Scorecard durchführen. Hast du von diesem Verfahren schon mal etwas bei euch im Betrieb gehört?* **Thomas** antwortet: *„Ich weiß nur, dass damit jede Menge Kennzahlen zur Leistungsmessung erfasst werden müssen."*

Arbeitsaufträge

1. *Erläutern Sie, welche Kennzahlen Sie aus Ihrem Unternehmen kennen.*
2. *Unterscheiden Sie die Kennzahlen nach ihrer Eignung für In- und Outbound.*
3. *Diskutieren Sie in der Klasse, wie man mithilfe von Kennzahlen „steuern" kann.*

4.1 Aufgaben des Controllings

Ein erfolgsorientiertes Unternehmen benötigt für künftige Planungen und Entscheidungen regelmäßige Informationen über die Ergebnisse früherer Prozesse. Die Bereitstellung dieser Informationen übernimmt das Controlling. Hierzu werden Daten, Methoden und Modelle erarbeitet, um der Unternehmensleitung Veränderungsvorschläge und Planungsvorgaben für künftige Entscheidungen zu liefern.

Controlling umfasst somit im Einzelnen folgende Aufgaben:

- Beschaffung, Aufbereitung und Dokumentation von Daten
- Auswertung der Daten durch einen Soll-Ist-Vergleich
- Planung und Steuerung von Prozessen
- Vorbereitung und Unterstützung von Unternehmensentscheidungen

Insofern ist das Controlling ein wichtiger Bestandteil des Führungssystems einer Unternehmung. Dabei wird zwischen **operativem** und **strategischem** Controlling unterschieden.

Operatives Controlling

Kurz- und mittelfristig muss das Controlling sich auf Maßnahmen konzentrieren, die

- die Lebensfähigkeit des Unternehmens sichern, die ihrerseits abhängig ist von der Liquidität und der Verschuldung,
- eine ausreichende Verzinsung des eingesetzten Kapitals (Eigenkapital-, Gesamtkapitalrentabilität) bewirken, 11 | 5
- ein günstiges Verhältnis von Leistungen zu Kosten (Wirtschaftlichkeit) ermöglichen.

Operatives Controlling ist auf die **kurzfristige Planung der betrieblichen Aktivitäten** gerichtet, die der Sicherung des Gewinns, der Rentabilität und der Liquidität dienen, aufbauend auf Absatz- und Umsatzplänen. Im Mittelpunkt steht dabei die begleitende und steuernde Aufgabe des Controllings, eine wichtige Rolle spielt hier auch die Informationsversorgung des Unternehmens.

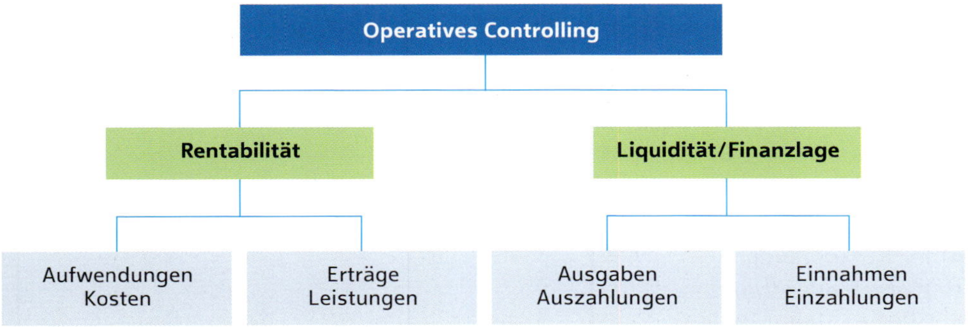

Strategisches Controlling

Strategisches Controlling ist langfristig ausgerichtet auf alternative Strategien, die durch Veränderungen auf den Märkten notwendig werden. Solche Änderungen können durch politische Bedingungen (z. B. wirtschaftliche Beziehungen, Bündnisse, ökologische Rahmenbedingungen) und durch wirtschaftliche Entwicklungen und Änderungen (z. B. Änderung des Kundenverhaltens, Marktsättigung, technische Entwicklung) begründet sein. 13 | 1.2

Aufgabe des Controllings ist es dabei, rechtzeitig solche Änderungen und Entwicklungen und daraus erwachsende Chancen und Risiken zu erkennen sowie eventuell geeignete Pläne zu entwickeln und Maßnahmen zur Kursänderung einzuleiten.

Beschaffung von Information

Controllinginformationen können durch Sammlung und Auswertung betriebsinterner und betriebsexterner Daten gewonnen werden. Die Gewinnung betriebsinterner Daten setzt die Ausgestaltung eines betrieblichen Informationssystems voraus. Die wichtigsten Teile dieses innerbetrieblichen Informationssystems sind die Kosten- und Leistungsrechnung und die Finanzbuchhaltung. Darüber hinaus gewinnt gerade im Dialogmarketing als weiteres Controllinginstrument die **Balanced Scorecard**
11 | 4.3 **(BSC)** immer mehr an Bedeutung.

Für die Durchführung des Controllings ist die Erfassung von Kennzahlen unerlässlich. Hierzu müssen sinnvolle Maßgrößen gefunden werden. Für das Dialogmarketing sind daher spezielle Kennzahlen entwickelt worden.

4.2 Branchentypische Kennzahlen

„Wir messen alles!"

(Unbekannter Controller)

Kennzahlen sind verdichtete und systematisch aufbereitete Informationen, die Zustände und Entwicklungen quantitativ verdeutlichen sollen. Das Grundprinzip von Kennzahlen besteht darin, zwei Einzelinformationen in Beziehung zueinander zu setzen, um komplexe Sachverhalte und Zusammenhänge mit einer Maßgröße darstellen zu kön-
9 | 5.1 nen. Kennzahlen sollten dabei immer

- leicht verständlich,
- einfach erhebbar und
- aktiv beeinflussbar sein.

Die Auflistung einzelner Daten ist dabei wenig aussagekräftig und bietet keine Grundlage für betriebswirtschaftliche Entscheidungen. Erst der **Vergleich** führt zu brauchbaren Erkenntnissen, ermöglicht so eine Entscheidungsfindung und lässt Kennzahlen zum **Instrument des Controllings** werden.

Ausgewertete Kennzahlen bieten folgende Funktionen:

Vergleichsfunktion	Durch Kennzahlen wird es möglich, objektiv und nachweisbar die Erreichung gesetzter Ziele und vorgegebener Werte zu überprüfen und Abweichungen frühzeitig entgegenzuwirken.
Wahrnehmungsfunktion	Kennzahlen richten den Blick auf bedeutsame Aspekte und versuchen, diese einfach und verständlich darzustellen.

Kommunikationsfunktion	Die Kennzahlen regen zur Diskussion und zur Auseinandersetzung an.
Anreizfunktion	Die Ergebnisse spornen an, zukünftig Verbesserungen zu erreichen. Neue, anspruchsvollere Ziele können vereinbart werden.
Marketingfunktion	Erfolge und Ergebnisse können belegt werden und schaffen Empfehlungen für zukünftige Aufträge und Projekte.

Kennzahlen entstehen im Arbeitsprozess und werden meist auch dort gemessen (z. B. durch die ACD-Anlage). Die meisten relevanten Kennzahlen im Dialogmarketing wurden daher bereits bei den entsprechenden Tätigkeiten thematisiert.

> **→ *Praxistipp***
> Beachten Sie, dass in Einzelfällen bestimmte Kennzahlen unternehmensspezifisch anders bezeichnet oder definiert werden können! Insgesamt ist die Zahl der möglichen Kennzahlen im Dialogmarketing nahezu unerschöpflich.

Kurz zusammengefasst stellen sich die wesentlichen Kennzahlen wie folgt dar:

Kennzahl	Erläuterung	Ermittlung	
Kennzahlen im Inbound			
Average Handling Time (AHT), Gesprächsbearbeitungsdauer	durchschnittliche gesamte Zeitdauer, die ein Kundengespräch verursacht; setzt sich zusammen aus Gesprächszeit (Handle Time, Talking Time) und Nachbearbeitungszeit (Wrap-up-Time)	***Gesprächszeit + Nachbearbeitungszeit (in Minuten oder Sekunden)***	10 | 8.3.3
Auslastung, Occupancy	Anteil der Produktivzeit an der Nettoarbeitszeit. Je nach Ziel wird als Produktivzeit die reine Gesprächsbearbeitungsdauer (z. B. bei der Personaleinsatzplanung) oder die gesamte produktive Arbeitszeit (inkl. Bildschirmpausen, Weiterbildung etc.) verstanden.	$\frac{\text{Produktivzeit} \cdot 100}{\text{Nettoarbeitszeit}}$	10 | 8.4
Servicelevel	Größe zur Messung der Erreichbarkeit eines Callcenters. Es wird ausgedrückt, wie viel Prozent der Anrufe innerhalb einer bestimmten Zeit von einem Mitarbeiter entgegengenommen werden.	***Prozentsatz der Anrufer/ Zeitspanne Anrufannahme***	10 | 8.2
First Call Resolution (FCR), Erstlösungsquote	zeigt an, in wie viel Prozent aller Fälle die Anfrage eines Kunden beim ersten Anruf gelöst werden konnte	$\frac{\text{Lösung beim Erstanruf} \cdot 100}{\text{bearbeitete Anrufe}}$	5 | 5.1.5

	Kennzahl	Erläuterung	Ermittlung
	Weiterleitungsquote, Rückfragequote	korrespondiert eng mit der FCR und bezeichnet den Anteil der Gespräche, die vom Agent nicht (abschließend) geklärt werden konnten und eine Weiterleitung oder Rückfrage (z. B. im Second Level) verursachten	$\frac{\text{weitergeleitete Anrufe} \cdot 100}{\text{bearbeitete Anrufe}}$
5 | 5.1.3	**Lost-Call-Quote, Abandoned-Call-Rate, Auflegerquote**	Anrufe, die vom Anrufer durch Auflegen beendet wurden, bevor ein Mitarbeiter den Anruf angenommen hat	$\frac{\text{aufgelegte Anrufe} \cdot 100}{\text{eingehende Anrufe}}$
10 | 8.7	**Average Speed of Answer (ASA), durchschnittliche Zeit bis zur Anrufannahme**	zeigt an, wie lange ein Anrufer durchschnittlich auf die persönliche Entgegennahme seines Gesprächs warten muss	$\frac{\text{Summe Wartezeiten aller Anrufer}}{\text{eingehende Anrufe}}$
5 | 5.1.6	**Verkaufsquote**	misst den Erfolg, den ein Mitarbeiter im Inbound im aktiven Verkauf hat	$\frac{\text{Verkäufe} \cdot 100}{\text{bearbeitete Anrufe}}$
	Kennzahlen im Outbound		
5 | 5.2.1	**Ausschöpfungsquote**	Anzahl der Personen (meist Nettokontakte), die erreicht wurden, im Verhältnis zur Anzahl der zur Verfügung stehenden Adressen bzw. Telefonnummern	$\frac{\text{erreichte Personen} \cdot 100}{\text{Anzahl Kontaktdaten}}$
5 | 5.2	**Nettokontakte pro Stunde**	Nettokontakte bezeichnen die tatsächlich erreichten Zielpersonen innerhalb eines Projekts oder einer Aktion, unabhängig vom Gesprächsergebnis.	$\frac{\text{Nettokontakte}}{\text{Telefonstunden}}$
	Bruttokontakte pro Stunde	alle angewählten Telefonnummern innerhalb eines Projekts oder einer Aktion, inkl. Fehlversuchen (z. B. besetzt, falsche Telefonnummer) oder falscher Zielperson Achtung: Je nach Auftraggeber sind unterschiedlich weit gefasste Definitionen von Brutto- und Nettokontakten möglich!	$\frac{\text{Bruttokontakte}}{\text{Telefonstunden}}$
5 | 5.2.2	**Erfolgsquote, Abschlussquote**	ermittelt den Anteil der positiven Gesprächsergebnisse (je nach Kontaktziel, z. B. Verkauf oder Terminvereinbarung)	$\frac{\text{Erfolge} \cdot 100}{\text{Nettokontakte}}$
	Stornoquote	misst das Verhältnis von stornierten Aufträgen zu den Gesamtaufträgen	$\frac{\text{Stornos} \cdot 100}{\text{Gesamtaufträge}}$

Kennzahl	Erläuterung	Ermittlung	
Übergreifende Kennzahlen			
Kosten pro Call	Entstehende Kosten pro Anruf, in der Praxis ausdifferenziert je nach Projekt, Team, Aufgabe etc. Die Kosten können in der KLR unterschiedlich angesetzt werden.	$\frac{\textit{Kosten}}{\textit{Anrufe}}$	11 | 2.1
Kosten pro Agentenstunde	bemisst, welche Kosten (s. o.) pro eingeloggter bzw. vergütungsrelevanter Agentenstunde anfallen	$\frac{\textit{Kosten}}{\textit{eingeloggte Stunden}}$	9 | 5.1
Umsatz pro Kontakt	ermittelt, welcher durchschnittliche Umsatz bei einem Nettokontakt erzielt wurde, häufig auf Projekt- oder Auftragsebene	$\frac{\textit{Gesamtumsatz}}{\textit{Nettokontakte}}$	

4.3 Balanced Scorecard (BSC) im Dialogmarketing

Die Balanced Scorecard („ausbalanciertes Kennzahlensystem“) ist ein mehrdimensionales Controlling- und Managementinstrument, das über die alleinige Betrachtung der finanzwirtschaftlichen Perspektiven (KLR, Finanzbuchhaltung) hinausgeht. Ursprünglich entstand die BSC Anfang der 1990er-Jahre als Instrument zur Umsetzung von Unternehmensstrategien. Die Idee wurde von den amerikanischen Wirtschaftswissenschaftlern **Robert S. Kaplan** und **David P. Norton** entwickelt.

Mittels der BSC sollen Unternehmensstrategien im Unternehmensalltag verankert werden. Dabei bilden das **Unternehmensleitbild** und das **Unternehmensleitziel** „das gemeinsame Dach“, unter welches alle Unternehmensaktivitäten gestellt werden sollen.

Vom **Leitbild** und **Leitziel** ausgehend sollen die folgenden Fragen beantwortet werden:

- Warum sind wir ein Unternehmen?
- Was für ein Unternehmen sind wir?

Das **Leitbild** soll vor allem zeigen, welchen Eindruck die Kunden vom Unternehmen haben sollen:

- Was könnte die Kunden auch künftig dazu bringen, ihr Geld ausgerechnet für unsere Leistung auszugeben?
- Wer sollen unsere Kunden in Zukunft eigentlich sein?
- Woran messen unsere Kunden ihren Erfolg (Nutzen, den sie davon haben) – bezogen auf die von uns angebotenen Leistungen?

Das **Leitziel** soll in erster Linie den Mitarbeitern im Unternehmen verdeutlichen, was das Unternehmen für seine Zukunftsfähigkeit in der nächsten Zeit als das entscheidende Potenzial ansieht und ausbauen möchte.

Nach **Kaplan/Norton** sind **vier Entwicklungsperspektiven** und deren Zukunftsaussichten entscheidend für den Erfolg eines Unternehmens:

Alle vier Entwicklungsperspektiven oder -bereiche stehen in einem engen Beziehungszusammenhang.

Beispiel

Grundlage für den Unternehmenserfolg der Dialogfix GmbH sind motivierte, engagierte Mitarbeiter sowie effiziente Unternehmensprozesse. Effiziente Prozesse sichern eine gute Erreichbarkeit des Callcenters, gut qualifizierte und motivierte Mitarbeiter sichern eine hohe Qualität der geführten Gespräche. Gute Erreichbarkeit und hohe Gesprächsqualität sind Voraussetzungen für den Aufbau enger Kundenbindungen sowie die Gewinnung weiterer Kunden. Kundenbindung und Kundengewinnung wirkt sich positiv auf den finanziellen Erfolg des Callcenters aus.

Für jeden Entwicklungsbereich sind grundsätzlich folgende Kriterien zu definieren:

1. Ziele
2. Kennzahlen
3. Vorgaben
4. Maßnahmen

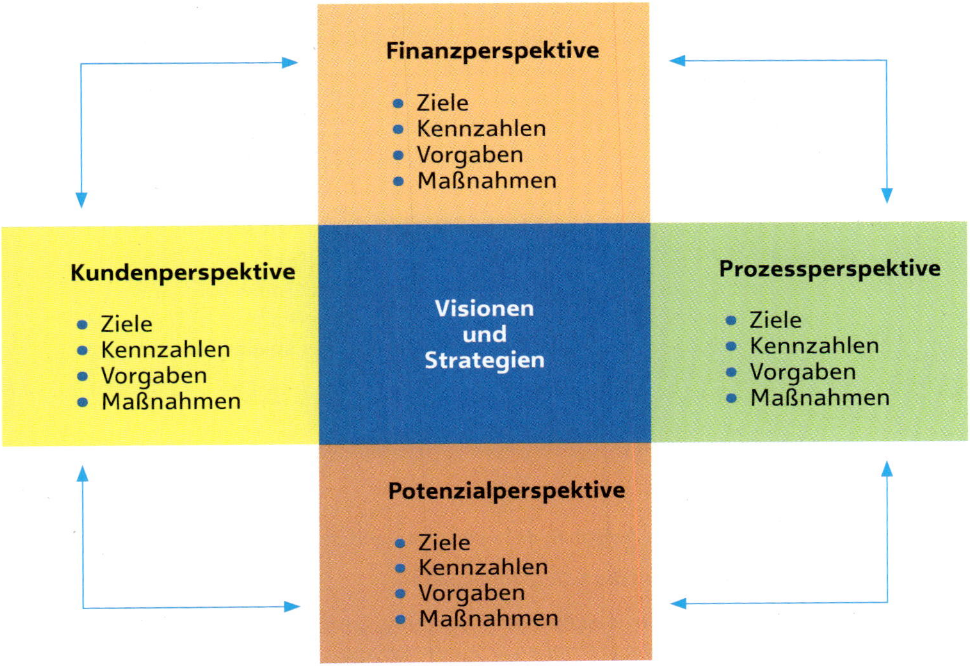

Abb.: Balanced Scorecard nach Kaplan/Norton

Mithilfe der BSC werden für alle Bereiche **Ziele** definiert. Über die **Kennzahlen** wird die Erreichung der Ziele anhand von Abgleichung mit den **Vorgaben** überprüfbar. Bei Abweichungen können schnell **Maßnahmen** zur eventuellen Gegensteuerung eingeleitet werden.

Beispiel

Ziel	Erreichbarkeit erhöhen
Kennzahl	Servicelevel
Vorgabe	dauerhaft 80/20
Maßnahme	bei Abweichung Personaleinsatz optimieren

Praxistipp
Ein Anwendungsbeispiel für die Balanced Scorecard aus der Praxis finden Sie z. B. unter www.business-wissen.de/artikel/balanced-scorecard-eine-bsc-mit-excel-erstellen/.

✳ Zusammenfassung

- **Controlling** ist ein wichtiger Bestandteil des Führungssystems eines Unternehmens. Es lässt sich in operatives (kurzfristiges) Controlling und strategisches (langfristiges) Controlling unterscheiden.
- **Kennzahlen** werden ermittelt mit dem Ziel einer optimalen Unternehmenssteuerung.
- Im Dialogmarketing existieren **branchentypische Kennzahlen** sowohl im Inbound als auch im Outbound.
- Die **Balanced Scorecard** ist ein mehrdimensionales Controlling- und Managementinstrument, das alle Bereiche des Unternehmens (Finanzen, Kunden, Prozesse und Potenziale) einbindet; hierbei spielen Kennzahlen eine wesentliche Rolle.

■ *Aufgaben*

1. *Nennen Sie die wesentlichen Aufgaben des operativen und des strategischen Controllings.*
2. *Erläutern Sie die Funktionen, die Kennzahlen bieten.*
3. *Vergleichen Sie in der Klasse, welche dialogmarketingspezifischen Kennzahlen jeweils in Ihren einzelnen Ausbildungsbetrieben erhoben werden.*
4. *Warum sind Unternehmen an einer niedrigen Lost-Call-Quote interessiert?*
5. *Durch welche Kennzahlen kann die Produktivität der Agents ermittelt werden? Differenzieren Sie dabei nach Inbound und Outbound.*
6. *Erläutern Sie die Bedeutung der Stornoquote.*
7. *Beschreiben Sie ein positives Unternehmensleitbild und erläutern Sie, welche Leitziele sich daraus ergeben können.*
8. *Welche Kennzahlen können für die einzelnen Entwicklungsbereiche (Perspektiven) der BSC eine Rolle spielen?*
9. *Entwerfen Sie ein Beispiel für die Umsetzung der BSC anhand des Ziels „Stornos senken".*
10. *Stellen Sie den Zusammenhang zwischen strategischem Controlling und der BSC dar.*
11. *Die Jalis GmbH stellt Sicherheitskleidung her, die in Industrieunternehmen im Produktionsbereich eingesetzt wird. Im Rahmen einer Mailingaktion werden 4500 langjährigen Bestandskunden Sicherheitsschuhe zum Stückpreis von 35,00 € je Paar bei einer festen Abnahmemenge von 200 Paar Schuhen angeboten. Innerhalb von zwei Wochen bestellten 300 Kunden per E-Mail und 70 Kunden per Bestellschein. 400 Kunden informierten die Jalis GmbH, dass sie aus dem Verteiler genommen werden wollen.*
    a) *Ermitteln Sie für diese Aktion die Response-Quote.*
    b) *Ermitteln Sie für diese Aktion die Erfolgsquote (Abschlussquote).*
    c) *Welchen Umsatz erwirtschaftete die Jalis GmbH mit dieser Aktion?*

5 Den Jahresabschluss analysieren

■ *Einstiegssituation*

Julia wendet sich an ihren Vorgesetzten, Herrn Herrmann: *„Wir haben in der Berufsschule über spezielle Leistungskennzahlen in der Dialogmarketingbranche gesprochen. Diese Kennzahlen beziehen sich überwiegend auf den operativen Bereich im In- und Outbound. Gibt es darüber hinaus weitere Kennzahlen, die Auskunft über die aktuelle Situation des Unternehmens geben?“*

Herr Herrmann antwortet ihr: *„Klar, gerade aus der Aufbereitung der Jahresbilanzen und der GuV kann man viele wichtige Informationen ziehen, indem man je nach Zielrichtung aus den vorliegenden Daten Kennzahlen ermittelt.“*

■ *Arbeitsaufträge*

1. ***Diskutieren Sie in der Klasse, welche wirtschaftlichen Ziele ein Unternehmen verfolgen kann.***
2. ***Welche Zahlen aus der Bilanz und der GuV sind für die Bewertung des Erfolges eines Unternehmens von Bedeutung?***
3. ***Erklären Sie, woraus sich das Gesamtkapital eines Unternehmens zusammensetzen kann.***

Für die Unternehmen ist es von großem Interesse, möglichst viele aussagekräftige Informationen zu allen Bereichen des Unternehmens zu erhalten. Dazu dienen die aufbereiteten Daten des **Jahresabschlusses**. Zum Jahresabschluss als externer Rechnungslegung gehören die **Bilanz** und die **Gewinn- und Verlust-Rechnung (GuV)**.

5.1 Bestandteile

Die **Gewinn- und Verlust-Rechnung (GuV)** weist das Unternehmensergebnis aus, indem die Aufwendungen und Erträge **eines Geschäftsjahres** (Zeitraumrechnung) einander gegenübergestellt werden. Überwiegen die Erträge (z. B. Umsatzerlöse), liegt ein Gewinn vor, überwiegen die Aufwendungen (z. B. Personalaufwand, Abschreibungen), liegt ein Verlust vor. 11 | 1.1.1

Die **Bilanz** hingegen stellt zu einem **bestimmten Stichtag** (Zeitpunktrechnung) das Vermögen und die Schulden eines Unternehmens einander gegenüber. Das Unter-

7 | 1.2.5 nehmensergebnis (Gewinn bzw. Verlust) lässt sich durch den Vergleich des Eigenkapitals an zwei aufeinanderfolgenden Bilanzstichtagen ermitteln (Eigenkapitalvergleich).

Der Aufbau einer Bilanz stellt sich wie folgt dar:

Beispiel

Bilanz der Dialogfix GmbH zum 31. Dezember in Euro			
Vermögen (Aktiva)		**Kapital (Passiva)**	
I. Anlagevermögen		I. Eigenkapital	2936000,00
1. Grundstücke	350000,00	II. Schulden	
2. Gebäude	3150000,00	1. Hypothekenschulden	3228000,00
3. Fuhrpark	78500,00	2. Darlehensschulden	486000,00
4. Betriebs- und Geschäftsausstattung	1100000,00	3. Verbindlichkeiten aufgrund von Leistungen	50000,00
II. Umlaufvermögen			
1. Forderungen	630000,00		
2. Kassenbestand	6500,00		
3. Bankguthaben	1385000,00		
	6700000,00		6700000,00

Von einer **Analyse des Jahresabschlusses** spricht man, wenn Daten aus der GuV und der Bilanz aufbereitet werden, um für Planungen und zukünftige Unternehmensentscheidungen herangezogen zu werden.

7 | 1 Zum Verständnis dieser Analyse ist es hilfreich, sich zunächst einige wesentliche Begriffe zu verdeutlichen bzw. in Erinnerung zu rufen.

Anlagevermögen	Bildet die Grundlage der Betriebsbereitschaft. Dazu gehören alle Vermögensposten, die dem Unternehmen langfristig dienen. **Beispiele** • Grundstücke und Bauten • andere Anlagen wie der Fuhrpark • Betriebs- und Geschäftsausstattung wie die Büroeinrichtung
Umlaufvermögen	umfasst alle Vermögenspositionen, die sich kurzfristig in ihrer Höhe verändern, da sie sich nicht dauerhaft im Unternehmen befinden **Beispiele** • Lagerbestände (wie Handelswaren, die dem Verkauf dienen) • Forderungen aufgrund von Lieferungen und Leistungen (a. LL) • Kassenbestand (Bargeld) • Bankguthaben
Eigenkapital	Kapitalanteil des Unternehmens, der durch die Eigentümer und den erwirtschafteten Gewinn zur Verfügung gestellt wird (Innenfinanzierung)
Fremdkapital	Kapitalanteil des Unternehmens, der von außen (Außenfinanzierung) zugeführt wird, z. B. durch Banken. Man spricht auch von Schulden oder Verbindlichkeiten.
Jahresüberschuss	positives Unternehmensergebnis (Erträge vs. Aufwendungen), welches in der GuV ausgewiesen wird; wird auch als Gewinn bezeichnet

5.2 Bilanzanalyse

Beurteilung der Kapitalausstattung (Finanzierung)

Analysiert man die Kapitalausstattung des Unternehmens (Passivseite der Bilanz), lassen sich folgende Kennzahlen ermitteln:

Kennzahlen der Finanzierung			
Grad der finanziellen Unabhängigkeit	=	$\dfrac{\textbf{\textit{Eigenkapital}} \cdot 100}{\textbf{\textit{Gesamtkapital}}}$	drückt den Anteil des Eigenkapitals am Gesamtkapital aus
Grad der Verschuldung	=	$\dfrac{\textbf{\textit{Fremdkapital}} \cdot 100}{\textbf{\textit{Gesamtkapital}}}$	drückt den Anteil des Fremdkapitals am Gesamtkapital aus
Anteil des langfristigen Fremdkapitals	=	$\dfrac{\textbf{\textit{lgfr. Fremdkapital}} \cdot 100}{\textbf{\textit{Gesamtkapital}}}$	drückt aus, wie viel Prozent das langfristig eingesetzte Fremdkapital am Gesamtkapital beträgt
Anteil des kurzfristigen Fremdkapitals	=	$\dfrac{\textbf{\textit{kfr. Fremdkapital}} \cdot 100}{\textbf{\textit{Gesamtkapital}}}$	drückt aus, wie viel Prozent das kurzfristig eingesetzte Fremdkapital am Gesamtkapital beträgt.

Beispiel

Auf der Grundlage der Bilanz der Dialogfix GmbH (s. o.) ergeben sich folgende Finanzierungskennzahlen: 1 |5.1

Grad der finanziellen Unabhängigkeit	=	$\dfrac{2\,936\,000 \cdot 100}{6\,700\,000}$	= 43,82 %
Grad der Verschuldung	=	$\dfrac{(3\,228\,000 + 486\,000 + 50\,000) \cdot 100}{6\,700\,000}$	= 56,18 %
Anteil des langfristigen Fremdkapitals (Hypotheken + Darlehensschulden)	=	$\dfrac{(3\,228\,000 + 486\,000) \cdot 100}{6\,700\,000}$	= 55,43 %
Anteil des kurzfristigen Fremdkapitals (Lieferantenverbindlichkeiten)	=	$\dfrac{50\,000 \cdot 100}{6\,700\,000}$	= 0,75 %

Beurteilung der Anlagenfinanzierung (Investierung)

Die Deckung (Finanzierung) des Anlagevermögens durch Eigenkapital (Deckungsgrad I) und durch das gesamte langfristige Kapital, also durch Eigen- und langfristiges Fremdkapital (Deckungsgrad II), ist ein wichtiger Maßstab zur Beurteilung der Kapitalausstattung und damit der finanziellen Stabilität des Unternehmens.

$$\textbf{\textit{Deckungsgrad I}} = \frac{\textbf{\textit{Eigenkapital}} \cdot 100}{\textbf{\textit{Anlagevermögen}}}$$

$$\textit{Deckungsgrad II} = \frac{\textit{langfristiges Kapital (EK + lgfr. FK)} \cdot 100}{\textit{Anlagevermögen}}$$

Im Idealfall soll das Anlagevermögen vollständig durch Eigenkapital bzw. langfristiges Fremdkapital finanziert sein. Damit wird sichergestellt, dass im Falle einer Krise keine Anlagegüter veräußert werden müssen, um Tilgungsverpflichtungen termingerecht nachzukommen. Diesen **Grundsatz der Fristengleichheit** bezeichnet man auch als **„Goldene Bilanzregel"**.

11 | 5.1 **Beispiel**

$$\text{Deckungsgrad I} = \frac{2\,936\,000 \cdot 100}{4\,678\,500} = 62{,}76\,\%$$

$$\text{Deckungsgrad II} = \frac{(2\,936\,000 + 3\,228\,000 + 486\,000) \cdot 100}{4\,678\,500} = 142{,}14\,\%$$

Beurteilung der Zahlungsfähigkeit (Liquidität)

Definition

Liquidität ist die Zahlungsfähigkeit eines Unternehmens und bedeutet, dass die flüssigen Mittel ausreichen, die fälligen kurzfristigen Verbindlichkeiten zu decken. Die **Liquiditätskennzahlen** lassen sich aus dem Verhältnis der flüssigen (liquiden) Mittel zu den fälligen Verbindlichkeiten ermitteln.

Die unterschiedlichen Liquiditätskennzahlen berücksichtigen den Grad der Liquidität. Die **Liquidität I** wird auch **Barliquidität** genannt und setzt die flüssigen Mittel (Kasse, Bank- und Postbankguthaben) ins Verhältnis zum kurzfristigen Fremdkapital. Die **Liquidität II**, auch **einzugsbedingte Liquidität** genannt, berücksichtigt zusätzlich die Forderungen. Die **umsatzbedingte Liquidität III** setzt das gesamte Umlaufvermögen zum kurzfristigen Fremdkapital ins Verhältnis.

$$\textit{Liquidität I} = \frac{\textit{flüssige Mittel} \cdot 100}{\textit{kurzfristiges Fremdkapital}}$$

$$\textit{Liquidität II} = \frac{\textit{(flüssige Mittel + Forderungen)} \cdot 100}{\textit{kurzfristiges Fremdkapital}}$$

$$\textit{Liquidität III} = \frac{\textit{Umlaufvermögen} \cdot 100}{\textit{kurzfristiges Fremdkapital}}$$

Praxistipp
Erfahrungsregeln besagen, dass mindestens die Liquidität II eine volle Deckung des kurzfristigen Fremdkapitals ermöglichen muss.

Beispiel 11 | 5.1

$$\text{Liquidität I} = \frac{1\,391\,500 \cdot 100}{50\,000} = 2\,783\,\%$$

$$\text{Liquidität II} = \frac{(1\,391\,500 + 630\,000) \cdot 100}{50\,000} = 4\,043\,\%$$

$$\text{Liquidität III} = \frac{2\,021\,500 \cdot 100}{50\,000} = 4\,043\,\%$$

Praxistipp
In diesem Beispiel sind Liquidität II + III identisch, da kein weiteres Umlaufvermögen vorhanden ist. Die ungewöhnlich hohe Liquidität resultiert aus dem überdurchschnittlichen Bankguthaben.

5.3 Rentabilitätskennzahlen

Die Erwirtschaftung von Gewinn (= Ertrag) ist das Hauptziel jeder unternehmerischen Tätigkeit. Die Rentabilitätskennzahlen liefern Aussagen zur **Ertragskraft** des Unternehmens.

Die absolute Höhe des Jahresertrags allein besitzt nur eine geringe Aussagekraft. Erst wenn der Gewinn zum durchschnittlich eingesetzten Kapital oder zum Umsatz in Beziehung gesetzt wird, erhält man Auskunft darüber, ob sich der Einsatz des Kapitals gelohnt hat. Die **Rentabilität**, also das Verhältnis des Gewinns zum Eigenkapital, Gesamtkapital oder Umsatz, ist ein wichtiger Maßstab zur Beurteilung der Ertragskraft eines Unternehmens.

Über die Analyse und Auswertung der Gewinn- und Verlust-Rechnung lassen sich Aussagen zur Wirtschaftlichkeit der betrieblichen Tätigkeit und zur Rentabilität des eingesetzten Kapitals machen:

- Hat der Betrieb im Vergleichszeitraum wirtschaftlich gearbeitet?
- Hat sich der Einsatz des Kapitals gelohnt? (Rentabilität)

Rentabilität des Eigenkapitals

> #
> *Definition*
> Die **Eigenkapitalrentabilität** zeigt, wie das eingesetzte Eigenkapital über den Jahresgewinn verzinst wird.

Sie wird ermittelt, indem man den Jahresgewinn zum durchschnittlich eingesetzten Eigenkapital in Beziehung setzt:

$$\text{Eigenkapitalrentabilität} = \frac{\text{Jahresgewinn} \cdot 100}{\text{Eigenkapital}}$$

Rentabilität des Gesamtkapitals

> #
> *Definition*
> Die **Gesamtkapitalrentabilität** zeigt die Verzinsung des Gesamtkapitals innerhalb der Abrechnungsperiode.

Das Gesamtkapital des Unternehmens wird zum Gewinn in Beziehung gesetzt, zuzüglich der als Aufwand gebuchten Zinsen für das Fremdkapital:

$$\text{Gesamtkapitalrentabilität} = \frac{\text{Jahresgewinn} + \text{Fremdkapitalzinsen} \cdot 100}{\text{Gesamtkapital}}$$

Umsatzrentabilität

> #
> *Definition*
> Die **Umsatzrentabilität** zeigt das prozentuale Verhältnis des Jahresgewinns zum erzielten Umsatz an. Sie drückt somit aus, wie viel Cent Gewinn mit jedem Euro Umsatz erwirtschaftet wurde (Umsatzverdienstrate).

$$\text{Umsatzrentabilität} = \frac{\text{Jahresgewinn} \cdot 100}{\text{Umsatz}}$$

Beispiel

Die Dialogfix GmbH erzielte im Betrachtungszeitraum bei einem Eigenkapital von 2936000,00 € und einem Gesamtkapital von 6700000,00 € einen Gewinn in Höhe von 205520,00 €. Fremdkapitalzinsen mussten in Höhe von 326832,00 € gezahlt werden. Der Umsatz betrug 5138000,00 €, die Abschreibungen auf Anlagen 45000,00 €.

Daraus ergeben sich folgende Rentabilitätskennzahlen für die GmbH:

$$\text{Eigenkapitalrentabilität} = \frac{205\,520 \cdot 100}{2\,936\,000} = 7{,}00\,\%$$

$$\text{Gesamtkapitalrentabilität} = \frac{(205\,520 + 326\,832) \cdot 100}{6\,700\,000} = 7{,}95\,\%$$

$$\text{Umsatzrentabilität} = \frac{205\,520 \cdot 100}{5\,138\,000} = 4{,}00\,\%$$

→ *Praxistipp*
Rentabilitätskennzahlen liefern interessante Informationen sowohl im Zeitvergleich innerhalb des Unternehmens als auch im Vergleich zu anderen Unternehmen (Benchmarking).

5.4 Cashflow-Analyse

Der **Cashflow** (Kassen-Zufluss) definiert sich als positiver Zahlungsmittelüberschuss. Er ist eine Kennzahl zur Messung der **Selbstfinanzierungskraft** des Unternehmens. Dadurch wird angegeben, welche im Geschäftsjahr selbst erwirtschafteten Mittel dem Unternehmen zur Verfügung stehen zur

- Finanzierung der Investitionen,
- Schuldentilgung,
- Gewinnausschüttung.

Zum Cashflow zählen der Jahresüberschuss und alle nicht auszahlungswirksamen Aufwendungen des Geschäftsjahres, wie z. B. die Abschreibungen auf Anlagen.

Cashflow = Jahresüberschuss + Abschreibungen auf Anlagen

Über den Cashflow lässt sich ermitteln, in welchem Maße sich ein Unternehmen aus eigener Kraft finanziert. Aus der Höhe und der Entwicklung des Cashflows können Rückschlüsse auf die Ertragskraft, die Selbstfinanzierungskraft, die Kreditwürdigkeit und die Expansionsfähigkeit gezogen werden.

Cashflow-Umsatzverdienstrate

Setzt man den Cashflow zu den Umsatzerlösen in Beziehung, wird durch diese Kennzahl erkennbar, wie viel Prozent der Umsatzerlöse frei für Investitionszwecke und zur Kredittilgung zur Verfügung stehen. Üblich ist es auch, den Cashflow auf das Eigen-, Fremd- oder Gesamtkapital zu beziehen.

$$\textit{Cashflow-Umsatzverdienstrate} = \frac{\textit{Cashflow} \cdot 100}{\textit{Umsatzerlöse}}$$

Beispiel

Dialogfix GmbH	Berichtsjahr	Vorjahr
Jahresüberschuss lt. GuV	205 520,00 €	80 000,00 €
+ Abschreibung auf Anlagen	45 000,00 €	55 000,00 €
= Cashflow	250 520,00 €	135 000,00 €
Umsatzerlöse lt. GuV	5 138 000,00 €	2 000 000,00 €
Cashflow-Umsatzverdienstrate	$\frac{250\,520{,}00 \cdot 100}{5\,138\,000{,}00}$	$\frac{135\,000{,}00 \cdot 100}{2\,000\,000{,}00}$
	= 4,88 %	= 6,75 %

Im Berichtsjahr stehen der Dialogfix GmbH 4,88 % der Umsatzerlöse als selbst erwirtschaftete Finanzierungsmittel frei zur Verfügung. Im Vorjahr waren es 6,75 % der Umsatzerlöse.

* Zusammenfassung

- Die **Analyse des Jahresabschlusses** erfolgt durch Aufbereitung der Jahresbilanz bzw. der GuV. Sie dient als Hilfe für Unternehmensentscheidungen, ist aber auch von externem Interesse.
- **Bilanzanalyse**
  - **Beurteilung der Kapitalausstattung (Finanzierung):**
    - Grad der finanziellen Unabhängigkeit
    - Grad der Verschuldung
    - Anteil des langfristigen Fremdkapitals
    - Anteil des kurzfristigen Fremdkapitals
  - **Beurteilung der Anlagenfinanzierung (Investierung):**
    - Deckungsgrad I
    - Deckungsgrad II
  - **Beurteilung der Zahlungsfähigkeit (Liquidität):**
    - Liquidität I
    - Liquidität II
    - Liquidität III

- 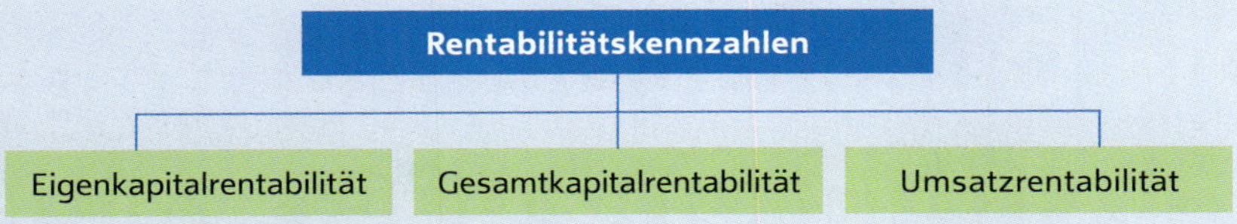

- Die **Cashflow-Umsatzverdienstrate** gibt an, wie viel Prozent der Umsatzerlöse dem Unternehmen für Investitionen und Schuldentilgung zur Verfügung stehen. Sie gilt als Maßstab für die Ertrags- und Selbstfinanzierungskraft des Unternehmens.

■ *Aufgaben*

1. ***Erläutern Sie zwei Kennzahlen zur Beurteilung der Kapitalausstattung. Welche Auswirkungen hat die Kapitalausstattung auf das Unternehmen?***
2. ***Was besagt der Deckungsgrad I?***
3. ***Was versteht man unter der „Goldenen Bilanzregel"?***
4. ***Erläutern Sie die Liquidität I. Welche Bedeutung kommt dieser Liquidität in der Praxis zu?***
5. ***Erläutern Sie Gemeinsamkeiten und Unterschiede der Rentabilitätskennzahlen. Welche Schlussfolgerungen können anhand der Kennzahlen für die Zukunft gewonnen werden?***
6. ***Welche Auskunft liefert der Cashflow?***
7. ***Am 31.12. liegen Ihnen folgende Abschlusszahlen der KommunikativAktiv KG vor:***

Bilanz der KommunikativAktiv KG zum 31. Dezember in Euro

Vermögen (Aktiva)		**Kapital (Passiva)**	
I. Anlagevermögen		I. Eigenkapital	1 226 500,00
1. Grundstücke	100 000,00	II. Schulden	
2. Gebäude	1 100 000,00	1. Hypothekenschulden	1 000 000,00
3. Fuhrpark	30 000,00	2. Darlehensschulden	250 000,00
4. Betriebs- und Geschäftsausstattung	1 100 000,00	3. Verbindlichkeiten aufgrund von Leistungen	25 000,00
II. Umlaufvermögen			
1. Forderungen	120 000,00		
2. Kassenbestand	6 500,00		
3. Bankguthaben	45 000,00		
	2 501 500,00		2 501 500,00

Im Betrachtungszeitraum wurde ein Gewinn in Höhe von 85 855,00 € erzielt. Die gesamten Fremdkapitalzinsen betrugen 72 500,00 €. Die Abschreibungen des Anlagevermögens betrugen 43 000,00 €, der Umsatz lag bei 2 453 000,00 €.

Ermitteln Sie

a) den Grad der finanziellen Unabhängigkeit und der Verschuldung sowie die Anteile des langfristigen und kurzfristigen Fremdkapitals,
b) den Deckungsgrad I und II sowie die Liquidität I bis III,
c) die Eigenkapital-, Gesamtkapital- und Umsatzrentabilität,
d) den Cashflow.

Lernfeld 12

Die Qualität der Auftragsdurchführung überwachen und optimieren

1 Ein ganzheitliches Qualitätsbewusstsein entwickeln

■ *Einstiegssituation*

Team-Meeting bei Dialogfix. Im Mittelpunkt steht die Entwicklung beim Laptop „Portablix", einem preisgünstigen Gerät, das mittlerweile seit drei Monaten von Dialogfix angeboten wird.

Teamleiterin **Ulrike** berichtet: *„Die gehäuften Kundenbeschwerden bereiten mir große Sorgen! Wir haben ganz schlechte Werte, nicht nur in der langfristigen Kundenzufriedenheitsbefragung, sondern auch in der Zufriedenheitsanalyse unmittelbar nach der Bestellung. Offensichtlich denken hier manche, dass man bei einem billigen Produkt auch nur einen billigen Service anbieten muss. Besonders ärgerlich ist, dass die Werte bei den Kunden, die im Überlauf bei KommunikativAktiv landen, viel besser ausfallen. Darüber müssen wir sprechen."*

Da meldet sich **Thomas** zu Wort: *„So toll ist der Laptop auch wirklich nicht. Wie sollen wir denn so ein Produkt in der Bestellhotline überzeugend verkaufen? Außerdem gab es Beschwerden über lange Lieferzeiten, obwohl im System angezeigt wurde, dass der Laptop innerhalb von 24 Stunden lieferbar ist. Da können wir doch nichts für, dass im System falsche Informationen hinterlegt sind."*

Teamleiterin **Ulrike** ist etwas nachdenklich geworden: *„Hmm ... da scheint es ja einige Probleme mit der Qualität zu geben. Wir müssen aber unbedingt etwas unternehmen, sonst wird die Unternehmensleitung das ganze Projekt ‚Portablix' an KommunikativAktiv abgeben ..."*

■ *Arbeitsaufträge*

1. ***Sammeln Sie unterschiedliche Erklärungen für den Begriff „Qualität".***
2. ***Welche Aspekte der Qualität sind in Ihrem Ausbildungsbetrieb von besonderer Bedeutung?***
3. ***Diskutieren Sie in der Klasse die Bedeutung von Qualität im Dialogmarketing.***

1.1 Qualitätsverständnis im Dialogmarketing

Die **Dienstleistungsqualität** hat sich in den letzten Jahren zu einem entscheidenden Erfolgsfaktor für Unternehmen entwickelt. Gründe dafür sind unter anderem:

- gesättigte Märkte,
- aus Kundensicht austauschbare Produkte,
- veränderte Rahmenbedingungen durch Deregulierung und Internationalisierung,
- ein Wandel im allgemeinen Kundenverhalten (starker Anstieg des Qualitätsbewusstseins und des Anspruchsniveaus). 8|7

Beispiel

Die Verbraucher sehen etwa im Sachgüterbereich die hohe Qualität der Kernleistung immer mehr als selbstverständliche Grundvoraussetzung an, während ihre Erwartungen an die Dienstleistungsqualität der begleitenden Services ständig steigen.

Entscheidend ist deshalb weniger, wie gut und professionell ein Unternehmen Produkte erstellt, sondern vielmehr wie die Informationen und Leistungen beim Kunden ankommen und wie zufrieden er damit ist. Viel stärker als in früheren Zeiten berücksichtigt der Kunde bei seinen Kaufentscheidungen, welchen Service ihm das Unternehmen bietet. 13|1.1.3

Da Callcenter genau diese Schnittstelle ausfüllen, können sie über eine herausragende Dienstleistungsqualität – unabhängig davon, ob es sich um ein internes oder ein extern beauftragtes Callcenter handelt – als wesentliches **Differenzierungsmerkmal zum Wettbewerb** eingesetzt werden:

Durch eine hohe Kundenzufriedenheit werden langfristige Kundenbeziehungen erzeugt.

Um dies zu erfüllen, muss die Qualität zunächst **definiert** werden.

Qualitätsbegriff

Qualität ist umgangssprachlich ein äußerst dehnbarer Begriff, der oftmals auf Erfahrungen beruht und unreflektiert zur Bewertung im Sinne von „gut" oder „schlecht" herangezogen wird. „Qualität, die sich auszahlt", „Qualität aus Meisterhand" oder „Qualitätsführer" sind bekannte Schlagworte, die aber auch deutlich machen, dass das Qualitätsverständnis mit unterschiedlichen Ansichten verbunden sein kann.

Der Begriff „Qualität" hat seinen Ursprung im Lateinischen („qualis" = wie beschaffen) und umschreibt im allgemeinen Sprachgebrauch „Beschaffenheit", „Güte" oder „Wert" eines Objektes. Zwar lässt sich durch die Wortherkunft ein grundlegendes Verständnis für den Qualitätsbegriff gewinnen, für eine tiefergehende Betrachtung ist allerdings eine Präzisierung notwendig.

#

Definition

Qualität ist die Beschaffenheit eines Produkts oder einer Dienstleistung im Hinblick auf die Anforderungen des Kunden.

Darin verbinden sich zwei zentrale Sichtweisen:

Erfolgt die Betrachtung aus einer **produktbezogenen Sichtweise**, ergibt sich die Qualität aus objektiv messbaren, vorhandenen Eigenschaften des Produktes bzw. der Dienstleistung.

Im Gegensatz dazu beruht die Qualitätsbetrachtung aus **Kundenperspektive** darauf, dass Qualität in den Augen des Betrachters liegt und damit von der subjektiven Wahrnehmung der Produkteigenschaften bzw. Leistungen durch den Kunden
8 | 1.4.2 abhängt. Auch der aus Sicht des Kunden vorhandene **Nutzen** spielt bei seiner Beurteilung der Qualität eine wichtige Rolle.

→

Praxistipp

Die Anforderungen aus Kundensicht sollten für Callcenter-Dienstleistungen der zentrale Maßstab zur Bestimmung der Qualität sein, da der Kunde die Leistungserstellung persönlich und unmittelbar „erlebt". Qualität ist für den Kunden direkt nachvollziehbar.

1.2 Dimensionen der Dienstleistungsqualität

Viele Unternehmen im Dialogmarketing streben ein **ganzheitliches Qualitätsmanagement** (Total Quality Management, TQM) an.

> **#** ***Definition***
> **TQM** bezeichnet eine Managementmethode, bei der die Qualität im Mittelpunkt des betrieblichen Handelns steht. Durch zufriedene Kunden sollen der langfristige Geschäftserfolg sowie ein nachhaltiger Nutzen für Mitarbeiter und Unternehmen erzielt werden.

Die drei zentralen Bausteine des TQM-Konzeptes für Dienstleistungen sind somit:

- **Total** – d. h. die Einbeziehung sämtlicher Personengruppen, die an der Dienstleistungserstellung beteiligt sind, in den Qualitätsmanagementprozess (Mitarbeiter, Lieferanten, alle Kundengruppen)
- **Quality** – d. h. die konsequente Orientierung aller Aktivitäten des Dienstleistungsunternehmens an den Qualitätsforderungen der externen und internen Kundengruppen
- **Management** – d. h. die Verantwortung und Initiative der obersten Managementebene für eine systematische Qualitätsüberzeugung und -verbesserung unter Einbeziehung der Mitarbeiter

TQM beinhaltet dabei mehrere Prinzipien:

- Qualität orientiert sich stets am Kunden.
- Qualität bezieht alle Mitarbeiter in allen Bereichen und Ebenen mit ein.
- Qualität ist kein statisches Ziel, sondern ein dauerhafter Prozess.
- Qualität bezieht sich auf Produkte und Dienstleistungen.
- Qualität erfordert aktives Handeln und muss erarbeitet werden.
- Qualität umfasst mehrere Dimensionen.

Ausgehend von diesem Ansatz lassen sich folgende drei **Dimensionen der Qualität** im Callcenter unterscheiden:

Dieses Modell ermöglicht eine ganzheitliche Qualitätssicht, die sich nicht nur auf das fertige Produkt bzw. die Dienstleistung, sondern auf alle Aspekte des Leistungserstellungsprozesses bezieht.

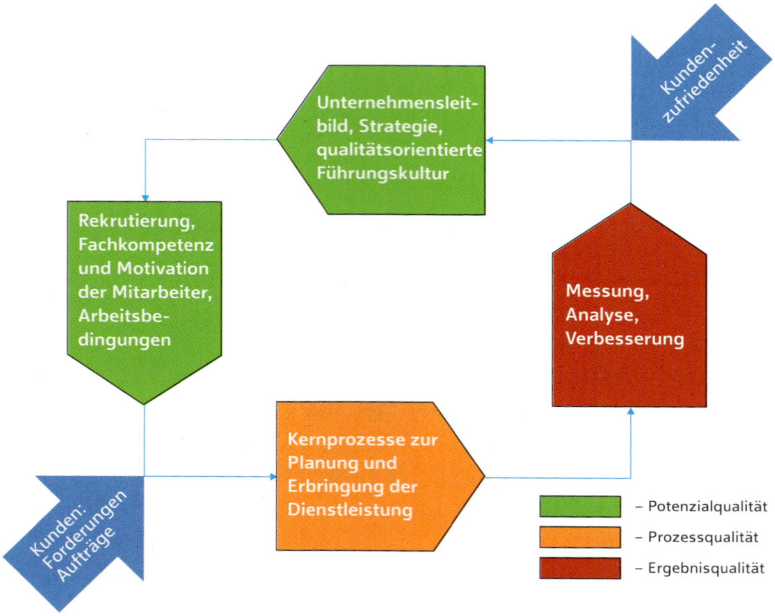

Abb.: Allgemeines prozessorientiertes Qualitätsmodell nach DIN EN ISO 9001

12 | 2.3.1 Das Schema zeigt ein allgemeines prozessorientiertes Qualitätsmodell, basierend auf den Grundsätzen der DIN EN ISO 9001. Einzelheiten dieser Norm werden immer wieder einer Überprüfung und ggfs. **Neufassung** unterzogen, zuletzt in **2015**. Die Abkürzungen haben folgende Bedeutung:

- DIN = **D**eutsches **I**nstitut für **N**ormung
- EN = **E**uro-**N**orm
- ISO = **I**nternational **O**rganization for **S**tandardization

Die Norm DIN EN ISO umfasst also sowohl deutsche und europäische als auch internationale Standards. Sie beschreibt modellhaft ein umfassendes Qualitätsmanagementsystem und zeigt auf, wie die nachfolgend näher erläuterten Qualitätsdimensionen **Ergebnisse**, **Prozesse** und **Potenziale** ineinandergreifen.

1.2.1 Ergebnisqualität

11 | 4.2 Das Qualitätsmanagement einiger Callcenter konzentriert sich bisweilen ausschließlich auf bestimmte Messgrößen wie Erreichbarkeit (Servicelevel), Fachkompetenz und Freundlichkeit der Mitarbeiter sowie eine möglichst hohe First Call Resolution (FCR). Diese Betrachtungsweise fokussiert jedoch nur einen Teilaspekt des Qualitätsmanagements: die **Ergebnisqualität**. Es wird geprüft, inwieweit Messgrößen zuvor definierten Anforderungen entsprechen.

> **#** ***Definition***
> Die **Ergebnisqualität** beschreibt die Beurteilung einer erfolgten Leistung bzw. des Ergebnisses eines Dienstleistungsprozesses durch den Kunden.

Beispiel

Das Anliegen des Kunden Peter Müller konnte im Rahmen eines Anrufs bei der Dialogfix GmbH abschließend gelöst werden. Der Erfolgsindikator ist hier die First Call Resolution (FCR).

Kundenzufriedenheit

Im Idealfall wird die Qualitätsmessung aber durch die **Wahrnehmung und Erwartungshaltung des Kunden** gesteuert: Ziel ist die Erreichung der Kundenzufriedenheit. Schließlich ist die Kundenzufriedenheit die **bedeutendste aller Messgrößen der Dienstleistungsqualität** – nicht etwa die bloße Einhaltung zuvor definierter betrieblicher Standards.

Um sich im Wettbewerb positiv abzuheben, sollten die betrieblichen **Serviceziele** immer **oberhalb der Serviceerwartungen des Kunden** definiert werden. Eine Dienstleistungsqualität auf nur durchschnittlichem Niveau wird vom Kunden nicht als besonderes Merkmal wahrgenommen. Damit bleibt eine Chance ungenutzt, sich von anderen Marktteilnehmern zu differenzieren.

Ein zufriedener Kunde verhält sich loyal und baut Vertrauen in das Produkt, die Dienstleistung und das Unternehmen auf. Diese „innere Bindung" sorgt dafür, dass die Geschäftsbeziehung gefestigt wird, und erhöht die Wahrscheinlichkeit, dass der Service des Unternehmens erneut in Anspruch genommen oder weiterempfohlen wird. Die Meinung des Kunden sollte daher als fester Bestandteil in das Qualitätsmanagement einfließen.

Bei der Erhebung der **Kundenzufriedenheit** lassen sich **zwei Verfahren** unterscheiden: 12 | 2.1.4

Umfassende Kundenzufriedenheitsanalyse	• wird in regelmäßigen Abständen – z. B. quartalsweise – durchgeführt und zeigt neben der Zufriedenheit auch die **Serviceaspekte** auf, die dem Kunden wichtig sind • So können auch **Trends** und **Bedürfnisänderungen** der Kunden erfasst werden, die anhand von **Merkmalsgruppen** (z. B. Alter, Bildungsstand) zusammengefasst werden.
Zufriedenheitsanalyse unmittelbar nach Geschäftsabschluss	• erfolgt nach dem **Zufallsprinzip** und erlaubt eine **kontinuierliche Überwachung** der Kundenzufriedenheit • Dementsprechend können bestimmte **Marketingaktionen** oder auch **Kundenprobleme** in ihrer **Auswirkung** auf die Zufriedenheit untersucht werden.

Beschwerdemanagement

Eine weitere Möglichkeit, Feedback über die Zufriedenheit bzw. Unzufriedenheit der Kunden zu bekommen, ist ein **aktives und**
5|4.1.1 **frühzeitig greifendes Beschwerdemanagement**. Die vorgetragenen Beschwerden der Kunden geben zahlreiche Hinweise auf Verbesserungspotenziale.

Da vielen Kunden der mit einem Feedback verbundene Aufwand zu groß erscheint, verzichten sie jedoch auf eine Beschwerde. Stattdessen kehren sie dem Unternehmen den Rücken – ohne dabei den für die Verbesserung des Services so wichtigen Abwanderungsgrund offen zu nennen.

Deshalb ist es für Unternehmen von besonderer Bedeutung, Kunden zur Abgabe eines Feedbacks zu ermutigen und jedes einzelne als Anregung für eine Qualitätsverbesserung der Leistungserstellung zu nutzen.

Gerade in der **Beschwerdeannahme** gilt es, die Mitarbeiter zu sensibilisieren, eine Beschwerde als einen wertvollen Hinweis zu verstehen und durch geeignete Verhaltensweisen auch verärgerte Kunden freundlich zu bedienen. Die Gesprächsatmosphäre in einem **Beschwerdegespräch** sollte sich nicht von der eines Gespräches unterscheiden, in dem ein Kunde eine Kaufabsicht signalisiert.

Eine systematische **Beschwerdebearbeitung und -auswertung** liefert dem Unternehmen eine Vielzahl marktbezogener Informationen, die auf anderem Wege nur über kostenintensive Marktforschungen ermittelt werden könnten. Außerdem werden Produkt- und Servicemängel direkt aufgedeckt.

Beschwerden sind damit ein wichtiger Indikator für Schwachstellen in den Abläufen des Unternehmens. Ferner liefern sie die Grundlage für Produktverbesserungen.

1.2.2 Prozessqualität

Neben der Qualitätsbestimmung des Ergebnisses stellt sich häufig die Frage, welche Faktoren die laufende Dienstleistungsqualität beeinflussen und wie diese zielgerich-
8|6.1 tet gesteuert werden können. Dazu ist es erforderlich, die gesamte **Prozesskette** der Leistungserstellung zu betrachten, da die Dienstleistungsqualität lange vor dem Anruf des Kunden beginnt und auch nicht mit dem Auflegen des Hörers endet.

> # **_Definition_**
> Die **Prozessqualität** umfasst die gesamten Abläufe und Maßnahmen im Rahmen der Erstellung einer Dienstleistung.

Beispiel

Der Geschäftsprozess „Telefonische Bestellannahme Laptop Portablix“ ist in einem Flussdiagramm niedergelegt. Die Abläufe sind transparent beschrieben, die Verantwortlichkeiten definiert. Erfolgsindikator sind hier die übersichtlich aufbereiteten Informationen in einer Wissensdatenbank.

In Callcentern ist die Prozessqualität besonders wichtig, da der Kunde in der Gesprächssituation am Prozess der Leistungserstellung unmittelbar teilnimmt.

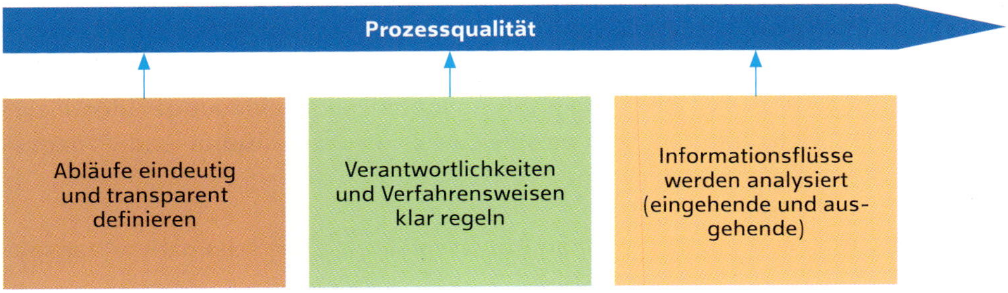

Beispiele

- Wie reibungslos funktionieren die Schnittstellen?
- Wie können Teilprozesse des Callcenters innerhalb der Gesamtprozesskette erledigt werden?
- Wo finden Informationsverzögerungen, -verluste oder -verzerrungen statt, und wie können Informationsprozesse ggf. optimiert werden?

Gemessen wird die Prozessqualität z. B. an der Anzahl von Bearbeitungsfehlern, der benötigten Zeit zur Angebotserstellung oder Bestellannahme oder der Einarbeitungszeit von neuen Mitarbeitern. Weitere Indikatoren können die Anzahl der Weiterverbindungen an den zuständigen Mitarbeiter sein oder die Anzahl der beteiligten Personen an einer in sich geschlossenen Prozesskette (z. B. einer Bestellung).

Zur **Optimierung der Qualität** untersucht man die Prozesse bezüglich folgender Fragestellungen:

- Ist jeder Arbeitsschritt notwendig, d. h., trägt er zur Wertschöpfung bei?
- Lässt sich die Anzahl der Schnittstellen reduzieren?

Beispiel

Muss die Bearbeitung einer Kundenanfrage durch mehrere Spezialisten erfolgen, oder kann sie auch durch einen Multiskill-Agenten erfolgen?

- Existieren Arbeitsschritte, die unnötig sind?

  Beispiel

  Die Archivierung der Kundenaufträge erfolgt in der Ablage, obgleich ein OCR-System diese übernimmt.

- Werden Arbeitsschritte mehrfach getätigt?

  Beispiel

  Bonitätsprüfung vor jeder Bestellung

Zur Untersuchung müssen sämtliche Teilschritte in einem Prozessablauf einen hohen Detaillierungsgrad aufweisen. Anhand zugrunde liegender Ursachen und Indikatoren lässt sich das Verbesserungspotenzial so eindeutiger identifizieren. Anhaltspunkte dafür liefern beispielsweise **Prozess-Audits** und **Prozess-**
12|2.1.5 **Benchmarks**.

Zur Darstellung der Abläufe nutzt man **Prozesspläne**, die die Teilprozesse transparent und nachvollziehbar darstellen.

Der Dienstleistungsprozess im Callcenter beginnt in der Regel damit, dass sich der Kunde für einen Dienstleister entscheidet. Dieser Teilprozess wird als **Suchphase** bezeichnet. Folgende Phasen schließen sich an:

	a. Kontaktphase	Der Kunde nimmt Kontakt zum Callcenter auf und schildert sein Problem.	**Beispiel** Für eine Geschäftsreise in die USA benötigt der Kunde eine Anbindung zum Hamburger Flughafen.
	b. Planungsphase	Erarbeitung einer kundenspezifischen Leistung	**Beispiel** Der Kunde erhält das Angebot, mit einem Mietwagen zum Hamburger Flughafen zu fahren.
	c. Erbringungsphase	Erbringung der Leistung	**Beispiel** Der Mietwagen wird dem Kunden zur Verfügung gestellt. Der Kunde ist also selbst an der Leistungserstellung beteiligt.
8|1.2	**d. Nutzungsphase**	Auch nach der Erbringung der Dienstleistung gibt es regelmäßig Kontakte zwischen Kunde und Dienstleister, die der Kundenbindung dienen. Auf diese Weise können sich Wiederholungsgeschäfte anbahnen, aber auch höherwertige (Up-Selling) oder andere Dienstleistungen (Cross-Selling) angeboten werden.	**Beispiele** Kulanzabwicklung aufgrund eines nicht vorhandenen Navigationssystems, Sonderkonditionen für künftige Anmietungen

Die einzelnen Phasen werden nach Interaktion und Sichtbarkeit für den Kunden abgegrenzt:

- Teilprozesse (Aktionen) der Kunden (z. B. Kontaktaufnahme),
- Teilprozesse des Unternehmens, die für den Kunden sichtbar sind (z. B. Kundengespräch),
- Teilprozesse des Unternehmens, die für den Kunden nicht sichtbar sind (z. B. Erfassung einer Bestellung im Kundenverwaltungssystem).

Unter dem Kosten-Nutzen-Aspekt erscheint die Anpassung der Prozesse auf den ersten Blick häufig ungerechtfertigt. Liegen Aufwand und Kosten dafür doch um ein Vielfaches über dem, was der Verlust eines Kunden „kosten" würde. Dabei müssen jedoch stets die Kosten berücksichtigt werden, die durch dauerhaft unzufriedene Kunden oder entgangenen Umsatz aufgrund nicht vorgenommener Prozessanpassungen entstünden.

Deshalb ist eine Entscheidung für eine Prozessanpassung immer unter dem Gesichtspunkt der langfristigen und nachhaltigen Optimierung zu sehen.

1.2.3 Potenzialqualität

Die Dienstleistungsqualität steht und fällt mit den ausführenden Menschen. Neben der Prozessqualität hat deshalb die **Potenzialqualität** maßgeblichen Einfluss auf die Qualität. Zum Potenzial zählt neben den Mitarbeitern, die im direkten Kundenkontakt stehen, auch eine qualitätsorientierte Führungskultur.

> #
> ***Definition***
> Die **Potenzialqualität** eines Callcenters gibt Aufschluss über die Leistungsfähigkeit der Mitarbeiter und der sie unterstützenden Hilfsmittel.

Beispiel

Peter Müller fühlt sich auch bei komplizierten Fragen zum Laptop „Portablix" kompetent und freundlich beraten. Erfolgsindikator ist die Qualifizierung der Mitarbeiter nach einheitlichen Standards.

Jeder Callcenteragent **repräsentiert das Unternehmen**. Sein Verhalten bildet eine Grundlage, um bei Kunden und Interessenten Sympathiewerte für das Unternehmen zu gewinnen oder gar zu erhöhen. Mit jedem Kundenkontakt ist die Chance verbunden, die Dienstleistungsqualität unter Beweis zu stellen und das Image des Unternehmens positiv zu beeinflussen.

Qualifikation und Freundlichkeit, aber auch Motivation und Persönlichkeit sind deshalb wichtige Größen, die durch die subjektive Wahrnehmung des Kunden einer ständigen Bewertung unterzogen werden. Einheitliche Qualitätsstandards in Form von Checklisten schaffen Objektivität und sichern damit die Qualität des Kundenkontaktes. Zudem sorgen sie für ein **einheitliches**
1 | 1.1.4 **Erscheinungsbild (Corporate Identity)**.

1.2.4 Ganzheitliches Qualitätsverständnis

Ein ganzheitliches Qualitätsverständnis „holt alle ins Boot" – ausgehend vom Management, das mit einer qualitätsorientierten Führungskultur die Rahmenbedingungen schafft und dabei die Mitarbeiter in den Fokus rückt. Qualität wird – eingebettet in das Unternehmensleitbild – zur **Chefsache** und allen anderen Funktionen übergeordnet. Nur wenn das Qualitätsbewusstsein von der Unternehmensführung sichtbar vorgelebt wird, gelingt es, dieses Verhalten auch auf allen nachgeordneten Hierarchieebenen im Unternehmen einzufordern. Eine gute Möglichkeit dafür bietet der regelmäßige Kundenkontakt der Führungskräfte.

Beispiel

Jede Führungskraft der Dialogfix GmbH ist mindestens 20 % ihrer Arbeitszeit im direkten Kundenkontakt am Telefon tätig.

Von dem Verhalten des Managements geht eine bedeutende Signalwirkung auf die Mitarbeiter aus. Es ist verantwortlich dafür, die Mitarbeiter für sämtliche Qualitätsaspekte zu sensibilisieren, die Identifikation der Mitarbeiter mit ihrer Aufgabe, dem Unternehmen und den Kunden zu fördern sowie den Mitarbeitern die entsprechende Wertschätzung durch Offenheit, Transparenz und Vertrauen entgegenzubringen. Hierzu gehört auch, das Lob des Kunden an die Mitarbeiter weiterzugeben und aufgedeckten Defiziten unmittelbar mit daraus abgeleiteten Verbesserungsmaßnahmen zu begegnen.

Zur **Etablierung eines ganzheitlichen Qualitätsbewusstseins** im Unternehmen müssen unter Umständen Blockaden und Barrieren überwunden, Prozesse und Strukturen angepasst und das Bewusstsein aller Beteiligten verändert werden. Neben einer Senkung der Qualitätskosten und effizienteren Dienstleistungsprozessen kann so eine Erhöhung der Kundenzufriedenheit erreicht werden. Diese sorgt für langfristige Kundenbeziehungen und eine dauerhafte Sicherung des Unternehmenserfolgs.

✳ Zusammenfassung

- Durch stetig steigendes Qualitätsbewusstsein und Anspruchsniveau der Kunden ist die **Dienstleistungsqualität** zu einem entscheidenden Erfolgsfaktor für Unternehmen geworden. Callcenter können eine herausragende Dienstleistungsqualität als Differenzierungsmerkmal zum Wettbewerb nutzen.
- Ein **ganzheitliches Qualitätsbewusstsein** stellt die Qualität in den Mittelpunkt des betrieblichen Handelns. Durch zufriedene Kunden sollen der langfristige Geschäftserfolg sowie ein nachhaltiger Nutzen für Mitarbeiter und Unternehmen erzielt werden.
- Die Untergliederung eines ganzheitlichen Qualitätsmanagements in **Ergebnis-, Prozess- und Potenzialqualität** ermöglicht nicht nur die Beurteilung eines fertigen Produktes bzw. einer Dienstleistung, sondern bezieht sich auf alle Aspekte des Leistungserstellungsprozesses.
- Die **Kundenzufriedenheit** ist die bedeutendste aller Messgrößen der Dienstleistungsqualität im Callcenter. Zufriedene Kunden bauen Vertrauen in das Produkt, die Dienstleistung und das Unternehmen auf. Dadurch steigt die Wahrscheinlichkeit, dass sie den Service des Unternehmens erneut in Anspruch nehmen oder weiterempfehlen.
- Ein ganzheitliches Qualitätsverständnis ist fest im Unternehmensleitbild verankert. Das Management setzt mit einer vorbildlichen **qualitätsorientierten Führungskultur** die Rahmenbedingungen und ordnet Qualität allen anderen Funktionen über.

▪ Aufgaben

1. *Was versteht man unter Total Quality Management?*
2. ***Erläutern Sie die einzelnen Bestandteile eines ganzheitlichen Qualitätsmanagements.***
3. ***Unterscheiden Sie die umfassende Kundenzufriedenheitsanalyse von der Zufriedenheitsanalyse unmittelbar nach einem Geschäftsabschluss.***
4. ***Beschreiben Sie anhand des nachfolgenden Beispiels, in welche Phasen man den Dienstleistungsprozess im Callcenter einteilen kann: Frau Brill, Inhaberin der Sonnenschein GmbH, kauft einen neuen Pkw und benötigt eine Kfz-Versicherung.***
5. ***Diskutieren Sie in der Klasse anhand der folgenden Checkliste die Bedeutung von Kundenzufriedenheit und Beschwerdemanagement in Ihrem Ausbildungsbetrieb:***

   - ☐ Wird der Kunde gefragt, wie zufrieden er mit dem letzten Service bzw. der Dienstleistung war?
   - ☐ Wird ein reklamierender Kunde immer besonders aufmerksam behandelt?
   - ☐ Werden Informationen aus Kundengesprächen (z. B. Ursachen von Beschwerden und Unzufriedenheit) systematisch erfasst und weitergeleitet?
   - ☐ Werden Kunden nach dem Kauf/nach einer Bestellung kontaktiert, um die Zufriedenheit mit der Leistung des Unternehmens zu erfragen?

6. ***Erläutern Sie, warum das Management einen großen Einfluss auf die Dienstleistungsqualität im Callcenter hat.***

2 Qualitätssichernde Maßnahmen umsetzen

■ *Einstiegssituation*

Thomas erhält eine E-Mail von seiner Teamleiterin Ulrike: Aufgrund der schlechten Ergebnisse in der Kundenzufriedenheit beim Vertrieb und Support des Laptops „Portablix" sollen alle Maßnahmen der Qualitätsmessung und Qualitätssicherung intensiviert werden.

Später tauscht sich **Thomas** im Pausenraum mit den Agents Simone und Jürgen aus: *„Qualitätssichernde Maßnahmen ... hört sich aber etwas übertrieben an: Die Ulrike macht die nächsten Wochen mehr Coachings und das war's dann."*

Simone: *„Ich glaube, da steckt diesmal schon noch etwas anderes dahinter. Coaching ist zwar eine wichtige Maßnahme und bestimmt auch geplant, aber da passiert noch mehr. Schließlich wollen wir ja den Portablix-Support nicht an KommunikativAktiv abgeben, sondern weiter Inhouse durchführen."*

■ *Arbeitsaufträge*

1. ***Welche Maßnahmen zur Qualitätssicherung eignen sich in der aktuellen Situation?***
2. ***Stellen Sie verschiedene Maßnahmen einander gegenüber und erläutern Sie jeweils die Vor- und Nachteile.***
3. ***Wie kann Qualität dokumentiert werden?***

Im Dialogmarketing bieten sich die unterschiedlichsten Kontaktmöglichkeiten oder Kontaktanlässe mit Kunden. Manche Unternehmen haben als einzigen Kontaktkanal zu ihren Kunden ein Call- oder Servicecenter eingerichtet.

Nach **TQM** soll die Qualität im gesamten Unternehmen betrachtet und implementiert werden. Dabei werden die Dimensionen Ergebnisqualität, Prozessqualität und Potenzialqualität analysiert und stehen im Mittelpunkt aller Maßnahmen der Qualitätsmessung und -verbesserung.

12 | 1.1

Ganzheitliche Qualität steht daher permanent im Fokus der Strategie eines Unternehmens und dient als wichtiger Indikator für den wirtschaftlichen Erfolg. **Qualitätsmanagement** ist also die kontinuierliche Steuerung zur Einhaltung aller Rahmenbedingungen. Diese dienen dazu,

- den Kunden fester an das Unternehmen zu binden,
- die Prozessqualität zu verbessern,
- die Mitarbeiter inhaltlich auf alle Themen vorzubereiten.

Um gezielt mit den passenden Maßnahmen konkrete Verbesserungen der Qualität zu erreichen, müssen verschiedene Kriterien einzeln und in ihrer Wirkung aufeinander gemessen und betrachtet werden.

2.1 Möglichkeiten der Qualitätsmessung

Nachdem klare Ziele und Leistungsstandards festgelegt wurden, muss deren Einhaltung ständig überwacht werden (Qualitätsmessung). Dazu gibt es eine Vielzahl an Möglichkeiten: 8|7.2

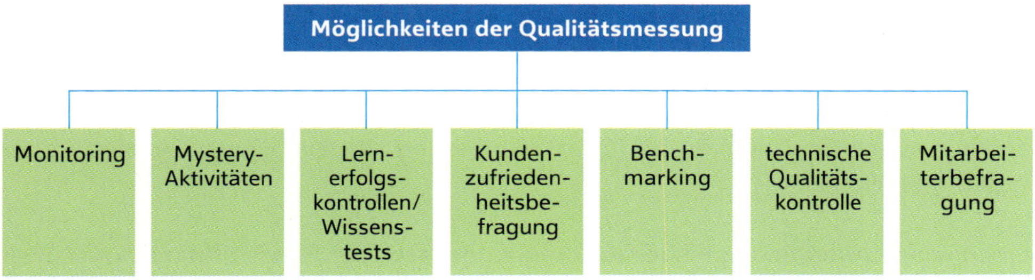

Ist bei dieser Kontrolle zu erkennen, dass Ziele nicht erreicht werden, kommen verschiedene Maßnahmen zur Qualitätsverbesserung zum Einsatz.

2.1.1 Monitoring

Als **Monitoring** (auch Call-Monitoring) werden im Dialogmarketing alle Maßnahmen bezeichnet, bei denen Gespräche eines Mitarbeiters mitgehört und im Anschluss bewertet werden.

> → ***Praxistipp***
> Der englische Begriff „Monitoring“ bedeutet beobachten oder überwachen. Leider sind die Bezeichnungen der einzelnen Monitoring-Maßnahmen nicht genormt. Häufig sind daher in der Praxis unternehmensspezifische Bezeichnungen oder Zuordnungen zu finden.

Folgende **Methoden des Monitoring** werden im Dialogmarketing häufig eingesetzt:

- Side-by-Side-Coaching
- Silent Monitoring
- Screen Recording (Silent Screening)

Side-by-Side-Coaching

Beim Side-by-Side-Coaching (auch Side-by-Side-Monitoring, Shadow-Monitoring) beobachtet der Teamleiter oder ein Coach den Mitarbeiter **direkt am Arbeitsplatz**. Über ein eigenes Headset hört er die Gespräche mit und wertet diese gemeinsam mit dem Mitarbeiter aus. In der Coaching-Sitzung können bereits Maßnahmen mit dem Mitarbeiter besprochen werden, wie er seine Gesprächsführung inhaltlich und methodisch verbessern kann. Hier sind in der Praxis verschiedene Ausprägungen auszumachen:

12|3.2 Zum einen kann Coaching als Maßnahme zur individuellen Verbesserung des Mitarbeiters genutzt und im Rahmen der Personalentwicklung eingesetzt werden. Zum anderen dient Coaching in der Qualitätsmessung als einfache Ist-Analyse einer bestimmten Leistung.

Eine genaue Abgrenzung beider Ausprägungen ist in der Praxis oftmals nur schwer vorzunehmen, daher existieren viele Mischformen.

Side-by-Side-Coaching	
Vorteile	**Nachteile**
• Es können echte Kundengespräche mitgehört und analysiert werden. • Entwicklungsfelder beim Mitarbeiter können direkt erkannt und entsprechende Maßnahmen abgeleitet werden. • Neben dem Gespräch kann gleichzeitig die Bedienung der Computerprogramme ohne größeren technischen Aufwand beobachtet werden. • Das gesamte Verhalten des Mitarbeiters während des Gesprächs kann erfasst werden.	• Der Mitarbeiter erlebt den Coach direkt an seinem Arbeitsplatz. Es besteht die Gefahr, dass der Mitarbeiter sein Verhalten nur für diese Situation ändert. • Da das Gespräch nicht aufgezeichnet wird, kann es sein, dass Coach und Mitarbeiter einzelne Situationen unterschiedlich in Erinnerung haben. • Falsches Verhalten des Mitarbeiters kann durch eine so empfundene Prüfungssituation ausgelöst werden. • Da nur wenige Gespräche mitgehört werden, kann nicht die Gesamtleistung des Mitarbeiters analysiert werden.

Silent Monitoring

Das Silent Monitoring (auch Silent Listening) ist dadurch gekennzeichnet, dass der Qualitätsbeauftragte (Teamleiter, Coach oder Trainer) nicht am Arbeitsplatz des Agenten sitzt, um die Gespräche mitzuhören. Stattdessen befindet er sich leise und unbemerkt **deutlich räumlich entfernt**, z. B. in einem extra dafür eingerichteten Raum oder direkt an seinem Arbeitsplatz.

Die Gespräche können auch **aufgezeichnet** werden (der Mitschnitt wird als Call Recording oder Voice Recording bezeichnet). Die mitgeschnittenen bzw. mitgehörten Telefonate werden dann anhand festgelegter Kriterien ausgewertet.

Dabei achtet der Coach sowohl auf methodische und kommunikative als auch auf fachliche Aspekte.

Im Anschluss an die Auswertung wird das Ergebnis zusammen mit dem Mitarbeiter besprochen, und es werden bei Bedarf Maßnahmen zur Verbesserung definiert. Sofern das Gespräch mitgeschnitten wird, erhält der Mitarbeiter die Möglichkeit, seine Außenwirkung selbst zu analysieren.

Das Gespräch zwischen Coach und Mitarbeiter dient im Nachgang dann bereits als Methode zur Qualitätsverbesserung.

Silent Monitoring	
Vorteile	**Nachteile**
• Es können echte Kundengespräche mitgehört und analysiert werden. • Entwicklungsfelder beim Mitarbeiter können direkt erkannt und entsprechende Maßnahmen abgeleitet werden. • Der Coach sitzt nicht unmittelbar beim Mitarbeiter, dieser fühlt sich weniger beobachtet, das Gespräch verläuft realistisch. • Durch das Aufzeichnen der Gespräche erhält der Mitarbeiter die Gelegenheit, seine Außenwirkung selbst zu erfahren.	• Die rechtlichen Rahmenbedingungen sind komplex und bedürfen einer Prüfung im Vorfeld. • Die Bedienung der PC-Systeme kann nicht analysiert werden. • Da nur wenige Gespräche mitgehört werden, kann nicht die Gesamtleistung des Mitarbeiters analysiert werden. • Die Aufzeichnung ist mit technischem Aufwand verbunden.

Screen Recording

Screen Recording (auch Silent Screening) ist eine Ergänzung bzw. Erweiterung des Silent Monitoring. Dabei wird nicht nur das Gespräch mitgehört, sondern auch der Umgang des Mitarbeiters mit der EDV beobachtet und aufgezeichnet. So kann neben der methodischen und fachlichen Zielerreichung gleichzeitig überprüft werden, ob der Mitarbeiter die Computerprogramme fehlerfrei und entsprechend seinen Arbeitsanweisungen benutzt.

Auch hier findet später ein Gespräch zwischen Coach und Mitarbeiter statt, welches zum einen als Ergebnisanalyse und zum anderen bereits als Maßnahme zur Qualitätsverbesserung genutzt wird.

Screen Recording	
Vorteile	**Nachteile**
• Es können echte Kundengespräche mitgehört und analysiert werden. • Entwicklungsfelder beim Mitarbeiter können direkt erkannt und entsprechende Maßnahmen abgeleitet werden. • Der Coach sitzt nicht unmittelbar beim Mitarbeiter, dieser fühlt sich weniger beobachtet, das Gespräch verläuft realistisch. • Sowohl Gespräche als auch Bildschirmbewegungen werden zur späteren Analyse aufgezeichnet.	• Die rechtlichen Rahmenbedingungen sind komplex und bedürfen einer Prüfung im Vorfeld. • Durch Aufzeichnung von Bildschirmbewegung und Telefonat entsteht ein hoher Analyseaufwand. • Da nur wenige Gespräche mitgehört werden, kann nicht die Gesamtleistung des Mitarbeiters analysiert werden. • Die Aufzeichnung ist mit technischem Aufwand verbunden.

Das gleichzeitige Aufzeichnen von Gespräch und Bildschirmbewegungen wird auch als **Quality Monitoring** bezeichnet.

Rechtliche Rahmenbedingungen

Um die oben beschriebenen Maßnahmen Silent Monitoring und Screen Recording durchführen zu können, sind im Unternehmen verschiedene rechtliche Rahmenbedingungen zu beachten.

Web

→ *Praxistipp*

Seit 2018 ist die neue Datenschutz-Grundverordnung (DSGVO) in Kraft. Dadurch werden die Rechte von Betroffenen im Datenschutz weiter gestärkt. Alle Qualitätssicherungsmaßnahmen, in denen auch die Daten von Kunden verarbeitet werden, müssen im Einklang mit der DSGVO umgesetzt werden. Die Kunden sind in jedem Fall umfassend und transparent zu informieren und müssen aktiv in die jeweilige Maßnahme einwilligen.

Insbesondere greifen an dieser Stelle das **Datenschutzrecht und das Strafrecht**. So ist die Verarbeitung personenbezogener Daten nur unter bestimmen Voraussetzungen zulässig (Art. 6 DSGVO). Die Betroffenen sind darüber umfassend zu informieren und können jederzeit ihre Rechte aus den Datenschutzgesetzen geltend
4 | 6.1
machen (Artikel 12 ff. DSGVO). Das Strafgesetzbuch setzt das Mitschneiden oder Mithören des gesprochenen, nicht öffentlichen Wortes ohne Einwilligung des Betroffenen unter Strafe bis zu drei Jahren Haft (§ 201 StGB).

Das Aufzeichnen von Gesprächen bedarf also einer vorangegangenen und nachweisbaren **Einwilligung beider Gesprächspartner** (§ 51 BDSG). Bei regelmäßigen Geschäftsbeziehungen kann es sinnvoll sein, die entsprechende schriftliche Einwilligung des Kunden einzuholen. Von einer schriftlichen Einwilligung kann unter besonderen Umständen aber abgesehen werden. So kann bei der Vielzahl der Kundenkontakte in einem Callcenter die Einwilligung des Kunden auch durch schlüssiges Handeln oder mündlich aktiv erfolgen. Die Einwilligung muss aber dennoch in jedem Fall klar nachgewiesen werden können.

Beispiel

Bevor ein Anrufer bei Dialogfix zu einem Mitarbeiter durchgestellt wird, erhält er folgende Ansage:
„Wir möchten dieses Gespräch aus Qualitätsgründen aufzeichnen. Alle Daten werden nach der Qualitätskontrolle wieder gelöscht. Wenn Sie damit einverstanden sind, drücken Sie bitte die Eins."

Die grundsätzliche Einwilligung des Mitarbeiters sollte **ausdrücklich schriftlich** erfolgen. Da die im Rahmen des Arbeitsverhältnisses erbrachte telefonische Dienstleistung wesentlicher Inhalt der geschuldeten Arbeitsleistung des Arbeitnehmers ist, darf der Arbeitgeber Inhalte dieser Gespräche im Einzelfall zu einer stichprobenartigen oder anlassbezogenen Leistungs- oder Verhaltenskontrolle erheben, wenn er vorab darüber informiert, dass in einem eingegrenzten Zeitraum mit einer Kontrolle zu rechnen ist. Aber auch mit der Einwilligung des Arbeitnehmers muss die Kontrolle verhältnismäßig bleiben und darf ihn nicht unzumutbar belasten.

Des Weiteren unterliegen alle technischen Einrichtungen, die dafür vorgesehen sind, die Leistung und das Verhalten der Arbeitnehmer zu überprüfen, dem **Mitbestimmungsrecht des Betriebsrats**. Die Akzeptanz der Mitarbeiter und des Betriebsrats ist 1 | 2.3.1 von entscheidender Wichtigkeit für die Einführung eines Qualitätsbewertungssystems. In Unternehmen mit einem Betriebsrat wird daher oft in einer **Betriebsvereinbarung** genau geregelt, wann welche Methoden zum Einsatz kommen und welche Ziele damit verfolgt werden dürfen.

Beispiel

dialogfix GmbH

Auszug aus der Betriebsvereinbarung:
Ein- und Durchführung der Qualitätsmaßnahme „Silent Monitoring"

§ 3 Regelungszweck

Ziel dieser BV ist die Beschreibung der Bedingungen zur Ein- und Durchführung der Qualitätsmaßnahme „Silent Monitoring" im Unternehmen. Die Geschäftsführung und der Betriebsrat sind sich darin einig, dass durch die Einführung einer solchen Maßnahme die Servicequalität erhöht und damit die Wettbewerbsfähigkeit des Unternehmens nachhaltig gesichert wird.

§ 4 Ziel der Maßnahme
Ziel des Einsatzes von Silent Monitoring ist die personenbezogene Erhebung und Beurteilung von fachlichen, systemseitigen, kommunikativen und sozialen Fähigkeiten, die die Grundlage für die individuelle Förderung und Entwicklung des einzelnen Mitarbeiters bilden.

§ 5 Durchführung
Zur Durchführung des Silent Monitoring und zur anschließenden Beurteilungserstellung ist die Abteilung QM berechtigt. Aus Gründen der Maßnahmenevaluation sind ebenfalls Mitarbeiter aus der Abteilung Schulung zum Silent Monitoring befugt. In diesem Fall wird sichergestellt, dass keine personenbezogenen Daten erhoben und/oder weiterverwendet werden, es sei denn, dass Unternehmensinteressen verletzt werden oder grobes Fehlverhalten seitens des Mitarbeiters festgestellt wird.

§ 6 Mitarbeiter- und Qualitätsentwicklung
Die durch das interne Silent Monitoring gewonnenen Daten dürfen nicht genutzt werden, um Mitarbeitern Fehlverhalten nachzuweisen, um dieses dann zur Begründung einer Abmahnung bzw. einer ordentlichen oder außerordentlichen Kündigung heranzuziehen.

Im Anschluss an die interne Maßnahme Silent Monitoring erfolgt zeitnah, spätestens am darauffolgenden Arbeitstag des Mitarbeiters, ein individuelles Feedback auf Basis der gewonnenen Erkenntnisse hinsichtlich der Stärken und Entwicklungsfelder des Mitarbeiters. Vordergründig geschieht dies durch die Leitung der Abteilung QM. Hierbei ist zwingend jedes gemonitorte Gespräch mit dem jeweiligen Mitarbeiter auszuwerten. Auf Wunsch des Mitarbeiters erfolgt das Feedbackgespräch in Anwesenheit eines Betriebsratsmitgliedes.

Der individuelle Handlungsbedarf kann nach Abstimmung zwischen QM und dem Teamverantwortlichen in einer Zielvereinbarung zusammengefasst werden. Diese Zielvereinbarung wird sodann durch den Teamverantwortlichen kommuniziert und auch nachgehalten. [...]

§ 9 Widerspruchsrecht
Jeder Mitarbeiter hat das Recht, jederzeit der Maßnahme Silent Monitoring ohne Angabe von Gründen zu widersprechen. Das erforderliche Formblatt liegt im Personalbüro aus. Es wird dann durch die Geschäftsführung sichergestellt, dass der entsprechende Mitarbeiter nicht gemonitort wird. Die Herleitung von Personalmaßnahmen aus der Inanspruchnahme des Widerspruchsrechtes ist ausgeschlossen.

2.1.2 Mystery-Aktivitäten

Unter diesen Begriff fallen alle Maßnahmen, in denen ein Kontakt mit einem Kunden oder Interessenten vorgespielt oder gestellt wird. Der Mitarbeiter ist sich nicht darüber im Klaren, dass er sich nicht in einem Telefonat oder einer Korrespondenz mit einem realen Kunden befindet. Ein wichtiger Erfolgsfaktor für alle Arten der Mystery-Aktivitäten ist daher, dass diese **glaubwürdig** dargestellt werden.

Dazu können folgende Maßnahmen beitragen:

- **Nutzung simulierter Kundendaten**
  In die Datenbank werden simulierte Kundendaten für den Testkunden eingespielt, alternativ wird dem Testinteressenten eine Adresse zugewiesen, die der Mitarbeiter in die Datenbank eingeben kann. Im Idealfall werden dabei Adressen und Telefonnummern angegeben, unter denen der Testkunde tatsächlich erreichbar ist. So kann gleichzeitig überprüft werden, ob bestellte Waren oder Infopakete wie versprochen zugesandt werden. In verschiedenen Situationen können auch reale Kundendaten genutzt werden, dafür benötigt das Unternehmen allerdings die Zustimmung der entsprechenden Person.

- **Informationen für die Tester**
  Die Testkunden benötigen ausreichend Informationen über die Produkte oder mögliche auftretende Fehler. Ziel muss es sein, einen Anruf oder Kontakt zu simulieren, der im Alltag des Mitarbeiters tatsächlich so vorkommen kann.

Mystery Calls

Bei dieser Variante führen meist externe Unternehmen eine vorher vereinbarte Anzahl an Testanrufen innerhalb eines bestimmten Zeitraums durch. Der Testanrufer wertet im Anschluss anhand vorgegebener Kriterien das Servicegespräch aus.

Da von der Warteschleife über die Beratung bis zum Abschluss des Gespräches das komplette Kundenerlebnis nachgeprüft werden kann, liefern Mystery Calls ein aussagekräftiges Ergebnis. Um statistisch verwertbare Ergebnisse zu liefern, ist es Voraussetzung, dass über einen längeren Zeitraum genügend Anrufe durchgeführt werden.

Mystery Calls können auch für Outbound-Vertrieb oder Support (vereinbarte Rückrufe) durchgeführt werden. Dafür werden dem Outbound-Agenten einfach simulierte Kundendaten inklusive Rückrufnummer zur Verfügung gestellt.

Mystery Calls	
Vorteile	**Nachteile**
• Das gesamte Kundenerlebnis kann gemessen werden (von der Warteschleife über den Gesprächsverlauf bis zur Verabschiedung). • Neben dem methodischen Verhalten der Agenten können auch fachliche Inhalte überprüft werden. • Die Beurteilung erfolgt aus der Sicht des Kunden. • keine erkennbare Prüfungssituation	• technisch aufwendig, da bei Bestandskunden auch entsprechend ein Datensatz in der Kundendatenbank vorhanden sein muss • Die Urteile unterliegen dem subjektiven Eindruck des Anrufers. • fachliche Schulung der externen Anrufer notwendig • Es besteht die Gefahr, dass der Mitarbeiter die künstliche Situation erkennt.

Mystery E-Mails und Korrespondenz

Über die ausgewählte E-Mail-Adresse oder Postanschrift werden simulierte Kundenanschreiben oder Mails an den Service versendet. Dann wird die Dauer bis zur Rückmeldung gemessen und das Antwortschreiben anhand vorher bestimmter Kriterien bewertet.

Typische Bewertungskriterien sind:
- Satzbau und Formulierungen
- Rechtschreibfehler
- sachliche Richtigkeit
- Einsatz von Beschwerdemanagement

Mystery E-Mails und Korrespondenz	
Vorteile	**Nachteile**
• Das gesamte Kundenerlebnis in der schriftlichen Kommunikation kann bewertet werden, inklusive Antwortdauer. • Es werden neben fachlichen auch andere Fähigkeiten wie Rechtschreibung und Formulierungsgeschick bewertet. • Die Auswertung kann anhand des Schreibens oder der E-Mail leicht jederzeit wiederholt und nachempfunden werden.	• Es besteht die Gefahr, dass der Agent die künstliche Situation erkennt. • Die Planung dieser Maßnahmen ist mit einem hohen Aufwand hinsichtlich der Vorbereitung verbunden. • Auch hier ist eine fachliche Schulung der externen Tester notwendig.

2.1.3 Lernerfolgskontrollen

Lernerfolgskontrollen werden häufig nach Trainings oder anderen **Maßnahmen der** 10|7.2 **Personalentwicklung** eingesetzt, um zu überprüfen, inwieweit die Mitarbeiter über die notwendige Fachkompetenz verfügen, um ihre Arbeit inhaltlich korrekt durchzuführen.

Dabei können sowohl Fragen zu Prozessen oder Produkten als auch zu Regeln im Umgang mit dem Kunden sowie zur Nutzung der Tools gestellt werden.

Es bietet sich an, kurze Lernerfolgskontrollen direkt im Nachgang zu Trainings oder E-Learnings einzusetzen. Diese können z. B. elektronisch als Intranet-Test durchgeführt werden, die Ergebnisse stehen dann dem Trainer sofort zur Verfügung.

Im Anschluss werden die Tests ausgewertet und bei Bedarf weitere Nachschulungen und Coachings angesetzt, um Wissensdefizite auszugleichen.

Tests zur Lernerfolgskontrolle	
Vorteile	**Nachteile**
• leicht durchzuführen und einfache Auswertung • Es können direkt Maßnahmen zur Schulung abgeleitet werden. • zusätzlicher Ansporn für die Teilnehmer der Trainings, wenn die Durchführung des Tests vorher bekannt ist	• Es werden rein fachliche Fähigkeiten überprüft. • Fachliche Richtigkeit ist kein alleiniger Garant für hohe Qualität. • Eventuell setzt der Wissenstest die Mitarbeiter unter Druck, da hier eine Prüfungssituation vorliegt.

2.1.4 Kundenzufriedenheitsbefragungen

Der Kunde ist dann mit einem Produkt oder einer Dienstleistung zufrieden, wenn die Erwartungen, die er daran stellt, erfüllt werden. Um die Meinung des Kunden möglichst unverfälscht zu erfahren, empfiehlt sich eine direkte Befragung.

Um die Qualität des Service oder der Produktgestaltung zu messen, führen Unternehmen daher Zufriedenheitsbefragungen durch. Bei diesen Befragungen können die allgemeine Zufriedenheit des Kunden mit einem Produkt, mit dem Service oder mit dem Unternehmen sowie die spezielle Zufriedenheit des Kunden mit einzelnen Aktionen geprüft werden. Von entscheidender Bedeutung ist, dass Maßnahmen, in denen der Service bewertet werden soll, zeitnah nach dem Kontakt durchgeführt werden. 5 | 3.2

Für **Zufriedenheitsbefragungen** bieten sich z. B. folgende Möglichkeiten an:

- Outbound-Aktion für einen bestimmten Kundenkreis
- automatisch verschickte E-Mail an einen Kunden, zu dem gerade ein Kontakt bestanden hat (z. B. nach dem Gespräch mit der Hotline)
- direkte Befragung nach dem Telefongespräch
- Versand eines Fragebogens per Post
- Onlinebefragung über spezielle Links

Neben Umfragen zur Kundenzufriedenheit, die sich speziell auf das Serviceerlebnis beziehen, können auch Befragungen durchgeführt werden, die eine generelle Zufriedenheit mit Marke, Produkt oder Dienstleistung zum Thema haben.

Befragungen zur Kundenzufriedenheit	
Vorteile	**Nachteile**
• Die Meinung des Kunden steht im Mittelpunkt. • Eine direkte Erfolgskontrolle nach dem Servicekontakt ist möglich. • kann für eine hohe Anzahl von Kundenkontakten durchgeführt werden	• Es wird die subjektive Sicht des Kunden eingeholt. • Der Kunde erinnert sich eventuell nicht mehr an alle Details. • Möglicherweise bewertet der Kunde den Mitarbeiter negativ, obwohl er eigentlich nur mit den Prozessen oder Produkten des Unternehmens unzufrieden ist.

2.1.5 Benchmarking

Bei dieser Maßnahme misst ein Unternehmen seine eigene Leistung bzw. Qualität an der Leistung anderer, vergleichbarer Unternehmen („Best Practices"). Hier kann ein Ziel sein, die Werte des Marktführers ständig zu beobachten und diese zu erreichen. Schwierig ist bei dieser Methode aber, dass nur sehr wenige Vergleichsfaktoren öffentlich zur Verfügung stehen. Zudem haben andere Unternehmen eventuell andere
2|2.2.5 **Messkriterien** oder **Faktoren** festgelegt, die unternehmensspezifisch und daher wenig vergleichbar sind.

Benchmarking	
Vorteile	**Nachteile**
• Auf Veränderungen im Markt kann durch Beobachtung der Mitbewerber schnell reagiert werden. • Serviceleistungen anderer Anbieter können mit den eigenen verglichen werden. • Es erfolgt eine qualitative Ausrichtung am Markt.	• Oft liegen genaue Daten nicht vor oder sind nicht zu allen Bereichen erhältlich. • Jedes Unternehmen interpretiert seine Werte anhand eigener Kriterien, was einen direkten Vergleich schwierig macht. • hoher Aufwand durch Datenermittlung bei vielen guten Mitbewerbern am Markt

→ ***Praxistipp***
Branchenspezifische Informationen zum Benchmarking finden sich unter https://callcenter-verband.de/publikationen/studien/branchenstudien/.

2.1.6 Technische Qualitätskontrolle

Da Service- oder Callcenter über eine komplexe Technik (IT-Netzwerk, TK-Anlage, ACD-Anlage) verfügen, können sehr viele der harten Faktoren über System-Checks und sogenannte **Reportings** (schriftliche oder elektronische Auswertungen) überwacht werden. Die meisten ACD-Anlagen liefern in Echtzeit Werte über Erreichbarkeit, Servicelevel, AHT etc. Sind dort Abweichungen von den Sollwerten zu erkennen, kann direkt über mögliche Maßnahmen entschieden werden. Dem Mitarbeiter werden die Werte häufig über ein deutlich sichtbares **Wallboard** (Walldisplay) oder durch eine Anzeige auf der Telefonanlage transparent gemacht. 10|8.7

Technische Qualitätskontrolle	
Vorteile	**Nachteile**
• liefert genaue Auswertungen über die harten Faktoren • Auswertungen können für die aktuelle Situation, aber auch für die vergangene Zeit erhoben werden. • einfache Auswertung „per Knopfdruck“ möglich • Es können besondere Einbrüche der Qualitätsfaktoren direkt erkannt und entsprechend bearbeitet werden.	• Es wird nur „reine Statistik“ geliefert, daher besteht immer die Möglichkeit der Fehlinterpretation. • Weiche Faktoren sind nicht verlässlich auswertbar. • Durch die transparente Auswertung können sich Mitarbeiter unter Druck gesetzt fühlen. • Die Installation eines entsprechenden Systems ist mit hohem technischen Aufwand verbunden.

2.1.7 Mitarbeiterbefragung

Ein weiterer, wichtiger Erfolgsfaktor für ein Unternehmen ist die Zufriedenheit und die damit einhergehende **Motivation der Mitarbeiter**. Auch wenn alle technischen Systeme einwandfrei funktionieren und der Mitarbeiter über die notwendige Fach- und Methodenkompetenz verfügt, kann mangelnde Motivation dazu führen, dass die Qualität sinkt. 10|5.1

Um herauszufinden, wie es um die Zufriedenheit der Mitarbeiter bestellt ist, werden daher Mitarbeiterumfragen durchgeführt. Diese sind in der Regel so konstruiert, dass die Mitarbeiter den Grad ihrer Zufriedenheit angeben können und ebenfalls mitteilen, aus welchem Grund eventuell Unzufriedenheit besteht. Das Unternehmen kann dann entsprechende Maßnahmen ableiten, um eventuelle Missstände aufzuheben.

Befragungen zur Mitarbeiterzufriedenheit	
Vorteile	**Nachteile**
• Die Mitarbeiter werden in Qualitätsmaßnahmen miteinbezogen. • Das Unternehmen erfährt direkt von der Basis, welche Verbesserungen abgeleitet werden können. • Motivation als Faktor für Erfolg wird mit dem Thema der Qualitätserreichung verknüpft.	• Oft werden nur sehr allgemeine Aussagen getroffen, sodass eine Ableitung von konkreten Maßnahmen nur schwer möglich ist. • Unzufriedenheit kann auch von Faktoren abhängen, die nicht durch Maßnahmen der Qualitätsverbesserung gelöst werden können. • Je nach Anzahl der Mitarbeiter ist eine langwierige Auswertung zu erwarten, insbesondere bei offenen Fragen.

2.2 Maßnahmen zur Qualitätsverbesserung

Werden bei der Qualitätsmessung Abweichungen zu den festgelegten Soll-Ergebnissen festgestellt, ist es notwendig, Maßnahmen zur Qualitätsverbesserung abzuleiten.
10|7.3 Insbesondere kommen dabei die **Methoden der Personalentwicklung** in Betracht. Davon sind einige im Dialogmarketing besonders häufig anzutreffen.

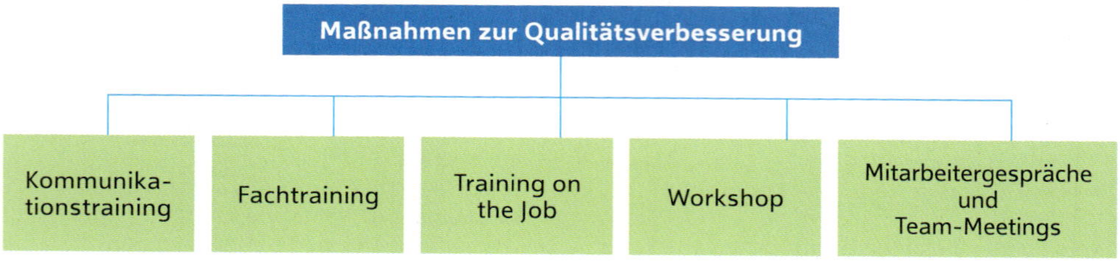

Kommunikationstraining

In diesen Trainings werden alle Methoden und Modelle zur professionellen Gesprächsführung trainiert und in Rollenspielen oder simulierten Situationen geübt. Inhalte sind beispielsweise Techniken des Zuhörens, Argumentationstechnik, Fragetechnik, Beschwerdemanagement, Aspekte der Kommunikationspsychologie etc. Ziel dieser
3|3 Maßnahme ist es, die **Methoden einer professionellen Gesprächsführung** zu kennen und anzuwenden (z. B. aktives Zuhören) und auch die Hintergründe dieser Methoden zu verstehen (z. B. die „vier Seiten einer Nachricht“, Transaktionsanalyse).

Fachtraining

Hier werden alle für den Mitarbeiter wichtigen Fachinhalte und -prozesse vermittelt. Ziel ist es, dass der Mitarbeiter die Produkte und Dienstleistungen des Unternehmens bzw. des externen Auftraggebers, aber auch die wichtigen Abläufe im Hintergrund kennt.

Training on the Job

Bei dieser Variante wird ein Mitarbeiter in realen Situationen durch einen Coach oder seinen Teamleiter begleitet. Nach der Vorstellung der einzelnen Beobachterkriterien führt der Mitarbeiter reale Telefonate durch. Diese werden vom Coach analysiert und die Ergebnisse gemeinsam mit dem Mitarbeiter besprochen. Nach jeder „Sitzung“ erhält der Mitarbeiter konkrete Tipps, wie er seine Gesprächsführung verbessern kann. Diese versucht der Mitarbeiter beim nächsten Training on the Job umzusetzen.
12|2.1.7 Zu den Maßnahmen des Training on the Job gehört z. B. das **Monitoring**.

12|3.4 Training on the Job, insbesondere **Coaching**, stellt einen ständigen Entwicklungsprozess dar und muss daher regelmäßig erfolgen. Eine einmalige oder nur sporadisch stattfindende Sitzung hat keine Aussicht auf Erfolg.

> **Praxistipp**
> Als besonders wirkungsvoll hat sich erwiesen, die Maßnahmen des Kommunikations- und/oder Fachtrainings mit Maßnahmen des Training on the Job zu kombinieren. So wird sichergestellt, dass die Mitarbeiter in einen ständigen Weiterentwicklungsprozess eingebunden sind. Durch die Kombination aus Theorie-Lernen und unterstütztem „Selbst-Tun“ wird der Wirkungsgrad entscheidend erhöht.

Workshop

Bei einem Workshop werden die Mitarbeiter zu einem Erfahrungsaustausch eingeladen. Es werden aktuelle Problemstellungen diskutiert und Maßnahmen abgeleitet. 9|4.2.1

Mitarbeitergespräche und Team-Meetings

Insbesondere wenn geringe Motivation als hemmender Faktor der Qualitätserreichung identifiziert wurde, sollten Gespräche mit den Mitarbeitern geführt werden, um herauszufinden, welche Gründe für die mangelnde Motivation vorliegen.

Wichtig ist, dass es sich dabei nicht um Kritikgespräche handelt, sondern um offene Dialoge, in denen der Mitarbeiter in das Thema Qualität und Motivation verantwortungsbewusst miteinbezogen wird.

Beispiel

Aus einer Umfrage bei Dialogfix geht klar hervor, dass die Motivation der Mitarbeiter sinkt, aber es wird nicht klar, aus welchen Gründen dies genau passiert. Daher führen alle Teamleiter Meetings und Einzelgespräche mit den Mitarbeitern durch, um die Ursachen einzugrenzen.

Planungsschritte

Um Maßnahmen der Qualitätsverbesserung einzusetzen, hat sich folgende Vorgehensweise als wirkungsvoll erwiesen:

1. **Bedarf analysieren:** Im ersten Schritt wird festgestellt, welche Ziele erreicht oder welche Werte verbessert werden sollen. (Hier können z. B. Testanrufe ausgewertet werden.) Es muss im Vorfeld genau festgelegt werden, wie die Werte nach der Maßnahme aussehen sollen (Zielvorgabe).

2. **Entwicklungsplan aufstellen:** Auf Basis der Zielvorgaben wird ein Schulungsplan aufgestellt. Darin sind Art und Dauer der Personalentwicklungsmaßnahmen festgelegt.

3. **Durchführung:** Anhand des festgelegten Plans werden die Maßnahmen durchgeführt.

4. **Zielerreichung überprüfen:** Im letzten Schritt werden die Werte, die als Ausgangspunkt zu der entsprechenden Maßnahme gedient haben, erneut überprüft. Wurden die Ziele erreicht, war die Maßnahme ein Erfolg. Wenn nicht, muss nachgebessert werden. Eine entsprechende Dokumentation schließt sich an.

2.3 Branchenübliche Zertifizierungen

Um auch öffentlichkeitswirksam zu zeigen, welche Methode bzw. welchen Standard des Qualitätsmanagements ein Unternehmen erreicht, besteht die Möglichkeit einer **Zertifizierung**, mit der die Einhaltung bestimmter Standards nachgewiesen wird.

Um eine Zertifizierung zu erhalten, muss ein Unternehmen die in der Norm bzw. Methode vorgeschriebenen Standards erfüllen und auch nach der Zertifizierung in regelmäßigen Abständen nachweisen.

Dabei ist zu beachten, dass es zum einen verschiedene Standards und Zertifizierungen gibt, aus denen man wählen kann, zum anderen, dass verschiedene Anbieter die entsprechende Zertifizierung offerieren. Mittlerweile existieren etliche verschiedene Zertifizierungen und Modelle zum Qualitätsmanagement. Diese Vielzahl wird bisweilen als unübersichtlich und undurchschaubar kritisiert. Daher werden an dieser Stelle nur die in der Praxis am häufigsten genutzten Zertifizierungen vorgestellt.

Doppelzertifizierung für A. Sutter Dialog Services

Mit der DIN EN ISO 18295:2017 wurde im Oktober 2017 eine global einheitliche Norm für Customer Contact Center in deutscher Sprache in Kraft gesetzt. Mit ihrem Erscheinen löste die Norm gleichzeitig die bisher geltende europäische Richtlinie DIN EN 15838:2009 ab. „Für Auftraggeber, Kunden aber auch für potenzielle Mitarbeiter bietet dieses nunmehr weltweit gültige Qualitätsmanagementsystem eine Orientierung, es mit seriösen Unternehmen zu tun zu haben, die entsprechende Strukturen geschaffen haben, qualitativ hochwertige Leistungen erbringen zu können", ist in einer aktuellen Pressemitteilung der A. Sutter Dialog Services GmbH zu lesen. Der Call Center-Dienstleister mit Sitz in Essen hat die neue Norm, parallel zur Zertifizierung nach DIN EN ISO 9001:2015, erfolgreich abgelegt. [...] Zusammen mit der gleichfalls in der letzten Woche abgeschlossenen Zertifizierung nach DIN EN ISO 9001:2015 habe man „über die akkreditierte Zertifizierungsstelle für Qualitätsmanagementsysteme HZA aus Hamburg die in unserer Branche bedeutenden Nachweise erhalten, nach denen unser Unternehmen auch die weltweit höchsten Qualitätsanforderungen erfüllt", ist in einer Nachricht zur Zertifizierung auf der Webseite des Dienstleisters zu lesen.

Quelle: Jünger, Alexander: Doppelzertifizierung für A. Sutter Dialog Services. In: www.callcenterprofi.de. Veröffentlicht am 16.01.2018 unter: www.callcenterprofi.de/branchennews/detailseite/detail/News/doppelzertifizierung-fuer-a-sutter-dialog-services-20185891/ [03.08.2021].

2.3.1 DIN EN ISO 9001:2015

Mithilfe der DIN EN ISO 9001:2015 soll ein praxisnahes Managementsystem gestaltet werden, das den spezifischen Kontext der jeweiligen Organisation berücksichtigt. Das Qualitätsmanagement wird dabei in die strategische Ausrichtung des Unternehmens eingebunden. Die Norm fordert eine intensive Auseinandersetzung mit sämtlichen relevanten interessierten Parteien sowie allen Chancen und Risiken. Ziel ist es dabei, basierend auf dem **PDCA-Zyklus** das Qualitätsbewusstsein innerhalb der Organisation zu schärfen sowie die Erfordernisse und Erwartungen der Kunden zu erfüllen. 8 | 6.3

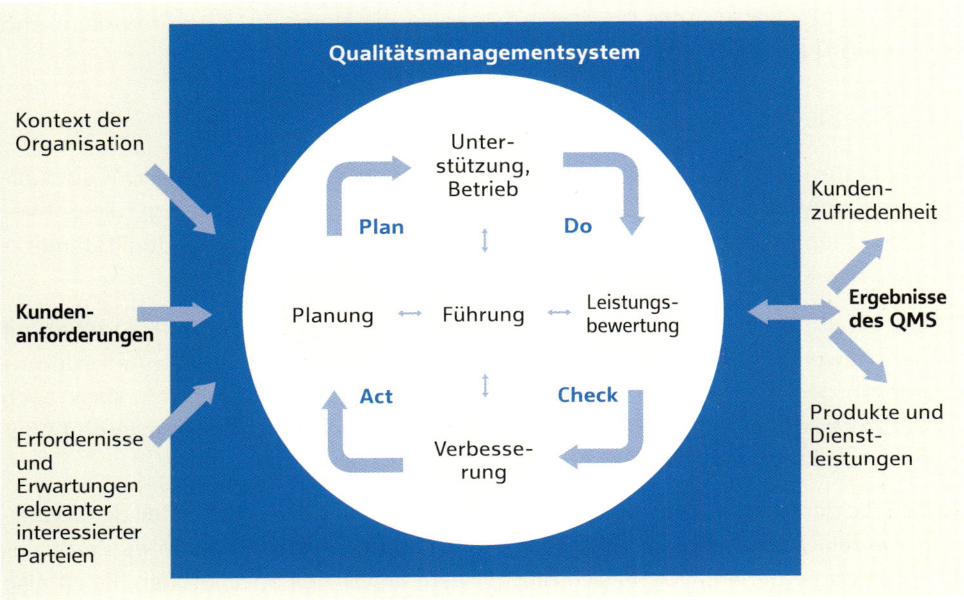

Die DIN EN ISO 9001:2015 orientiert sich an sieben Managementprinzipien (QM-Grundsätze):

- Kundenorientierung
- Beziehungsmanagement
- Führung
- faktengestützte Entscheidungsfindung
- Einbeziehung von Personen
- Verbesserung
- prozessorientierter Ansatz

Zertifizierung

Um eine Zertifizierung nach DIN EN ISO 9001:2015 zu erhalten, muss ein Unternehmen zunächst alle Prozesse sichten und dokumentieren. Danach wird überprüft, welche der Normanforderungen erfüllt werden und wo es noch Veränderungsbedarf gibt. Dies kann optional auch durch ein „Vor-Audit" mit einem externen Berater erfolgen. Dann werden notwendige Änderungen durchgeführt und es folgt ein mehrstufiges Audit. Nachdem dort festgestellte Abweichungen behoben wurden, erfolgt eine abschließende Überprüfung und die Zertifizierung.

2.3.2 DIN EN ISO 18295:2017

Während die DIN EN ISO 9001:2015 branchenübergreifend Hinweise für ein erfolgreiches Qualitätsmanagement gibt, wurde mit der branchenspezifischen DIN EN ISO 18295 eine global einheitliche Norm für Kundenkontaktcenter (Customer Contact Center) geschaffen. In Deutschland wurde die Norm 2017 veröffentlicht und löste die DIN EN 15838 ab.

Die ISO 18295:2017 umfasst zwei Teile:

1. Der erste Teil beschreibt das Verhältnis zwischen allen Beteiligten. Hier sind allgemeine Anforderungen an Kundenkontaktzentren (CCC) festgelegt, die entweder firmenintern sind oder ausgelagert betrieben werden. Die Qualitätsmerkmale des Kundenkontaktcenters stehen hier im Mittelpunkt.
2. Der zweite Teil beschreibt das Verhältnis zwischen Kunde und Auftraggeber mit den Anweisungen, die dem CCC gegeben wurden. Hier sind auch Anforderungen an den Auftraggeber festgelegt. Es soll sichergestellt werden, dass auch der Auftraggeber Qualitätsmerkmale einhält, wenn er sich eines internen oder externen Kundenkontaktcenters bedient.

Beide Teile der Norm sollen zusammenwirken. Damit bleibt ein großer Teil der Verantwortung für Qualität immer auch beim Auftraggeber. Trotzdem kann es Zertifizierungsangebote geben, welche sich nur mit dem ersten Teil beschäftigen. Es ist also durchaus möglich, dass ein Auftraggeber sich nicht zertifizieren lassen möchte, aber eine entsprechende Zertifizierung (Teil 1) von seinem Kundenkontaktcenter verlangt. Doch auch dann gibt der zweite Teil der Norm wichtige Hinweise auf zu formulierende Standards in der Geschäftsbeziehung zwischen Auftragnehmer und Auftraggeber.

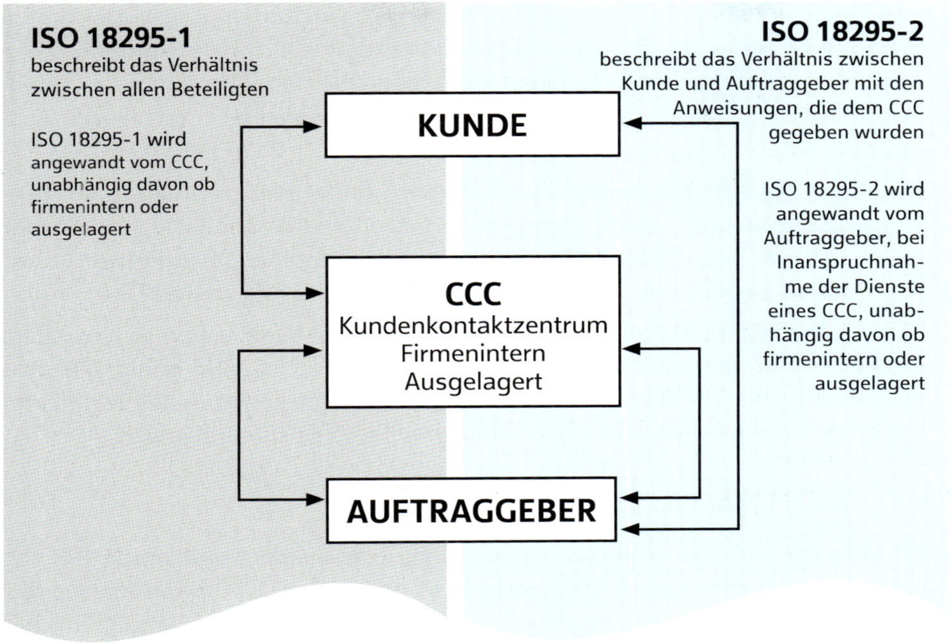

Quelle: Customer Service & Call Center Verband Deutschland e. V. (CCV): Grafik DIN EN ISO 18295. In: www.callcenter-verband.de. Online verfügbar unter: https://callcenter-verband.de/wp-content/uploads/2011/12/Grafik_DIN-EN-ISO-18295.jpg [05.10.2021].

Das Qualitätsmanagementmodell der DIN EN ISO 18295

Die Norm beschreibt ein Qualitätsmodell auf sechs Säulen, welche bei einer entsprechenden Zertifizierung geprüft werden:

1. Anforderungen an Kundenbeziehungen
2. kundenorientierte Leitung
3. Personal
4. operative Prozesse
5. Infrastruktur der Dienstleistungserbringung
6. Verhältnis zum Auftraggeber

Ein typischer **Zertifizierungsablauf** kann wie folgt aussehen:

1. In einem **Erstgespräch** werden für die Zertifizierung relevante Detailfragen geklärt, z. B. Anzahl der Mitarbeiter, Anzahl der Standorte oder eine erste eigene Einschätzung. Außerdem werden die Kosten und der Ablauf des Zertifizierungsverfahrens besprochen.

2. Im **Pre-Audit** wird geprüft, welche Anforderungen das Unternehmen bereits erfüllt und wo es noch Verbesserungsbedarf bis zu einer erfolgreichen Zertifizierung gibt. Dieser Schritt kann bei manchen Zertifizierungen auch entfallen.
3. Entsprechend den Anforderungen der Norm wird eine umfangreiche **Dokumentation** über alle relevanten Qualitätsmerkmale erstellt. Inhalte sind beispielsweise Organigramm, Informationen zu Personalthemen, Prozesse und Verfahren, Umgang mit neuen Mitarbeitern, Qualitätsmanagement, technische Ausstattung, Reportings und wichtige Statistiken.
4. Das **Audit (Durchführung der Zertifizierung)** findet immer direkt im Kundenkontaktzentrum statt. Alle Unterlagen, Verfahren und Vorgehensweisen werden genau geprüft. Die Auditoren befragen Mitarbeiter und Ansprechpartner, prüfen Reportings und beobachten, wie Abläufe tatsächlich funktionieren.
5. Wenn alle Anforderungen erfüllt werden und das Audit erfolgreich verläuft, erhält das Unternehmen das **Zertifikat**. Dieses ist sechs Jahre gültig, alle zwei Jahre findet aber ein Überwachungsaudit zur Aufrechterhaltung des Zertifikates statt. Nach Ablauf der sechs Jahre findet eine Re-Zertifizierung statt.

2.3.3 EFQM Modell 2020

EFQM steht für European Foundation for Quality Management und wurde 1988 als gemeinnützige Organisation auf Mitgliederbasis gegründet. Die Organisation vergibt jährlich den EFQM Excellence Award für Organisationen mit überdurchschnittlichen Leistungen. Neben diesem Award gilt das Modell als Basis und Bewertungsmaßstab verschiedener Preise auf regionaler und nationaler Ebene.

Endlich ein Modell, das etwas nützt

[...] Ganz einfach gesagt könnten wir behaupten: Mit dem EFQM Modell strukturieren und messen wir Unternehmensqualität. Das ist einerseits richtig. Aber: Das Modell ist bei Weitem nicht nur ein Instrument zur Bewertung. Das wäre viel zu kurz gegriffen. Das EFQM Modell ermöglicht einen Gesamtblick auf ein Unternehmen, es gibt einen Rahmen vor, der dem Unternehmen hilft, keinen Bereich zu vergessen. Man kann es auch als einzelne zueinander gewichtete Puzzleteile sehen, die zusammen ein ganzes Bild ergeben. Beim EFQM Modell 2020 spielen die Kultur einer Organisation, die Transformation von Organisationen sowie ihre Flexibilität und Anpassungsfähigkeit im Hinblick auf die Zukunftsorientierung eine wichtige Rolle. So unterstützt es Unternehmen dabei, Arbeitsweisen kurz- und langfristig zu verbessern. Es hilft, die Leistungsfähigkeit voranzutreiben und Veränderungen sowie Transformation proaktiv zu steuern. [...]

Das Modell verknüpft Zweck, Vision und Strategie eines Unternehmens zeigt, wie es dadurch einen nachhaltigen Nutzen für die Interessengruppen schafft und exzellente Ergebnisse erzielt. Wichtig dabei ist zu beachten: Das Modell liefert dir keine konkrete unternehmensspezifische Checkliste oder Vorgehensbeschreibung. Aber zu jedem Teilkriterium werden Beispiele angeführt. Diese Beispiele sind Anregungen dafür, welche Maßnahmen ein erfolgreiches Unternehmen zum jeweiligen Thema umsetzen könnte. Das Modell ist sehr offen gehalten und daher universal anwendbar für Unternehmen unterschiedlicher Größe, Art (Profit und Not-for-Profit), Branche und für alle Arten von Geschäftsmodellen. Durch die Beschäftigung mit den im EFQM Modell adressierten Ansatzpunkten wird eine Lernkurve in Gang gesetzt. Kreativität und Innovation sowie Benchmarking werden angeregt, Kultur und Vorgehen werden reflektiert. Und das ist doch einfach toll und wünschenswert für jedes Unternehmen, oder?

Quelle: Drascher, Michaela: Endlich ein Modell, das etwas nützt. In: www.staatspreis.com. Veröffentlicht am 11.03.2020 unter: https://www.staatspreis.com/blog/endlich-ein-modell-das-etwas-nuetzt/ [05.10.2021].

Das aktuelle **EFQM Modell 2020** basiert auf einer ganzheitlichen Sicht auf das Unternehmen, dabei werden in drei Kategorien sieben Kriterien berücksichtigt:

Kategorie	Kriterien
Ausrichtung (WHY) Warum existiert die Organisation? Welchen Zweck erfüllt sie? Warum verfolgt sie die aktuelle Strategie?	1. Zweck, Vision und Strategie 2. Organisationskultur und Führung
Realisierung (HOW) Wie beabsichtigt Sie, ihren Zweck zu erfüllen und die Strategie umzusetzen?	3. Interessengruppen einbinden 4. nachhaltigen Nutzen schaffen 5. Leistungsfähigkeit und Transformation vorantreiben
Ergebnisse (WHAT) Was hat die Organisation bisher erreicht? Was will die Organisation in Zukunft erreichen?	6. Wahrnehmungen der Interessensgruppen 7. Strategie und leistungsbezogene Ergebnisse

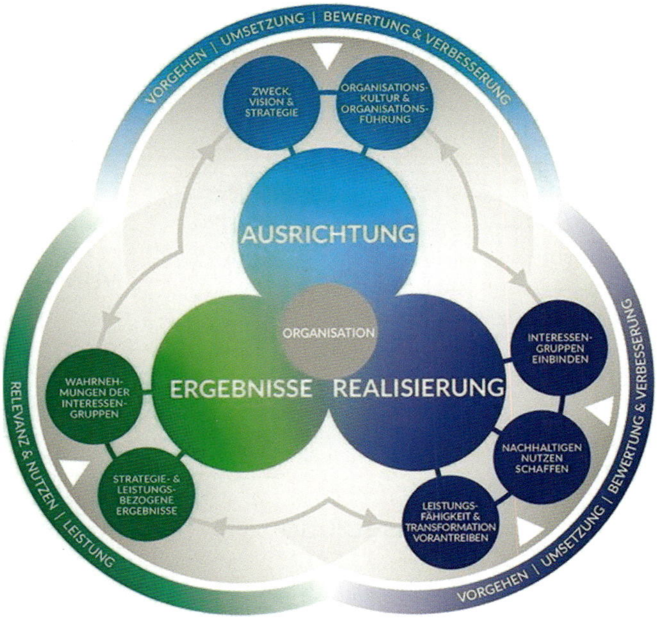

Quelle: http://www.efqm.de

Dabei ist das Grundprinzip des EFQM-Modells die Verknüpfung von Zweck, Vision und Strategie einer Organisation sowie die Frage, wie daraus ein nachhaltiger Nutzen für die Kunden und herausragende Ergebnisse entstehen können.

RADAR-Logik

Die Maßnahmen zur Qualitätsentwicklung im Unternehmen werden bei EFQM nach der „RADAR-Logik" geplant, durchgeführt und bewertet. Bei dieser Systematik handelt es sich um eine Version des bereits aus dem Prozessmanagement bekannten
6|6.3 **PDCA-Zyklus**, der einer Organisation dabei hilft, bestehende Stärken und Verbesserungspotenziale zu erkennen und die aktuelle Arbeitsweise besser zu steuern.

Die RADAR-Logik legt dar, wie die Organisation

- (**R**esults – Ergebnisse) die angestrebten Ergebnisse definiert, die sie durch ihre Strategie erreichen möchte;
- (**A**pproaches – Vorgehensweisen) eine Reihe von Vorgehensweisen festgelegt hat, mit deren Hilfe die angestrebten Ergebnisse jetzt und in Zukunft erzielt werden sollen;
- (**D**eployment – Umsetzung) diese Vorgehensweisen angemessen umsetzt;
- (**A**ssessment and **R**efinement – Bewerten und Verbessern) die umgesetzten Vorgehensweisen bewertet und verbessert. Dadurch kann die Organisation lernen, sich weiterzuentwickeln.

Um eine solide Analyse zu ermöglichen, sind jedem RADAR-Element Merkmale zugeordnet. Für jedes dieser Attribute gibt es eine Beschreibung und Hinweise, was die Organisation dabei erreichen sollte.

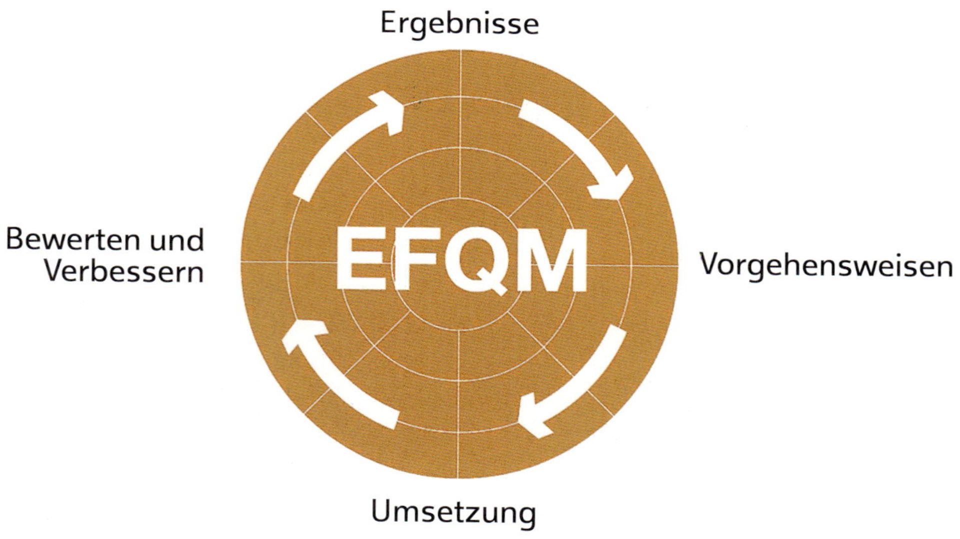

Zertifizierung

Ein wichtiger Bestandteil des EFQM-Modells ist, dass Unternehmen zunächst eine eigene Bewertung ihrer Organisation hinsichtlich dieser Kriterien vornehmen. Dabei lernen sie ihre Stärken und Schwächen kennen und können direkt Verbesserungen ableiten. Darüber hinaus können durch einen externen EFQM-Prüfer verschiedene Zertifikatsstufen dokumentiert werden.

✻ *Zusammenfassung*

- Nach **TQM** soll Qualität im gesamten Unternehmen gemessen und implementiert werden.
- 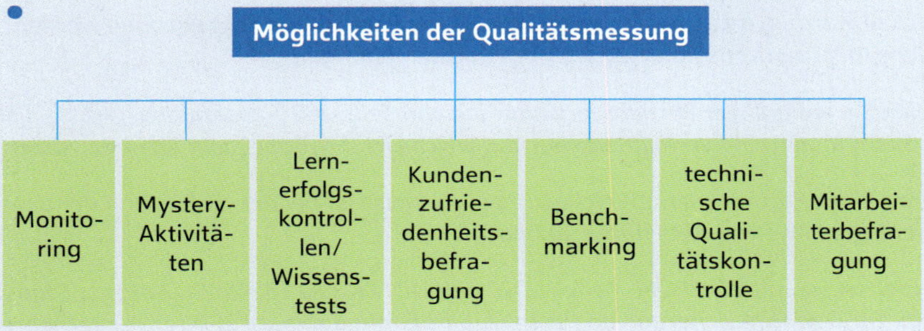

- Werden bei der Qualitätsmessung Abweichungen vom Soll-Ergebnis festgestellt, müssen Maßnahmen zur **Qualitätsverbesserung** eingeleitet werden:
  - Kommunikationstraining
  - Fachtraining
  - Training on the Job
  - Workshop
  - Mitarbeitergespräche/Team-Meetings
- Um die Maßnahmen zur Qualitätsverbesserung sinnvoll einzusetzen, empfiehlt sich folgende **Vorgehensweise**:
  1. Bedarf analysieren
  2. Entwicklungsplan aufstellen
  3. Durchführung
  4. Zielerreichung überprüfen
- In der Praxis existieren zahlreiche **Qualitätsmanagementsysteme**. Ein Unternehmen hat die Möglichkeit, sich den Einsatz eines bestimmten Modells **zertifizieren** zu lassen.
- 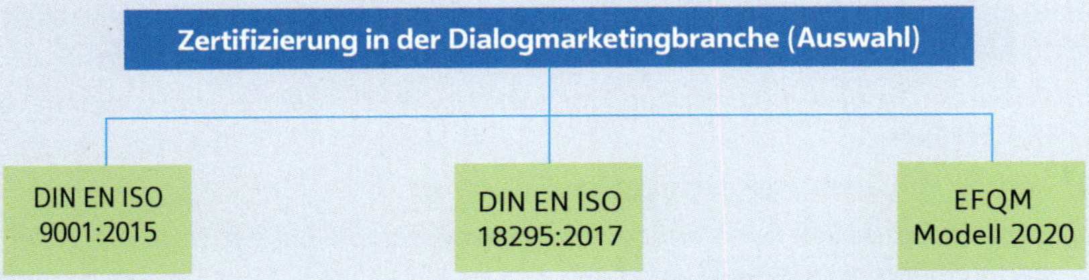

■ *Aufgaben*

1. *Sie sind Teamleiter bei Dialogfix. In der letzten Zeit ist in Ihrem Team ein Rückgang der Kundenzufriedenheitswerte zu beobachten. In Side-by-Side-Coachings stellen Sie keine Ursachen für diese Ergebnisse fest. Wählen Sie eine Methode der Qualitätsmessung, um in dieser Situation Gründe für die Entwicklung auszumachen. Begründen Sie Ihre Entscheidung.*

2. *Im Rahmen Ihrer Tätigkeit als Teamleiter erhalten Sie den Auftrag, die Ursachen für eine ständig steigende AHT in der Abteilung TechDirekt zu ermitteln. Nach einer entsprechenden Untersuchung wird klar:*
   - *Die Mitarbeiter verfügen über das notwendige Fachwissen sowie die erforderliche Methodenkompetenz.*
   - *Die Programme arbeiten ebenfalls fehlerfrei und sorgen nicht für eine Verzögerung.*

   Welche Ursachen müssen für diese Entwicklung noch in Betracht gezogen werden? Welche Messmethode kann jeweils zum Einsatz kommen?

3. *Stellen Sie anhand der Betriebsvereinbarung von Seite 289 f. zusammen, welche Ziele mit Silent Monitoring verfolgt werden und welche Rechte dabei dem Agenten zustehen.*

4. *Klären Sie in Partnerarbeit: Welche Vorgehensweise ist bei der Einführung der unterschiedlichen Mystery-Aktivitäten zu beachten?*

5. *Erarbeiten Sie mittels EFQM Modell 2020 und DIN EN ISO 18295:2017 eigene Standards zur Qualitätssicherung und zum Qualitätsmanagement in Ihrem Unternehmen.*
   a) *Welche Verbesserungsvorschläge können Sie ableiten?*
   b) *In welchen Punkten ist Ihr Unternehmen bereits heute für eine Zertifizierung gerüstet?*

6. *Sie sollen für Ihr Unternehmen eine geeignete Zertifizierung umsetzen. Zur Auswahl stehen die DIN EN ISO 9001:2015 sowie die branchenspezifische Zertifizierung DIN EN ISO 18295:2017.*
   a) *Bereiten Sie eine Entscheidungsvorlage für die Unternehmensleitung vor, um die einzelnen Schwerpunkte aufzuarbeiten.*
   b) *Welche der Zertifizierungen passt am besten zu Ihrem Unternehmen? Begründen Sie Ihre Entscheidung.*

7. *Jede Zertifizierung bzw. Umsetzung einer Norm ist mit Kosten und hohem Aufwand verbunden. Stellen Sie anhand einer Internetrecherche branchenspezifische Gründe zusammen, die diesen Aufwand rechtfertigen.*

8. *Als Teamleiter bei KommunikativAktiv erhalten Sie ein neues Inbound-Projekt von Dialogfix: Ab sofort soll Ihr Team alle Anfragen zu Zahlung, Abrechnung und Lieferung des neuen Laptops „Portablix" übernehmen. Für dieses Projekt soll dauerhaft eine umfassende Qualitätssicherung sowohl in Bezug auf Kundenzufriedenheit als auch hinsichtlich Vergleichbarkeit und Kosteneffizienz betrieben werden.*
   a) *Erläutern Sie drei verschiedene Maßnahmen, die Sie der Geschäftsleitung vorschlagen können.*
   b) *Welche Vorgehensweise empfehlen Sie?*
   c) *Welche rechtlichen Rahmenbedingungen müssen Sie bei der Einführung der Maßnahmen berücksichtigen?*

3 Coaching als Führungsaufgabe wahrnehmen

■ ***Einstiegssituation***

Zu den Führungsaufgaben von Teamleiterin Ulrike gehört auch die regelmäßige Durchführung von Coachings. Gerade coacht sie **Thomas**. Nach dem ersten Call erhält er bereits ein entsprechendes Feedback von **Ulrike**:

„Thomas, wie würdest du selbst deine Leistung in diesem Gespräch einschätzen?"

„Ich selbst? Solltest du mir nicht sagen, wie meine Leistung war?"

„Thomas, es gibt verschiedene Coachingmethoden. Ich finde es für dieses Gespräch angebracht, dass du zunächst deine Leistung selbst analysierst."

„Ach so ... na dann ..."

Thomas ist ein wenig ratlos.

■ ***Arbeitsaufträge***

1. ***Welche Coachingmethoden kennen Sie aus Ihren Ausbildungsbetrieben?***
2. ***Warum kann es in einem Coaching sinnvoll sein, zunächst eine Selbstanalyse vorzunehmen?***
3. ***Wie kann durch Coaching die Qualität eines Gesprächs verbessert werden?***

3.1 Coaching als Begriff

Der Begriff „Coaching" wird für verschiedene Methoden oder Maßnahmen der Personalentwicklung, Mitarbeiterförderung und Führung eingesetzt. In der Praxis finden sich daher auch unterschiedliche Ansätze, was Coaching eigentlich genau ist. 10|7

> #
> ***Definition***
> Als **Coaching** werden Maßnahmen bezeichnet, die die individuelle Beratung eines Mitarbeiters oder einer Führungskraft zum Inhalt haben, mit dem Ziel, die Fähigkeiten dieser Person kontinuierlich weiterzuentwickeln.

Zwei Grundrichtungen des Coachings haben sich dabei etabliert:

Coaching nach amerikanischem Prinzip

In dieser Variante fungiert **der Vorgesetzte als Coach seiner Mitarbeiter**. Durch Coaching unterstützt er sie bei ihrer täglichen Arbeit und sorgt für eine kontinuierliche Verbesserung der Leistungsfähigkeit und Arbeitsqualität. Dabei wird Coaching immer als Hilfe zur Selbsthilfe eingesetzt:

- Der Coach gibt ehrliches Feedback zu Leistungen und Verhalten des Mitarbeiters.
- Er zeigt Wirkungen und Auswirkungen dieses Verhaltens oder dieser Leistungen auf.
- Wenn Veränderungen oder Problemlösungen anstehen, diktiert der Coach diese nicht, sondern unterstützt den Mitarbeiter dabei, selbst Lösungen zu finden.

So verstandenes Coaching basiert auf einer **partnerschaftlichen Beziehung** zwischen Führungskraft und Mitarbeiter und ist als ein Führungsmittel im **kooperativen Führungsstil** einzuordnen. Die Führungskraft nimmt eine auf den jeweiligen Mitarbeiter zugeschnittene Beratungs- und Betreuungsfunktion wahr.

10|5.2.3

In dieses Coachingkonzept können sowohl arbeitsbezogene Themen als auch persönliche Belange und Meinungen des Mitarbeiters mit einfließen.

> **Beispiel**
> Teamleiterin Ulrike coacht regelmäßig ihre Mitarbeiter bei der Durchführung von Servicegesprächen und bei der E-Mail-Bearbeitung.

Coaching nach deutschem Prinzip

Nach dieser Grundrichtung steht die **Betreuung von Führungskräften** („Management Coaching") im Mittelpunkt. Meist geschieht dies durch externe Berater und kann sowohl für einzelne Führungskräfte als auch für ganze Teams erfolgen.

Das Coaching zielt speziell darauf ab, die Persönlichkeit der Führungskraft zu beleuchten, dabei werden verschiedene psychologische Methoden angewendet. Ziel ist es, die Führungskompetenz zu steigern, indem Wirkungen der eigenen Persönlichkeit erkannt und ggf. entwickelt werden.

> **Beispiel**
> Teamleiterin Ulrike wird im Rahmen eines Entwicklungsprogramms für Führungskräfte von einem externen Berater gecoacht.

3.2 Coaching im Dialogmarketing

Im Dialogmarketing sind beide Formen des Coachings anzutreffen, wobei allerdings das amerikanische Prinzip überwiegt. Eine typische **Führungsaufgabe des Teamleiters** ist das regelmäßige Coaching der Callcenter-Agents.

Nachfolgend werden daher grundlegende Theorien und Techniken beschrieben, wie das Coaching nach amerikanischem Modell als Führungskraft durchzuführen ist.

Zielsetzungen

Coaching im Dialogmarketing bedeutet in der Praxis meist die Analyse von mitgehörten Gesprächen oder von Kundenkorrespondenz, um eine bessere und effizientere Gesprächsführung bzw. Ausdrucksweise zu erarbeiten. Dabei können sowohl methodische als auch fachliche Aspekte eine Rolle spielen: 12|2.1.1

- Verbesserung der Gesprächsqualität,
- Erhöhung der fachlichen und rhetorischen Kompetenz der Mitarbeiter,
- Entwicklung von Verhaltensstrategien in schwierigen Gesprächssituationen,
- langfristige Bindung qualifizierter Mitarbeiter durch kontinuierliche Weiterentwicklung,
- Interesse der Mitarbeiter an der eigenen Weiterentwicklung fördern,
- Abbau innerer Blockaden der Mitarbeiter,
- Erlernen neuer Verhaltensweisen,
- Sensibilität der Mitarbeiter gegenüber den Kunden erhöhen,
- Wirkung von Schulungsmaßnahmen langfristig sichern.

Abgrenzung Monitoring und Coaching

Verschiedene Maßnahmen des Monitorings werden in der Praxis häufig auch als Coaching (Side-by-Side-Coaching) bezeichnet. Beim **Monitoring** als Methode der **Qualitätsmessung** wird allerdings nur eine Ist-Analyse der Fähigkeiten des Mitarbeiters vorgenommen. Die Leistung wird also gemessen und dann dokumentiert, um **spätere Maßnahmen der Qualitätsverbesserung** abzuleiten oder um eine Bewertung des Mitarbeiters durchzuführen. Der Mitarbeiter wird nicht in die Auswertung und Analyse miteinbezogen.

„Echtes" **Coaching** hingegen stellt eine **Methode zur ständigen Weiterentwicklung** dar, die darauf aufbaut, dass der Mitarbeiter selbst seine Stärken und Schwächen erkennt. Der Mitarbeiter wird in die Analyse der Ist-Situation und die Ableitung von Zielen miteinbezogen.

→ ***Praxistipp***
Im Spannungsfeld zwischen Monitoring und Coaching haben sich sehr viele Mischformen entwickelt. Achten Sie in der Praxis daher genau darauf, welche Inhalte im Mittelpunkt des Coachings stehen.

Schwierigkeiten von Coaching im Dialogmarketing

Coaching setzt in allen Varianten und Berufszweigen meist darauf, dass sich der gecoachte Mitarbeiter weiterentwickeln will. Hier geht es oft um persönliche Stärken, die ausgebaut, „blinde Flecken", die erkannt, oder Schwächen, die abgebaut werden sollen. Dabei ist **Coaching immer freiwillig**, sowohl für den Coach als auch für den Mitarbeiter, und stellt, wie schon gesagt, eine Hilfe zur Selbsthilfe dar.

Im Dialogmarketing ist Coaching jedoch meist **nicht freiwillig**, sondern eine verpflichtende Maßnahme für Teamleiter und Mitarbeiter. Da viele Coachingmethoden aber gerade auf Freiwilligkeit basieren, kann deren Einsatz dazu führen, dass kein Ergebnis erzielt wird.

Coaching sollte daher im Unternehmen immer genau definiert werden. Es geht um Fragestellungen wie:

- Welche Ziele verfolgen wir mit Coaching?
- Wie wird Verbindlichkeit hergestellt?
- Wie erreichen wir Akzeptanz für Coaching bei den Mitarbeitern?
- Wie können die Mitarbeiter dazu motiviert werden, Coaching als Hilfe zur Selbsthilfe zu sehen und Coaching aktiv mitzugestalten?

12|3.5 Außerdem sollten die gewählten **Coachingmethoden** darauf überprüft werden, ob sie tatsächlich für einen Einsatz im Dialogmarketing geeignet sind.

Der Coach

Das Coaching der Mitarbeiter kann von der jeweiligen Führungskraft übernommen werden. Daneben gibt es die Möglichkeit, eine eigene Stelle „Coach" zu schaffen.

Ein qualifizierter Coach benötigt folgende Kompetenzen:

- wertschätzende Haltung
- rhetorische Kompetenz
- psychologische Kompetenz (psychologische Grundlagen zur Verhaltensänderung)
- methodische Kompetenz (Coachingmethoden)
- Beobachtungsgabe und Analysefähigkeit
- Fähigkeit, konstruktiv Feedback zu geben
- Sensibilität und Einfühlungsvermögen

Der Teamleiter als Coach

In vielen Unternehmen übernimmt der Teamleiter auch die Aufgaben eines Coachs. Dabei ist dieser **Rollenwechsel** zwischen Führungskraft auf der einen Seite und Coach auf der anderen Seite für die Teamleiter nicht immer einfach.

In der Rolle der Führungskraft muss der Teamleiter oft Leistungen von seinen Mitarbeitern einfordern und bestimmte Ergebnisse verlangen. Als Coach muss er die Mitarbeiter in ihrer Entwicklung fördern und bei der Zielerreichung unterstützen.

Außerdem nehmen die Aufgaben des Coachings zusätzliche Zeit in Anspruch, die dem Teamleiter oft für andere organisatorische Aufgaben fehlt.

Um die Rolle als Coach zusätzlich zur Führungsaufgabe erfolgreich wahrzunehmen, müssen folgende **Voraussetzungen** erfüllt sein:

- Die oben beschriebenen Coachingkompetenzen liegen vor.
- Die Akzeptanz der eigenen Mitarbeiter ist gegeben.
- Es besteht ein Interesse an der Weiterentwicklung der Mitarbeiter.
- Es gibt ein Vertrauensverhältnis zwischen Teamleiter und Mitarbeitern.
- Es liegt ein strategisch ausgerichtetes Coachingkonzept vor.

3.3 Grundlagenwissen und Werkzeuge für den Coach

3.3.1 Johari-Fenster

Bei jeder Person gibt es Charaktereigenschaften, Verhaltensweisen und Neigungen, die anderen Menschen bekannt sind, daneben existieren aber auch viele Eigenschaften, die andere Menschen nicht kennen. Darüber hinaus gibt es manche Bereiche, die einer Person von sich selbst nicht bekannt sind, die sich aber anderen Menschen offenbaren.

Private Person ⟷ **Öffentliche Person**

Das **Johari-Fenster** (benannt nach seinen Entwicklern, den amerikanischen Sozialpsychologen **Jo**seph Luft und **Har**ry **I**ngham) zeigt diese bewussten und unbewussten 3|2.6
Verhaltensmerkmale und Charaktereigenschaften zwischen einer Person und anderen Personen auf und legt damit die Unterschiede zwischen **Selbst- und Fremdwahrnehmung** offen. Luft und Ingham differenzieren dabei vier Bereiche:

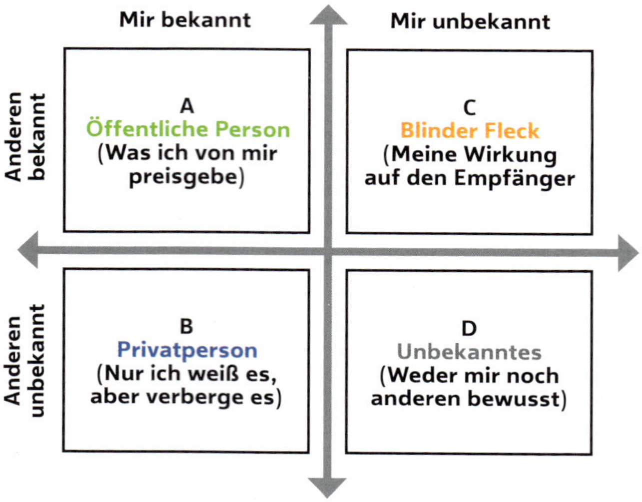

Abb.: Johari-Fenster

Quadrant A: Mir bekannt und anderen bekannt

Der Bereich der „Öffentlichen Person" ist allen Beteiligten gleichermaßen bekannt. Sie verstehen sich und wissen, was der jeweils andere meint. Quadrant A wird daher auch **„Arena"** oder **„Feld der Begegnung"** genannt, da er Basis für eine offene und angstfreie Kommunikation ist. Durch folgende Maßnahmen kann dieser Bereich vergrößert werden:

- **Offenheit:** Eine Person gibt dem Gesprächspartner Informationen, die bis dahin nur ihr selbst bekannt waren. Dies verkleinert Quadrant B.
- **Rückmeldung/Feedback:** Die andere Person erteilt Informationen darüber, wie die erste Person auf andere wirkt. Dies verkleinert Quadrant C.

Quadrant B: Mir bekannt, anderen unbekannt

Hier befindet sich der Bereich, den jeder nur selbst von sich kennt, der anderen bewusst nicht zugänglich gemacht wird. Dieser Bereich wird auch als „Privatperson" bezeichnet. Häufig verbergen sich hier auch geheime Wünsche und Ängste. Je nach Art der Beziehung der Gesprächspartner ist dieser Bereich unterschiedlich groß.

Quadrant C: Mir unbekannt, anderen bekannt

Was einem selbst nicht bewusst ist, wohl aber dem Gegenüber, wird auch als **„der blinde Fleck"** bezeichnet. Häufig sind dies Merkmale, die sich vorrangig in der Kommunikation und im Verhalten anderen Menschen gegenüber zeigen. Im **Coaching** werden die beobachteten Verhaltensweisen durch Feedback angesprochen und so aufgedeckt. Im nächsten Schritt kann daran gearbeitet werden.

Quadrant D: Mir unbekannt, anderen unbekannt

Der Bereich des Unbewussten spiegelt sich in Quadrant D wider. Hier sind Fähigkeiten und Charaktereigenschaften verborgen, welche die jeweilige Person selbst noch nicht kennt und die sich daher auch dem Gesprächspartner nicht erschließen. Dies können z. B. ungenutzte Talente und Begabungen sein.

Durch **Coaching** unter Beachtung der Erkenntnisse des Johari-Fensters kann es somit gelingen, den Bereich der öffentlichen Person zu vergrößern. Dies geschieht einerseits durch Feedback, andererseits durch den offenen Austausch zwischen Coach und Mitarbeiter.

3.3.2 Coaching auf zwei Ebenen

Eine wichtige Erkenntnis oder Grundlage für jede Coachingaktivität ist, dass Coaching sich immer auf zwei Ebenen beziehen kann:

Ebene 1: Das Verhalten des Mitarbeiters
Hier wird die hörbare Kommunikation betrachtet, etwa das Verhalten am Arbeitsplatz oder der offensichtliche Umgang mit Kollegen.
Ebene 2: Die Einstellung des Mitarbeiters
Hier wird die zugrunde liegende Einstellung bzw. Haltung analysiert und betrachtet, z. B. wie der Mitarbeiter zum Kunden bzw. zu seinen Kollegen steht oder welche Ansicht der Mitarbeiter hinsichtlich eines guten Services vertritt.

Eine wichtige Erkenntnis aus dieser Betrachtung lautet: Verhalten resultiert immer aus einer inneren Einstellung. Einfache Veränderungen (z. B. bessere Formulierungen, effizientere Nutzung der Programme, korrekte Fragetechnik) sind oft **kurzfristig auf der Verhaltensebene** zu erzielen.

Geht es aber um die **langfristige Änderung** eines bestimmten Verhaltens, welches nicht durch fehlende Technik oder Methodik zu erklären ist (z. B. generelle Unfreundlichkeit und Unverständnis gegenüber Kunden), sollte der Coach nicht einfach eine Verhaltensänderung trainieren, sondern zusammen mit dem Mitarbeiter dessen innere **Einstellung** überprüfen.

3.3.3 Feedbackregeln

Ein wichtiges Werkzeug im Coaching ist das **Feedback**. Dabei müssen klare Regeln befolgt werden. 2 3.5

Regeln für denjenigen, der das Feedback gibt:

- Feedback beschreibt, was sichtbar und hörbar ist.
- Es wird auf konkrete Einzelheiten der aktuellen Situation Bezug genommen.
- Feedback wird nicht aufgedrängt.
- Feedback ist immer konstruktiv.
- Feedback muss zeitnah erfolgen.
- Es werden keine Bewertungen oder Interpretationen abgeleitet.
- Es ist zu berücksichtigen, dass man sich auch irren kann.
- Die Rückmeldung geschieht immer unmittelbar und nicht über Dritte.
- Es werden Verhaltensalternativen angeboten.
- Pauschalisierungen und Verallgemeinerungen sind zu unterlassen.
- Auch nichtssagende Äußerungen wie „Das war aber toll ..." gehören nicht in ein Feedbackgespräch.
- Es wird zunächst das Verhalten beschrieben und dann die Wirkung dieses Verhaltens auf einen selbst.
- Positives Feedback ist ebenso wichtig wie negatives.
- Feedback wird immer in der Ich-Form vorgetragen.

Regeln für denjenigen, der das Feedback erhält:

- zuhören
- nachfragen
- annehmen
- nicht rechtfertigen
- nicht erklären
- nicht verteidigen

3.3.4 Fragetechniken im Coaching

Um die verschiedenen Coachingmethoden zielführend zu nutzen, können **coachingspezifische** Fragetechniken eingesetzt werden.

Hypothetische Fragen

Dies sind Fragen nach möglichen Veränderungen als Folge einer **hypothetischen Problemlösung**. Sie dienen z. B. dazu, neue Ideen zu entwickeln, einen anderen Blickwinkel beim Befragten zu erreichen oder Zusammenhänge in einen für den Befragten ungewohnten Kontext zu stellen. Um eine größtmögliche Überzeugungskraft der Hypothese zu entfalten, sollte dabei eine Formulierung im Indikativ (Wirklichkeitsform) statt im Konjunktiv (Möglichkeitsform) gewählt werden.

Beispiel

„Stell dir mal vor, du hast alle deine Verkaufsziele erreicht. Was hast du dafür verändert?"

Ressourcenorientierte Fragen

Dabei handelt es sich um offene Fragen, die darauf abzielen, **vorhandene Stärken zu erkennen**, diese deutlich zu machen und zur Lösung eines bestehenden Problems einzusetzen.

> **Beispiel**
> „Als du den letzten Verkauf getätigt hast, bei dem alles funktionierte, was hast du da genau gemacht?"

Zielorientierte Fragen

Diese Fragen zielen darauf ab, die **Willenskraft** zu aktivieren und gezielt zur Lösungsfindung zu nutzen. Zielorientierte Fragen eröffnen eine Vorstellung von der Zukunft, zudem werden vorhandene Ressourcen und mögliche Hindernisse bewusst gemacht.

> **Beispiel**
> „Was wird sich für dich in deinem Leben verändern, wenn du deine Stelle als Teamleiter erreicht hast?"

Zirkuläre Fragen

Dies sind offene Fragen **aus der Perspektive einer dritten Person** über die eigene Person. Diese Fragetechnik ermöglicht dem Befragten, eine andere Perspektive einzunehmen und somit Einblick in die Sichtweise von anderen über seine eigene Person oder sein eigenes Verhalten zu erhalten.

> **Beispiel**
> „Was würde ein neuer Kunde denken, wenn du ihm dein Verkaufsangebot so unterbreitest?"

3.4 Ablauf des Coachings

Coaching wird meist direkt am Arbeitsplatz des Mitarbeiters durchgeführt. Der zu Coachende führt seine Arbeit unter Beobachtung des Coachs durch. Coaching kann nur dann sinnvoll funktionieren, wenn es regelmäßig, in gleichbleibenden Abständen und mit klarer Struktur verläuft.

Folgender Ablauf hat sich für eine strukturierte Durchführung bewährt:

1. **Kontakt herstellen und Transparenz schaffen**
   In diesem ersten Schritt geht es darum, eine Basis für das kommende Coaching zu schaffen. Der Mitarbeiter soll einen Überblick über den Ablauf erhalten und sein Einverständnis zum Vorgehen äußern.

2. **Coachingziele und Schwerpunkte festlegen**
   An dieser Stelle wird eine Bestandsaufnahme vorgenommen: Wo steht der Mitarbeiter aktuell?, Welche Ziele sind ihm wichtig? etc. Außerdem werden die Ziele aus der letzten Coachingsitzung berücksichtigt.

   Es wird analysiert, welche Ziele der Mitarbeiter umsetzen konnte und bei welchen er weitere Unterstützung benötigt. Im Anschluss werden die Beobachtungsschwerpunkte für die kommende Sitzung festgelegt.

3. **Coachingdurchführung**
   In diesem Schritt hört der Coach Gespräche mit oder liest E-Mails oder Briefe des Mitarbeiters. Diese werden dann anschließend zusammen mit dem Mitarbeiter analysiert und ausgewertet. Entscheidend ist, dass nach jedem Anruf ein entsprechendes Feedbackgespräch erfolgt. Ansonsten besteht die Gefahr, dass der Mitarbeiter wichtige Punkte vergisst. Für den Ablauf dieses Feedbackgespräches stehen 12 | 3.5 dem Coach verschiedene Methoden zur Verfügung.

4. **Coachingabschluss und Zielvereinbarung**
   Im letzten Schritt werden Ziele mit dem Mitarbeiter vereinbart, die er bis zum nächsten Coaching verfolgt; auch die Umsetzung dieser Ziele wird geplant. Der Mitarbeiter legt mit dem Coach fest, an welchen Themen er weiterarbeiten möchte und was er für die Zielerreichung tun kann. Auch eine eventuelle Unterstützung durch die Führungskraft wird festgehalten. Es empfiehlt sich, die Ziele schriftlich festzuhalten und die 10 | 5.2.5 SMART-Regel zu beachten.

3.5 Coachingmethoden

Für die Durchführungsphase des Coachings stehen in der Praxis unzählige Methoden zur Verfügung. Welche Methoden konkret zur Anwendung kommen, hängt in erster Linie von der Zielsetzung ab. Besonders bewährt und empfehlenswert für Situationen, in denen Mitarbeiter im Kundenkontakt gecoacht werden sollen, sind

- die RAFAEL-Methode und
- das konstruktive Feedbackgespräch.

3.5.1 RAFAEL-Methode

Die RAFAEL-Methode setzt darauf, einen konstruktiven Dialog zwischen Coach und Mitarbeiter herzustellen. Dabei arbeitet der Coach sehr viel mit Fragen, um den Mitarbeiter dazu zu bringen, sein eigenes Vorgehen und Verhalten zu reflektieren und selbst Lösungen oder Verbesserungen abzuleiten.

Die Buchstaben R A F A E L stehen dabei für die verschiedenen Schritte im Ablauf des Feedbackgesprächs:

R	A	F	A	E L
(Selbst-) **Report**	(Eigene) **Alternativen**	(Konstruktives) **Feedback**	**Austausch**	**Erarbeitung** von **Lösungsschritten**
Der Mitarbeiter berichtet, wie er selbst die Situation erlebt hat: Wie bewertet er seine Leistungen? Wie schätzt er sein eigenes Verhalten ein?	Wie würde der Mitarbeiter beim nächsten Mal vorgehen? Was würde er beim nächsten Mal anders machen?	Wie sieht der Coach das Telefonat (oder die Korrespondenz)? Wie wirkt das Verhalten oder das Vorgehen des Mitarbeiters auf den Coach?	Welche Punkte sehen Coach und Mitarbeiter gleich? Wo gibt es Unterschiede?	Coach und Mitarbeiter erarbeiten zusammen Lösungsschritte und Verbesserungen. Neben den Punkten, die verbessert werden sollen, wird auch darüber gesprochen, wie diese Verbesserung erreicht werden kann. Der Coach arbeitet hier wieder sehr stark mit Fragen, um den Mitarbeiter eigene Ideen und Lösungen einbringen zu lassen.

RAFAEL-Methode	
Vorteile	**Nachteile**
• Der Mitarbeiter wird stark in den Coachingprozess eingebunden. • Bei konsequenter Anwendung hat der Mitarbeiter stets das Gefühl, aktiv am Entwicklungsprozess beteiligt zu sein.	• Dem Mitarbeiter sind viele Punkte seiner Außenwirkung evtl. nicht bewusst (vgl. Johari-Fenster). • Daher ist er möglicherweise nicht zu einem zielführenden Selbstreport in der Lage.

3.5.2 Konstruktives Feedbackgespräch

Auch diese Methode setzt auf einen Dialog zwischen Mitarbeiter und Coach. Anders als in der RAFAEL-Methode wird aber hier das Feedback des Coachs an den Anfang des Prozesses gesetzt. Folgende Schritte werden eingehalten:

1. **Konstruktives Feedback des Coachs:** Der Coach gibt dem Mitarbeiter Feedback zur erbrachten Leistung. Er spiegelt das Verhalten und dessen Auswirkungen wider. Dabei hält sich der Coach an die Feedbackregeln (s. o.).
2. **Die Sichtweise des Mitarbeiters:** Der Mitarbeiter erhält die Gelegenheit, seine eigene Sicht der Dinge einzubringen. Einwände zu Aussagen des Coachs sind an dieser Stelle normal, der Coach geht damit kooperativ und konstruktiv um. 8 | 2.1.5

3. **Eine gemeinsame Sichtweise erarbeiten:** Coach und Mitarbeiter erarbeiten eine gemeinsame Sicht der Dinge. Es wird festgelegt, an welchen Punkten der Mitarbeiter arbeiten kann und wie eine Verbesserung erreicht werden soll.

4. **Erarbeitung von Zielen:** Aus dem vorherigen Schritt werden Ziele abgeleitet und eine Verbindlichkeit zur Umsetzung festgelegt.

Konstruktives Feedbackgespräch	
Vorteile	**Nachteile**
• Der Mitarbeiter erhält zu Beginn eine umfassende Rückmeldung durch den Coach. • In Fällen, in denen der Mitarbeiter die Auswirkungen seines Verhaltens nicht kennt, muss er nicht durch Selbstreflexion versuchen, selbst einen Einstieg zu finden.	• Der Mitarbeiter wird weniger in den Coachingprozess eingebunden. • Es kann zu Einwänden und Rechtfertigungen kommen.

3.5.3 Weitere Coachingmethoden

Die RAFAEL-Methode und das konstruktive Feedbackgespräch eignen sich sehr gut für Coachingsituationen zwischen Teamleiter und Mitarbeiter im Dialogmarketing. Neben diesen Methoden existieren zahlreiche weitere Coachingmethoden, die von Führungskräften oder Coachs im Rahmen der Mitarbeiterentwicklung eingesetzt werden können. Exemplarisch werden zwei Methoden vorgestellt:

Dialog-Drehbuch

Ziele	Diese Methode ermöglicht dem gecoachten Mitarbeiter, verborgene Wünsche, Erwartungen und Bedürfnisse an einem Gegenüber zu erkennen. Dies geschieht durch **selbst erdachte (erfundene) Dialoge oder Konflikte** mit einer anderen Person. Die „Wunschantworten" liefern wertvolle Hinweise auf Lösungen oder Lösungshemmnisse.
Durchführung	Der Coach bietet dem Mitarbeiter an, eine typische Situation mit einer anderen Person auszuwählen, die in der Regel für ihn schwierig verläuft (z. B. Beschwerdegespräch mit Kunden, Konflikt mit dem Chef). Der Mitarbeiter denkt sich nun einen **Wunschdialog** mit der anderen – nicht anwesenden – Person aus. Dieser Dialog wird in Drehbuchform aufgeschrieben. Der Mitarbeiter übernimmt beim Schreiben abwechselnd die Rolle des jeweils Sprechenden. Dabei soll der Mitarbeiter bewusst den Dialog so gestalten, wie er sich diesen wünschen würde, nicht wie er eventuell in der Realität tatsächlich verlaufen ist. Die Situation selbst kann so passiert sein und vom Mitarbeiter jetzt mit anderen Dialogen gestaltet werden, sie darf aber auch frei erfunden sein. Der Mitarbeiter schreibt so lange einen Dialog, bis er zu einem für ihn zufriedenstellenden Ergebnis kommt.
Auswertung	Im Anschluss kann der Dialog dann von Coach und Mitarbeiter (auch mit wechselnden Rollen) gespielt werden. Anschließend wird die Situation analysiert: • Was kann der Mitarbeiter selbst tun, um den Dialog in die gewünschte Richtung zu lenken?

Auswertung	• Welches Verhalten im gespielten Dialog war für den Mitarbeiter gut? Wo fand er sich selbst überzeugend? • Wo haben ihn Gefühle an klarem Denken gehindert? • Wie kann er mit seinen Emotionen umgehen? • Welche Bedürfnisse des Mitarbeiters lassen sich aus dem „Wunschdialog" erkennen? Wie können diese befriedigt werden?

BALU-Vorgehen

Ziele	Diese Methode ist für den **Einsatz in Konfliktsituationen** geeignet. Sie dient dazu, Konflikte mitarbeiterorientiert zu lösen.
Durchführung	BALU steht für die systematische Vorgehensweise eines Moderators, Coachs oder einer Führungskraft bei Konflikten. **B = Bemerken eines Konflikts** Der Coach nimmt einen Konflikt wahr und möchte zur Lösung beitragen. Er sollte sich folgende Fragen stellen: • Was genau ist eigentlich der Konflikt? • Was stört mich selbst an dem Konflikt? • Wieso reagieren die Beteiligten so, wie sie es tun? • Wie würde ich mich selbst fühlen? • Wie würde ich selbst reagieren? **A = Ansprechen des Konflikts** Der Konflikt wird nun mit dem/den Beteiligten besprochen. Diese sollten im Vorfeld über ein solches Gespräch informiert sein. In dem Gespräch wird vor allem mit Fragen gearbeitet. Jeder der Betroffenen darf seine Seite, seine Ansicht genau darlegen. Der Coach darf nicht parteiisch sein, er muss neutral bleiben, auch wenn er selbst involviert ist. Dann wird das Problem aus Sicht des Coachs wiederholt. Wurde alles richtig verstanden? Wenn nein: Weiterfragen! **L = Lösung finden** An dieser Stelle werden mit allen Beteiligten Lösungsmöglichkeiten gesammelt. Dabei helfen folgende Fragen: • Wann wäre der Konflikt für Sie gelöst? • Was muss passieren, damit es Ihnen besser geht? • Wie könnten Sie auf den anderen zugehen? • Was ist realisierbar? • Was ist für alle tragbar? **U = Umsetzen der Lösung** Es wird eine für alle Parteien tragbare Lösung ausgewählt und ausprobiert. Gemeinsam wird ein Termin vereinbart, zu dem diese Lösung von allen umgesetzt worden sein soll.
Auswertung	Zum festgesetzten Termin wird mit allen Beteiligten überprüft, ob die Umsetzung eingehalten wurde. • Wie gut hat die Lösung funktioniert? • Wie geht es uns jetzt damit? • Benötigen wir weitere Lösungen?

10 | 4.3.3

→ ***Praxistipp***
Techniken, Methoden und Werkzeuge im Coaching sind schier unerschöpflich. Eine nützliche Sammlung mit vielen Hintergrundinformationen finden Sie z. B. unter www.coaching-tools.de.

✳ Zusammenfassung

- **Coaching** dient als Begriff für verschiedene Methoden oder Maßnahmen, die das Ziel haben, den Mitarbeiter kontinuierlich weiterzuentwickeln.
- Zwei **Grundrichtungen** von Coaching können unterschieden werden:
  - Coaching nach dem amerikanischen Prinzip
  - Coaching nach dem deutschen Prinzip
- **Coaching** zielt auf eine ständige, **freiwillige** Weiterentwicklung des Mitarbeiters ab. **Monitoring** hingegen liefert eine Bestandsanalyse und gibt dem Mitarbeiter Punkte vor, an denen er arbeiten soll.
- Die **Feedbackregeln** sollten bei allen Coachingmethoden beachtet werden.
- Im Coaching kommen spezifische **Fragetechniken** zum Einsatz, z. B. hypothetische Fragen, ressourcenorientierte Fragen, zielorientierte Fragen oder zirkuläre Fragen.
- Zur **Durchführung des Coachings** hat sich folgendes Vorgehen bewährt:
  1. Kontakt aufbauen und Transparenz schaffen
  2. Coachingziele und Schwerpunkte festlegen
  3. Coachingdurchführung
  4. Coachingabschluss und Zielvereinbarung
- In der Praxis ist eine Vielzahl an unterschiedlichen **Coachingmethoden** anzutreffen. Im Dialogmarketing besonders geeignet sind die RAFAEL-Methode und das konstruktive Feedbackgespräch.

■ *Aufgaben*

1. *In einem Meeting bei Dialogfix wird das Thema „Coaching als Maßnahme der Führungskräfteentwicklung" besprochen. Der Personalchef Georg Asamov schlägt vor, die Team- und Abteilungsleiter regelmäßig durch externe Coachs zu unterstützen. Beate Schwellmann lehnt diesen Vorschlag aus finanziellen Gründen ab: Coaching sei nur für die Hotline-Mitarbeiter erforderlich.*
   a) Erarbeiten Sie für Herrn Asamov eine passende Argumentation, um Frau Schwellmann zu überzeugen.
   b) Welches Coachingprinzip sollte hier Verwendung finden?
   c) Welche Fähigkeiten sollte ein guter Coach mitbringen?
2. *Ein Teamleiter von Dialogfix trifft folgende Aussage: „Solange die Coachingmethoden vorschriftsgemäß umgesetzt werden, ist es egal, wie die Beziehung zwischen Coach und Mitarbeiter aussieht."*
   Erstellen Sie eine kurze Präsentation, in der Sie zu dieser Aussage Stellung beziehen.
3. *Charakteristisch für das Johari-Fenster ist der sogenannte „blinde Fleck".*
   a) Welche Verhaltensweisen, die Ihnen selbst nicht bewusst waren, konnten Sie in Ihrer Ausbildungszeit aufdecken?
   b) Wie kann ein Coach diesen Prozess aktiv unterstützen?

4. *Nicht nur im Coaching kommt dem Feedback eine entscheidende Rolle zu. In der Praxis hat sich dabei die sogenannte „WWW-Regel" etabliert. Finden Sie mittels einer Onlinerecherche heraus, was es mit dieser Regel auf sich hat und warum sie so bedeutsam ist.*

5. *Ihr Unternehmen möchte einen neuen Coach für Mitarbeiter im Kundenservice einstellen.*
   a) *Welche Kompetenzen sollte der Coach aus Ihrer Sicht mitbringen?*
   b) *Was kann der Coach in Ihrem Unternehmen tun, um die Akzeptanz für Coaching zu erhöhen bzw. herzustellen?*

6. *Stellen Sie unterschiedliche Methoden zur Durchführung von Coaching vor.*
   a) *Welche kennen Sie aus Ihrem Ausbildungsbetrieb?*
   b) *Nutzen Sie auch den Überblick unter www.coaching-tools.de.*
   c) *Wie wirken die einzelnen Methoden auf den Mitarbeiter ein?*

7. *Folgende Situation liegt vor:*
   Der Dialogfix-Mitarbeiter Gerd Brehme fällt in der letzten Zeit dadurch auf, dass er sehr schlechte Ergebnisse in der Kundenzufriedenheitsumfrage hinsichtlich Freundlichkeit erreicht. Außerdem erreicht er nur sehr schlechte FCR-Ergebnisse (15 % unter Zielwert). Über den Mitarbeiter ist außerdem bekannt, dass er eine andere Wahrnehmung seiner eigenen Person hat und nicht versteht, aus welchem Grund die Kunden ihn nicht als freundlich empfinden.

   Sie sind Coach bei Dialogfix und erhalten den Auftrag, Gerd Brehme in der Abteilung TechDirekt zu coachen.
   a) *Auf welche Punkte in der Gesprächsführung sollten Sie bei der Durchführung des Coachings achten?*
   b) *Welche Coachingmethode werden Sie wählen, um dem Mitarbeiter Feedback zu geben? Begründen Sie Ihre Entscheidung.*
   c) *Bereiten Sie ein einleitendes Gespräch vor, um dem Mitarbeiter Transparenz über Ihr Vorgehen zu geben. Notieren Sie die wichtigsten Punkte schriftlich.*

8. *Im Coaching werden verschiedene spezifische Fragetechniken angewendet. Entwickeln Sie je eine Beispielfrage für folgende Techniken:*
   a) *hypothetische Frage,*
   b) *ressourcenorientierte Frage,*
   c) *zielorientierte Frage,*
   d) *zirkuläre Frage.*

9. *Eine bemerkenswerte Fragetechnik im Coaching ist die sogenannte „Wunderfrage".*
   a) *Finden Sie anhand einer Internetrecherche heraus, wie diese Fragetechnik funktioniert, und entwickeln Sie dazu ein Beispiel.*
   b) *Erläutern Sie, inwiefern diese Frage im Coaching nützlich sein kann.*

10. *Wählen Sie unter www.coaching-tools.de eine nicht im Buch vorgestellte Coachingmethode aus und bereiten Sie diese für eine Präsentation auf.*

Lernfeld 13

Dienstleistungen der Dialogmarketingbranche vermarkten

1 Den Dialogmarketing-Markt erkunden

■ ***Einstiegssituation***

Meeting der Geschäftsführung der Dialogfix GmbH: Die jüngsten Umsatzzahlen geben Anlass zur Sorge. Es deutet sich an, dass das jahrelange Wachstum langsam zum Stillstand zu kommen scheint. Ein wichtiger Punkt der Tagesordnung ist daher die langfristige strategische Ausrichtung des Unternehmens. In einer hitzigen Diskussion kristallisiert sich schnell heraus, dass es unterschiedliche Ansichten über die weitere Vorgehensweise gibt.

Olaf Schäfer, Leiter des Kundenservice, setzt dabei auf die Fortführung der bisherigen Erfolge: *„Wir sind sehr gut damit gefahren, uns auf die Kernkompetenzen von Dialogfix zu konzentrieren. Was den Hard- und Software-Support angeht, da macht uns keiner was vor, wir sind der unangefochtene Qualitätsführer. Diese Stärke müssen wir weiter ausbauen!"* Die Marketingleiterin **Erika Wurz** vertritt hingegen eine andere Meinung: *„Wir haben uns zu lange auf ein schmales Marktsegment konzentriert, da gibt es kaum noch Wachstumspotenzial. Wenn wir langfristig unsere Kapazitäten auslasten wollen, ist es unumgänglich, neue Geschäftsfelder zu erschließen."*

Da schaltet sich auch Geschäftsführerin **Dorothea Russ** ein: *„Mein Eindruck auf der letzten Callcenter-Messe war, dass sich der Dialogmarketing-Markt rasch verändert. Es gibt viele neue Wettbewerber mit neuen Ideen. Aber bevor wir hier eine so wichtige Entscheidung treffen, brauchen wir fundierte Daten. Frau Wurz, bitte stellen Sie für unsere nächste Sitzung einen Überblick über den Markt und unsere Mitbewerber zusammen!"*

■ ***Arbeitsaufträge***

1. *Beschreiben Sie in eigenen Worten die unterschiedlichen Marketingstrategien, die von Olaf Schäfer und Erika Wurz ins Spiel gebracht werden.*
2. *Ermitteln Sie – auch unter Einbeziehung der Unternehmensvorstellung aus der Einleitung – erkennbare Stärken und Schwächen der Dialogfix GmbH.*
3. *Welche Informationen sollten vorliegen, um einen umfassenden Überblick über den Dialogmarketing-Markt und die Mitbewerber zu erhalten?*
4. *Sammeln Sie Möglichkeiten, auf welche Weise diese Informationen beschafft werden können.*

Der Begriff „Marketing" tauchte bislang bereits in unterschiedlichen Zusammenhängen auf. Dabei wurde folgende grundlegende Begriffsklärung getroffen:

Definition
Marketing bezeichnet eine Unternehmenspolitik, bei der zur Erreichung der Unternehmensziele alle betrieblichen Aktivitäten konsequent auf die Erfordernisse der Märkte bzw. der Abnehmer (Kunden) ausgerichtet werden.

Aus dieser Definition lassen sich mehrere Fragestellungen ableiten, deren Beantwortung für jedes Unternehmen von Bedeutung ist:

- Welche Märkte sind relevant?
- Welche Zukunftsperspektiven bieten die Märkte?
- Welche Marktgrößen spielen eine Rolle?
- Welche Wünsche haben die Abnehmer (Kunden)?
- Welche Unternehmensziele werden verfolgt?
- Welche Aktivitäten erfolgen, um die Unternehmensziele zu erreichen?

Um diese Fragen zu beantworten, müssen umfangreiche Informationen beschafft und ausgewertet werden. Marketing erfordert also ein **systematisches Informationsmanagement**.

→ ***Praxistipp***
In der Dialogmarketingbranche ist oft vom **„doppelten Kundenbegriff"** die Rede: Auf der einen Seite gibt es den Kunden im Sinne von **Verbraucher** bzw. Konsument, der im Mittelpunkt der einzelnen Dialogprozesse steht (z. B. in den Lernfeldern 3, 5, 8). Andererseits wird als Kunde auch ein **Auftraggeber** bezeichnet, der in seiner Eigenschaft als Unternehmen Dienstleistungen eines Callcenters in Anspruch nimmt (z. B. im Lernfeld 9 und im vorliegenden Lernfeld 13). Diese Unterscheidung wirkt sich natürlich auch auf das jeweilige **Marketing** aus. Achten Sie daher stets darauf, welche „Kundenperspektive" betrachtet wird.

1.1 Marktgrößen ermitteln

Ein Markt kann jeder Ort sein, an dem Angebot und Nachfrage zusammentreffen.
6|2.1 **Märkte** lassen sich nach verschiedenen Kriterien differenzieren, z. B.

- nach der **Art der gehandelten Güter** z. B. in Konsumgüter-, Investitionsgüter- und Faktormärkte;
- nach der **Zahl der Marktteilnehmer** z. B. in Monopol, Oligopol, Polypol;
- nach **geografischen Gesichtspunkten** in lokale, regionale, nationale und internationale Märkte;
- nach dem **potenziellen Wachstum** in expandierende, stagnierende und schrumpfende Märkte.

Um die Austauschbeziehungen auf dem Markt besser steuern zu können, gibt es einige wichtige **Kennzahlen**, die den Markt näher beschreiben.

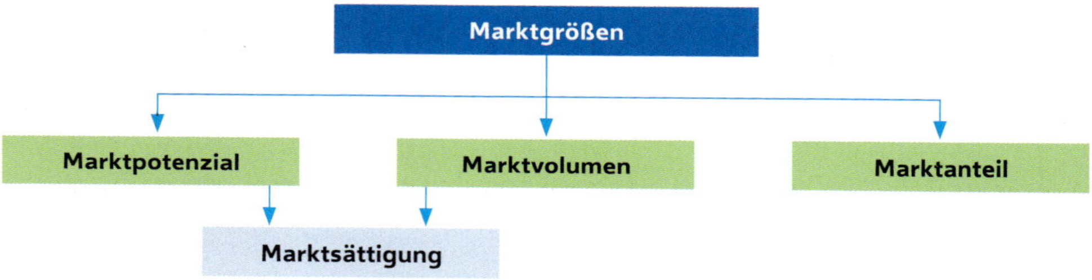

1.1.1 Marktpotenzial

> # ***Definition***
> Das **Marktpotenzial** bezeichnet die maximale Aufnahmefähigkeit eines Marktes für ein bestimmtes Produkt oder eine Dienstleistung.

Über diese Kennzahl wird angegeben, wie viele Einheiten höchstens auf dem Markt abgesetzt werden können, wenn

- alle denkbaren Käufer kaufen wollen **(Bedürfnis)** und
- 6|1.1 die entsprechende Kaufkraft **(Bedarf)** vorhanden ist.

Beispiel

Das Marktpotenzial für Laptops in Deutschland entspricht grundsätzlich der Gesamtbevölkerung (ohne Kleinkinder) unter der Annahme, dass jeder Einwohner genau einen Laptop kaufen möchte und die entsprechenden finanziellen Mittel dazu hat.

Das Marktpotenzial ist keine statische Größe, sondern wird durch verschiedene Faktoren dynamisch beeinflusst:

- **Menge der potenziellen Nachfrager:** Wie viele mögliche Käufer gibt es in einem Markt?

  Beispiel

  Durch den zu beobachtenden Bevölkerungsrückgang in Deutschland sinkt tendenziell das Marktpotenzial für Laptops.

- **Bedarfsintensität:** Wie oft und in welcher Menge wird ein Produkt gekauft?

  Beispiel

  Der Trend zum Zweitgerät erhöht das Marktpotenzial.

- **Wettbewerbssituation:** Welche Mitbewerber gibt es und wie agieren sie auf dem Markt?

  Beispiel

  Durch eine offensive Werbung von Mitbewerbern gelingt es, den Trend zum Zweitgerät zu verstärken.

- **Externe Faktoren:** Wie wirken sich z. B. politische oder gesellschaftliche Rahmenbedingungen aus?

  Beispiel

  Durch zunehmendes Homeoffice werden mehr Laptops nachgefragt.

Aus dem Marktpotenzial lässt sich das **Absatzpotenzial** ableiten. Damit ist der maximal mögliche Absatz eines Unternehmens im Markt gemeint, also der **Anteil am Marktpotenzial**, den das Unternehmen erreichen könnte.

1.1.2 Marktvolumen

Definition

Das **Marktvolumen** misst die auf einem Markt realisierte Absatzmenge eines Produkts oder einer Dienstleistung innerhalb eines Zeitraums.

Das Marktvolumen ist eine Teilmenge des Marktpotenzials, die angibt, welche Menge in einem bestimmten Zeitraum **tatsächlich** verkauft wird. Es entspricht also der auf dem Markt wirksam gewordenen **Nachfrage**. Marktpotenzial bzw. Marktvolumen können dabei mengen- oder wertmäßig angegeben werden.

Beispiel

Das Marktvolumen für Laptops in Deutschland entspricht der tatsächlich verkauften Zahl an Laptops bzw. dem damit erzielten Umsatz.

Hier setzen die Marketinginstrumente an, um das vorhandene Marktpotenzial möglichst optimal auszuschöpfen, um also aus Bedarf auch Nachfrage zu machen.

Der Zusammenhang zwischen Marktpotenzial und Marktvolumen wird durch die **Marktsättigung** verdeutlicht, die den Grad der Sättigung bzw. das noch vorhandene Potenzial verdeutlicht. So spricht man z. B. von einem gesättigten Markt, wenn das Marktpotenzial nahezu ausgeschöpft ist.

$$\textit{Marktsättigung} = \frac{\textit{Marktvolumen} \cdot 100}{\textit{Marktpotenzial}}$$

Beispiel

Der Markt für Kühlschränke ist in Deutschland weitgehend gesättigt, da nahezu jeder potenzielle Käufer bereits einen Kühlschrank besitzt.

Bezogen auf ein einzelnes Unternehmen spricht man vom **Absatzvolumen**. Dies bezeichnet den tatsächlichen Absatz des Unternehmens in einem bestimmten Zeitraum.

1.1.3 Marktanteil

\#

Definition

Der **Marktanteil** bezeichnet den prozentualen Anteil, den der Absatz eines Unternehmens am Marktvolumen hat.

13 | 1.2.4

Mit dem Marktanteil wird die **Marktposition** des Unternehmens im Vergleich zu den Wettbewerbern ausgedrückt. Vergleicht man die Entwicklung der Marktanteile im Zeitablauf, erhält man Informationen über die Veränderung der Marktposition des Unternehmens.

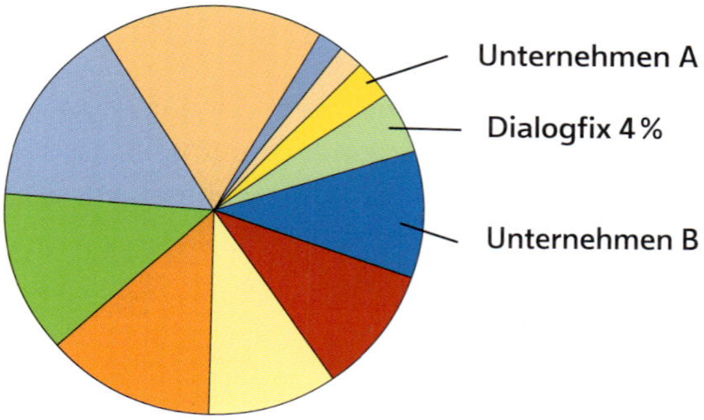

$$\textit{Marktanteil} = \frac{\textit{Unternehmensabsatz} \cdot 100}{\textit{Marktvolumen}}$$

Beispiel

Innerhalb eines Jahres werden in Deutschland 12 Mio. Laptops abgesetzt. Die Dialogfix GmbH kann von ihrem Laptop „Portablix“ 480 000 Stück verkaufen. Dies entspricht einem Marktanteil von 4 %.

Der Marktanteil aller Wettbewerber in einem Markt addiert sich immer zu 100 %. Die **Ausweitung des Marktanteils** eines Unternehmens geht daher zwangsläufig zulasten des Marktanteils eines anderen Unternehmens.

Microsoft-Browser Edge verdrängt Firefox von Rang 2

Der Microsoft-Browser Edge hat seinen Marktanteil deutlich gesteigert – auf Kosten von Mozillas Firefox. Unangefochten an der Spitze bleibt derweil Googles Chrome.

Die massive Werbung, die Microsoft in den vergangenen Monaten für seinen Edge-Browser betrieben hat, scheint sich auszuzahlen. Laut Netmarketshare kommt Edge im Browser-Ranking im September auf einen Marktanteil von 8,84 Prozent – und nähert sich damit langsam aber stetig der Marke von zehn Prozent. Im Vergleich zum Vorjahr bedeutet das ein Plus von 3,46 Prozentpunkten.

Ähnlich hoch war vor einem Jahr noch der Vorsprung von Firefox auf Edge. Mittlerweile musste Firefox seinen zweiten Platz räumen. Mit aktuell 7,19 Prozent liegt der Mozilla-Browser jetzt schon vergleichsweise weit zurück. Auf Platz vier findet sich der Internet Explorer (3,88 Prozent), knapp vor Safari mit 3,57 Prozent. Mit riesigem Abstand ganz vorn behauptet sich Chrome. Der Google-Browser ist im September wieder knapp unter die im Juni erstmals durchbrochene Marke von 70 Prozent gerutscht – auf 69,94 Prozent.

In diese Sphären wird Edge auf absehbare Zeit wohl nicht vorstoßen. Aber der Microsoft-Browser dürfte in den kommenden Monaten seinen Marktanteil weiter ausbauen. Mit dem bevorstehenden Oktober-Update für Windows 10 wird Microsoft die Anfang des Jahres veröffentlichte Edge-Version auf Chromiumbasis auf noch mehr Geräte bringen. Noch laufen beide Edge-Versionen parallel. [...]

Quelle: Brien, Jörn: Microsoft-Browser Edge verdrängt Firefox von Rang 2. In: www.t3n.de. Veröffentlicht am 06.10.2020 unter: https://t3n.de/news/ranking-browser-edge-chrome-1326536/ [05.10.2021].

→ ***Praxistipp***
Der Marktanteil ist eine relative Größe, die keine Aussage über den absoluten Absatz erlaubt. So sinkt z. B. der Marktanteil bereits dann, wenn das Marktvolumen proportional schneller wächst als der Absatz eines Unternehmens.

Der Zusammenhang der Marktgrößen stellt sich so dar:

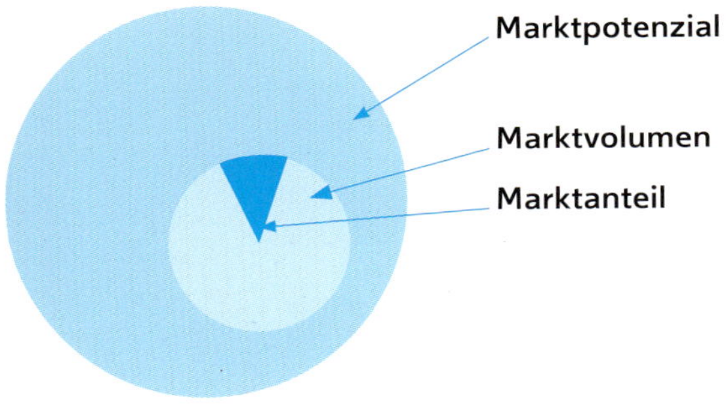

1.2 Marktinformationen beschaffen und auswerten

Abgeleitet aus der grundlegenden Definition des Marketings muss ein marktorientiertes Unternehmen immer wieder aufs Neue wichtige Fragen klären:
- Wer sind unsere Kunden?
- Was wollen unsere Kunden?
- Was machen die Mitbewerber?
- Wie wird sich der Markt entwickeln?

Um diese Fragen solide beantworten zu können, werden vielfältige Informationen benötigt. Zur Beschaffung dieser Informationen dient die **Marktforschung**.

1.2.1 Marktforschung

#

Definition
Als **Marktforschung** werden alle Aktivitäten bezeichnet, die der systematischen Sammlung und Auswertung von Informationen für Marketingentscheidungen dienen.

Hauptaufgabe der Marktforschung ist es, **Entscheidungen** im Unternehmen zu **unterstützen**. Die Marktforschung kann dabei unterschiedliche Ziele verfolgen:
- Analyse der Wettbewerbssituation (Mitbewerber)
- Zielgruppenanalyse (Wünsche von Auftraggebern/Kunden)
- Erkennen von Trends und Innovationen
- Reduzierung von Risiken und Unsicherheiten
- Kontrolle und Bestätigung von Entscheidungen

Marktforschung ist meist ein komplexer Prozess, der mehrere Schritte umfasst. Der idealtypische Prozessablauf einer Marktforschung stellt sich wie folgt dar:

Ausgangslage und Entscheidungsproblem formulieren

↓

Informationsbedarf ermitteln

↓

Informationsquellen bestimmen

↓

Informationen beschaffen bzw. Daten erheben

↓

Informationen aufbereiten und interpretieren

↓

Informationen verwenden und das Entscheidungsproblem lösen

Beispiel

Im Vorfeld der geplanten Marktforschung notiert Marketingleiterin Erika Wurz die Ausgangslage und das Entscheidungsproblem der Dialogfix GmbH:

dialogfix GmbH

Ausgehend von der Einschätzung, dass in den bisherigen Geschäftsfeldern die Wachstumspotenziale weitgehend ausgereizt sind, steht die Entscheidung an, mit welchen innovativen Geschäftsmodellen neues Wachstum erzeugt werden kann. (...) Zur Vorbereitung dieser strategischen Unternehmensentscheidung wird ein Überblick über den Dialogmarketing-Markt, seine bisherige Entwicklung und seine Zukunftsperspektiven benötigt. (...) Darüber hinaus ist eine Einschätzung der Wettbewerbssituation sowie der zukünftig am Markt nachgefragten Dienstleistungen erforderlich.

Bei der Marktforschung lassen sich grundsätzlich zwei Arten unterscheiden:

Marktanalyse	Marktbeobachtung
• ermittelt die relevanten Informationen einmalig zu einem bestimmten **Zeitpunkt** (Zeitpunkt-Untersuchung) • Sie dient vorrangig einem **aktuellen Marktüberblick**.	• betrachtet die relevanten Informationen über einen längeren **Zeitraum** (Zeitraum-Untersuchung) • Sie dient daher insbesondere der **Beobachtung von Marktveränderungen**.
Beispiel Eine Analyse des Dialogmarketing-Marktes beschreibt die Marktsituation zu einem bestimmten Zeitpunkt (z. B. 31.12.2020).	**Beispiel** Eine Beobachtung des Dialogmarketing-Marktes beschreibt die Marktsituation innerhalb eines bestimmten Zeitraumes (z. B. von 2017 bis 2020).

Werden gleichzeitig eine Marktanalyse und eine Marktbeobachtung durchgeführt, ist das zusammenfassende Ziel:

Marktprognose

Dabei wird analysiert, wie sich die Marktsituation **zukünftig** vermutlich entwickeln wird.

Beispiel
Eine Prognose des Dialogmarketing-Marktes beschreibt aufbauend auf der aktuellen Marktanalyse und der vorliegenden Marktbeobachtung mögliche Entwicklungen für einen zukünftigen Zeitraum (z. B. von 2022 bis 2024).

Von diesen fundierten Verfahren der Marktforschung abzugrenzen ist die **Markterkundung**. Hier handelt es sich um ein weitgehend unsystematisches und nur gelegentliches Sammeln von Marktinformationen, z. B. durch Kundengespräche oder Messebesuche.

Beispiel

Bei ihrem Messe-Besuch der „CCW" in Berlin schaut sich Julia im Auftrag ihres Ausbilders um, „was so auf dem Markt los ist".

1.2.2 Primärforschung

> **# *Definition***
> Im Rahmen der Marktforschung wird **die Gewinnung von eigenen, originären Daten** als **Primärforschung** („Field Research") bezeichnet.

Die Primärforschung nutzt im Wesentlichen drei unterschiedliche Methoden:

Marktforschung als Primärforschung

- **Befragung**
- **Beobachtung**
- **Experiment/Test**

Die Daten können dabei entweder durch das Unternehmen selbst beschafft werden, oder es wird ein **Marktforschungsinstitut** beauftragt.

> **→ *Praxistipp***
> Zu den bekanntesten Marktforschungsinstituten in Deutschland gehören z. B. Nielsen, Kantar, GfK (Gesellschaft für Konsumforschung) und Ipsos.

Beispiel für das Leistungsangebot eines Marktforschungsinstituts:

Frühzeitig Informationsvorteile in Wettbewerbsvorteile umsetzen

Marktbeobachtung und Wettbewerbsbeobachtung bieten sich in Anschluss an eine Marktanalyse und Wettbewerbsanalyse an. Durch die Marktbeobachtung und Wettbewerbsbeobachtung wird die Analyse kontinuierlich um neue Marktinformationen erweitert. Marktbeobachtungen und Konkurrenzbeobachtungen dienen auch unabhängig von einer vorherigen Markt- und Wettbewerbsanalyse dazu, die Strategieabteilung, Marketingabteilung oder die Geschäftsführung kontinuierlich bei der strategischen Unternehmensplanung durch aktuelle Informationen zu unterstützen.

Informationsvorteile durch kontinuierliche Wettbewerbsbeobachtung

Um seine Wettbewerbsfähigkeit zu halten, ist es notwendig, die Märkte kontinuierlich zu beobachten und eine fortlaufende Marktbeobachtung und Wettbewerbsbeobachtung durchzuführen. Das Ziel unseres Marketing Research ist es, unseren Kunden frühzeitig durch eine systematische Marktbeobachtung strategische und operative Informationsvorteile zu verschaffen, die unsere Kunden in Marktvorteile umsetzen. [...]

Tagesaktuelle Marktbeobachtung zur schnellen Wettbewerbsreaktion

Wir greifen dabei auf öffentliche und geschützte Informationsquellen aus dem Internet, aus Datenbanken, aus Unternehmensinformationen, aus der Presse und aus persönlichen Kontakten zurück. Die Informationen werden dann gemäß den Wünschen des Kunden unter Anwendung verschiedener Methoden analysiert und verarbeitet. Über ein geschütztes Extranet oder E-Mail-Newsletter bekommt der Kunde regelmäßig – tagesaktuell – Informationen im Original oder bereits ausgewertet zur Verfügung gestellt. So können die Informationen ohne viel Aufwand für die Unternehmensstrategie und die kurzfristige Steuerung genutzt werden. [...]

Quelle: mediadefine GmbH (Hrsg.): Frühzeitig Informationsvorteile in Wettbewerbsvorteile umsetzen. In: www.mediadefine.com. Online verfügbar unter: https://www.mediadefine.com/page,unternehmensberatung-marktbeobachtung-wettbewerbsbeobachtung-konkurrenzbeobachtung.htm [05.10.2021].

Soll eine Primärforschung durchgeführt werden, muss man zunächst überlegen, welches **Auswahlverfahren** angewendet werden soll, um die zu betrachtende Zielgruppe näher zu bestimmen. Dazu stehen zwei Möglichkeiten zur Verfügung:

- Bei einer **Vollerhebung** werden **alle** Mitglieder der zu untersuchenden Zielgruppe in die Erhebung einbezogen. Dies ist in der Regel sehr kosten- und zeitintensiv, sodass dieses Verfahren nur bei einer kleinen Zielgruppe realistisch ist.

  Beispiel

  Zielgruppe für das Marktforschungsprojekt von Dialogfix sind alle Großunternehmen in Deutschland, die sich mit dem Verkauf und Support von Hard- und Software beschäftigen, ab einer Beschäftigtenzahl von 500 Mitarbeitern. Dies trifft auf insgesamt 43 Unternehmen zu.

- Bei einer **Teilerhebung** wird nur eine **Auswahl** an Mitgliedern der zu untersuchenden Zielgruppe in die Erhebung einbezogen. Dieses Verfahren bietet sich an, wenn die Zielgruppe sehr groß ist oder in ihrer Gesamtheit gar nicht bekannt ist. Dazu bedient man sich einer **repräsentativen Stichprobe**, die in ihrer Struktur (z. B. Einkommen/Umsatz, regionale Verteilung etc.) mit der Gesamtgruppe übereinstimmt.

  Beispiel

  Zielgruppe für das Marktforschungsprojekt von Dialogfix sind alle kleinen und mittelständischen Unternehmen in Deutschland, die sich mit dem Verkauf und Support von Hard- und Software beschäftigen. Aus den bundesweit über 2000 Unternehmen wird eine repräsentative Stichprobe von 100 Unternehmen ausgewählt.

Befragung

Befragungen sind im Rahmen der Primärforschung das mit Abstand **am häufigsten gewählte Verfahren**. Die Daten werden erhoben, indem sich die Befragten (z. B. Verbraucher, Unternehmen) zu einem bestimmten Untersuchungsgegenstand äußern.

Basis der Befragung ist meist ein strukturierter **Fragebogen**, der in unterschiedlichen Formen präsentiert werden kann.

Form	Vorgehensweise	Vorteile	Nachteile
Persönlich	Während eines Interviews werden im persönlichen Kontakt Fragen präsentiert, die mündlich zu beantworten sind.	• hohe Rücklauf-/Erfolgsquote • Klarheit durch zusätzliche Erklärungen und Nachfragen • spontane Äußerungen • zusätzliche Visualisierung möglich	• hohe Kosten • zeitaufwendig • Beeinflussung durch Interviewer möglich • fehlende Anonymität kann Antworten verzerren
Schriftlich	Basis ist ein schriftlicher Fragebogen, der an die Zielpersonen verschickt wird.	• kostengünstige Durchführung • große Zielgruppe erreichbar • unbeeinflusste Beantwortung möglich • längere Bedenkzeit bei der Beantwortung	• geringe Rücklaufquote • lange Rücklaufzeiten • keine spontanen Äußerungen möglich • keine Rückfragen möglich
Telefonisch	Die Befragung findet am Telefon statt.	• schnelle Durchführung • vergleichsweise kostengünstig • individuelle Ansprache der Zielpersonen • zeitlich flexibel • zusätzliche Erklärungen oder Rückfragen möglich	• begrenzter Fragen- und Themenumfang • Teilnahmebereitschaft nicht immer gegeben • Befragung wird nicht ernst genommen • Tendenz zu einfachen und schnellen Antworten
Computer-gestützt	Präsentation und Beantwortung der Fragen erfolgt am PC, häufig internetbasiert.	• schnelle Durchführung • kostengünstig • einfache Auswertung • unbeeinflusste Beantwortung	• technische Voraussetzungen müssen gegeben sein • Bereitschaft zur Teilnahme gering bzw. muss geweckt werden • keine spontanen Äußerungen möglich • keine Rückfragen möglich

Die **Methoden**, mit denen bei einer Befragung die Fragen bzw. Aussagen präsentiert werden, können je nach Art der Untersuchung sehr unterschiedlich sein und sich z. B. auf Meinungen, Einstellungen, Wertorientierungen, Handlungen oder Wissen der Befragten beziehen. Zu den typischen Methoden gehören:

Methode	Inhalt	Beispiele
Dichotome Frage („Ja-Nein-Frage")	ein Auswahlkriterium	„Nutzen Sie in Ihrem Unternehmen derzeit Callcenter-Dienstleistungen?" ☐ Ja ☐ Nein
Multiple-Choice-Frage	mehrere Auswahlkriterien	„Die Nutzung von Callcenter-Dienstleistungen kann ich mir vorstellen bei …" ☐ Bestellannahme ☐ Support ☐ Reklamationen ☐ Sonderaktionen ☐ Kundenbindung ☐ Kundenrückgewinnung

Methode	Inhalt	Beispiele
Likert-Skala	Grad der Zustimmung bzw. Ablehnung	„Die Nutzung eines Callcenters führt zu einer Verbesserung des Kundenservice." ☐ Stimme voll zu ☐ Stimme teilweise zu ☐ Stimme eher nicht zu ☐ Stimme gar nicht zu
Rating-Skala	vorgegebene Bewertungskriterien	„Das Beschwerdemanagement in meinem Unternehmen funktioniert derzeit ..." ☐ sehr gut ☐ gut ☐ geht so ☐ schlecht
Gewichtungs-Skala	Gewichtung (Wichtigkeit) von Kriterien	„Ein gutes Beschwerdemanagement ist in meinem Unternehmen ..." ☐ sehr wichtig ☐ weniger wichtig ☐ unwichtig
Semantisches Differenzial	Einordnung eines Kriteriums auf einer Skala zwischen zwei Extremen	„Die Serviceorientierung der Mitarbeiter im Kundenkontakt ist in unserem Unternehmen ..." optimal ←——→ katastrophal
Offene Frage	keine Antwortmöglichkeit vorgegeben	„Was wäre Ihnen wichtig, wenn Sie für Ihr Unternehmen ein Callcenter nutzen würden?"

Offene Fragen werden häufig ergänzend zu anderen Methoden hinzugefügt, um zusätzliche Informationen zu erhalten (sogenannte „halboffene Frage"). Die Frage „Nutzen Sie in Ihrem Unternehmen derzeit Callcenter-Dienstleistungen?" kann z. B. bei Beantwortung mit „Ja" noch mit der offenen Frage „Welche?" ergänzt werden.

Panel

Eine Sonderform der Befragung ist das Panel. Im Rahmen von Paneluntersuchungen wird eine repräsentative Stichprobenauswahl (Verbraucher, Unternehmen) **regelmäßig** über einen **längeren Zeitraum** zu bestimmten Themen befragt. Dieses Verfahren ist vor allem zur Gewinnung von langfristigen Vergleichsdaten geeignet. Ein bekanntes Beispiel dafür ist der ifo-Geschäftsklimaindex.

Ifo-Index: Stimmung in der Wirtschaft nicht so gut wie erwartet

Die Stimmung in der deutschen Wirtschaft hat sich im Juli überraschend eingetrübt. Der Ifo-Index für das Geschäftsklima sank um 0,9 Punkte auf 100,8 Zähler, wie das Münchner Institut am Montag bekanntgab. Das führende deutsche Konjunkturbarometer, das auf einer Umfrage unter etwa 9000 Unternehmen basiert, fiel damit erstmals seit Beginn des Jahres. Analysten wurden von der Entwicklung überrascht. Sie hatten im Schnitt mit einem Anstieg auf 102,5 Punkte gerechnet.

Ausschlaggebend für den Rückgang ist die Einschätzung der künftigen Geschäfte. Hier ging der entsprechende Indexwert zurück, während die Bewertung der aktuellen Lage erneut besser war. [...] Nach Einschätzung von Fuest hat der Optimismus in den Chefetagen deutscher Firmen «merklich» abgenommen. [...]

Quelle: © dpa, 26.07.2021

Beobachtung

Bei der Beobachtung wird das **Verhalten** oder die **Reaktion** der untersuchten Personen analysiert. Daraus werden ohne eine ausdrückliche Befragung Rückschlüsse gezogen, allerdings können sich je nach Situation an die Beobachtung Fragen anschließen. Die entscheidende Informationsquelle ist somit der subjektive Eindruck des Beobachters.

Die Beobachtung kann sowohl unter **realen Bedingungen** stattfinden (sogenannte „Feldbeobachtung“, z. B. in einem Einkaufszentrum) als auch in einer **künstlichen Umgebung** (sogenannte „Laborbeobachtung“, z. B. in einem speziell präparierten Untersuchungsraum). Je nachdem, ob der Beobachter sich zu erkennen gibt, differenziert man ferner in **offene** und **verdeckte Beobachtung**.

Beispiel

Um herauszufinden, wie verständlich die Installationsanleitung ist, führt Dialogfix vor Markteinführung des neuen Druckers xi744 eine Marktforschung durch. Dabei werden die Teilnehmer in einem Raum verdeckt beobachtet, wie sie sich bei der Installation des Druckers verhalten.

Experiment/Test

Mithilfe eines Experiments oder eines Tests soll ein bestimmter marketingrelevanter Zusammenhang überprüft werden, indem er unter kontrollierten Bedingungen von anderen Wirkungen isoliert gemessen wird. Es werden zwei Gruppen gebildet, von denen eine mit dieser Maßnahme konfrontiert wird, die andere hingegen nicht (die sogenannte „Kontrollgruppe“).

Experimente werden z. B. im Entwicklungsstadium der Produktpolitik durchgeführt, um bestimmte Produktmerkmale zu testen. Auch die Wirkung bestimmter Werbemaßnahmen oder Preisaktionen kann getestet werden.

Beispiel

Vor Markteinführung des Druckers xi744 möchte Dialogfix die Akzeptanz einer ausschließlich aus Bildelementen bestehenden Installationsanleitung testen. Dazu bekommt eine Gruppe zur Druckerinstallation die bebilderte Anleitung, die Kontrollgruppe eine traditionelle Anleitung mit Text- und Bildelementen.

→ ***Praxistipp***

Im Dialogmarketing kommen für eigene Marktforschungen vorzugsweise die unterschiedlichen Formen der Befragung in Betracht. Beobachtung und Experiment werden eher in der Konsumgüterindustrie und im Handel eingesetzt.

1.2.3 Sekundärforschung

> **#** ***Definition***
> Innerhalb der Marktforschung wird **die Auswertung bereits vorhandener Informationen** als **Sekundärforschung** („Desk Research") bezeichnet.

Da die Daten ursprünglich für andere Zwecke erhoben wurden, müssen sie für das aktuelle Marktforschungsvorhaben neu aufbereitet und bewertet werden.

Die Sekundärforschung ist vergleichsweise kostengünstig und schnell zu erledigen. Allerdings besteht die Gefahr, dass die vorliegenden Informationen nicht mehr aktuell sind oder nicht (vollständig) dem Untersuchungszweck entsprechen. Daher wird die Sekundärforschung häufig bei überschaubaren Fragestellungen angewandt oder als Vorbereitung bzw. Ergänzung zur Primärforschung genutzt.

Je nach Herkunft der Daten unterscheidet man:

Interne Informationsquellen

- Unternehmensstatistiken
- Umsatzzahlen
- ACD-Auswertungen
- Mitarbeiterberichte
- Projektdokumentationen
- Dateien des Rechnungswesens
- Schriftverkehr
- Protokolle

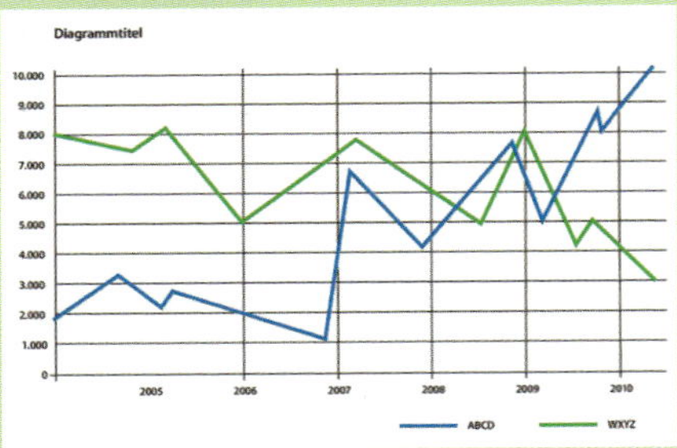

Externe Informationsquellen

- öffentliche Statistiken (z. B. Statistische Bundes- und Landesämter IHK)
- Informationen von Branchenverbänden (z. B. Call Center Forum)
- Fachzeitschriften (z. B. TeleTalk)
- Fachbücher
- Tagungs- und Kongressdokumentationen
- Internet/Onlinedienste

> **→** ***Praxistipp***
> Bei der Verwendung von externen Quellen sollte immer sorgfältig deren Qualität und Aktualität überprüft werden.

1.2.4 Marktinformationen einordnen und interpretieren

Um die Vielzahl der gewonnenen Daten zur Entscheidungsfindung heranziehen zu können, ist eine sachgerechte Einordnung und Interpretation der Daten unumgänglich. Dazu müssen die Informationen im Zusammenhang mit

- der eigenen Marktposition,
- den eigenen Stärken und Schwächen und
- der Situation der Mitbewerber

betrachtet werden.

Gegenstand der Betrachtung kann sowohl das **ganze Unternehmen** sein als auch eine einzelne **strategische Geschäftseinheit**.

#

Definition

Eine **strategische Geschäftseinheit (SGE)** ist ein eigenständiger, abgrenzbarer Bereich innerhalb eines Unternehmens, der unabhängig von den anderen Unternehmensteilen am Markt agieren kann.

Eine SGE agiert mit eigenen Zielvorgaben und sollte sich beim Leistungsangebot nicht mit anderen Geschäftseinheiten überschneiden. Die Erfolgsermittlung wird meist unabhängig von anderen Unternehmensteilen in Form von sogenannten „Profit Centern" durchgeführt.

Beispiel

Dialogfix überlegt, als neue strategische Geschäftseinheit zukünftig in den Vertrieb von Mobilfunkgeräten einzusteigen.

Marktposition

Mit der Marktposition wird die Stellung eines Unternehmens im Markt beschrieben, aus der sich die passende Strategie ableiten lässt. Üblicherweise werden vier Marktpositionen unterschieden:

Marktposition	Merkmale	Strategie
Marktführer	• höchster Marktanteil • Führungsfunktion z. B. im Hinblick auf Angebot oder Qualität	**Beispiele** Abwehrstrategie gegenüber dem Herausforderer, evtl. heftige Auseinandersetzungen; hohe Marketingaufwendungen etc.
Herausforderer	• Marktanteil liegt unter dem des Marktführers • versucht, diesen in einzelnen Gebieten zu attackieren bzw. zu überrunden	**Beispiele** Angriffshaltung gegenüber dem Marktführer, aggressives Auftreten; aufgeschlossen gegenüber Innovationen etc.

Marktposition	Merkmale	Strategie
Mitläufer	• untergeordneter Marktanteil • Marktführer und Herausforderer sind außer Sichtweite	**Beispiele** unauffälliges Agieren am Markt; Kampf ums Überleben bzw. um Marktanteile; Einzelaktionen (z. B. Sonderpreise), um Aufmerksamkeit zu erzielen etc.
Nischen-anbieter	• geringer Marktanteil • nur auf Teilmärkten bzw. mit eingeschränktem Angebot tätig	**Beispiele** Positionierung als exklusiver oder innovativer Anbieter; Spezialisierung auf ausgewählte Kunden oder Leistungen etc.

Häufig ist neben dieser recht groben Klassifizierung eine detailliertere Analyse notwendig, bei der die gesammelten Informationen über den Markt, das Unternehmen selbst sowie seine Mitbewerber im Einzelnen betrachtet und verglichen werden müssen.

Betrachtung von Stärken und Schwächen im Vergleich zu Mitbewerbern

Ein bewährtes Instrument für eine Detailbetrachtung ist die **SWOT-Analyse**, mit deren Hilfe anschließend auch ein **Marketingkonzept** erstellt werden kann. Dabei geht es im Einzelnen um die Analyse von 13 | 1.3.1

1. **S**trengths (Stärken),
2. **W**eaknesses (Schwächen),
3. **O**pportunities (Chancen),
4. **T**hreats (Gefahren, Risiken).

Zu 1 und 2

In einem ersten Schritt werden bei der SWOT-Analyse mit einer **Stärken/Schwächen-Bewertung** die marktrelevanten Ressourcen des ganzen Unternehmens oder einer bestimmten SGE im Vergleich zu den Mitbewerbern bewertet. Dies kann sich z. B. bei Dialogfix so darstellen:

Beispiel

Strengths (Stärken)	Weaknesses (Schwächen)
• Qualifikation der Mitarbeiter • Qualitätsführer im technischen Support • Kompetenz im Inbound • hohe Serviceorientierung • technische Infrastruktur • positives Image in der Öffentlichkeit • gutes Betriebsklima	• wenig Wachstumsmöglichkeiten in den bisherigen Geschäftsfeldern • durch Betriebsvereinbarungen festgelegte, unflexible Arbeitszeiten • bürokratische Verwaltung • geringe Kompetenz im Outbound • hohe Fixkosten • unausgelastete Kapazitäten

Ergänzend bietet es sich an, die ermittelten Merkmale in einem **Stärken-Schwächen-Profil** zu visualisieren.

Wenn es die vorliegenden Daten erlauben, werden diese Werte mit denen von Mitbewerbern verglichen (Benchmarking).

Beispiel

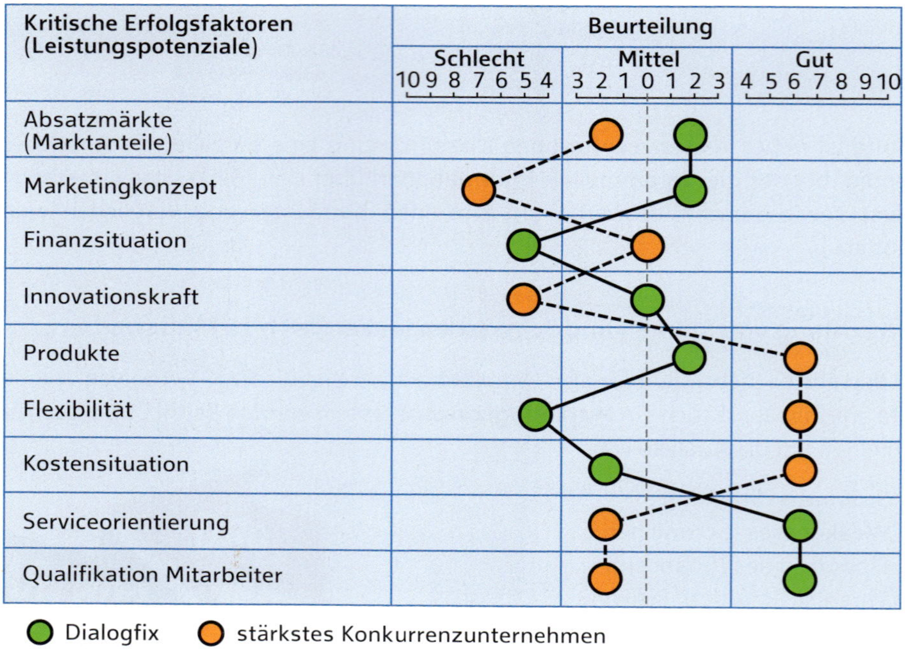

Abb.: Auszug Stärken-Schwächen-Profil der Dialogfix GmbH

Zu 3 und 4

Im nächsten Schritt der SWOT-Analyse werden nun die im Marktumfeld identifizierten Chancen und Risiken einander gegenübergestellt.

Beispiel

Opportunities (Chancen)	Threats (Risiken)
• steigende Bedeutung von hochwertigem technischem Support • generelles Wachstum der Dialogmarketingbranche • Viele kleine und mittelständische Unternehmen fragen Callcenter-Leistungen nach. • gute konjunkturelle Lage • Positives Image in der Öffentlichkeit wird zunehmend honoriert.	• Preisdruck in der Branche steigt • Neue Konkurrenten drängen auf den Markt. • zunehmende Flexibilität gefragt • wachsender Ertragsdruck der Muttergesellschaft

Abschließend lassen sich aus der Kombination der beiden durchgeführten Analysen Handlungsempfehlungen und Strategien ableiten.

Für jede Kombinationsmöglichkeit ist eine allgemeingültige **Normstrategie** vorgesehen, die dann auf das Unternehmen übertragen wird:

Unternehmens-extern / Unternehmens-intern	**Opportunities (Chancen)**	**Threats (Risiken, Gefahren)**
Strengths (Stärken)	**„Ausbaustrategie"** Unternehmensstärken treffen auf Marktchancen: • Position ausbauen • zusätzliche Investitionen tätigen	**„Absicherungsstrategie"** Unternehmensstärken treffen auf Marktrisiken: • eigene Position gegen die Risiken schützen • Gefahren abwehren
Weaknesses (Schwächen)	**„Aufholstrategie"** Unternehmensschwächen treffen auf Marktchancen: Schwächen beseitigen, um zu Mitbewerbern aufzuschließen	**„Vermeidungsstrategie"** Unternehmensschwächen treffen auf Marktrisiken: • Meiden dieses gefährlichen Bereichs • ggf. Rückzug

Tab.: Normstrategien der SWOT-Analyse

Beispiel

Nach Durchführung der SWOT-Analyse hat die Dialogfix GmbH erkannt, dass die eigenen Stärken u. a. im hochqualifizierten technischen Support liegen. Gleichzeitig gibt es unausgelastete Kapazitäten. Viele kleine und mittelständische Unternehmen sind daran interessiert, für ihre Kunden technischen Support anzubieten, haben aber nicht die technologischen und personellen Möglichkeiten, dies selbst zu realisieren. Nun muss die Geschäftsleitung von Dialogfix überlegen, welche konkreten Schlussfolgerungen daraus abzuleiten sind.

1.3 Marketingmaßnahmen vorbereiten

1.3.1 Ein Marketingkonzept aufstellen

Bevor sich ein Unternehmen für den Einsatz von Marketingmaßnahmen entscheidet und diese umsetzt, stehen umfangreiche Planungs- und Vorbereitungsschritte an.

- Grundlage ist dabei zunächst die **Analyse der Unternehmens- und Marktsituation**. Die dafür notwendigen Daten und Informationen liefert z. B. die Marktforschung.
- Bestimmend für jede Entscheidung sind die **Marketingziele** des Unternehmens. Diese lassen sich letztlich aus den Unternehmenszielen ableiten. 1 | 1.1.1

- Um diese Ziele zu erreichen, entwickelt das Unternehmen eine **Marketingstrategie**.
- Innerhalb dieser Strategie werden die einzelnen **Marketinginstrumente** zielgerichtet kombiniert (Marketingmix) und umgesetzt.
- Ein **Marketing-Controlling** rundet das Marketingkonzept ab.

Aufstellung eines Marketingkonzepts – Übersicht

Analyse der Unternehmens- und Marktsituation

Informationen über das eigene Unternehmen, die Mitbewerber und die Marktbedingungen werden zusammengetragen und analysiert. Ein geeignetes Instrument, um die Informationen einzuordnen und zu interpretieren, ist die SWOT-Analyse.

↓

Marketingziele

Die angestrebten **Sollzustände** werden beschrieben. Typische Marketingziele beziehen sich z. B. auf Umsatz, Gewinn, Marktanteil, Preissegment (z. B. Premium- oder Billigsegment), Bekanntheitsgrad, Imagepositionierung, Qualität etc. Bei der Aufstellung der Ziele sollten die Regeln zur
10 | 5.2.5 Zielformulierung beachtet werden.

↓

Marketingstrategie

Betrachtet werden die **langfristigen** Verhaltensweisen, mit denen das Unternehmen am Markt agiert und die angestrebten Marketingziele erreichen möchte.
Unternehmen verfolgen z. B.
- **Wachstumsstrategien** (Ausbau von Marktanteilen, Erschließung neuer Märkte),
- **Segmentierungsstrategien** (nur einzelne, z. B. geografisch abgegrenzte Teilmärkte werden bearbeitet) oder
- **Wettbewerbsstrategien** (Orientierung an Mitbewerbern, z. B. Preisführerschaft).

↓

Marketinginstrumente

Der Einsatz der einzelnen Maßnahmen und Instrumente wird festgelegt, mit denen die geplanten Strategien umgesetzt und die angestrebten Ziele erreicht werden sollen.

↓

Marketing-Controlling

11 | 4.1
13 | 4.1
Neben den generellen Controlling-Aufgaben geht es hier insbesondere darum, den Erfolg der eingesetzten Marketinginstrumente zu überprüfen (z. B. Kontrolle der Werbewirksamkeit), dies ermöglicht Rückschlüsse auf das gesamte Marketingkonzept.

1.3.2 Instrumente im Marketingmix

Entscheidend für das marktorientierte unternehmerische Handeln sind die zur Verfügung stehenden betrieblichen Instrumente. Der Prozess der Kombination und Abstimmung mehrerer Marketinginstrumente wird üblicherweise als **Marketingmix** bezeichnet. 2|1.3.1

Die zu treffenden Marketingmaßnahmen können operativer oder strategischer Natur sein:

- Das **operative Marketing** umfasst marketingrelevante Entscheidungen und Maßnahmen, die **kurzfristig** angelegt sind (max. ein Jahr) und tendenziell schnell und einfach getroffen werden können. Dabei geht es z. B. um die Reaktion auf kurzfristige Marktentwicklungen oder aktuelle Herausforderungen im Wettbewerb. Häufig handelt es sich um Einzelmaßnahmen im Marketingmix oder die Korrektur erfolgter Maßnahmen. Operative Marketingentscheidungen werden meist von Führungskräften **im mittleren Management** getroffen.

  Beispiel

  Marketingleiterin Erika Wurz beschließt, angesichts zurückgehender Absatzzahlen im letzten Monat in der bevorstehenden Sonderausgabe der Zeitschrift „PCExperts" eine zusätzliche Anzeige zu schalten, in der der Laptop „Portablix" beworben wird.

- Das **strategische Marketing** umfasst **langfristige** Marketingentscheidungen, die im Einklang mit den Unternehmens- und Marketingzielen stehen und daher eher als schwierig und komplex einzuschätzen sind. Dabei geht es vorrangig um die dauerhafte Sicherstellung von Wettbewerbsvorteilen. Strategische Marketingentscheidungen werden meist von der **Geschäftsführung** getroffen.

  Beispiel

  Nachdem die Dialogfix GmbH bisher ausschließlich im Inhouse-Geschäft tätig war, beschließt die Unternehmensleitung, das Angebot auszuweiten und zukünftig auch Dienstleistungen für externe Auftraggeber anzubieten.

→ ***Praxistipp***
Auch Einzelmaßnahmen des operativen Marketings sollten in die langfristige, strategische Ausrichtung passen.

Die „Vier Ps" des klassischen Marketings

Im klassischen Marketing werden die einzelnen Marketinginstrumente in vier Bereiche eingeteilt, die bezogen auf ihre englischen Bezeichnungen auch die **„Vier Ps"** genannt werden:

Marketinginstrument	Entscheidungsfeld	Beispiele
Produktpolitik (Product) 	Produkt- und Dienstleistungsangebot des Unternehmens: • Beschaffenheit • Verpackung • Name bzw. Marke • Qualität • produktbegleitende bzw. zusätzliche Dienstleistungen (Garantien, Kundendienst) etc.	Dialogfix erweitert das Angebot und bietet nun neben dem bisherigen Inhouse-Service auch Dienstleistungen im technischen Support für externe Auftraggeber an.
Preispolitik (Price) 	Preisgestaltung für die angebotenen Produkte und Dienstleistungen: • Einzelpreise • Preisnachlässe • Preisdifferenzierungen • Zahlungsbedingungen • Finanzierungen etc.	Je nach nachgefragter Leistung bietet Dialogfix unterschiedliche Preise je Call für die Auftraggeber an.
Kommunikationspolitik (Promotion) 	Kommunikationsmaßnahmen, um mit Kunden/Auftraggebern in Kontakt zu treten: • Kommunikationsmedien • Werbung • Verkaufsförderung • Öffentlichkeitsarbeit etc.	Das neue Dienstleistungsangebot von Dialogfix wird in einer umfangreichen Anzeigenkampagne in den einschlägigen Fachzeitschriften bekannt gemacht.
Vertriebspolitik (Place) 	Der Weg der Produkte und Dienstleistungen vom Hersteller/Anbieter zum Kunden/Auftraggeber: • Wahl der Absatzwege • Logistik • Standortwahl des Unternehmens etc.	Dialogfix bietet als Zusatzleistung ab einem bestimmten Auftragsvolumen Schulungen beim Auftraggeber vor Ort an.

Der klassische Marketingmix hat seinen Ursprung im Konsumgüter-Marketing. Geht es jedoch – wie in der Dialogmarketingbranche – um die Vermarktung von Dienstleistungen, sind diese Instrumente oftmals nicht ausreichend. Insbesondere wird der Aspekt der Service- und Kundenorientierung nur unzureichend berücksichtigt. Die vier
13 | 1.3.3 klassischen Instrumente des Marketingmix werden im **Dienstleistungsmarketing** daher meist noch erweitert durch:

Marketinginstrument	Entscheidungsfeld	Beispiele
Personalpolitik (People) 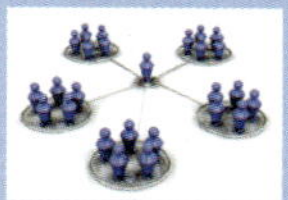	Personal im Unternehmen: • Auswahl und Qualifikation der Mitarbeiter • Richtlinien für Kundenansprache und Verhaltensweisen • Personalführung etc.	Die Mitarbeiter, die externe Aufträge bearbeiten, werden in speziellen Teams zusammengefasst und erhalten zusätzliche Schulungen.
Prozesspolitik (Processes) 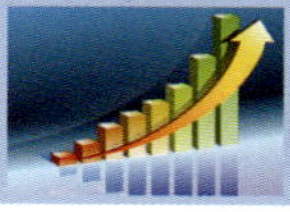	Unternehmensinterne Prozesse und Abläufe: • Prozessanalyse • Prozessoptimierung im Hinblick auf die Anforderungen der Auftraggeber	Die Gestaltung der Ablaufprozesse ermöglicht es Dialogfix, für jede Anfrage innerhalb von 48 Stunden ein individuelles Angebot zu erstellen.

Um einen erfolgreichen Markttauftritt des Unternehmens zu gewährleisten, muss das Zusammenspiel der einzelnen Marketinginstrumente stimmig sein und sich insgesamt in die Corporate Identity des Unternehmens einfügen. 1 | 1.1.4

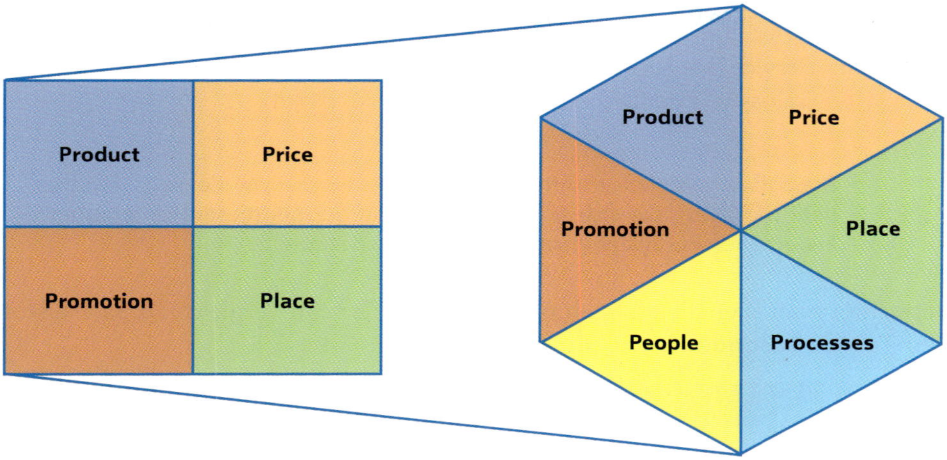

Abb.: Erweiterter Marketingmix

> ***Praxistipp***
> Beim Marketingmix von Dienstleistungen wird statt von **Produktpolitik** auch von **Angebotspolitik** (im Sinne von Dienstleistungsangebot) gesprochen. Der Oberbegriff „Produkt" kann sowohl Sachgüter als auch Dienstleistungen umfassen. Diese Begriffe werden daher im Marketing meist synonym verwendet.

1.3.3 Besonderheiten im Dienstleistungsmarketing

> \# ***Definition***
> Als **Dienstleistung** bezeichnet man eine Tätigkeit, die nicht der Produktion eines materiellen Gutes (Sachleistung) dient, sondern einen eigenständigen Wert hat.

Erbrachte Dienstleistungen können nach unterschiedlichen Kriterien differenziert werden. Von grundsätzlicher Bedeutung ist dabei die folgende Unterscheidung:

- **Originäre Dienstleistungen** sind eigenständige Produkte, die **unabhängig** von einer Sachleistung sind.

  Beispiel

  Die Dialogfix GmbH bietet dem Unternehmen „WI-Consult" an, dessen kompletten Telefonservice als externer Dienstleister zu übernehmen. Dienstleistung ist hier der Telefonservice als Ganzes, den die „WI-Consult" als Auftrag an Dialogfix abgibt.

- **Produktbegleitende Dienstleistungen** sind **abhängig** von einem materiellen Produkt oder einer anderen originären Dienstleistung. Sie werden daher auch
2|2.2.3 als industrienahe Dienstleistungen oder Dienstleistungsprozesse bezeichnet. **Je nach Zeitpunkt der Leistungserbringung** unterscheidet man in
  - **Pre-Sales-Service** (Dienstleistungen vor dem Kauf),
  - **Sales Service** (kaufbegleitende Dienstleistungen) und
  - **After-Sales-Service** (Dienstleistungen nach dem Kauf).

Beispiel

Dialogfix bearbeitet im After-Sales-Service für die „WI-Consult" alle Kundenrückfragen, die sich auf die Installation der bei diesem Unternehmen erworbenen PC-Systeme (materielles Produkt) beziehen.

Betrachtet man Dienstleistungen näher, weisen sie – im Vergleich zu Sachleistungen – einige **Besonderheiten** auf:

Sachleistung	Dienstleistung
• physisch vorhanden (materiell) • lagerfähig • übertragbar • Erstellung unabhängig vom Kunden • Erstellung und Nutzung nicht zeitgleich • Vorführung vor dem Kauf möglich	• physisch nicht vorhanden (immateriell) • nicht lagerfähig • nicht übertragbar • Kunde zur Erstellung notwendig • Erstellung und Nutzung finden gleichzeitig statt • keine Vorführmöglichkeit

Gemeinsam ist allen Formen erbrachter Dienstleistungen, dass aufgrund der besonderen Eigenschaften üblicherweise eine hohe Unsicherheit vor dem Erwerb bzw. der Inanspruchnahme der Dienstleistung herrscht. Deshalb werden Dienstleistungen auch als **Vertrauensgüter** bezeichnet.

Anbieter von Dienstleistungen – ganz speziell Unternehmen der Dialogmarketingbranche – müssen daher besonders intensiv die vertrauenswürdigen Eigenschaften der erbrachten Dienstleistung darstellen, um die Unsicherheit des Auftraggebers zu reduzieren.

Beispiel

Die Dialogfix GmbH möchte insbesondere kleine und mittelständische Unternehmen ansprechen, die bislang noch keine Callcenter-Dienstleistungen genutzt haben. Bei einigen Unternehmen herrscht eine gewisse Verunsicherung, ob sie zukünftig ein solches Angebot in Anspruch nehmen sollen. Dialogfix bietet daher einen kostenlosen und unverbindlichen „Callcenter-Probetag" an.

Eine weitere Besonderheit bei der Vermarktung von Dienstleistungen zeigt sich auch bei der Qualitätssicherung, die sich nicht nur auf die eigentliche Dienstleistung, son-
12|1.2 dern auf alle Aspekte des Leistungserstellungsprozesses bezieht.

* *Zusammenfassung*

- **Marktgrößen**
  - **Marktpotenzial:** maximale Aufnahmefähigkeit eines Marktes für ein bestimmtes Produkt oder eine Dienstleistung
  - **Marktvolumen:** auf einem Markt realisierte Absatzmenge eines Produkts oder einer Dienstleistung innerhalb eines bestimmten Zeitraums
  - **Marktanteil:** prozentualer Anteil, den der Absatz eines Unternehmens am Marktvolumen hat

- **Marktinformationen beschaffen und auswerten**
  - **Marktanalyse:** Zeitpunkt-Untersuchung; ermittelt die relevanten Informationen einmalig zu einem bestimmten Zeitpunkt
  - **Marktbeobachtung:** Zeitraum-Untersuchung; betrachtet die relevanten Informationen über einen längeren Zeitraum
    - Marktanalyse und Marktbeobachtung → **Marktprognose:** Bestimmung der zukünftigen Entwicklung der Marktsituation
  - **Markterkundung:** weitgehend unsystematisches und nur gelegentliches Sammeln von Marktinformationen

- **Marktforschung**
  - **Primärforschung** (Field Research)
    - Befragung
    - Beobachtung
    - Experiment/Test
  - **Sekundärforschung** (Desk Research)
    - **interne** Informationsquellen
    - **externe** Informationsquellen

- **Befragung**

Mögliche Formen:
- persönlich
- schriftlich
- telefonisch
- computergestützt

Fragemethoden:
- dichotome Frage
- Multiple-Choice-Frage
- Likert-Skala
- Rating-Skala
- Gewichtungs-Skala
- semantisches Differenzial
- offene Frage

- **Marktinformationen einordnen und interpretieren**

Marktposition:
- Marktführer
- Herausforderer
- Mitläufer
- Nischenanbieter

SWOT-Analyse:
- Strengths (Stärken)
- Weaknesses (Schwächen)
- Opportunities (Chancen)
- Threats (Gefahren, Risiken)

- **Marketingkonzept:** Analyse der Unternehmens- und Marktsituation

Marketingziele

Marketingstrategie

Marketinginstrumente

Marketing-Controlling

Marketingmix im Dienstleistungsmarketing:

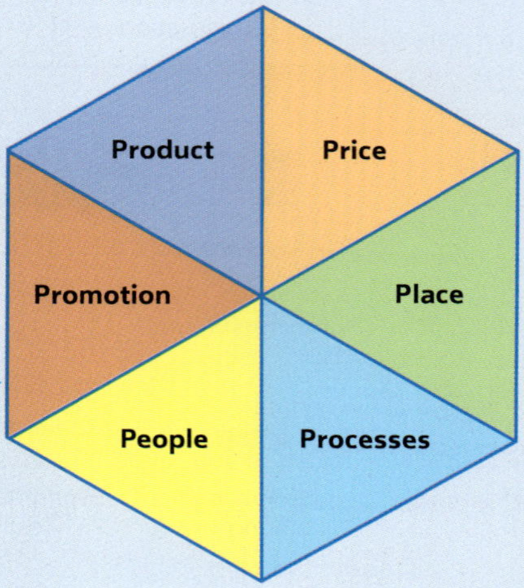

■ Aufgaben

1. *Die Dialogfix GmbH hat im vergangenen Jahr mit Laserdruckern in Deutschland einen Umsatz von 80 Mio. € erzielt, die Mitbewerber erzielten einen Umsatz von insgesamt 320 Mio. €. Ein Marktforschungsinstitut hat ermittelt, dass in diesem Markt insgesamt ein Umsatz von 800 Mio. € erzielt werden kann.*
   a) *Welchen Marktanteil hat die Dialogfix GmbH?*
   b) *Erläutern Sie, was man unter der Marktsättigung versteht.*
   c) *Ermitteln Sie die Marktsättigung bei Laserdruckern.*
   d) *Stellen Sie Möglichkeiten zusammen, mit denen das Marktpotenzial weiter ausgeschöpft werden kann.*
2. *Auf dem Markt für Antivirensoftware erzielte die Dialogfix GmbH im vergangenen Jahr einen Marktanteil von 5 %. Das Marktvolumen lag bei 4 Mio. €, das Marktpotenzial bei 5,8 Mio. €. Ermitteln Sie den von der Dialogfix GmbH erwirtschafteten Umsatz.*
3. *Das Marktvolumen für Laptops beträgt im laufenden Jahr 12 Mio. Stück. Ein Marktforschungsinstitut prognostiziert für das Folgejahr eine Steigerung des Marktvolumens um 25 %. Wie viele Laptops muss die Dialogfix GmbH dann absetzen, wenn sie einen Marktanteil von 8 % erreichen will?*
4. *Recherchieren Sie online zu folgendem Thema:*
   „Vergleich der 10 größten Callcenter in Deutschland anhand der Kriterien Umsatz, Mitarbeiterzahl, Geschäftsfelder."
   Nutzen Sie dazu z. B. die Marktübersicht „Callcenter-Dienstleister" (www.teletalk.de/markt-produkte/marktuebersichten/) oder das „Callcenter-Profi-Ranking" (www.callcenterprofi.de/ranking/).

5. *Die Dialogfix GmbH überlegt, ob sie als neues Geschäftsfeld in den Vertrieb von Fitness-Armbändern einsteigen soll.*
   a) *Erarbeiten Sie die einzelnen Schritte des Prozessablaufs, die Dialogfix bei einer Marktforschung erledigen muss.*
   b) *Recherchieren Sie im Internet bei verschiedenen Marktforschungsinstituten, welche Aufgaben diese für Dialogfix übernehmen könnten.*
6. *Dialogfix steht vor der Entscheidung, ob für das geplante Marktforschungsvorhaben die Primär- oder die Sekundärforschung eingesetzt werden soll.*
   a) *Vergleichen Sie die Vor- und Nachteile der beiden Methoden.*
   b) *Nennen Sie drei Quellen der Sekundärforschung, in denen Dialogfix Informationen über den Markt der Fitness-Armbänder finden kann.*
   c) *Erläutern Sie die unterschiedlichen Methoden, die bei der Primärforschung zum Einsatz kommen können.*
7. *Die Dialogfix GmbH schätzt die Situation bei Einführung eines Fitness-Armbandes wie folgt ein:*

Verkaufspreis	Absatzmenge	Umsatz
149,00 €	3 500	521 500,00 €

Die bei einem Marktforschungsinstitut in Auftrag gegebene Marktprognose kommt zu dem Ergebnis, dass bei einer Senkung des Verkaufspreises um 10 % eine Erhöhung der Absatzmenge von 20 % erwartet werden kann. Ermitteln Sie rechnerisch, ob sich die Anpassung des Verkaufspreises für die Dialogfix GmbH rentiert.

8. *In der Mittagspause unterhalten sich Daniel und Thomas: „So ein Quatsch mit dieser teuren Marktforschung, geht doch viel billiger! Ich schaue mich einfach mal auf einem Onlineforum für Sportler um, wie es mit den Fitness-Armbändern aussieht.“ Wie bewerten Sie diese Art von „Marktforschung“, die Daniel betreiben will?*

9. *Dialogfix möchte im Zuge der Marktforschung 10000 Bestandskunden zu deren Präferenzen bei Fitness-Armbändern befragen.*
   a) *Vergleichen Sie die einzelnen Formen der Befragung und geben Sie begründet an, welche davon für dieses Vorhaben geeignet sind und welche eher nicht.*
   b) *Erläutern Sie, was man in diesem Zusammenhang unter einer repräsentativen Stichprobe versteht.*
   c) *Entwerfen Sie zu dieser Befragung Beispiele für mögliche Fragen. Nutzen Sie dazu jede der möglichen Methoden zur Fragestellung.*

10. *Die Dialogfix GmbH möchte den Vertrieb von Fitness-Armbändern als „strategische Geschäftseinheit (SGE)“ positionieren.*
    a) *Erläutern Sie diesen Begriff.*
    b) *Stellen Sie in der Klasse verschiedene SGE Ihrer Ausbildungsbetriebe zusammen.*
    c) *Ermitteln Sie – soweit möglich – die Marktposition der einzelnen SGE.*

11. *Recherchieren Sie im Internet Informationen über den Automobilmarkt in Deutschland. Finden Sie jeweils ein Beispiel für die einzelnen Marktpositionen.*

12. *Beschreiben Sie die Vorgehensweise bei der SWOT-Analyse. Wenden Sie anschließend dieses Verfahren auf Ihren Ausbildungsbetrieb bzw. eine einzelne SGE aus Ihrem Ausbildungsbetrieb an. Präsentieren Sie in der Klasse die Ergebnisse anhand einer Mindmap.*

13. *Nachdem die Ergebnisse der Marktforschung ausgewertet sind, entschließt sich die Dialogfix GmbH, in den Vertrieb von Fitness-Armbändern einzusteigen. In Zusammenarbeit mit einem renommierten Sportartikel-Hersteller soll das Armband „Fitfix“ vermarktet werden. Erstellen Sie dazu ein Marketingkonzept und beschreiben Sie, welche Tätigkeiten in den einzelnen Schritten zu erledigen sind.*

14. *Ordnen Sie die folgenden Marketingmaßnahmen für das Armband „Fitfix“ in den erweiterten Marketingmix ein:*
    a) *Allen Bestandskunden wird das Gerät in einem Werbe-Mailing vorgestellt.*
    b) *Das Gerät kann über sechs Monate finanziert werden.*
    c) *Für den Support des Geräts wird eine eigene Lösungsdatenbank erstellt.*
    d) *Mitarbeiter der Support-Hotline müssen eine spezielle Schulung durchlaufen.*
    e) *Das Gerät wird exklusiv im Direktvertrieb angeboten und ist im Handel nicht erhältlich.*

15. *Erläutern Sie die Besonderheiten, die bei der Vermarktung von Dienstleistungen berücksichtigt werden müssen. Was versteht man in diesem Zusammenhang unter originären bzw. unter produktbegleitenden Dienstleistungen?*

16. *Oft wird davon gesprochen, dass bei Marketingmaßnahmen zwei Regeln zu beachten seien: sowohl „to do the right things“ als auch „to do things right“. Bewerten Sie diese Aussagen im Hinblick auf das operative bzw. das strategische Marketing.*

2 Das Dienstleistungsangebot gestalten

■ *Einstiegssituation*

Die Ergebnisse der Marktforschung, die Marketingleiterin **Erika Wurz** gemeinsam mit Thomas, der im dritten Ausbildungsjahr in der Marketingabteilung eingesetzt ist, für die Sitzung der Geschäftsleitung zusammengetragen hat, sind eindeutig:

„Auch wenn wir lange Zeit sehr gut von unserer exklusiven Tätigkeit für unsere Muttergesellschaft gelebt haben, belegen die Daten ganz klar, dass dieses Geschäftsmodell nicht mehr ausschließlich trägt. Der Trend geht dahin, dass die Nutzer der Hard- und Software von Dialogfix immer mehr Informationen über das Internet abrufen. Dies reduziert natürlich auch die Zahl der Servicegespräche. Wenn wir kein Personal abbauen wollen, führt kein Weg daran vorbei, dass wir unsere hochwertigen Dienstleistungen auch für andere Auftraggeber auf dem Markt anbieten."

Olaf Schäfer vom Kundenservice ist immer noch nicht so ganz überzeugt: *„Und wie soll das funktionieren? Unser Support war doch bislang ganz auf Dialogfix zugeschnitten. Das können wir doch nicht so einfach auf andere Unternehmen übertragen. Und ob wir dafür überhaupt einen Auftraggeber finden, scheint mir auch sehr fraglich zu sein."*

„Nicht so pessimistisch, Olaf", entgegnet **Erika Wurz**, *„ich habe zusammen mit Thomas bereits eine Analyse von unseren bisherigen Dienstleistungen gemacht und einige Ideen entwickelt, wie wir diese auf externe Auftraggeber anpassen können. Und zwar so, dass bei dem Angebot keiner ‚Nein' sagen kann ..."*

■ *Arbeitsaufträge*

1. ***Stellen Sie in der Klasse unterschiedliche Geschäftsfelder und Dienstleistungen Ihrer Ausbildungsbetriebe zusammen und beurteilen Sie deren jeweilige Stellung im Markt.***
2. ***Diskutieren Sie, welche Möglichkeiten ein Unternehmen hat, sein Dienstleistungsangebot zu verändern. Beziehen Sie dabei auch Beispiele aus Ihren Ausbildungsbetrieben mit ein.***
3. ***Durch welche Merkmale könnte sich eine Dienstleistung im Callcenter auszeichnen, damit sie als „einzigartig" empfunden wird?***

Innerhalb des Marketings beschäftigt sich die **Produktpolitik** mit der Frage, wie ein Unternehmen sein **Leistungsangebot** marktgerecht gestalten kann. Produkte in diesem Sinne können z.B. Sachgüter, Dienstleistungen oder ganze strategische Geschäftseinheiten sein.

Im Mittelpunkt steht dabei das Ziel, einen optimalen Kundennutzen zu erreichen und die Kundenerwartungen zu erfüllen. Die Produktpolitik wird auch als das „Herz des Marketings" bezeichnet, von dem alle anderen Marketinginstrumente abhängen.

2.1 Das bestehende Dienstleistungsangebot analysieren

2.1.1 Produktlebenszyklus mit Fünf-Phasen-Modell

Um das bestehende Produktangebot zu analysieren und Entscheidungen über die zukünftige Produktpolitik vorzubereiten, wird häufig das Modell des **Produktlebenszyklus** („Product Life Cycle") herangezogen. Dieses Modell basiert auf der Annahme, dass jedes Produkt eine gewisse **Lebensdauer** hat. Lebensdauer meint dabei die Zeitspanne zwischen Markteinführung und Marktausscheiden des Produkts.

Für die begrenzte und unterschiedliche Lebensdauer jedes Produkts können verschiedene Auslöser verantwortlich sein:

- technischer Fortschritt

  Beispiel

  Die zunehmende Verbreitung des Onlinebankings macht die Dienstleistung „telefonische Kontostandsabfrage" langfristig überflüssig.

- politische oder gesellschaftliche Entwicklungen

  Beispiel

  Veränderte rechtliche Rahmenbedingungen (z.B. Datenschutz) machen bestimmte Leistungen unmöglich.

- Trends

  Beispiel

  Modeartikel werden nur für kurze Zeit nachgefragt.

Die Lebensdauer eines Produkts wird meist in **fünf charakteristische Phasen** unterteilt. Betrachtet wird insbesondere, wie sich innerhalb der Lebensdauer **Gewinn und Umsatz** entwickeln. Dabei handelt es sich um eine idealtypische Entwicklung, die nicht immer bzw. in vollem Umfang durchlaufen werden muss.

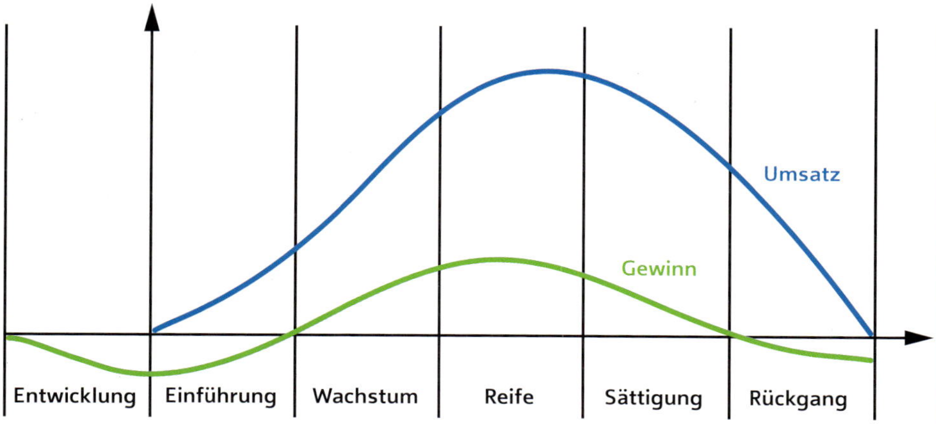

Umsatz	steigt	steigt	steigt schwach	leicht rückläufig	stark rückläufig
Gewinn	negativ	steigt	steigt schwach	stark rückläufig	negativ

Abb.: Phasen im Produktlebenszyklus

1. Einführungsphase

Die Einführungsphase beginnt mit dem Eintritt des Produkts in den Markt. Davor steht in der Regel noch die Zeit der Produktentwicklung bzw. -gestaltung. Um einen Durchbruch auf dem Markt zu schaffen, wird diese Phase meist mit dem umfangreichen Einsatz kommunikationspolitischer Instrumente (z. B. Werbung, Verkaufsförderung etc.) begleitet. Weil das Produkt noch weitgehend unbekannt ist, sind die Umsätze gering, Gewinne kaum vorhanden bzw. es treten sogar Verluste auf, da hohe Einführungskosten anfallen. Die Preisgestaltung hängt z. B. von der Marktsituation ab oder davon, wie neuartig das Produkt ist. 13 | 3.3.1

2. Wachstumsphase

In dieser Phase ist ein starkes Umsatzwachstum zu beobachten. Die Gewinnschwelle wird nun erreicht. Das Produkt ist im Markt bekannt und akzeptiert, es gelingt zudem, neue Käuferschichten anzusprechen. Handelt es sich um ein neuartiges Produkt, können erste Mitbewerber bzw. Nachahmer auftreten.

3. Reifephase

Umsatz und Gewinn steigen nur noch wenig an und erreichen den Höhepunkt, das Wachstum kommt zum Stillstand. Die zunehmende Konkurrenz drückt auf die Preise. Durch kommunikationspolitische Maßnahmen oder leichte Veränderungen am Produkt wird versucht, diese noch profitable Phase möglichst lange zu erhalten.

4. Sättigungsphase
Der Markt ist gesättigt, da sich mittlerweile viele Anbieter auf dem Markt befinden, die aber auf eine zurückgehende Nachfrage treffen, da das Produkt vielfach nicht mehr als zeitgemäß empfunden wird. Das Umsatzmaximum ist überschritten. Auch die Gewinne gehen zurück, bis zum Ende der Sättigungsphase die Verlustzone erreicht wird.

5. Rückgangsphase
Das Produkt hat sich zu einem Verlustbringer entwickelt, auch die Umsätze des mittlerweile als völlig veraltet empfundenen Produkts gehen drastisch zurück. Selbst Preissenkungen können das Produkt nicht mehr retten. Über kurz oder lang erfolgt ein Ausscheiden aus dem Markt, oder man versucht, mit einem „Wiederbeleben“ (Relaunch) das Produkt neu zu positionieren.

In der Praxis ist zu beobachten, dass die **Länge von Produktlebenszyklen** sehr stark variiert. Neben extremen Langläufern („Klassiker“) finden sich auch absolut kurzlebige Produkte („Modeartikel“). Tendenziell ist jedoch zu beobachten, dass Produktlebenszyklen insgesamt kürzer werden. Unternehmen müssen also immer schneller mit neuen Produkten und Angeboten reagieren. Auch die Intensität und die Dauer der einzelnen Phasen können im Einzelfall stark variieren.

Bezogen auf die Dialogmarketingbranche lässt sich festhalten, dass das Produktlebenszyklusmodell hilft, das Dienstleistungsangebot im Hinblick auf die Chancen am Markt zu verbessern. Zudem erleichtert es die Planung der einzelnen Marketinginstrumente in den unterschiedlichen Phasen.

Beispiel

Die Dialogfix GmbH hat analysiert, dass sich ihr bisheriges Hauptgeschäftsfeld in der Sättigungsphase befindet. Dies nimmt sie zum Anlass, die Einführung eines neuen Dienstleistungsangebots zu planen.

2.1.2 Portfolio-Analyse mit Vier-Felder-Matrix

Eine Weiterentwicklung des Produktlebenszyklusmodells stellt die **Portfolio-Analyse** dar. Als Portfolio eines Unternehmens werden die einzelnen Produkte bzw. Produktgruppen oder auch ganze strategische Geschäftseinheiten bezeichnet.

Anhand der Kriterien **Marktwachstum** und **relativer Marktanteil** erfolgt eine Positionierung in einer anschaulichen **Vier-Felder-Matrix**. Der relative Marktanteil entspricht dabei dem Marktanteil des eigenen Unternehmens im Verhältnis zum größten Konkurrenten. Für jedes der vier Felder ist zudem eine **Normstrategie** im Sinne einer Handlungsempfehlung vorgesehen.

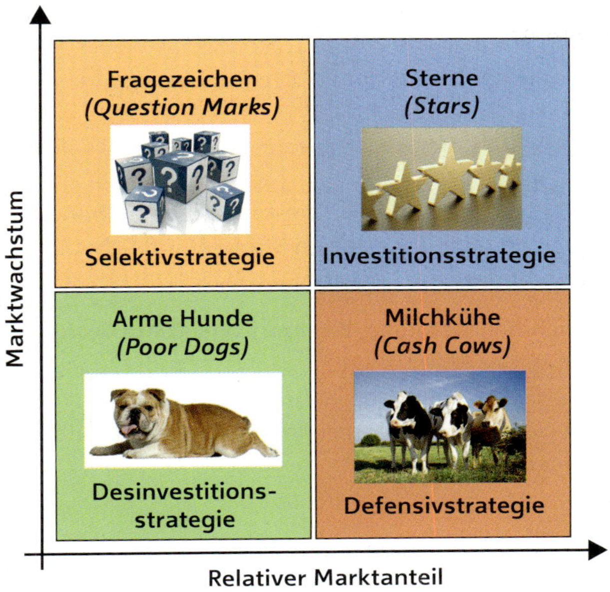

Abb.: Portfolio-Matrix

Die typischen Merkmale der vier Felder in der Portfolio-Matrix und die daraus abgeleiteten Strategien gestalten sich im Einzelnen wie folgt:

- **Feld 1: Fragezeichen (Question Marks):** Dabei handelt es sich um Nachwuchsprodukte, die in der **Einführungsphase** stehen. Der relative Marktanteil ist zwar noch klein, aber die Wachstumschancen sind sehr gut. Betreuungsbedarf und erforderliche finanzielle Aufwendungen sind hoch, um eine Weiterentwicklung zum Stern zu schaffen. Gelingt dies nicht, droht der direkte Weg zum Marktrückzug.
  → **Selektivstrategie:** Fragezeichen wenn möglich offensiv zum Stern weiterentwickeln oder bei einzelnen Fragezeichen notfalls Marktrückzug einleiten.
- **Feld 2: Sterne (Stars):** In der **Wachstumsphase** ist es in einem stark wachsenden Markt gelungen, den relativen Marktanteil deutlich zu steigern. Mit dem Starprodukt können nun stattliche Gewinne erwirtschaftet werden. Da der Markt weiter wächst, sind nach wie vor intensive unternehmerische und finanzielle Aktivitäten notwendig, um das Produkt auf dem Erfolgspfad zu halten.
  → **Investitionsstrategie:** Das Wachstum durch Investitionen verstärken und zum Ertragsbringer weiterentwickeln.
- **Feld 3: Milchkühe (Cash Cows):** Diese **Reife- bzw. Sättigungsphase** zeichnet sich durch eine gute Marktposition in einem stagnierenden bzw. schrumpfenden Markt aus. Eine Weiterentwicklung findet nicht mehr statt, dies spart erhebliche Kosten ein. Es können daher reichlich Gewinne abgeschöpft („gemolken“) werden.
  → **Defensivstrategie:** Die erreichte Position möglichst lange halten und alle Gewinne mitnehmen.

- **Feld 4: Arme Hunde (Poor Dogs):** Die Verlustbringer und Problemprodukte des Unternehmens haben in einem kaum wachsenden oder sogar schrumpfenden Markt nur einen geringen Marktanteil. Die **Rückgangsphase** am Ende des Produktlebenszyklus wird eingeleitet.
  → **Desinvestitionsstrategie:** Rückzug vom Markt, Produkt eliminieren

Zusammenfassend betrachtet werden in dieser Matrix die **Chancen und Risiken des Marktes** (Marktwachstum) mit den eigenen **Stärken und Schwächen des Unternehmens** (Marktanteil) kombiniert.

Die von der Unternehmensberatung **Boston Consulting Group (BCG)** entwickelte **Portfolio-Matrix** gilt mittlerweile als Standard in der Produktpolitik. Auf einfache Weise wird es dem Unternehmen möglich, auf Basis der aktuellen Positionierung seiner Produkte und strategischen Geschäftseinheiten Strategien zu entwerfen und seine Angebotspalette weiterzuentwickeln.

Beispiel

Dialogfix positioniert die neue strategische Geschäftseinheit „Externer Dienstleister für den technischen Support" als „Fragezeichen". In einem umkämpften Wachstumsmarkt müssen für das neue Produkt zunächst Marktanteile gewonnen werden. Eine angestrebte erfolgreiche Entwicklung zum „Stern" macht hohe Einsätze erforderlich. Sollte der Markt das Angebot nicht annehmen, droht ein baldiger Rückzug.

2.2 Dienstleistungsangebot optimieren

2.2.1 Anpassungsmöglichkeiten

Ergebnisse der Marktforschung und/oder eine Analyse des bestehenden Dienstleistungsangebots können zu dem Schluss führen, dass Anpassungen vorgenommen werden müssen, um einzelne Angebote oder das ganze Portfolio zu optimieren. Im Rahmen der Produktpolitik eines Unternehmens sind dabei folgende Maßnahmen denkbar:

Innovation	Eine völlig **neu entwickelte** Dienstleistung, die bisher so auf dem Markt nicht verfügbar ist, wird in das Angebot aufgenommen. **Beispiel** Zukünftig kann der technische Support optional als Videokonferenz durchgeführt werden.
Variation	Verschiedene Elemente einer bereits bestehenden Dienstleistung werden **verändert**, ohne dass dies den Charakter einer Neuentwicklung (Innovation) hat. Meist wird damit geänderten Kundenerwartungen Rechnung getragen. **Beispiel** Die Servicezeiten beim technischen Support werden von 08:00 Uhr bis 20:00 Uhr auf einen 24-Stunden-Service ausgedehnt.

Differenzierung	Das bereits bestehende Dienstleistungsangebot wird **vertieft** und in unterschiedlichen Ausstattungen, Abstufungen oder in verschiedenen Kombinationen angeboten. Einzelnen Kundengruppen kann damit ein auf ihre Erwartungshaltung ausdifferenziertes Angebot gemacht werden. **Beispiel** Zum Grundpaket technischer Support können noch Zusatzpakete wie Bestellannahme, Beschwerdemanagement etc. dazugebucht werden.
Diversifikation	Das Dienstleistungsangebot wird um zusätzliche, das bisherige Angebot sinnvoll ergänzende Dienstleistungen **erweitert**. Durch die Verbreiterung des Angebots kann besser auf Kundenwünsche reagiert werden. **Beispiel** Eine neue zusätzliche Dienstleistung wird angeboten, die es ermöglicht, nach einem erfolgten Kundengespräch auch die nachfolgende schriftliche Korrespondenz zu übernehmen (Letter Shop).
Elimination	Bisher angebotene Dienstleistungen werden **aufgegeben**. **Beispiel** Das Angebot des Letter Shops wurde nicht angenommen. Nach der dreimonatigen Testphase wird diese Dienstleistung gestrichen.

2.2.2 Ideen ausarbeiten

Entscheidungen über Veränderungen im Dienstleistungsangebot werden meist nicht spontan getroffen, sondern sind Ergebnis eines mehrstufigen Entwicklungsprozesses. Gearbeitet wird dabei meist mit einem **Phasenmodell**, welches je nach Art der geplanten Veränderung verschiedene Abstufungen beinhalten kann. Am Beispiel einer Produktinnovation zeigen sich folgende Phasen:

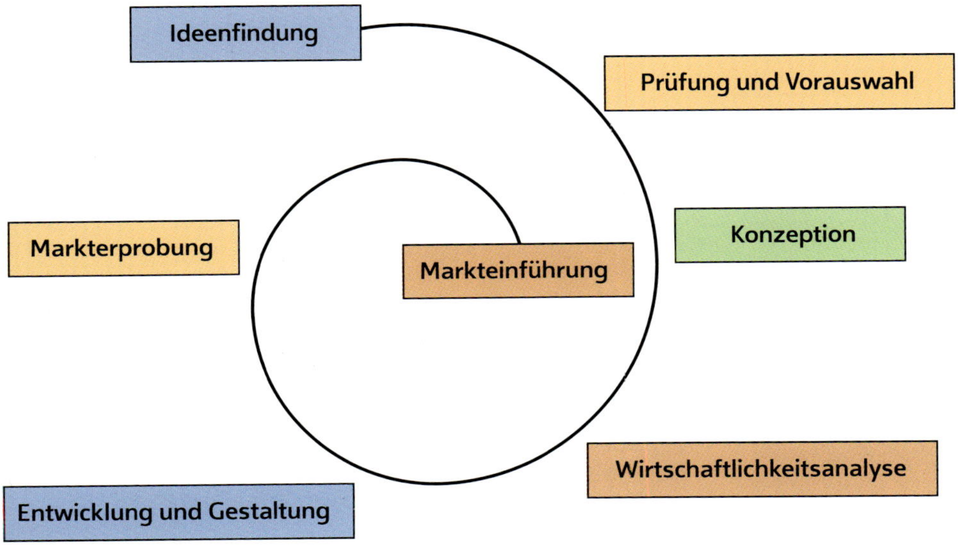

Phase	Entwicklungsschritt
1. **Ideenfindung**	Zur Ideenfindung können zahlreiche unterschiedliche Quellen herangezogen werden: **Betriebsexterne Ideenquellen** • Kundenbefragung • Messen und Ausstellungen • Marktforschung (Primärforschung, Sekundärforschung externer Quellen) • Unternehmensvergleich (Benchmarking) • Trendforschung **Betriebsinterne Ideenquellen** • Mitarbeiterbefragung • betriebliches Vorschlagswesen • Führungskräfte • Marktforschung (insbesondere Sekundärforschung interner Quellen) 1|5.4 Bei der betriebsinternen Ideenfindung werden häufig kreativitätsfördernde Methoden wie z. B. Brainstorming oder die 635-Methode eingesetzt. **Beispiel** Dialogfix hat aus den Ergebnissen der Marktforschung bei kleinen und mittelständischen IT-Unternehmen Ideen für neue Dienstleistungsangebote gewonnen.
2. **Prüfung und Vorauswahl**	Stand bei der Ideenfindung die Quantität im Vordergrund, muss nun eine **qualitative Auswahl** getroffen werden, um zu entscheiden, welche Ideen weiterverfolgt und weiterentwickelt werden sollen. Dieses Verfahren wird auch als **Ideen-Screening** bezeichnet. Die Grobauswahl erfolgt in der Praxis häufig anhand einer **Checkliste**, mit der grundsätzliche Fragestellungen abgeprüft werden können (z. B. möglicher Kundennutzen, Finanzierbarkeit, Risiken etc.). Eine weitere Analyse der vorselektierten Ideen erfolgt mit **Bewertungsverfahren**, bei denen einzelne Entscheidungskriterien je nach Bedeutung unterschiedlich gewichtet werden können (sogenannte „Scoring-Modelle"). Diese Vorgehensweise ist vergleichbar mit den aus der Entscheidungs- 1|1.1.2 findung bekannten Verfahren des gewichteten PMI oder der Entscheidungsmatrix. **Beispiel** Bei der Bewertung der gefundenen Ideen mittels eines Scoring-Bogens erzielt der Vorschlag, als externer Dienstleister aufzutreten, die höchste Punktzahl.
3. **Konzeption**	Die ausgewählten Ideen müssen nun weiterverfolgt werden. Dazu ist zunächst ein Konzept zu erstellen. Dieses **Konzept** beinhaltet sowohl die Ausarbeitung von einzelnen **Produktmerkmalen** als auch ein erstes **Marketingkonzept**. Häufig stellt sich dabei heraus, dass sich aus der ursprünglichen Idee mehrere unterschiedliche Konzepte entwickeln lassen. So kann es durchaus sinnvoll sein, zunächst einige Konzepte parallel zu verfolgen und zu testen, bevor eine endgültige Entwicklungsentscheidung getroffen wird. Bei der vorläufigen Marketingkonzeption wird insbesondere überlegt, welche Positionierung im Markt angestrebt wird und wie diese zu erreichen ist. **Beispiel** Aus der Idee von Dialogfix, künftig auch als externer Dienstleister aufzutreten, werden unterschiedliche Konzepte entwickelt, die sich u. a. in der angesprochenen Zielgruppe, dem Angebotsumfang und der Preisstrategie unterscheiden.

4. Wirtschaftlichkeitsanalyse

Sind die Konzepte hinreichend konkretisiert, kann eine Einschätzung der zu erwartenden **Kosten** und des voraussichtlichen **Gewinns** erfolgen.
Im Vordergrund stehen dabei Überlegungen, wie hoch die Absatzmenge sein muss, damit die anfallenden Kosten gedeckt werden können.
Darüber hinaus müssen verschiedene **Marktgrößen** (Markt- und Absatzpotenzial bzw. Markt- und Absatzvolumen) ermittelt werden. In der Praxis stehen diverse **Verfahren zur Wirtschaftlichkeitsberechnung** zur Verfügung, wie z. B. die Break-even-Analyse oder die Rentabilitätsrechnung. 13 | 1.1 9 | 1.1.1

Beispiel
Dialogfix führt bei den insgesamt drei ausgearbeiteten Konzepten eine Rentabilitätsrechnung durch.

5. Entwicklung und Gestaltung

Wurden die bisherigen Auswahl- und Bewertungsverfahren bestanden, kann in die eigentliche Entwicklungsphase übergegangen werden. Abhängig von der Art des Produkts (Sachgut, Dienstleistung etc.) kann diese Phase sehr unterschiedlich ausfallen:

- technische und qualitative Merkmale
- Garantien und Leistungsversprechen
- Preis und Preisbestandteile
- Design und Logo
- Einsatzbereiche können hierbei von Bedeutung sein.

Zur Unterscheidung und Abgrenzung von anderen Angeboten kann auch eine Namensgebung sinnvoll sein, die zudem werbewirksam eingesetzt werden kann. 13 | 4.1

Beispiel
Unter der Bezeichnung „TechSupport4SmallCaps" bietet Dialogfix ein individuell zugeschnittenes Dienstleistungsangebot für kleine IT-Unternehmen an, bei denen der Aufbau eines eigenen Callcenters nicht lohnenswert ist. Als qualitätsorientierter Dienstleister positioniert sich Dialogfix im hochpreisigen Premium-Segment.

6. Markterprobung

Vor allem bei Konsumgütern erfolgen vor der Markteinführung Markterprobungen oder Produkttests. Dies kann z. B. auf einem **Testmarkt** oder bei ausgewählten Versuchspersonen erfolgen.
Im Dienstleistungsbereich ist z. B. denkbar, dass der komplette Umfang des Dienstleistungsangebots bei einem **Testkunden** durchgespielt wird.
Die Erprobung ermöglicht es, noch im letzten Moment Fehler, Probleme und andere Unzulänglichkeiten zu entdecken und zu beheben.

Beispiel
Bevor Dialogfix das neue Dienstleistungsangebot am Markt einführt, erfolgt ein umfangreicher Testlauf bei einem Kunden. Die dabei entdeckten Probleme bei der Systemvernetzung können somit noch vor Markteinführung behoben werden.

7. Markteinführung

In der letzten Phase folgt die endgültige Einführung in den Markt. Um einen reibungslosen **Markteintritt** zu gewährleisten, wird meist mit einem **Einführungsplan** gearbeitet, in dem alle notwendigen Tätigkeiten, Vorgänge und beteiligten Personen zeitlich miteinander verknüpft werden.
Üblicherweise kommt hier z. B. ein **Balkenplan** oder ein **Netzplan** zum Einsatz. Weitere wichtige Entscheidungen betreffen die in dieser Phase gewählten Mittel der Kommunikationspolitik. 9 | 1.1.5

Beispiel
Die Markteinführung der neuen Dienstleistung „TechSupport4SmallCaps" wird von Dialogfix mit einem komplexen Einführungsplan vorbereitet. Eine Mailingaktion an potenzielle Kunden und eine Anzeigenkampagne in der einschlägigen Fachpresse begleiten die Markteinführung.

Praxistipp
Ein solches Phasenmodell kann nicht nur bei Innovationen, sondern grundsätzlich für alle Veränderungen am Dienstleistungsangebot genutzt werden.

2.3 Dienstleistungen anbieten und Verkaufsargumente entwickeln

Bei der Vermarktung von Dienstleistungen stellt sich aus der Perspektive des Unternehmens die entscheidende Frage:

„Was will der Kunde?"

Auf der anderen Seite stellen sich (potenzielle) Kunden und Auftraggeber die Frage:

„Welchen Nutzen habe ich?"

Wenn dem Unternehmen bekannt ist, welche Wünsche der Kunde hat, gilt es, die Frage zu beantworten, warum er das Produkt oder die Dienstleistung hier und nicht bei anderen Wettbewerbern kaufen soll. Präsentiert ein Unternehmen seine Angebotspalette, muss der spezielle **Kundennutzen** erkennbar sein, der es dem Unternehmen ermöglicht, das eigene Angebot für den Kunden im Vergleich zu Wettbewerbern hervorzuheben. Dazu ist es erforderlich, **Vorteile**, im Idealfall sogar **Alleinstellungsmerkmale** (s. u.) zu bieten.

Diese Überlegungen sind insbesondere dann von zentraler Bedeutung, wenn es viele Wettbewerber mit ähnlichen Angeboten gibt oder ein Anbieter neu auf den Markt
13 | 1.3.3 kommt. Auch die speziellen **Eigenschaften von Dienstleistungen**, die beim Käufer ein erhöhtes Kaufrisiko und eine Kaufverunsicherung auslösen, zwingen die Unternehmen, diesem Aspekt besondere Aufmerksamkeit zu widmen.

Beispiel
Dialogfix tritt als neuer Anbieter in den Markt der externen Callcenter-Dienstleistungen ein, in dem sich bereits viele Mitbewerber tummeln. Bei der Vermarktung der angebotenen Dienstleistungen muss Dialogfix daher Verkaufsargumente finden, die dem Auftraggeber den Nutzen des Angebots verdeutlichen und zudem eine klare Abgrenzung von Angeboten der Wettbewerber schaffen.

2.3.1 Kundennutzen

In der Situation des Wettbewerbs entscheidet sich der Kunde in der Regel für den Anbieter, von dem er den größten Nutzen erwartet.

***Definition***

Als **Kundennutzen** bezeichnet man alle Merkmale und Eigenschaften eines Produkts oder eines Angebots, die die Bedürfnisse und Wünsche des Kunden erfüllen und sich auf dessen Kaufentscheidung auswirken.

Der Kundennutzen muss also **vor der Kaufentscheidung** sichtbar gemacht werden.

→ ***Praxistipp***

Im Gegensatz zum Kundennutzen spielt die **Kundenzufriedenheit** erst nach der Kaufentscheidung die entscheidende Rolle. Insbesondere geht es dabei um die Frage, inwieweit der vom Kunden erwartete Nutzen **tatsächlich** erfüllt wurde.

12|1.2

Der Nutzen eines Produkts oder einer Dienstleistung offenbart sich auf unterschiedlichen Ebenen, die zusammen den gesamten Kundennutzen ausmachen:

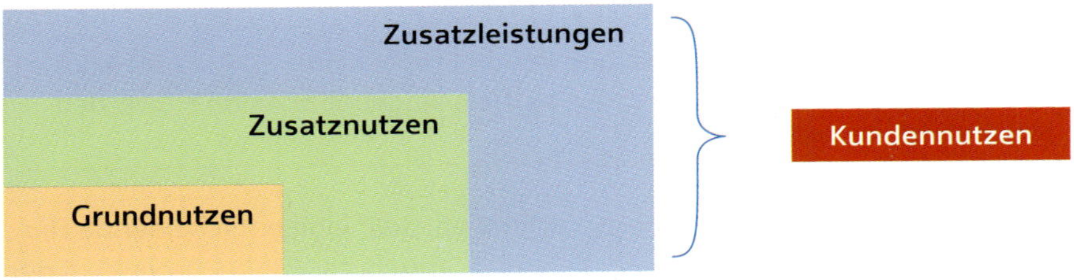

Abb.: Ebenen des Kundennutzens

- **Grundnutzen:** Umfasst die grundlegenden Eigenschaften und typische Leistungsmerkmale, die vom Käufer erwartet werden. Man spricht daher auch vom Produkt- oder Dienstleistungs**kern**.

  Beispiel

  Dialogfix übernimmt bei kleinen und mittelständischen IT-Unternehmen den technischen Support. Grundnutzen ist die Durchführung sämtlicher telefonischer Anfragen mit technischem Hintergrund.

- **Zusatznutzen:** Durch ergänzende Ausstattungsmerkmale werden dem Grundnutzen zusätzliche Nutzenmerkmale hinzugefügt, um die Attraktivität zu steigern und sich von anderen Angeboten abzuheben. Dabei kann es sich auch um Qualitäts- oder Imagemerkmale handeln.

  Beispiel

  Als Qualitätsführer in der Dialogmarketingbranche gibt Dialogfix den Auftraggebern als Zusatznutzen das Leistungsversprechen, die Kundenzufriedenheit im technischen Support nachweislich zu steigern.

- **Zusatzleistungen:** Über das eigentliche Produkt hinaus werden zusätzliche Leistungen angeboten, die das eigentliche Angebot ergänzen oder erweitern und damit insgesamt den Kundennutzen erhöhen. Dabei kann es sich z. B. um Serviceleistungen (begleitende Dienstleistungen), Schulungen oder Beratungen handeln.

  Beispiel

  Dialogfix bietet optional an, den aus dem technischen Support resultierenden Schriftverkehr zu übernehmen (Letter Shop).

2.3.2 Alleinstellungsmerkmale

In Märkten, in denen viele Wettbewerber mit tendenziell austauschbaren Leistungen miteinander konkurrieren, kann es nur durch **einzigartige Merkmale** gelingen, sich von der Masse abzuheben.

> # ***Definition***
>
> Ein **Alleinstellungsmerkmal** (Unique Selling Proposition = USP) bezeichnet eine Leistungskomponente, mit der sich ein Angebot erkennbar von den Mitbewerbern abhebt.

Die Entwicklung von **echten** Alleinstellungsmerkmalen stellt eine entscheidende Herausforderung bei der Gestaltung des Dienstleistungsangebots (Produktpolitik) in der
13 | 1.3.1 Dialogmarketingbranche dar. Häufig können sie aus den Marketingzielen bzw. -strategien des Unternehmens abgeleitet werden. Sie bilden dann eine ideale Basis
13 | 4 für den Einsatz der kommunikationspolitischen Instrumente.

Beispiel

Aus der qualitätsorientierten Strategie leitet Dialogfix das Alleinstellungsmerkmal „Qualitätsführer im Dialogmarketing" ab. Daraus entwickelt sich der Werbeslogan **„TechSupport mit 100 % Qualität – Getestet. Zertifiziert. Garantiert."**.

Folgende Alleinstellungsmerkmale sind bei dialogorientierten Unternehmen denkbar:

- **Qualitätsmerkmale**, die z. B. über Qualitätsmessungen, Qualitätsmanagement-
12 | 2.3 systeme oder branchenübliche Zertifizierungen dokumentiert werden können.

  Beispiel

  Zertifizierung nach DIN EN ISO 9001:2015

- **Testergebnisse**, die durch eine objektive Prüfung besondere Leistungen dokumentieren.

  Beispiel

  In einer Fachzeitschrift wurde bei einem Test von technischen Hotlines lediglich Dialogfix als Testsieger mit „sehr gut" bewertet.

- **Servicemerkmale**, zusätzliche begleitende Leistungen wie z. B. zeitlich flexibel abrufbare Leistungserbringung, mehrsprachige Agents, kostenloser „Callcenter-Probetag".

  Beispiel

  Ohne Mehrkosten bietet Dialogfix an, eingehende Supportanfragen in acht europäischen Sprachen abzuwickeln.

- **Preismerkmale**, je nach gewählter Preisstrategie können hier absolute Preise oder das Preis-Leistungs-Verhältnis Alleinstellungsmerkmale sein.

  Beispiel

  Das preisaggressive Unternehmen „CallDiscount" bewirbt sein Angebot mit dem Slogan „Wir können nur billig!".

- **Mitarbeitermerkmale**, mit denen eine außergewöhnlich hoch qualifizierte Dienstleistung dokumentiert werden soll.

  Beispiel

  Alle Mitarbeiter von Dialogfix, die im technischen Support arbeiten, haben entweder eine Ausbildung im Dialogmarketing abgeschlossen oder mindestens als externe Prüfungsteilnehmer den Abschluss „Servicefachkraft" erworben.

- **Ethische Standards**, die ein besonderes Engagement in gesellschaftspolitischen und sozialen Fragen ausweisen.

  Beispiel

  Neben der Unterzeichnung des „Ehrenkodex für Telefonmarketing" engagiert sich Dialogfix auch für die Wiedereingliederung von älteren Arbeitnehmern sowie Arbeitnehmern mit Handicap in die Arbeitswelt und wurde dafür bereits mehrfach ausgezeichnet.

Betrachtet man den Lebenszyklus eines Dienstleistungsangebots, so zeigt sich, dass die Herausarbeitung von Alleinstellungsmerkmalen, insbesondere in der Einführungs- und Wachstumsphase, bedeutsam ist, um so überhaupt erst einen nachhaltigen Markteintritt zu schaffen. Damit die **Alleinstellungsmerkmale als Verkaufsargument** wirken können, müssen sie unbedingt vor der Kaufentscheidung präsentiert werden.

Für den **langfristigen Markterfolg** ist darauf zu achten, dass die jeweiligen Leistungsversprechen auch eingehalten werden, da ansonsten der Ruf des Unternehmens rasch unwiederbringlich ruiniert sein kann.

Zusammenfassung

- Der **Produktlebenszyklus** umfasst fünf Phasen:
  Einführungsphase → Wachstumsphase → Reifephase → Sättigungsphase → Rückgangsphase
- Die **Portfolio-Analyse** analysiert die Position von einzelnen Produkten oder strategischen Geschäftseinheiten (SGE) anhand der Kriterien Marktwachstum sowie relativer Marktanteil und leitet daraus Normstrategien ab.

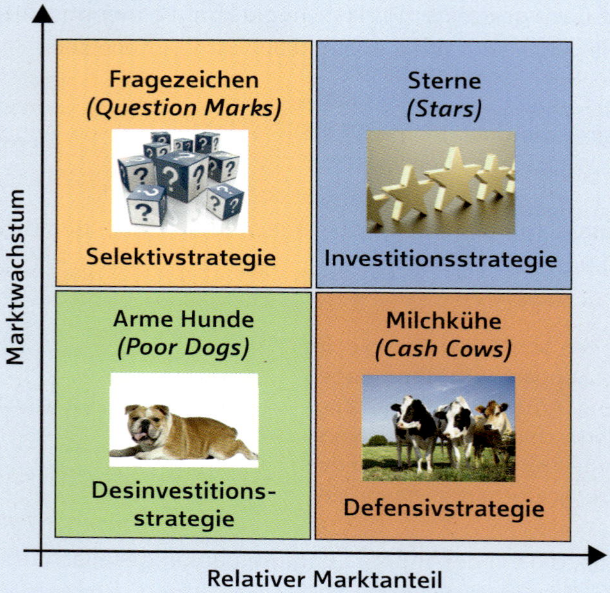

- **Anpassungsmöglichkeiten im Dienstleistungsangebot**
  - **Innovation:** neu entwickeln
  - **Variation:** verändern
  - **Differenzierung:** vertiefen
  - **Diversifikation:** erweitern
  - **Elimination:** aufgeben

- Die **Entwicklung** neuer Produkte oder die Anpassung bestehender Produkte verläuft in mehreren **Phasen**:

  Ideenfindung → Prüfung und Vorauswahl → Konzeption → Wirtschaftlichkeitsanalyse → Entwicklung und Gestaltung → Markterprobung → Markteinführung

- **Grundnutzen** + **Zusatznutzen** + **Zusatzleistungen** → **Kundennutzen**

Aufgaben

1. *Beschreiben Sie die einzelnen Phasen des Produktlebenszyklus. Finden Sie Ursachen, warum in der Praxis die einzelnen Phasen je nach Produkt von unterschiedlicher Dauer sein können.*
2. *Ordnen Sie zu, welche Instrumente aus dem Marketingmix in den einzelnen Phasen von besonderer Bedeutung sind.*
3. *Erläutern Sie die Bedeutung der Portfolio-Analyse für das Marketing.*
4. *Die Dialogfix GmbH möchte ihre Produktpalette den Marktgegebenheiten anpassen. Entscheiden Sie in den nachfolgenden Fällen, ob es sich dabei um eine Innovation, Variation, Differenzierung, Diversifikation oder Elimination handelt:*
   a) Beim Kauf eines Laserdruckers kann zukünftig eine Diebstahlversicherung abgeschlossen werden.
   b) Die aus der Mode gekommenen Nadeldrucker sollen zukünftig nicht mehr angeboten werden.
   c) Der Drucker xi 744 ist zukünftig auch in den Farben Blau und Ocker erhältlich.
   d) Beim Laptop „IndividualFixTop" kann der Kunde die einzelnen Komponenten (z. B. Festplatte, Grafikkarte) individuell zusammenstellen lassen.
   e) Dialogfix entwickelt einen solarbetriebenen Laptop.
5. *Ihr Ausbildungsbetrieb plant eine Veränderung seines Produktangebots. Stellen Sie die notwendigen Entwicklungsschritte – von der Ideenfindung bis zur Markteinführung – in einer Mindmap dar.*
6. *Erstellen Sie eine Checkliste zur Prüfung und Vorauswahl der gefundenen Produktideen.*
7. *Erläutern Sie bei den nachfolgenden Produkten jeweils den Grundnutzen, einen Zusatznutzen und eine mögliche Zusatzleistung:*
   a) Pkw-Haftpflichtversicherung
   b) Kreditkarte
   c) Handy-Laufzeitvertrag
8. *Was versteht man unter einem Alleinstellungsmerkmal (USP)? Sammeln und vergleichen Sie in der Klasse mögliche Alleinstellungsmerkmale aus Ihren Ausbildungsbetrieben.*
9. *Erarbeiten Sie anhand des nachstehenden Artikels aus einem Mode-Blog die Bedeutung von Alleinstellungsmerkmalen im Marketing:*

Bestseller-Marke Noisy May präsentiert ihre erste Jeans mit lebenslanger Garantie. Das dänische Label verpflichtet sich – sollte ihre R.A.R.E.-Jeans jemals kaputt gehen – diese zu reparieren, zu ersetzen oder den Kaufbetrag zu erstatten.

Wie der Name schon sagt, sind R.A.R.E.-Jeans (ein Acronym für „Remarkably Advanced Responsible Essentials") einzigartig und werden von Noisy May nur in einer limitierten Anzahl produziert. Die exklusiven 300 Stück sind einzeln nummeriert und von der Marke zertifiziert. [...]

Quelle: Preuss, Simone: Denim-Marke Noisy May bietet Jeans mit lebenslanger Garantie. In: www.fashionunited.de. Veröffentlicht am 26.07.2021 unter: https://fashionunited.de/nachrichten/mode/denim-marke-noisy-may-bietet-jeans-mit-lebenslanger-garantie/2021072642038 [05.10.2021].

3 Angebote erstellen und Verträge abschließen

■ *Einstiegssituation*

Am Tag nach der Sitzung der Geschäftsleitung erhält Finanzchefin Beate Schwellmann eine E-Mail:

> Guten Tag Frau Schwellmann,
>
> nachdem wir in der letzten Sitzung das Produktpaket für unser neues Angebot als externer Dienstleister geschnürt haben, soll im nächsten Meeting die Preisgestaltung unseres Angebots im Mittelpunkt stehen. Bitte stellen Sie bis dahin die relevanten Daten zusammen.
>
> Freundliche Grüße,
>
> R. Kruse, Geschäftsführer

„Lustig, unser Herr Kruse ...“, grummelt **Beate Schwellmann** vor sich hin, *„der hat doch keine Ahnung vom Markt! Ein paar Zahlen zusammenzurechnen reicht da sicher nicht, sonst werden wir ganz schnell auch wieder vom Markt verschwinden.“*

■ *Arbeitsaufträge*

1. ***Beurteilen Sie die Preissituation auf dem Markt der Callcenter-Dienstleistungen.***
2. ***Welche Kriterien sollten bei der Preisbildung für solche Dienstleistungen berücksichtigt werden?***
3. ***Welche Inhalte sollten über den Preis hinaus noch in einem Vertrag über Callcenter-Dienstleistungen geregelt werden?***

3.1 Preise für Angebote festlegen

Innerhalb des Marketingmixes beschäftigt sich die **Preispolitik** damit, für die angebotenen Leistungen **Preise festzulegen** und diese im Markt **durchzusetzen**. Ebenso müssen neben dem eigentlichen Preis die weiteren Bedingungen (Konditionen) zwischen Anbieter und Nachfrager vertraglich festgelegt werden (z. B. Rabatte, Zahlungsziele etc.). Daher spricht man in diesem Zusammenhang auch von **Preis- und Konditionenpolitik**.

In der Dialogmarketingbranche, wie auch in vielen anderen Wirtschaftszweigen, hat die Bedeutung des Preises zugenommen, teilweise wird sogar von einem **Preisdruck** gesprochen. Für diese Entwicklung können viele Ursachen angeführt werden, z. B.:

- **Wachsender Verdrängungswettbewerb:** Eine Vielzahl von Anbietern drängt mit häufig ähnlichen Angeboten auf einen gesättigten Markt. Bei nahezu identischen Leistungen findet der Verdrängungswettbewerb bevorzugt über den Preis statt.
- **Globalisierter Wettbewerb:** Wettbewerber aus Niedriglohnländern drängen auf den Markt und können sich vor allem in solchen Bereichen gute Chancen ausrechnen, in denen der Anteil der Personalkosten relativ hoch ist.
- **Einkommenssituation der Endverbraucher:** Endverbraucher sind zunehmend preissensibel und neigen dazu, das günstigste Angebot auszuwählen. Anbieter müssen durch niedrige Preise auf diesen Trend reagieren, der zusätzlich noch durch stagnierende oder gar sinkende Realeinkommen der Verbraucher verstärkt wird.
- **Preistransparenz:** Technische Möglichkeiten (z. B. Internet, Telekommunikation) erleichtern es, Angebote und Preise zu vergleichen. Überhöhte oder nicht marktkonforme Preise können nur noch schwer durchgesetzt werden.

Preisdruck bei Call Center-Dienstleistungen steigt weiter

Der aktuelle „Preis- und Qualitätsbenchmark für Contact Center" von CCBenchmarks e. V. (CCB) ist erschienen. Eine der Erkenntnisse: Beim Einkauf von Call Center-Dienstleistungen kommt es nicht nur auf den Preis, sondern vielmehr auf ein schlüssiges Gesamtkonzept des Anbieters an. Ziel des seit 2008 erhobenen Index ist, der Branche einen objektiven und transparenten Vergleich der eigenen Preise und entsprechenden Qualitätsanforderungen zu liefern. Entwicklungen und aktuelle Trends sollen so im Vorfeld erkennbar werden. Bei der Auswertung der aktuellen Zahlen muss ein Fazit eindeutig lauten: Die letztjährigen Preistrends setzen sich 2011 – wenn auch abgemildert – weiter fort. So hat sich aus Sicht von CCB eine wichtige und so nicht erwartete Aussage aus 2010 bestätigt. Nämlich, dass es beim Einkauf von Contact Center-Dienstleistungen nicht nur auf den Preis ankommt, sondern vielmehr auf ein schlüssiges Gesamtkonzept des Anbieters. [...] Das Einkaufsvolumen der befragten Unternehmen für Telefondienstleistungen bei Privatkunden reicht von weniger als einer Million bis deutlich über zehn Millionen Euro im Jahr – je nach Unternehmensgröße. Interessant hierbei: Mehr als die Hälfte der Unternehmen und damit zehn Prozent mehr als in der letzten Befragung, geben weniger als eine Million Euro pro Jahr für die Privatkundenbetreuung aus. Dieser Trend war in der letzten Befragung bereits deutlich zu erkennen. Von 38 Prozent in der 2010er Erhebung ist der Anteil der Verträge bis eine Million Euro in der letzten Studie 2011 bereits auf 57 Prozent gestiegen. [...]

Quelle: Jünger, Alexander: Studie: Preisdruck bei Call Center-Dienstleistungen steigt weiter. In: www.callcenterprofi.de. Veröffentlicht am 27.11.2012 unter: www.callcenterprofi.de/branchennews/detailseite/studie-preisdruck-bei-call-center-dienstleistungen-steigt-weiter-20123713/ [05.10.2021].

3.1.1 Methoden der Preisbildung

Um für ein Dienstleistungsangebot einen Preis festzulegen, kommen verschiedene Methoden in Betracht:

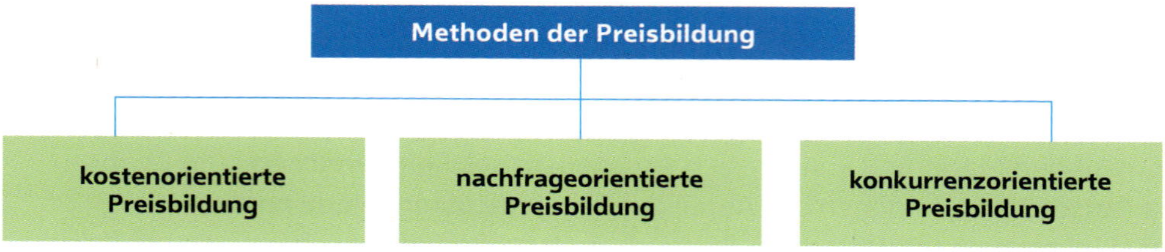

Kostenorientierte Preisbildung

Die Ermittlung des Preises basiert auf den Daten der Kostenrechnung. Bei dieser als **Preiskalkulation** bekannten Methode wird mithilfe eines Kalkulationsschemas
7|2.4 (Zuschlagskalkulation) rechnerisch ein Preis ermittelt, der bestimmte Kriterien erfüllen soll. In der betrieblichen Kosten- und Leistungsrechnung (KLR) werden dabei zwei Verfahren unterschieden, die sich in aller Kürze wie folgt darstellen:

Vollkostenrechnung

Sämtliche Kosten des Unternehmens (fixe und variable Stückkosten, z. B. Kosten je Call) müssen durch den Angebotspreis gedeckt sein. Darüber hinaus soll noch ein angemessener **Gewinnzu-**
11|3.1 **schlag** realisiert werden.

Teilkostenrechnung (Deckungsbeitragsrechnung)

Bei der Preisermittlung auf Teilkostenbasis werden nicht die gesamten Kosten betrachtet, sondern zunächst lediglich die variablen Kosten, die im direkten Zusammenhang mit der erbrachten Leistung stehen. Jeder Preis, der über die variablen Kosten hinausgeht, trägt zur Deckung der Fixkosten bzw. zur Erzielung eines Gewinns bei (Deckungsbeitrag).

Kostenorientierte Preisbildung	
Vorteile	**Nachteile**
• Die relevanten Daten stehen über die KLR zur Verfügung. • einfache Anwendung durch ein Kalkulationsschema • Sämtliche Kosten bzw. mindestens die variablen Kosten sind gedeckt.	• Die Wettbewerbssituation wird nicht berücksichtigt. • Für den Nachfrager sind die Kosten des Unternehmens irrelevant. • Gefahr, dass der Gewinnzuschlag zu gering (mögliche Gewinne können nicht abgeschöpft werden) oder zu hoch (Angebot ist nicht marktgängig) ist.

Eine wichtige Bedeutung kommt der kostenorientierten Preisbildung bei der Festlegung von Preisuntergrenzen zu: 11 | 3.5

- Die **langfristige Preisuntergrenze** muss sämtliche variablen und fixen Kosten decken.
- Die **kurzfristige Preisuntergrenze** muss zumindest die variablen Kosten decken und einen positiven Deckungsbeitrag erzielen.

Nachfrageorientierte Preisbildung

Die nachfrageorientierte Preisbildung versucht, die Zahlungsbereitschaft des Kunden am Markt zu ermitteln. Wie viel ein Kunde bereit ist, für eine Dienstleistung zu zahlen, hängt neben der **Marktnachfrage** (starke Nachfrage ermöglicht hohe Preise, schwache Nachfrage zwingt zu niedrigen Preisen) vor allem vom **erwarteten Kundennutzen** ab, also dem Wert, den die Dienstleistung für den Kunden hat: Je höher der vom Kunden empfundene Wert ist, desto höher kann der Preis angesetzt werden. 13 | 2.3.1

Aus der nachfrageorientierten Preisbildung hat sich das Verfahren der **Zielkostenrechnung** (Target Costing) entwickelt, das von der Grundidee eine Umkehrung der kostenorientierten Preisermittlung darstellt. Zunächst wird – z. B. über Methoden der Marktforschung – ermittelt, welchen **Marktpreis** die angebotene Dienstleistung erzielen kann. Es gilt also, die maximale Zahlungsbereitschaft auf Basis des vom Kunden wahrgenommenen Nutzens herauszufinden. Wird von dem marktbedingten Zielverkaufspreis ein angemessener Gewinnzuschlag abgezogen, sind damit die **maximalen Kosten** festgelegt, die nicht überschritten werden dürfen.

	marktbedingter Zielverkaufspreis
–	***Gewinnzuschlag***
=	***marktbedingte maximal erlaubte Kosten***

Dieses Verfahren erzeugt in der Regel einen massiven Druck zur Kostenreduzierung im Unternehmen bzw. bei Zulieferern oder Subunternehmern.

Konkurrenzorientierte Preisbildung

Bei diesem Verfahren stehen nicht die Kosten des Unternehmens im Mittelpunkt der Betrachtung, sondern die Orientierung an den Preisen der Mitbewerber. Häufig wird dabei auf eine eigene Preisbildung zugunsten eines von der Konkurrenz vorgegebenen Leitpreises verzichtet. Der vorgegebene **Wettbewerbspreis** stellt dabei eine Markierung dar, die entweder

- exakt **eingehalten** werden kann (Orientierung am Preisführer oder am branchenüblichen Preis),
- **unterboten** werden kann (Verdrängungswettbewerb, „Billig-Strategie“) oder
- **überboten** werden kann (Premium-Anbieter, „Hochpreisstrategie“).

Die konkurrenzorientierte Preisbildung steht in engem Zusammenhang mit der vom Unternehmen gewählten **Preisstrategie**.

3.1.2 Preisstrategien

Von einer Preisstrategie spricht man, wenn es um die Preisgestaltung des Angebots für einen **längerfristigen Zeitraum** geht. Neben der aktuellen und der zukünftig zu erwartenden Marktsituation spielt dabei die generelle Marketingstrategie des Unternehmens
13|1.3.1 eine entscheidende Rolle. Folgende Preisstrategien lassen sich unterscheiden:

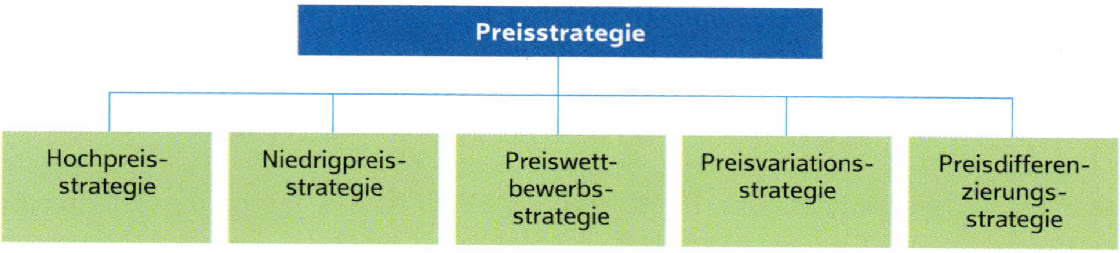

- **Hochpreisstrategie:** Im Vergleich zu den Wettbewerbern wird ein höherer Preis festgelegt, der langfristig gehalten werden soll. Voraussetzung für einen Erfolg
13|2.3.2 dieser Strategie sind herausragende **Alleinstellungsmerkmale** wie z. B. eine besondere Qualität oder ein hervorragendes Image. Die Hochpreisstrategie verleiht dem Angebot eine zusätzliche Exklusivität. Man spricht daher auch von einer **Prämienpreispolitik** oder **Premiumpreispolitik**.

  Beispiel

  Als Qualitätsführer im technischen Support strebt Dialogfix einen Preis pro Call an, der deutlich über dem Marktdurchschnitt liegt. Dies soll einer Positionierung als Premium-Anbieter dienen.

- **Niedrigpreisstrategie:** Der Preis liegt dauerhaft niedriger als bei den Mitbewerbern und wird als vorrangiges Kaufargument kommuniziert. Auslöser dieser auch als **Promotionspreispolitik** bezeichneten Strategie kann z. B. ein Verdrängungswettbewerb, der Markteintritt in einen gesättigten Markt, die angestrebte Auslastung von freien Kapazitäten oder die Schaffung eines Niedrigpreisimages als Alleinstellungsmerkmal sein.

  Beispiel

  Der preisaggressive Anbieter „CallDiscount" hat sich zum Ziel gesetzt, als Callcenter-Dienstleister im Vergleich zu seinen Mitbewerbern immer den günstigsten Preis pro Call anzubieten.

- **Preiswettbewerbsstrategie:** Diese Strategie knüpft an die konkurrenzorientierte Preisbildung an. Im Gegensatz zu selbst festgelegten Hoch- oder Niedrigpreisen erfolgt die Preisfestsetzung langfristig in Anlehnung an bestimmte Marktteilnehmer, z. B. an einzelne Unternehmen oder an den Preisführer. Die Preise werden analog zu den Änderungen der relevanten Marktteilnehmer angepasst.

  Beispiel

  Das kleine Callcenter „MicroCall" richtet seine Preise regelmäßig an den Preisen des Anbieters mit dem höchsten Marktanteil aus.

- **Preisvariationsstrategie:** Statt eines dauerhaft festen Preises wird der Preis in Abhängigkeit vom Zeitablauf (z. B. in Anlehnung an den Produktlebenszyklus) angepasst. Im Einzelnen unterscheidet man dabei folgende Strategien: 13|2.1.1

Abschöpfungsstrategie (Skimmingstrategie)	Ein **hoher Anfangspreis** wird im Laufe der Zeit abgesenkt. Dies ist insbesondere Erfolg versprechend, wenn es sich um eine Neuheit handelt oder wenn das Angebot mit ganz besonderen Vorteilen aufwarten kann. Der Anbieter kann so zunächst hohe Gewinne einfahren, bevor weitere Anbieter auf den Markt drängen und eine Preissenkung droht.	**Beispiel** Laptops mit einem neuen Prozessor werden zunächst zu einem hohen Preis verkauft.
Marktdurchdringungsstrategie (Penetrationsstrategie)	Hier wird ein umgekehrter Ansatz verfolgt: Durch einen **zunächst niedrigen Preis** sollen rasch große Marktanteile und Vorteile im Wettbewerb erzielt werden. Niedrige Preise wirken auf dem Markt sofort anziehend. Sind die Kunden dann einmal gewonnen, lassen sich zu einem späteren Zeitpunkt ggf. auch höhere Preise durchsetzen.	**Beispiel** Alternativ zur bevorzugten Hochpreisstrategie zieht Dialogfix für einige Produkte eine Marktdurchdringungsstrategie in Erwägung. Da das Dienstleistungsangebot durchaus mit anderen Anbietern vergleichbar ist, verspricht man sich davon, in einem gesättigten Markt rasch Marktanteile zu gewinnen.

- **Preisdifferenzierungsstrategie:** Von einer Preisdifferenzierung spricht man, wenn für identische Leistungen bei verschiedenen Kunden oder in verschiedenen Situationen **unterschiedliche Preise** bzw. Konditionen verlangt werden. Mit dieser Strategie wird das Ziel verfolgt, die jeweilige **maximale Zahlungsbereitschaft** der einzelnen Kundengruppen optimal abzuschöpfen. Mögliche Differenzierungskriterien sind:

Räumliche Kriterien	Aufgrund regionaler Gegebenheiten, z. B. unterschiedliche Wirtschaftskraft, werden differenzierte Preise verlangt.	**Beispiel** Für Schulungen im technischen Support verlangt Dialogfix in München höhere Stundensätze als in Chemnitz.
Zeitliche Kriterien	Je nach Zeitpunkt der Inanspruchnahme der Leistungen (Tages- oder Jahreszeit) werden unterschiedliche Preise angeboten.	**Beispiel** Da im Hochsommer die Leistungen von Dialogfix weniger nachgefragt werden als zu anderen Jahreszeiten, bietet das Unternehmen im Rahmen der Aktion „Summer-Call" von Juni bis August günstigere Preise.
Kundenorientierte Kriterien	Für Kunden unterschiedlicher Kategorien (z. B. Stammkunden, Neukunden, Großkunden etc.) werden verschiedene Tarife berechnet.	**Beispiel** Für Neukunden bietet Dialogfix beim ersten Auftrag einen „Einstiegspreis" an.
Mengenorientierte Kriterien	In Abhängigkeit von der abgenommenen Menge sinkt der Preis (Mengenrabatt) oder es werden bestimmte Vergünstigungen (Bonussysteme) angeboten.	**Beispiel** Ab einem bestimmten abgerechneten Callvolumen gewährt Dialogfix einen Rabatt von 5 % auf den ursprünglich vereinbarten Preis pro Call.
Angebotsbündelung	Werden unterschiedliche Leistungen angeboten, kann für die Kombination verschiedener Komponenten ein vergünstigter Paketpreis vereinbart werden.	**Beispiel** Bucht ein Kunde von Dialogfix gleichzeitig zum technischen Support noch Schulungsleistungen, wird die Schulung günstiger abgerechnet als bei einem einzelnen Angebot.

→ ***Praxistipp***
In weiten Teilen ist der Dialogmarketing-Markt durch die Preiswettbewerbsstrategie gekennzeichnet.

3.2 Verhandlungen führen

Vermarktet ein Callcenter seine Dienstleistungen, sind mit dem Auftraggeber neben dem Preis zahlreiche weitere Regelungen zu treffen, durch die sich beide Seiten oft für einen längeren Zeitraum binden und erhebliche finanzielle Verpflichtungen eingehen.

2 | 3 Die **Präsentation**, in der das Unternehmen sein Dienstleistungsangebot vorstellt, beinhaltet dabei häufig bereits erste **Projektkonzepte**, wie der Auftrag bearbeitet werden soll.
9 | 1.1
Bei größeren Projekten oder Aufträgen ist auch eine Ausschreibung üblich, auf die einzelne Callcenter-Dienstleister dann ihre Angebote abgeben können.

Einer abschließenden **vertraglichen Vereinbarung** für ein Dienstleistungsprojekt geht gewöhnlich eine **Verhandlung** über Inhalte und Konditionen voraus.

Das eigentliche Verhandlungsgespräch ist dabei eingebettet in verschiedene vor- und nachbereitende Schritte, die insgesamt die **Verhandlungsführung** ergeben. 13|3.4.1

Verhandlungs-vorbereitung → **Verhandlungsgespräch** → **Verhandlungs-nachbereitung**

Abb.: Schritte der Verhandlungsführung

Verhandlungsvorbereitung

Erfolgreiches Verhandeln erfordert eine sorgfältige Vorbereitung. Zunächst sollten die **Ziele** geklärt werden, die mit der Verhandlung erreicht werden sollen. Erst eine klare und eindeutige Zieldefinition ermöglicht es, während der Verhandlung Kompromisse und Zugeständnisse zu machen und trotzdem einen Erfolg zu erzielen. Die Ziele einer Verhandlung können nach unterschiedlichen Hierarchien eingestuft werden: 10|5.2.5

Idealziele

Sie werden erreicht, wenn die Verhandlung besser als erwartet verläuft und das Unternehmen sein Wunschangebot ohne Abstriche vermarkten kann.

Beispiel
Bei den Verhandlungen mit „WI-Consult“ gelingt es Dialogfix, das sogenannte „Rundum-Sorglos-Paket“ zum im Angebot genannten Preis zu verkaufen. Darin enthalten sind die exklusive Übernahme sämtlicher Callcenter-Dienstleistungen, ein integrierter Letter Shop sowie ein umfangreiches Schulungspaket. Die Vertragslaufzeit beträgt mindestens zwei Jahre und kann vorab nicht gekündigt werden.

Kernziele

Können bei realistischer Betrachtung in der Verhandlung erreicht werden und stellen die Ziele dar, die im Normalfall mindestens erreicht werden sollten.

Beispiel
Dialogfix übernimmt den technischen Support für „WI-Consult“. Über einen Rahmenvertrag können Schulungsleistungen und Letter Shop auf Abruf dazugebucht werden. Auf den ursprünglichen Angebotspreis gewährt Dialogfix 10 % Nachlass. Der Vertrag kann jederzeit mit einer monatlichen Kündigungsfrist aufgelöst werden.

Minimalziele

Diese Ziele müssen mindestens erreicht werden, damit die Verhandlung keinen Misserfolg darstellt. Sie stellen bei einem ungünstigen Verhandlungsverlauf die noch vertretbare Untergrenze dar.

Beispiel
Dialogfix übernimmt nur den technischen Support für „WI-Consult“ ohne weitere Zusatzleistungen. Es muss ein 25 %iger Nachlass auf den Angebotspreis eingeräumt werden. Der Vertrag ist werktäglich kündbar.

Aufbauend auf der Zieldefinition kann die eigentliche Verhandlungsführung vorbereitet werden. Hilfreich ist dabei der Einsatz einer **Checkliste**.

Checkliste zur Verhandlungsvorbereitung

- Welches Ergebnis wird angestrebt?
- Wie sieht der Verhandlungsspielraum aus?
- Was muss mindestens erreicht werden?
- Wann ist die Verhandlung gescheitert?
- Welches Ziel hat der Verhandlungspartner?
- Welchen Verhandlungsspielraum hat der Verhandlungspartner?
- Welche Informationen habe ich über den Verhandlungspartner?
- Wie ist die Beziehung zum Verhandlungspartner?
- Welche Erkenntnisse können aus vorangegangenen Verhandlungen gezogen werden?
- Welche Personen nehmen an der Verhandlung teil?
- Wann findet die Verhandlung statt (Datum, Uhrzeit)?
- Wo findet die Verhandlung statt (eigenes Unternehmen, fremdes Unternehmen, neutraler Ort)?
- Welche Argumente sollen eingebracht werden und in welcher Reihenfolge?
- Welche Gegenargumente könnten auftreten?
- Wo liegen die Stärken und Schwächen des Angebots?
- Welche vertraglichen Vereinbarungen sollen getroffen werden?

Verhandlungsgespräch

Langfristig erfolgreiche Verhandlungen zeichnen sich dadurch aus, dass die Verhandlungsparteien nicht als „Gewinner" und „Verlierer" auseinandergehen. Für eine positiv verlaufende Geschäftsentwicklung ist es unabdingbar, eine **„Win-Win-Situation"** zu schaffen, also ein Ergebnis, mit dem sich alle Parteien identifizieren können und in dem die größtmögliche Schnittmenge an Gemeinsamkeiten erreicht wird.

Erfolge, die einseitig zulasten eines Verhandlungspartners gehen, werden meist nur von kurzer Dauer sein. Daher muss sichergestellt sein, dass sich keine Seite als Verlierer fühlt. Um dies zu erreichen, kann es ratsam sein, dem Verhandlungspartner „Brücken" zu bauen, damit dieser sein Gesicht wahren kann. Kommt sich ein Verhandlungspartner überrumpelt oder übervorteilt vor, lassen die negativen Auswirkungen meist nicht lange auf sich warten (z. B. Rücktritt vom Vertrag, keine Anschlussverträge etc.).

Folgende Schritte zeichnen den typischen Ablauf einer Verhandlung nach:

Kontakte knüpfen	→	Aufmerksamkeit schaffen	→	Vorschläge machen	→	auf Vorschläge reagieren	→	Verhandlung abschließen

- **Kontakte knüpfen**
  In den seltensten Fällen fällt man bei einer Verhandlung „mit der Tür ins Haus“. Meist steht zuvor eine mehr oder weniger lange „Aufwärmphase“ an. In dieser Phase geht es darum, sich besser auf den Verhandlungspartner einzustellen und ihn näher kennenzulernen. Small Talk oder andere „Eisbrecher“ lockern die Atmosphäre auf und schaffen ein positives Gesprächsklima.

- **Aufmerksamkeit schaffen**
  Nun wird langsam auf den eigentlichen Verhandlungsgegenstand hingearbeitet. Dies kann z. B. über eine Präsentation, ein Handout oder auch eine Tagesordnung/Agenda erfolgen. Hilfreich ist es dabei, echtes Interesse am Verhandlungspartner zu zeigen und möglichst auf seine Probleme und Wünsche einzugehen.

- **Vorschläge machen**
  Einer der Verhandlungspartner bringt nun den ersten Vorschlag ein. Je nach Situation kann es vorteilhaft sein, den ersten Schritt zu tun oder eher abzuwarten. Wer den ersten Vorschlag macht, ergreift die Initiative und veranlasst die andere Seite zum Reagieren. Dabei sollten möglichst keine unverrückbaren Positionen vorgetragen werden, um Platz für Spielräume und Kompromisse zu lassen.

  Als strategisch vorteilhaft erweist es sich meist, zunächst überhöhte Forderungen vorzutragen und dann Zugeständnisse zu machen. Wird sofort ein realistisches Angebot vorgetragen, besteht die Gefahr, dass dieses trotzdem „heruntergehandelt“ wird.

- **Auf Vorschläge reagieren**
  Hier kann zunächst eine sorgfältige Prüfung des gemachten Vorschlags bzw. des Angebots vorgenommen werden. Abwarten und Zeit gewinnen kann sich in dieser Phase als vorteilhafte Strategie herausstellen. Möglicherweise kommt es jetzt zur Unterbreitung einer Alternative oder eines Gegenvorschlags.

  Meist werden nun Argumente ausgetauscht, die die eigene Sichtweise unterstützen und stärken sollen. Eventuell können bereits erste Teilergebnisse erzielt werden, die Verhandlung konzentriert sich dann auf die noch strittigen Fragen.

- **Verhandlung abschließen**

Gegen Ende der Verhandlung wird um abschließende Zugeständnisse und Kompromisse gerungen. Argumente werden gewichtet und bewertet. Warnungen vor möglichen Konsequenzen und alternativen Handlungsoptionen können im Raum stehen. Möglicherweise legt eine Seite ein „letztes Angebot" vor. Häufig geschieht dies auch in Form eines hypothetischen Angebots („Wenn ... – dann ...") oder indem ein Paket geschnürt wird, das verschiedene strittige Punkte in einer Gesamtlösung bündelt. Gelingt es nun, eine Einigung zu erzielen, kann die Verhandlung erfolgreich abgeschlossen werden.

Reichen die Gemeinsamkeiten hingegen nicht aus, kann es sinnvoll sein, die Verhandlung zu unterbrechen oder zu vertagen. Sind keine realistischen Einigungschancen zu erkennen und selbst Minimalziele nicht in greifbarer Nähe, muss die Verhandlung für gescheitert erklärt werden.

> → ***Praxistipp***
> „Andere Länder – andere Sitten": Sollten Sie in Verhandlungen mit ausländischen Geschäftspartnern involviert sein, machen Sie sich unbedingt mit den landes- und kulturspezifischen Besonderheiten (z. B. Blickkontakt, Händeschütteln, Wortwahl etc.) vertraut. In Deutschland übliche Verhandlungsweisen können anderswo Irritationen und Missverständnisse auslösen.

Verhandlungsnachbereitung

Die erfolgreich verhandelten Ergebnisse werden zusammengefasst. Empfehlenswert ist, vor der eigentlichen Aufsetzung des Vertrages die wesentlichen Inhalte vorab schriftlich zu fixieren und gegenzuzeichnen, um spätere
13 | 3.4.1 Missverständnisse zu vermeiden. Je nach Absprache erfolgt dies in Form eines Protokolls. Nicht selten endet eine erfolgreiche Verhandlung mit einem Umtrunk oder einer kleinen Feier, um die gemeinsam erzielten Ergebnisse gebührend zu würdigen.

> → ***Praxistipp***
> Für zukünftige Verhandlungen ist es hilfreich, den Verlauf und das eigene Verhalten in der Verhandlung auszuwerten und zu reflektieren.

3.3 Layout of a business letter

Die Korrespondenz mit ausländischen Geschäftspartnern und potenziellen Auftraggebern erfolgt häufig auf Englisch, der internationalen Verkehrssprache. Englische Geschäftsbriefe orientieren sich an folgendem Muster:

dialogfix GmbH

a. Dialogfix GmbH
Lothringerstr. 28-30, 66250 Randstadt, Germany
Tel. +49 (0)1806-90125 * Fax. +49 (0)1806-90125
www.dialogfix.de * info@dialogfix.de

b. 13 September 20..

c. Your ref.:
Our ref.: EW/jw

d. IronsUp Hardware PLC
22 Acacia Avenue
Long Beach, CA 90802
USA

e. **Attn.** Mr Steve Harris

f. **Offer for services**

g. Dear Mr Harris

h. Thank you very much for your interest in our services. We are pleased to inform you about the opportunities to realize the support of your products in Europe.

Enclosed you find a first concept for your project and some references.

We look forward to hearing from you.

i. Yours sincerely
Dialogfix GmbH

j. *Erika Wurz*
Erika Wurz
Head of Marketing

k. **Encs.** Project concept, references

l. cc. Wolfgang Klein, Project Manager

dialogfix GmbH

a. **Letterhead** (Briefkopf)
Enthält die notwendigen Informationen über das Unternehmen (Name, Adresse, Tel./Fax-Nr., E-Mail/Website)

b. **Date (Datum)**
Um Verwechslungen von Tag und Monat (amerikanische Schreibweise) zu vermeiden, wird der Monatsname ausgeschrieben. Nach dem Tag werden keine Punkte oder Zusätze (8th., 22nd o. Ä.) geschrieben. Die internationale Norm – Jahr – Monat – Tag – hat sich bisher nur vereinzelt durchgesetzt. Das Datum kann auch nach rechts gesetzt werden.

c. **Reference** (Bezugszeichen)
Enthält die Initialen oder das Kurzzeichen des verantwortlichen Verfassers sowie ggf. eine Vorgangsnummer.

d. **Inside address** (Empfängeranschrift)
Zeigt, an wen der Brief gerichtet ist. Es gibt geringfügige Unterschiede beim Layout des britischen postal code und des amerikanischen zip code.

e. **Attention line** (zu Händen von)
Name des gewünschten Empfängers (optional)

f. **Subject line (Betreffzeile)**
Wird inzwischen gemäß DIN auch im englischen Brief über die Anrede gesetzt. Auch die veraltete Form, in der die Anrede über dem Betreff steht, ist noch anzutreffen. Kann durch Fettdruck oder Unterstreichung hervorgehoben werden.

g. **Salutation** (Anrede)
Ist der Name bereits bekannt, beginnt man mit Mr oder Ms (ohne Punkt) ..., ansonsten mit Dear Sir or Madam.

h. **Body of the letter** (Brieftext)
Enthält den eigentlichen Text. Auch hier gilt das Motto „Keep it short and simple“: kurze Sätze und kleine, deutlich getrennte Absätze.

i. **Complimentary close** (Grußformel)
Bisher galt bei Anrede mit Namen immer, dass mit ***Yours sincerely*** geendet wird, bei nicht namentlicher Anrede folgte ein ***Yours faithfully***. Zunehmend findet man aber auch im zweiten Fall ***Yours sincerely***. Eine Alternative ist ***Best regards***.

j. **Signature block** (Unterschriften)
Unter die eigentliche Unterschrift wird der Name zusammen mit der Position innerhalb des Unternehmens geschrieben.

k. **Enclosures** (Anlagen)
Wurde dem Brief etwas beigelegt (Preislisten, Infomaterial o. Ä.), wird dies hier vermerkt. Wird oft mit ***Enc.*** bzw. ***Encs.*** abgekürzt.

l. **Carbon copy/Copy circulated** (Durchschlag/Kopien an ...)
Zeigt an, welche Personen eine Kopie dieses Briefs erhalten haben.

3.4 Rechtliche Vorschriften beim Vertragsabschluss beachten

Callcenter, die ihre Dienstleistungen Dritten anbieten – häufig
geschieht dies in Form von Projekten –, werden in der Regel mit 9 | 1.1
dem Auftraggeber eine vertragliche Vereinbarung eingehen.
Dies kann über einen **Dienstvertrag** (§§ 611–630 BGB) oder 8 | 3.4
einen **Werkvertrag** (§§ 631–651 BGB) geschehen.

- Beim Abschluss eines **Dienstvertrages** verpflichtet sich der Dienstleister, näher bestimmte Tätigkeiten auszuführen. Der Dienstempfänger zahlt dafür eine vereinbarte Vergütung. Im Mittelpunkt des Vertrages steht die **Tätigkeit** als solche, unabhängig vom erzielten Erfolg. Es handelt sich also um ein vergleichsweise offenes Vertragsverhältnis.
- Bei einem **Werkvertrag** hingegen verpflichtet sich der Beauftragte gegen eine vereinbarte Vergütung, dem Auftraggeber einen bestimmten **Erfolg** zu verschaffen. Das kann z. B. bedeuten, ein mangelfreies Sachgut zu produzieren oder ein Dienstleistungs**ergebnis** nach festgelegten Kriterien sicherzustellen. Das Vertragsverhältnis enthält daher konkrete Erfolgskriterien.

→ ***Praxistipp***
Auch wenn im branchentypischen Sprachgebrauch die Bezeichnung „Dienstleistungsvertrag“ üblich ist, handelt es sich bei Vereinbarungen über Callcenter-Dienstleistungen rechtlich gesehen meist um einen Werkvertrag, da in aller Regel klare Erfolgsvorgaben wie Nettokontakte oder Servicelevel vereinbart werden. Ein Dienstvertrag liegt z. B. vor, wenn die Abrechnung der Callcenter-Leistungen ausschließlich auf Stundenbasis ohne Erfolgsbezug erfolgen würde. Ansonsten werden Dienstverträge z. B. mit Ärzten oder Rechtsanwälten abgeschlossen, die zwar eine festgelegte Leistung erbringen, aber keinen Erfolg verbürgen können.

Im Dialogmarketing haben sich bestimmte branchentypische Vertragsinhalte eingebürgert, die bei einem Abschluss geregelt werden. Häufig sind viele dieser Inhalte auch
schon Bestandteil des **Angebots**. Ein solches Angebot ist – ähnlich wie beim Kaufver- 8 | 4.2
trag – eine an eine bestimmte Person gerichtete Willenserklärung, Leistungen zu bestimmten Bedingungen zu erbringen. Vorangegangen ist meist eine **Anfrage** des Interessenten.

Da sich ein solches Angebot meist sehr komplex und individuell darstellt, ist die Einschränkung der Verbindlichkeit durch **Freizeichnungsklauseln** (wie z. B. mit „so lange der Vorrat reicht“ beim Verbrauchsgüterkauf durchaus üblich) eher selten anzutreffen. Lediglich die **zeitliche Befristung** des Angebots spielt eine Rolle.

Über die einzelnen vertraglichen Inhalte hinaus gilt es, wie generell im Wirtschaftsleben, einige wichtige rechtliche Vorschriften zu beachten.

3.4.1 Branchenübliche Vertragsinhalte

Zu den wesentlichen Vereinbarungen, die in einem Vertrag fixiert werden, gehören Regelungen über die zu erbringenden Leistungen und die zu erreichenden Ziele, meist verknüpft mit entsprechenden Mess- und Kontrollmechanismen. Angesichts der großen Leistungsvielfalt im Dialogmarketing können Vereinbarungen im Einzelfall sehr individuell sein. Ein **branchenübliches Raster** für einen Vertrag kann wie folgt aussehen:

1. Vertragsgegenstand/Projektbeschreibung

- präzise Beschreibung der zu erbringenden Leistungen bzw. des zu lösenden Problems (z. B. Übernahme des kompletten technischen Supports für die Kunden des IT-Dienstleisters „WI-Consult" durch die Dialogfix GmbH)

2. Leistungen des Anbieters

- vereinbarte Kernleistungen (z. B. technischer Support mit festgelegten Inhalten, Bestellannahme, Kundenrückgewinnung etc.)
- Call- bzw. Servicezeiten
- Qualifikation der eingesetzten Agents
- technische Ausstattung (z. B. Nutzung von Datenbanken, Dialereinsatz etc.) und notwendige technische Maßnahmen (z. B. Rufumleitung, Vernetzung der Datenbanken, Systemkompatibilität, Datensicherheit etc.)
- Kommunikationsmedien (z. B. Telefon, E-Mail, Fax etc.)

5|5
- Erfolgskriterien (z. B. Servicelevel, First Call Resolution, Nettokontakte, Abschlussquote etc.)

3. Leistungen bzw. Mitwirkung des Auftraggebers

- Briefing der Mitarbeiter
- Erstellen eines Gesprächsleitfadens
- Schulungsmaßnahmen/Trainings
- Informations- und Datenlieferung (z. B. Adresslisten, Datenblätter, Vorhersagen des zu erwartenden Anrufvolumens/Forecasting)

10|1.3
- Benennung von Ansprechpartnern und Entscheidungsträgern bei auftretenden Problemen
- Festlegung des Informationsflusses/der Informationsträger

4. Vergütung

- Vergütungsbestandteile (z. B. Grundkosten, Projektkosten, Kosten pro Call, Kosten für zusätzliche Leistungen etc.)
- erfolgsabhängige Vergütungselemente (z. B. Kriterien wie Average Handling Time [AHT], eingehaltener Servicelevel, Vertragsabschlüsse, Zusatzverkäufe etc.)
- Bonus-/Malus-Regelung bei Über- bzw. Unterschreiten der vorgegebenen Erfolgskriterien
- Verbindlichkeit der Vergütungsvereinbarungen, Bedingungen und Möglichkeit von Nachverhandlungen
- Kostenübernahme von Schulungen, notwendigen Arbeitsmaterialien etc.
- Verrechnung der Telekommunikationskosten

5. Vertragsdauer und Kündigung

- Beendigung mit Fristablauf oder feste Bindung mit Kündigungsmöglichkeit
- Rechte und Pflichten im Kündigungsfall
- Folgen bei Kündigung, Abwicklungsschritte
- Vereinbarung von Test- oder Probephasen

6. Leistungs- und Qualitätsmessung
• Vereinbarung von Leistungsstandards (siehe Erfolgskriterien) und Festlegung der Messmethoden (z. B. kontinuierliche ACD-Reports der eingegangenen und bearbeiteten Anrufe, Lost Calls, Servicelevel, AHT, Brutto-/Nettokontakte etc.) • Bestimmung der Methoden der Qualitätsmessung (z. B. Mystery Calls, Monitoring) • mögliche Maßnahmen bei Abweichungen (z. B. Coaching, Intensivschulungen etc.)
7. Personelles Mengengerüst
• Anzahl und Qualifikation der einzusetzenden Mitarbeiter (z. B. Agents, Teamleiter, IT-Spezialisten, Projektleiter etc.) • mögliche Anpassungsmaßnahmen beim Personalbestand (z. B. Erhöhung bzw. Verminderung des Personals, Gewinnung zusätzlich erforderlicher Fachkräfte)
8. Zahlungsbedingungen
• Abschlagszahlungen • Zahlungsintervalle • Zahlungsziele, Skontogewährung • Rabatte und Bonusregelungen
9. Weitere rechtliche Bestimmungen
• Regelungen zum Datenschutz (s. u.) • Geheimhaltungspflichten für interne Informationen (auch nach Vertragsende) • Verpflichtung zur Einhaltung der wettbewerbsrechtlichen Bestimmungen des UWG (s. u.) • Eigentumsrechte (z. B. an bereitgestellter Hard- und Software, speziellen Entwicklungen und Applikationen etc.) • Einbeziehung von AGB (s. u.) • mögliche Wettbewerbsklausel, d. h. ein Verbot der gleichzeitigen Leistungserbringung für (bestimmte) andere Anbieter
10. Vertragsstrafen
• Sanktionen bei Nichterbringung der Leistungen oder qualitativen Mängeln • Strafen bei Verstößen gegen andere Vertragsbestandteile (z. B. Geheimhaltungspflicht)

12|3

13|3.1.2

3.4.2 Allgemeine Geschäftsbedingungen (AGB)

8|4.4

Zur einfachen und zeitsparenden Vertragsgestaltung werden häufig „Allgemeine Geschäftsbedingungen" (AGB) festgelegt. Dabei handelt es sich um **vorformulierte, standardisierte Vertragsbedingungen**, die für eine Vielzahl von Verträgen genutzt werden können.

Die Nutzung von AGB verschafft eine wesentliche Arbeitserleichterung beim Abschluss von Verträgen, da die Bedingungen nicht immer wieder neu ausgehandelt werden müssen. Häufig sind die branchenüblichen Vertragsinhalte allerdings so speziell (s. o.), dass sie individuell ausgehandelt werden müssen, ohne auf AGB zurückzugreifen.

Um zu vermeiden, dass der Geschäftspartner unangemessen benachteiligt wird, sieht das BGB verschiedene **Schutzbestimmungen** vor.

> **→ *Praxistipp***
> Eine weite Verbreitung haben AGB beim Abschluss von Kaufverträgen gefunden. Beachten Sie jedoch, dass einige der dort geltenden Schutzbestimmungen keine Anwendung bei Geschäften zwischen zwei Unternehmern (juristischen Personen) finden! Dies gilt insbesondere für die Klauselverbote in den §§ 308 und 309 BGB.

Ein Vertrag, bei dem es um das Erbringen von Callcenter-Dienstleistungen geht, wird in der Regel zwischen zwei Unternehmen abgeschlossen. Daher kommen im Wesentlichen nur die folgenden **Schutzbestimmungen des BGB** zur Anwendung:

Bestimmung	Inhalt
§ 305b Vorrang der Individualabrede	Werden zwischen den Geschäftspartnern individuelle Vertragsabreden getroffen, haben diese Vorrang vor den Allgemeinen Geschäftsbedingungen.
§ 305c Überraschende und mehrdeutige Klauseln	Ungewöhnliche Klauseln in den AGB, mit denen der Geschäftspartner nicht rechnen konnte, sind unwirksam, ebenso wie mehrdeutige Formulierungen.
§ 306 Rechtsfolgen bei Nichteinbeziehung und Unwirksamkeit	Sind einzelne Teile der AGB unwirksam oder nicht einbezogen worden, so bleibt der Vertrag insgesamt dennoch bestehen. In diesem Fall richten sich die entsprechenden Inhalte des Vertrags nach den geltenden gesetzlichen Vorschriften, z. B. dem BGB.
§ 307 Inhaltskontrolle	Bestimmungen in AGB sind unwirksam, wenn sie den Geschäftspartner entgegen den üblichen Geboten von Treu und Glauben unangemessen benachteiligen. Eine unangemessene Benachteiligung kann sich bereits daraus ergeben, dass die Bestimmung nicht klar und verständlich formuliert ist.

Zur wirksamen Einbeziehung der AGB zwischen zwei Unternehmern genügt bereits die **stillschweigende Übereinstimmung**. Ein besonderer Hinweis oder eine ausdrückliche Zustimmung ist in diesem Fall – abweichend z. B. zur Regelung beim Verbrauchsgüterkauf – nicht erforderlich.

3.4.3 Bundesdatenschutzgesetz

4 | 6.1

Bei den typischen Tätigkeiten im Dialogmarketing ist in der Regel ein Umgang mit personenbezogenen Daten unvermeidlich. Dienstleistungen im Callcenter sind daher stets dem **Bundesdatenschutzgesetz** (BDSG) unterworfen. Die Regelungen des Gesetzes gelten dabei ausschließlich für die Daten von **natürlichen Personen**, Daten juristischer Personen sind davon nicht betroffen.

Unterschieden wird im Gesetz zwischen

- **allgemeinen Bestimmungen**, die **immer** anzuwenden sind, wenn es um personenbezogene Daten geht, und
- **besonderen Bestimmungen**, die Situationen betreffen, in denen mit personenbezogenen Daten **im Auftrag** umgegangen wird.

→ ***Praxistipp***
Die allgemeinen Bestimmungen des BDSG wurden bereits in Lernfeld 4 behandelt. Durch die 2018 in Kraft getretene Datenschutz-Grundverordnung (DSGVO) hat sich eine europäische Harmonisierung im Datenschutz ergeben, die auch zu einer Neuordnung der Bestimmungen im BDSG führte.

4|6

Web

Wird mit personenbezogenen Daten im **Auftrag** umgegangen, also z. B. bei der Beauftragung eines Callcenter-Dienstleisters, sind vor allem die **besonderen Bestimmungen** von § 62 BDSG bedeutsam:

Auszug aus dem Bundesdatenschutzgesetz (BDSG)

§ 62 Auftragsverarbeitung

(1) Werden personenbezogene Daten im Auftrag eines Verantwortlichen durch andere Personen oder Stellen verarbeitet, hat der Verantwortliche für die Einhaltung der Vorschriften dieses Gesetzes und anderer Vorschriften über den Datenschutz zu sorgen. Die Rechte der betroffenen Personen auf Auskunft, Berichtigung, Löschung, Einschränkung der Verarbeitung und Schadensersatz sind in diesem Fall gegenüber dem Verantwortlichen geltend zu machen.

(2) Ein Verantwortlicher darf nur solche Auftragsverarbeiter mit der Verarbeitung personenbezogener Daten beauftragen, die mit geeigneten technischen und organisatorischen Maßnahmen sicherstellen, dass die Verarbeitung im Einklang mit den gesetzlichen Anforderungen erfolgt und der Schutz der Rechte der betroffenen Personen gewährleistet wird. [...]

(5) Die Verarbeitung durch einen Auftragsverarbeiter hat auf der Grundlage eines Vertrags oder eines anderen Rechtsinstruments zu erfolgen, der oder das den Auftragsverarbeiter an den Verantwortlichen bindet und der oder das den Gegenstand, die Dauer, die Art und den Zweck der Verarbeitung, die Art der personenbezogenen Daten, die Kategorien betroffener Personen und die Rechte und Pflichten des Verantwortlichen festlegt. Der Vertrag oder das andere Rechtsinstrument haben insbesondere vorzusehen, dass der Auftragsverarbeiter

1. nur auf dokumentierte Weisung des Verantwortlichen handelt; ist der Auftragsverarbeiter der Auffassung, dass eine Weisung rechtswidrig ist, hat er den Verantwortlichen unverzüglich zu informieren;
2. gewährleistet, dass die zur Verarbeitung der personenbezogenen Daten befugten Personen zur Vertraulichkeit verpflichtet werden, soweit sie keiner angemessenen gesetzlichen Verschwiegenheitspflicht unterliegen;
3. den Verantwortlichen mit geeigneten Mitteln dabei unterstützt, die Einhaltung der Bestimmungen über die Rechte der betroffenen Person zu gewährleisten;
4. alle personenbezogenen Daten nach Abschluss der Erbringung der Verarbeitungsleistungen nach Wahl des Verantwortlichen zurückgibt oder löscht und bestehende Kopien vernichtet, wenn nicht nach einer Rechtsvorschrift eine Verpflichtung zur Speicherung der Daten besteht;

5. dem Verantwortlichen alle erforderlichen Informationen, insbesondere die gemäß § 76 erstellten Protokolle, zum Nachweis der Einhaltung seiner Pflichten zur Verfügung stellt;
6. Überprüfungen, die von dem Verantwortlichen oder einem von diesem beauftragten Prüfer durchgeführt werden, ermöglicht und dazu beiträgt;
7. die in den Absätzen 3 und 4 aufgeführten Bedingungen für die Inanspruchnahme der Dienste eines weiteren Auftragsverarbeiters einhält;
8. alle gemäß § 64 erforderlichen Maßnahmen ergreift und
9. unter Berücksichtigung der Art der Verarbeitung und der ihm zur Verfügung stehenden Informationen den Verantwortlichen bei der Einhaltung der in den §§ 64 bis 67 und § 69 genannten Pflichten unterstützt. [...]

§ 62 BDSG stellt klar, dass **der Auftraggeber** für die Einhaltung der Regelungen des Bundesdatenschutzgesetzes verantwortlich ist. Daher obliegt ihm eine sorgfältige Auswahl des beauftragten Dienstleisters. Die Verpflichtung, alle erforderlichen technischen und organisatorischen Maßnahmen zur Datensicherheit zu treffen, wird allen datenverarbeitenden Unternehmen – egal, ob im Auftrag oder für eigene Zwecke – durch § 64 BDSG auferlegt (Hervorhebungen durch den Verfasser):

Auszug aus dem Bundesdatenschutzgesetz (BDSG)

§ 64 Anforderungen an die Sicherheit der Datenverarbeitung

(3) Im Fall einer automatisierten Verarbeitung haben der Verantwortliche und der Auftragsverarbeiter nach einer Risikobewertung Maßnahmen zu ergreifen, die Folgendes bezwecken:

1. Verwehrung des Zugangs zu Verarbeitungsanlagen, mit denen die Verarbeitung durchgeführt wird, für Unbefugte (**Zugangskontrolle**),
2. Verhinderung des unbefugten Lesens, Kopierens, Veränderns oder Löschens von Datenträgern (**Datenträgerkontrolle**),
3. Verhinderung der unbefugten Eingabe von personenbezogenen Daten sowie der unbefugten Kenntnisnahme, Veränderung und Löschung von gespeicherten personenbezogenen Daten (**Speicherkontrolle**),
4. Verhinderung der Nutzung automatisierter Verarbeitungssysteme mithilfe von Einrichtungen zur Datenübertragung durch Unbefugte (**Benutzerkontrolle**),
5. Gewährleistung, dass die zur Benutzung eines automatisierten Verarbeitungssystems Berechtigten ausschließlich zu den von ihrer Zugangsberechtigung umfassten personenbezogenen Daten Zugang haben (**Zugriffskontrolle**),
6. Gewährleistung, dass überprüft und festgestellt werden kann, an welche Stellen personenbezogene Daten mithilfe von Einrichtungen zur Datenübertragung übermittelt oder zur Verfügung gestellt wurden oder werden können (**Übertragungskontrolle**),
7. Gewährleistung, dass nachträglich überprüft und festgestellt werden kann, welche personenbezogenen Daten zu welcher Zeit und von wem in automatisierte Verarbeitungssysteme eingegeben oder verändert worden sind (**Eingabekontrolle**),
8. Gewährleistung, dass bei der Übermittlung personenbezogener Daten sowie beim Transport von Datenträgern die Vertraulichkeit und Integrität der Daten geschützt werden (**Transportkontrolle**),
9. Gewährleistung, dass eingesetzte Systeme im Störungsfall wiederhergestellt werden können (**Wiederherstellbarkeit**),

10. Gewährleistung, dass alle Funktionen des Systems zur Verfügung stehen und auftretende Fehlfunktionen gemeldet werden (**Zuverlässigkeit**),
11. Gewährleistung, dass gespeicherte personenbezogene Daten nicht durch Fehlfunktionen des Systems beschädigt werden können (**Datenintegrität**),
12. Gewährleistung, dass personenbezogene Daten, die im Auftrag verarbeitet werden, nur entsprechend den Weisungen des Auftraggebers verarbeitet werden können (**Auftragskontrolle**),
13. Gewährleistung, dass personenbezogene Daten gegen Zerstörung oder Verlust geschützt sind (**Verfügbarkeitskontrolle**),
14. Gewährleistung, dass zu unterschiedlichen Zwecken erhobene personenbezogene Daten getrennt verarbeitet werden können (**Trennbarkeit**).

Ein Zweck nach Satz 1 Nummer 2 bis 5 kann insbesondere durch die Verwendung von dem Stand der Technik entsprechenden Verschlüsselungsverfahren erreicht werden.

3.4.4 Wettbewerbsrecht

Das Wettbewerbsrecht ist in Deutschland im **Gesetz gegen den unlauteren Wettbewerb (UWG)** geregelt. Dieses Gesetz dient dem Schutz von Mitbewerbern, Verbrauchern sowie sonstigen Marktteilnehmern vor unlauterem Wettbewerb. Es schützt zugleich das Interesse der Allgemeinheit an einem unverfälschten Wettbewerb. 8|5.1

Von zentraler Bedeutung für das Dienstleistungsangebot im Dialogmarketing sind die Regelungen zur Telefonwerbung bzw. Telefonakquise, die sich aus dem **Verbot der unzumutbaren Belästigung** (§ 7 Abs. 1 UWG) ergeben.

Auszug aus dem Gesetz gegen den unlauteren Wettbewerb (UWG)

§ 7 Unzumutbare Belästigungen

(1) Eine geschäftliche Handlung, durch die ein Marktteilnehmer in unzumutbarer Weise belästigt wird, ist unzulässig. Dies gilt insbesondere für Werbung, obwohl erkennbar ist, dass der angesprochene Marktteilnehmer diese Werbung nicht wünscht.

(2) Eine unzumutbare Belästigung ist stets anzunehmen

1. bei Werbung unter Verwendung eines in den Nummern 2 und 3 nicht aufgeführten, für den Fernabsatz geeigneten Mittels der kommerziellen Kommunikation, durch die ein Verbraucher hartnäckig angesprochen wird, obwohl er dies erkennbar nicht wünscht;
2. bei Werbung mit einem Telefonanruf gegenüber einem Verbraucher ohne dessen vorherige ausdrückliche Einwilligung oder gegenüber einem sonstigen Marktteilnehmer ohne dessen zumindest mutmaßliche Einwilligung,
3. bei Werbung unter Verwendung einer automatischen Anrufmaschine, eines Faxgerätes oder elektronischer Post, ohne dass eine vorherige ausdrückliche Einwilligung des Adressaten vorliegt, oder
4. bei Werbung mit einer Nachricht,
   a) bei der die Identität des Absenders, in dessen Auftrag die Nachricht übermittelt wird, verschleiert oder verheimlicht wird oder
   b) bei der gegen § 6 Absatz 1 des Telemediengesetzes verstoßen wird oder in der der Empfänger aufgefordert wird, eine Website aufzurufen, die gegen diese Vorschrift verstößt, oder

c) bei der keine gültige Adresse vorhanden ist, an die der Empfänger eine Aufforderung zur Einstellung solcher Nachrichten richten kann, ohne dass hierfür andere als die Übermittlungskosten nach den Basistarifen entstehen.

(3) Abweichend von Absatz 2 Nummer 3 ist eine unzumutbare Belästigung bei einer Werbung unter Verwendung elektronischer Post nicht anzunehmen, wenn

1. ein Unternehmer im Zusammenhang mit dem Verkauf einer Ware oder Dienstleistung von dem Kunden dessen elektronische Postadresse erhalten hat,
2. der Unternehmer die Adresse zur Direktwerbung für eigene ähnliche Waren oder Dienstleistungen verwendet,
3. der Kunde der Verwendung nicht widersprochen hat und
4. der Kunde bei Erhebung der Adresse und bei jeder Verwendung klar und deutlich darauf hingewiesen wird, dass er der Verwendung jederzeit widersprechen kann, ohne dass hierfür andere als die Übermittlungskosten nach den Basistarifen entstehen.

Regelungen zur Telefonwerbung

Im Einzelnen wird also nach Telefonwerbung gegenüber Verbrauchern und Unternehmen differenziert:

Telefonwerbung gegenüber Verbrauchern

Anrufe bei Verbrauchern (B2C) zu Werbe- oder Verkaufszwecken sind nur zulässig, sofern diese **ausdrücklich in die konkrete Maßnahme eingewilligt** haben. Diese Regelung gilt sowohl für Neukunden als auch für bestehende Kundenbeziehungen. Ein Einverständnis des Verbrauchers kann nur durch einen **bewussten, aktiven Willensakt** erteilt werden (Opt-in-Verfahren). Diese Bestätigung hat dabei unabhängig von der Einwilligung in die AGB zu erfolgen. Nur eine Anerkennung der AGB, in denen der Verbraucher lediglich auf Telefonwerbung aufmerksam gemacht wird, reicht demnach nicht aus.

Beispiel

Grundlage des Dienstleistungsangebots (z. B. Outbound-Telefonie bei Verbrauchern) dürfen nur Kunden (Zielpersonen) sein, von denen die ausdrückliche Einwilligung zur Telefonwerbung vorliegt. Sogenannte „Kaltanrufe" sind somit nicht zulässig.

Telefonwerbung gegenüber Unternehmen

Bei Anrufen von Unternehmen zu Unternehmen (B2B) ist die **mutmaßliche Einwilligung** ausreichend. Eine solche Einwilligung liegt dann vor, wenn aufgrund der Geschäftstätigkeit des Unternehmens ein **berechtigtes Interesse** des Angerufenen an dem Produkt oder dem Angebot angenommen werden kann. Voraussetzung hierfür ist, dass der Anruf sich auf ein bereits vorher geäußertes konkretes Interesse des Kunden bezieht. Bei bestehender Geschäftsverbindung zum entsprechenden Unternehmen sind somit die Voraussetzungen einer mutmaßlichen Einwilligung dann gegeben, wenn Produkte oder Dienstleistungen beworben werden, die im **Zusammenhang mit der bisherigen Geschäftsbeziehung** stehen.

Bei (hier erlaubten) Kaltanrufen muss allerdings darauf geachtet werden, dass sich das Angebot auf die **eigentliche geschäftliche Tätigkeit des Unternehmens** bezieht. Anrufe, die sich auf reine Hilfsmittel des Unternehmens zur Erledigung der Hauptgeschäftstätigkeit beziehen, sind somit nicht zulässig.

Beispiel

Gehört zum Dienstleistungsangebot auch die Telefonwerbung gegenüber Unternehmen, muss sichergestellt sein, dass bei den anzurufenden Unternehmen ein berechtigtes Interesse vorliegt.

→ ***Praxistipp***

Vor Vertragsabschluss sollte stets geprüft werden, ob alle rechtlichen Vorschriften eingehalten wurden.

✳ *Zusammenfassung*

- **Methoden der Preisbildung**
  - **Kostenorientierte Preisbildung:**
    - rechnerische Ermittlung mittels Kalkulationsschema
    - basiert auf Daten der KLR
  - **Nachfrageorientierte Preisbildung:**
    - orientiert sich an der maximalen Zahlungsbereitschaft der Kunden
    - abhängig von Marktnachfrage und Kundennutzen
  - **Konkurrenzorientierte Preisbildung:** richtet sich nach den Mitbewerbern und dem Wettbewerbspreis

- **Preisstrategien**
  - **Hochpreisstrategie:** höherer Preis als die Wettbewerber
  - **Niedrigpreisstrategie:** niedrigerer Preis als die Wettbewerber
  - **Preiswettbewerbsstrategie:** Anlehnung an die Mitbewerber
  - **Preisvariationsstrategie:** Preise werden mit der Zeit angepasst
  - **Preisdifferenzierungsstrategie:** Je nach Kunde und Situation werden unterschiedliche Preise verlangt.

- Die **Verhandlungsführung** bei Vertragsverhandlungen besteht aus drei Schritten:

Verhandlungsvorbereitung:
- Ziele festlegen
- organisatorische und inhaltliche Vorbereitung des Verhandlungsgesprächs
- Erstellen einer Checkliste

→

Verhandlungsgespräch:
- Kontakte knüpfen
- Aufmerksamkeit schaffen
- Vorschläge machen
- auf Vorschläge reagieren
- Verhandlung abschließen

→

Verhandlungsnachbereitung:
- Ergebnisse zusammenfassen
- Protokoll erstellen
- Vertrag aufsetzen

- Folgende **branchenübliche Vertragsinhalte** werden bei der Vermarktung von Dienstleistungen geregelt:
  - Vertragsgegenstand/Projektbeschreibung
  - Leistungen des Anbieters
  - Leistungen bzw. Mitwirkung des Auftraggebers
  - Vergütung
  - Vertragsdauer und Kündigung
  - Leistungs- und Qualitätsmessung
  - personelles Mengengerüst
  - Zahlungsbedingungen
  - weitere rechtliche Bestimmungen
  - Vertragsstrafen

- **Rechtliche Vorschriften beim Vertragsabschluss**

Allgemeine Geschäftsbedingungen (AGB):
- vorformulierte, standardisierte Vertragsbedingungen
- BGB sieht Schutzbestimmungen bei der Verwendung vor

Bundesdatenschutzgesetz (BDSG):
regelt in besonderen Bestimmungen, wie mit der Verarbeitung von personenbezogenen Daten **im Auftrag** umzugehen ist

Wettbewerbsrecht (UWG):
- trifft Regelungen zur Telefonwerbung
- schützt das Interesse der Allgemeinheit an einem unverfälschten Wettbewerb

▪ *Aufgaben*

1. Ermitteln Sie aufbauend auf den Text „Preisdruck bei Call Center-Dienstleistungen steigt weiter" (Seite 365) anhand einer Internetrecherche, welche Ursachen zu einem Preisdruck in der Callcenter-Branche führen.

2. Geben Sie begründet an, welche Methode der Preisbildung in einer Situation mit „Preisdruck" vermutlich gewählt wird.

3. Ordnen Sie zu, welche Preisstrategie jeweils verfolgt wird:

a) Ein Arzneimittel wird in einzelnen EU-Ländern zu unterschiedlichen Preisen angeboten.

b) Lebensmitteldiscounter passen ihre Preise untereinander an.

c) Ein indischer Kleinwagenhersteller versucht, mit einem sehr kostengünstigen Fahrzeug in Deutschland Marktanteile zu erzielen.

d) Ein Elektronikkonzern kommt mit einem neuartigen Tablet-PC auf den Markt, der zunächst zu einem sehr hohen Preis angeboten wird.

e) Ein italienischer Luxus-Sportwagenhersteller bietet sein günstigstes Modell für 399 000,00 € an.

4. In welcher Marktsituation ist die Abschöpfungsstrategie Erfolg versprechend?

5. Sie erhalten von Ihrem Ausbilder die Aufgabe, Ihren Ausbildungsbetrieb und sein Dienstleistungsangebot für einen externen Auftraggeber zu präsentieren. Beachten Sie bei der Umsetzung die notwendigen Schritte zur Vorbereitung, Durchführung und Nachbereitung einer Präsentation. 2|3

6. Die WI-Consult interessiert sich für das Angebot der Dialogfix GmbH, den technischen Support zu übernehmen.

a) Erarbeiten Sie in Gruppen – aufbauend auf der Checkliste von Seite 372 – die Verhandlungsvorbereitung mit einer Gruppe für Dialogfix und einer Gruppe für WI-Consult.

b) Simulieren Sie anschließend das Verhandlungsgespräch in einem Rollenspiel. 1|6.7

7. Recherchieren Sie im Internet, welche Besonderheiten sich im Verhandlungsgespräch mit Geschäftspartnern aus anderen Ländern ergeben. Nutzen Sie dazu z. B. folgende Quelle: www.bme.de/fileadmin/_horusdam/787-Business-Knigge_China.pdf.

8. Wodurch unterscheiden sich Werkvertrag und Dienstvertrag? Geben Sie begründet an, welche Vertragsart in der Dialogmarketingbranche vorherrscht.

9. Entwerfen Sie für den abzuschließenden Vertrag zwischen der Dialogfix GmbH und der WI-Consult (siehe Aufgabe 6) mögliche Vertragsinhalte für die Themen „Leistungen des Anbieters“ und „Leistungen bzw. Mitwirkung des Auftraggebers“.

10. Prüfen Sie, welche Schutzvorschriften des BGB zu den Allgemeinen Geschäftsbedingungen nicht für Geschäfte zwischen zwei Unternehmen (B2B) gelten. Welchen Grund sehen Sie für diese Regelung?

11. Entscheiden Sie in den nachfolgenden Situationen begründet, ob das Bundesdatenschutzgesetz eingehalten wurde:

a) Jeder Mitarbeiter von Dialogfix, der im Projekt WI-Consult mitarbeitet, muss sich mit einem eigenen Passwort am Rechner anmelden.

b) Im Vertrag zwischen der Dialogfix GmbH und der WI-Consult wird vereinbart, dass sämtliche Verpflichtungen aus dem Datenschutzgesetz auf die Dialogfix GmbH übergehen.

c) Die Agents der Dialogfix GmbH können immer nur auf die personenbezogenen Daten einer Person zugreifen, deren Anliegen sie gerade bearbeiten.

d) Um die vollständige Anonymität der Agents der Dialogfix GmbH zu gewährleisten, ist nicht nachvollziehbar, wann welcher Agent eine Änderung an personenbezogenen Daten vorgenommen hat.

12. WI-Consult vergibt einen Zusatzauftrag: Die Dialogfix GmbH soll neue Geschäftskunden für das Unternehmen gewinnen. Dazu legt WI-Consult eine umfangreiche Adressliste mit Firmendaten vor, die bei der letzten Computermesse gesammelt wurden. Prüfen Sie die Rechtslage.

4 Kommunikationspolitische Maßnahmen planen und umsetzen

■ *Einstiegssituation*

„Hab ich's doch gleich gesagt", triumphiert Kundendienstleiter **Olaf Schäfer** bei der nächsten Sitzung der Geschäftsleitung, *„kaum Interessenten für unser Angebot als externer Dienstleister. Da gibt es doch einfach schon genug andere Anbieter."* Etwas zerknirscht stimmt Marketingleiterin **Erika Wurz** zu: *„Okay, die Sache läuft noch nicht so ganz rund, aber wir haben auch unsere kommunikationspolitischen Mittel noch lange nicht ausgeschöpft!"*

■ *Arbeitsaufträge*

1. *Wie könnte es Dialogfix gelingen, das neue Dienstleistungsangebot bekannt zu machen?*
2. *Welche Möglichkeiten kennen Sie, um den Verkauf zu fördern?*
3. *Überlegen Sie, welches Bild die Öffentlichkeit von Ihrem Ausbildungsbetrieb hat. Mit welchen Mitteln kann dieses Bild beeinflusst werden?*

Um den Verkauf der angebotenen Leistungen zu fördern, setzt ein Unternehmen verschiedene kommunikationspolitische Maßnahmen ein.

> # *Definition*
> **Kommunikationspolitik** bezeichnet die Gestaltung aller Informationen, mit denen ein Unternehmen mit dem Markt und den Kunden in Verbindung tritt.

Die **Kommunikationspolitik** verfolgt die grundsätzliche Absicht, das Verhalten und die Einstellung der relevanten Zielgruppen zu beeinflussen. Im Einzelnen können dabei unterschiedliche **Ziele** verfolgt werden, z. B.:

- Umsatzsteigerung
- Erhöhung des Marktanteils
- Kundengewinnung
- Kundenbindung
- Beeinflussung des Kaufverhaltens
- Erhöhung des Bekanntheitsgrades
- Imagepositionierung

Um diese Ziele zu erreichen, stehen einem Unternehmen zahlreiche verschiedene Instrumente zur Verfügung:

Instrumente der Kommunikationspolitik

Werbung z. B. Anzeige in einer Fachzeitschrift	**Persönlicher Verkauf** z. B. Messeauftritt	**Verkaufsförderung (Salespromotion)** z. B. Verkaufsschulungen	**Öffentlichkeitsarbeit (Public Relations)** z. B. Imagekampagne

> ***Praxistipp***
> Im Dialogmarketing hat Kommunikationspolitik eine zweifache Funktion: Zum einen sind die typischen, dialogorientierten Tätigkeiten der Branche, wie z. B. In-und-Outbound-Calls, selbst Instrumente der Kommunikationspolitik. Zum anderen werden kommunikationspolitische Maßnahmen eingesetzt, um das eigene Dienstleistungsangebot zu vermarkten. In diesem Lernfeld steht dabei der zweite Aspekt im Vordergrund.

4.1 Werbung

Wichtigstes Mittel der Kommunikationspolitik ist die Werbung. Vorrangiges Ziel ist es, die angesprochenen Gruppen vom Erwerb eines Produktes zu überzeugen.

> # ***Definition***
> **Werbung** bezeichnet den Einsatz **besonderer Kommunikationsmittel** (Werbemittel), um eine **Änderung von Einstellungen und Verhaltensweisen** zu erreichen.

Damit Werbung erfolgreich sein kann, ist eine sorgfältige Planung aller werberelevanten Aktivitäten erforderlich. Eine durchdachte **Werbestrategie** berücksichtigt dabei alle Teilbereiche der Werbung. In Anlehnung an die englischen Begriffe spricht man auch von den **„Fünf M“** der Werbung:

- **Mission** (Werbeziel): Was soll mit der Werbung erreicht werden?
- **Money** (Werbebudget): Welche finanziellen Mittel sollen eingesetzt werden?
- **Message** (Werbebotschaft): Welche zentralen Aussagen sollen übermittelt werden?
- **Media** (Werbeträger, Werbemittel): Welche Medien sollen bei der Werbung genutzt werden?
- **Measurement** (Werbeerfolgskontrolle): Welche Wirkung hat die Werbung erzielt?

Die Planung einer Werbekampagne orientiert sich in ihrem zeitlichen Ablauf in der Regel an der Abfolge der „Fünf M“. Bei der konkreten Gestaltung der einzelnen Teilschritte der Maßnahme sind die **Grundsätze der Werbung** zu beachten:

- **Wahrheit:** Die Werbung muss sachlich richtig sein und darf keine Unwahrheiten enthalten.

  Beispiel

  Laut UWG dürfen in der Werbung keine falschen Produkteigenschaften
  13 | 3.3 genannt werden.

- **Klarheit:** Die Werbung soll leicht verständlich sein.

  Beispiel

  Die Werbung muss klarmachen, welches Produkt beworben wird.

- **Wirksamkeit:** Die Werbung soll das angestrebte Ziel erreichen.

  Beispiel

  Die Werbung muss die Zielgruppe erreichen.

- **Wirtschaftlichkeit:** Die Kosten der Werbung müssen in einem angemessenen Verhältnis zum Erfolg stehen.

  Beispiel

  Ein wirtschaftlicher Kostenrahmen darf nicht überschritten werden.

> → ***Praxistipp***
> Meist unterhalten nur Großunternehmen eine eigene Werbeabteilung. Bei kleineren Firmen werden stattdessen wesentliche Aufgaben an eine spezialisierte Werbeagentur vergeben.

Werbeziel (Mission)

Werbung wird in unterschiedlichen Situationen eingesetzt. So beeinflussen z. B. die Phase des Produktlebenszyklus und die aktuelle Marktsituation die Gestaltung der Werbung ganz entscheidend. Folgende **allgemeine Werbeziele** lassen sich unterscheiden:

Werbeziele

Einführungswerbung:
- erstmalige Werbung im Rahmen der Produkteinführung
- Vorrangiges Ziel ist eine Steigerung des Bekanntheitsgrades.

Expansionswerbung:
- Ziel ist Steigerung des Umsatzes oder Erhöhung des Marktanteils.
- Wird häufig eingesetzt in einer späteren Phase des Produktlebenszyklus oder in einer schwierigen Marktsituation.

Erhaltungswerbung:
- Marktposition soll gefestigt werden.
- Umsätze sollen stabilisiert werden.
- Ein Produkt, das schon lange auf dem Markt ist, soll nicht in Vergessenheit geraten.

Eine weitere Differenzierung der allgemeinen Werbeziele kann anhand der **Zahl der Werbenden** vorgenommen werden:

- **Einzelwerbung:** Ein Unternehmen macht allein Werbung für seine Angebote. Dies ermöglicht eine klare Abgrenzung zu anderen Anbietern.

  Beispiel

  Dialogfix schaltet eine Werbeanzeige in einer Fachzeitschrift, in der die Leistungen des Unternehmens vorgestellt werden.

- **Gemeinschaftswerbung:** Mehrere Unternehmen werben gemeinsam für ihre Angebote oder ein gemeinsames Anliegen. Dabei ist es auch möglich, dass sich Unternehmen gegenseitig bewerben oder eine ganze Branche beworben wird.

  Beispiel

  Mehrere Unternehmen der Dialogmarketingbranche veröffentlichen einen gemeinsamen Newsletter, in dem u.a. auf die Ausbildungsmöglichkeiten in der Branche hingewiesen wird.

Auch die **Zahl der Umworbenen** bietet ein mögliches Differenzierungskriterium der allgemeinen Werbeziele:

- **Einzelumwerbung:** Die Werbung richtet sich individuell an eine einzelne Person oder ein Unternehmen. Diese Form der Werbung ist recht aufwendig und eher bei hochpreisigen Angeboten sinnvoll.

  Beispiel

  Dialogfix gestaltet für jedes angeschriebene Unternehmen einen personalisierten Werbebrief, in dem die Leistungen von Dialogfix mit dem jeweiligen Unternehmen verknüpft werden.

- **Massenwerbung:** Die Werbung eines Unternehmens richtet sich in gleicher Form an eine Vielzahl von Adressaten.

  Beispiel

  Dialogfix verschickt in einer Mailing-Aktion an 3000 Interessenten gleichzeitig einen Überblick über das Dienstleistungsangebot des Unternehmens.

Die bisher genannten, allgemeinen Werbeziele haben einen eher grundsätzlichen Charakter. Für die konkrete Planung einer Werbekampagne kommt es nun darauf an, diese Grobziele zu **operationalisieren**, d.h. auf die konkrete Situation anzuwenden und einen angestrebten Sollzustand festzulegen. Um eine spätere Kontrolle (hier z.B. die Werbeerfolgskontrolle) zu ermöglichen, ist eine präzise Beschreibung gemäß den **Regeln zur Zielformulierung** erforderlich. 10|5.2.5

Die allgemeinen Werbeziele lassen sich durch folgende **Feinziele** operationalisieren:

Feinziel	Beschreibung	Beispiele
Zielgruppe (Werbesubjekte)	eine möglichst genau bestimmte und abgegrenzte Gruppe von Marktteilnehmern, die mit der Werbung angesprochen werden soll	Zielgruppe für das Dienstleistungsangebot von Dialogfix sind kleine und mittelständische Unternehmen, die sich mit Verkauf und Support von Hard- und Software beschäftigen.
Produkte (Werbeobjekte)	Festlegung der Produkte und Dienstleistungen, die beworben werden sollen	Beworben wird die Dienstleistung „Technischer Support".
Aktion	eine präzise Beschreibung, zu welchem Verhalten die Zielgruppe durch die Werbung veranlasst werden soll	Die Zielgruppe soll dazu ermuntert werden, den technischen Support zukünftig von Dialogfix abwickeln zu lassen.
Quantität	eine zahlenmäßige Erfassung, in welchem Umfang die Ziele zu erreichen sind	Dialogfix möchte 50 Neukunden für die Dienstleistung „Technischer Support" gewinnen.
Zeitraum	eine zeitliche Begrenzung der jeweiligen Werbemaßnahme	Die Werbekampagne ist für die Einführungsphase (zwei Monate) ausgelegt.

Werbebudget (Money)

Das Werbebudget umfasst sämtliche Kosten, die mit der Planung, Durchführung und Kontrolle der Werbung verbunden sind. Werbeetats beziehen sich dabei meist auf einen bestimmten Zeitraum (z. B. Kalenderjahr) und können auf einzelne Produkte, Produktgruppen, ganze Geschäftszweige (strategische Geschäftseinheiten) oder das Unternehmen insgesamt bezogen sein.

Während bei kleinen Unternehmen (und kleinen Werbebudgets) die Größenfestlegung häufig auf Erfahrungswerten beruht oder „aus dem Bauch" heraus getroffen wird, folgen die Budgetentscheidungen größerer Unternehmen meist einer Methode. Folgende Methoden sind in der Praxis anzutreffen:

- **Finanzorientierte Methode** („All you can afford"): Die vorhandenen finanziellen Mittel bestimmen ohne Rücksicht auf die aktuellen Ziele die Höhe des Werbebudgets.
- **Prozentsatz-von-Methode** („Percentage of"): Der Werbeetat wird kalkuliert als bestimmter Prozentsatz, z. B. vom Gewinn oder Umsatz.
- **Konkurrenzorientierte Methode** („Competitive parity"): Als Orientierung für das eigene Werbebudget dienen die Werte von Mitbewerbern, ohne dass auf die Situation des eigenen Unternehmens Rücksicht genommen wird.
- **Ziel-und Aufgaben-Methode** („Objective and task"): Basis für die Festlegung des Werbebudgets sind die angepeilten und ausreichend operationalisierten Werbeziele.

➔ Praxistipp

Die Ziel-und Aufgaben-Methode ist mit ihrer Orientierung an den Werbezielen die einzige Methode, die einem strategisch ausgerichteten Marketingmix entspricht.

Werbebotschaft (Message)

Die Werbebotschaft soll den Adressaten der Werbung die besonderen und einzigartigen Merkmale des Angebots verdeutlichen. Dabei wird neben einer klaren **Positionierung** die Herausarbeitung des **Kundennutzens** und möglicher **Alleinstellungsmerkmale (USP)** angestrebt. In einzelnen Fällen kann es auch darum gehen, die Unternehmensidentität selbst bzw. das Unternehmensleitbild zu kommunizieren („Corporate Identity“).

13|4.4

In der Regel werden Werbebotschaften visualisiert und verbalisiert (z. B. in einer Werbeanzeige).

Beim Entwurf der Werbebotschaft müssen **drei zentrale Teilbotschaften** herausgearbeitet werden:

- **Basisbotschaft** („Basic message“): Grundlegend geht es darum, das Produkt oder das Angebot eindeutig zu **identifizieren** und von anderen zu unterscheiden.
- **Nutzenbotschaft** („Consumer benefit“): Der spezielle Kundennutzen, der über den Grundnutzen hinausgeht, wird herausgearbeitet. Im Idealfall wird ein Alleinstellungsmerkmal (USP) angeboten. 13|2.3.2
- **Nutzenbegründung** („Reason why“): Die Glaubwürdigkeit des speziellen Kundennutzens wird begründet und mit nachvollziehbaren Beweisen unterlegt.

Beispiel

In einer Werbeanzeige spricht Dialogfix bereits durch die Produktbezeichnung „TechSupport4SmallCaps“ als Basisbotschaft den Grundnutzen (technischer Support) und die Zielgruppe (kleine Unternehmen) an. Als Alleinstellungsmerkmal (Nutzenbotschaft) kommuniziert Dialogfix seine Eigenschaft als Qualitätsführer im technischen Support, die mit Testergebnissen und Zertifizierungen belegt wird (Nutzenbegründung).

Mit der **Wirkung der Werbebotschaft** auf den Adressaten beschäftigen sich zahlreiche Modelle der Verkaufs- und Werbepsychologie. Ein einfaches und leicht nachvollziehbares Verfahren ist die sogenannte **AIDA-Formel**, in der die unterschiedlichen Stufen der Aktivierung des Kunden herausgearbeitet werden:

A	= **Attention**	Die Werbebotschaft löst bei der Zielgruppe **Aufmerksamkeit** aus (z. B. origineller Slogan, optischer Blickfang).
I	= **Interest**	Durch den erkennbaren Kundennutzen wird das **Interesse** des potenziellen Kunden geweckt (z. B. Nutzenversprechen der Arbeitserleichterung oder Kostenersparnis).
D	= **Desire**	Durch die Verknüpfung des Kundennutzens mit der Situation oder dem Problem der Zielgruppe wird ein **Kaufwunsch** geweckt (z. B. Aufzeigen einer Problemlösung).
A	= **Action**	Die geweckte Kaufbereitschaft wird in die **Tat** umgesetzt (z. B. in einem ersten Schritt als Anruf oder Rücksendung eines Coupons).

Der über die Werbebotschaft transportierte **Kundennutzen** erreicht die Zielgruppe leichter, wenn es zudem gelingt, ein **Kaufmotiv** anzusprechen. Ein solches Motiv kann
8 | 1.3.2 z. B. Sparsamkeit, Bequemlichkeit oder Sicherheit sein.

Durch die Vielzahl der Werbebotschaften, die heutzutage ausgesandt werden, verbringen die Adressaten meist nur eine kurze Zeit mit der einzelnen Werbung oder nehmen sie nur mit geringer Aufmerksamkeit wahr. Daher kommt es zunehmend darauf an, eine leicht verständliche Kernaussage zu formulieren, die dauerhaft verankert bleibt. Eine kompakte und einprägsam formulierte Kernaussage wird auch als **Werbeslogan** bezeichnet. Im Idealfall gelingt es so, eine direkte Verbindung von Werbebotschaft und Produkt zu erzielen.

Beispiele

Werbeslogans, die unmittelbar zu einer Assoziation mit einem Produkt führen:
„Quadratisch. Praktisch. Gut."
„Wir machen den Weg frei."
„Ich bin doch nicht blöd!"
„Wohnst du noch oder lebst du schon?"

Diesen Formulierungen liegt das **KISS-Prinzip** („Keep it short and simple/Halte es kurz und einfach" oder auch „**K**eep **i**t **s**imple, **s**tupid/Halte es einfach, Dummkopf") zugrunde. Dieser **Grundsatz der Einfachheit** besagt, möglichst leicht verständliche, die Zielgruppe nicht überfordernde Botschaften zu wählen.

Beispiel

Dialogfix hat folgenden, leicht verständlichen Werbeslogan gewählt:
„TechSupport mit 100 % Qualität – Getestet. Zertifiziert. Garantiert."

Werbeträger, Werbemittel (Media)

Werbeträger

Bei der Medienauswahl steht zunächst die Entscheidung über die am besten geeigneten Werbeträger an.

> **# Definition**
> Der **Werbeträger** ist das **Medium**, mit dem die Werbebotschaft zu den Zielpersonen transportiert wird.

Diese Mediengruppen stehen als Werbeträger zur Wahl:

- **Printmedien:** Tageszeitungen, Wochenzeitungen, Publikumszeitschriften, Fachzeitschriften, Kundenzeitschriften, Werbebriefe etc.
- **Elektronische Medien:** Fernsehen, Rundfunk, Internet, Mobiltelefone etc.
- **Außenwerbung:** Plakatwände, Verkehrsmittel, Produktverpackungen, Schaufenster etc.

Die verschiedenen Werbeträger zeichnen sich durch sehr unterschiedliche Reichweiten, Zielgruppen und auch Kosten aus. Um unnötige Streuverluste zu vermeiden, sollten daher im Vorfeld exakte **Mediadaten** (z. B. Auflage, Verbreitungsgebiet, Nutzerprofile etc.) beschafft werden.

Bei der **Vermarktung von Dienstleistungen** in der Dialogmarketingbranche kommt den einzelnen Werbeträgern eine unterschiedliche Bedeutung zu. Da sich die Angebote in der Regel an eine sehr spezielle Zielgruppe richten, sind viele Werbeträger, die sich durch eine hohe Reichweite (und meist auch hohe Kosten) auszeichnen, nicht zielführend.

Geeignet hingegen sind insbesondere die Werbeträger, die sich durch eine möglichst präzise Zielgruppenansprache auszeichnen, wie etwa Fachzeitschriften (z. B. TeleTalk, CallCenterProfi) oder Internetangebote (z. B. Fach- und Branchenportale), die zu einem angemessenen Preis die Zielgruppe erreichen.

Werbemittel

> **# Definition**
> Als **Werbemittel** bezeichnet man die gestaltete, wahrnehmbare **Form** der Werbebotschaft, die **über den Werbeträger** an die Zielpersonen übermittelt wird.

Wichtige Werbemittel sind z. B.

- Anzeigen und Inserate,
- Prospekte und Kataloge,
- Flyer,
- Fernseh- und Radiospots,
- Internetbanner,
- Social-Media-Posts.

Die Wahl der Werbeträger und der Werbemittel ist aufs Engste miteinander verknüpft. Sachgerechte Werbemittel bei der Vermarktung von Callcenter-Dienstleistungen sind daher z. B. Anzeigen (in Fachzeitschriften) und Internetbanner (auf Branchenportalen).

Werbeerfolgskontrolle (Measurement)

Targetmedium vs. Massenmedium: Wie man Werbewirkung valide vergleicht

Die Werbewirtschaft streitet: Wo ist Werbung effektiver – auf Facebook oder im Fernsehen? [...] Mit der Digitalisierung ist die Anzahl der Möglichkeiten, Werbung zu platzieren, gestiegen. Dabei ist sowohl in der öffentlichen Diskussion als auch aus wirtschaftlicher Perspektive das Schlagwort Targeting besonders interessant. Je mehr Daten über den potenziellen Kunden zur Verfügung stehen, desto zielgenauer kann Werbung geschaltet werden. Man weiß nicht mehr nur etwas über Geschlecht, Alter, Einkommensklasse und Wohnort. Hinzu kommen Informationen über das Surfverhalten, zuvor gekaufte Produkte oder das Endgerät. Mehr Daten bedeuten mehr Sicherheit, lautet die Formel. Allerdings mehren sich kritische Stimmen wie zum Beispiel die des Chief-Brand-Officers von Procter and Gamble, Marc Pritchard. Dieser will die Werbebranche motivieren, fallbezogen sinnvolle Entscheidungen zu treffen und sich nicht blind auf die Magie des Targetings zu verlassen. [...]

Quelle: Janzik, Robin: Targetmedium vs. Massenmedium: Wie man Werbewirkung valide vergleicht. In: www.tn3.de. Veröffentlicht am 30.05.2019 unter: https://t3n.de/news/targetmedium-vs-massenmedium-1167020/ [06.10.2021].

Um die hohen Kosten zu rechtfertigen, wird die Werbung einer ständigen Erfolgskontrolle unterworfen. Dabei wird überprüft, ob und in welchem Umfang die angestrebten Werbeziele erreicht wurden. Dieser Effekt lässt sich an zwei Kriterien festmachen:

- Die **ökonomische Werbeerfolgskontrolle** versucht, den Beitrag einer Werbemaßnahme für die Erhöhung von Umsatz, Gewinn oder Marktanteilen zu ermitteln. Dazu werden Methoden wie die Direktbefragung der Käufer oder die Ermittlung der Rücklaufquote (bei einer Mailingaktion o. Ä.) genutzt.

  Beispiel

  Dialogfix wertet aus, wie viele Aufträge sich aus der Mailingaktion an die 3000 Unternehmen ergeben haben.

  Problematisch bei dieser Kontrolle ist allerdings, dass man nicht genau wissen kann, wie die Entwicklung ohne die Werbemaßnahme verlaufen wäre. Man kann also nicht exakt bestimmen, welcher Erfolgsanteil tatsächlich ausschließlich auf die Werbung zurückzuführen ist.

- Die **kommunikative Werbeerfolgskontrolle** beschäftigt sich mit der Frage, wie die Werbung den Bekanntheitsgrad, das Image oder die Einstellung zum Unternehmen verändert hat. Folgende Wirkungsstufen lassen sich unterscheiden:

1. Wahrnehmung:

In der ersten Stufe wird ermittelt, ob die Werbung vom Adressaten überhaupt wahrgenommen wurde.

Dies erfolgt z. B. mit Tests, die überprüfen, ob bei der Zielgruppe eine Erinnerung an die Werbung (recall) oder ein Wiedererkennen der Werbebotschaft (recognition) festzustellen ist.

2. Verarbeitung:

Im nächsten Schritt wird festgestellt, ob die Werbung eine nachhaltige Wirkung erzielt hat und im Bewusstsein der Zielgruppe verhaftet ist.

Auch hier helfen Tests, die z. B. überprüfen, wie sich die Bekanntheit, das Image oder die Einstellung gegenüber dem Produkt verändert hat.

3. Verhalten:

Abschließend ist nun zu prüfen, inwiefern sich eine Verhaltensänderung bei den Adressaten zeigt.

Die Verhaltensänderung kann dabei mit „Vorher-nachher-Tests" überprüft werden.

Vorrangig geht es dabei um eine Änderung des Kaufverhaltens, womit diese Wirkungsstufe letztlich an den ökonomischen Werbeerfolg anknüpft.

Beispiel

dialogfix GmbH

Dialogfix lässt über ein Marktforschungsinstitut ermitteln, wie sich nach der zweimonatigen Werbekampagne zur Einführung des neuen Dienstleistungsangebots der Bekanntheitsgrad des Unternehmens „Dialogfix" bei der Zielgruppe verändert hat.

4.2 Persönlicher Verkauf

Der persönliche Verkauf spielt insbesondere im **Konsumgütermarketing** eine wichtige Rolle. Als Marketinginstrument ist er an der Schnittstelle zwischen Kommunikationspolitik und Distributionspolitik angesiedelt:

Einerseits wird durch den persönlichen Verkauf eine Kommunikation, eine Verbindung mit dem Kunden hergestellt, andererseits findet durch den Verkauf häufig schon das Produkt seinen Weg zum Abnehmer (z. B. im Einzelhandel).

Im **Dienstleistungsmarketing** stellt sich aufgrund der Besonderheiten von Dienstleistungen die Lage anders dar: Eine physische Übergabe der Leistung erfolgt nicht, 13 | 1.3.3 daher spielt die Distributionspolitik nur eine untergeordnete Rolle. Auch der persönliche Verkauf als kommunikationspolitisches Instrument an sich stößt rasch an seine Grenzen.

Beispiel

Eine klassische „Produktpräsentation" ist wegen der Immaterialität der Dienstleistung nur stark eingeschränkt bzw. indirekt möglich.

Im Dialogmarketing sind daher in der Praxis nur zwei Formen des persönlichen Verkaufs bedeutsam:

- Verkauf im Außendienst,
- Verkaufsveranstaltungen (Messen, Ausstellungen, Kongresse etc.).

Verkauf im Außendienst

Mitarbeiter im Außendienst können verschiedene Marketingaufgaben wahrnehmen. Dazu gehören z.B. die Neukundengewinnung, die Betreuung von Bestandskunden und die Marktbeobachtung. Je nach Größe und Organisation des Unternehmens werden diese Aufgaben entweder direkt von **Mitgliedern der Geschäftsleitung**, von angestellten **Außendienstmitarbeitern** oder von freien **Handelsvertretern** (im Dialogmarketing eher selten) wahrgenommen.

Im direkten Kundenkontakt können dabei Dienstleistungen aktiv beworben werden, Probleme direkt vor Ort gelöst werden oder ggf. Beschwerden und Anregungen aufgenommen werden. Nachteilig beim Verkauf im Außendienst sind insbesondere die entstehenden Kosten (Reise- und Personalkosten, evtl. Provisionen) und der hohe Zeitaufwand.

Beispiel

In der Einführungsphase des neuen Dienstleistungsangebots „TechSupport" besucht Raymond Kruse, Geschäftsführer der Dialogfix GmbH, die Unternehmen, die nach einer Mailing-Aktion Interesse bekundet haben, und stellt das Angebot vor Ort vor.

Verkaufsveranstaltungen

Messen und Ausstellungen

Zu den wichtigsten Verkaufsveranstaltungen mit Marktcharakter, die auch für Unternehmen im Dialogmarketing eine zentrale Bedeutung haben, gehören **Messen** und **Ausstellungen**.

> #
> ***Definition***
> Bei einer **Messe** handelt es sich um eine **zeitlich begrenzte** und **regelmäßig wiederkehrende** Marketing-Veranstaltung, die sich an **Fachbesucher** wendet.

Im allgemeinen Sprachgebrauch werden die Begriffe „Messe" und „Ausstellung" meist synonym verwendet. Bei einer engeren Abgrenzung lässt sich festhalten, dass Messen eher dem Fachpublikum vorbehalten sind, während sich Ausstellungen auch oder sogar ausschließlich an die Allgemeinheit (Verbraucher) richten.

Für die Aussteller bei einer Messe fallen in der Regel Standgebühren an, darüber hinaus schlagen noch Kosten für das anwesende Personal sowie Reisekosten zu Buche.

Insbesondere in der B2B-Kommunikation (Unternehmen zu Unternehmen), wozu auch die Vermarktung von Callcenter-Dienstleistungen gehört, spielen Messen eine zentrale Rolle, da das Messepublikum bereits durch seinen Besuch ein grundsätzliches Interesse signalisiert. Zudem sprechen Messen in der Regel eine klar abgegrenzte Zielgruppe (z. B. eine Branche) an.

Folgende **Messeziele** stehen für die Aussteller im Mittelpunkt:

- über das eigene Angebot informieren,
- Kontakte zu (potenziellen) Kunden knüpfen und pflegen,
- Verkaufsabschlüsse anbahnen,
- Markttrends und Mitbewerber analysieren,
- Öffentlichkeitsarbeit,
- Imagepflege.

→ ***Praxistipp***
Die bedeutendste Messe der Dialogmarketingbranche ist die CCW (CallCenterWorld) in Berlin (www.ccw.eu).

Zur Teilnahme an einer Messe ist eine sorgfältige **Messeplanung** erforderlich:

- **Messevorbereitung:** Festlegung der einzelnen Messeziele, Planung und Vorbereitung des Messeauftritts (Standgestaltung, Mitarbeitereinsatz regeln, Mitarbeiter briefen, Aktionen etc.), Klärung von Budgetfragen, Infomaterial anfertigen, Messeeinladungen erstellen etc.
- **Messedurchführung:** Präsentationen und Aktionen durchführen, Kontakte zu den Messebesuchern herstellen, Infomaterial verteilen, Gespräche führen, Kontaktdaten sammeln, Verkaufsabschlüsse anbahnen etc.
- **Messenachbereitung:** Messedurchführung auswerten, Messeziele überprüfen, Kontaktdaten aufbereiten, Kontakte pflegen, Nachfassaktionen durchführen etc.

Beispiel
Um das neue Dienstleistungsangebot bekannt zu machen, bucht Dialogfix einen Messestand auf der „CallCenterWorld". Ziel ist, das Leistungsspektrum vorzustellen und neue Auftraggeber zu akquirieren.

Tagungen und Kongresse

Während Messen eher den Charakter einer Großveranstaltung haben, finden **Tagungen und Kongresse** meist in einem deutlich kleineren organisatorischen Rahmen und mit einer begrenzten Teilnehmerzahl statt.

> #
> ***Definition***
> Bei einer **Tagung** kommen Personen zusammen, die in einem bestimmten Themenbereich arbeiten und aus verschiedenen Betrieben stammen. Dauert die Tagung länger als einen Tag, spricht man von einem **Kongress** oder einer **Konferenz**.

Typisch für Tagungen und Kongresse sind Vorträge und Präsentationen zu aktuellen Themen, die für die Teilnehmer relevant sind. Daraus ergeben sich immer wieder neue Anregungen und ein guter Erfahrungsaustausch. Darüber hinaus stehen ähnliche Ziele wie bei einer Messe im Vordergrund (s. o.).

Durch den im Vergleich zur Messe kleineren Rahmen wird das Knüpfen und Pflegen von Kontakten deutlich erleichtert (sogenanntes „Networking"). Auch Onlineveranstaltungen, sogenannte „virtuelle Messen" haben sich inzwischen etabliert.

4.3 Verkaufsförderung

> #
> ***Definition***
> Als **Verkaufsförderung (Salespromotion)** werden alle Maßnahmen bezeichnet, die den Verkauf stimulieren sollen und die der Motivation der am Verkauf beteiligten Personen dienen.

Durch Salespromotion werden kurzfristige Kaufanreize gesetzt, die einen schnelleren Verkauf fördern sollen. Verkaufsfördernde Maßnahmen können sich an den **Handel**, das eigene **Verkaufspersonal** oder direkt an den **Verbraucher** richten. Meist finden die Aktionen direkt am Verkaufsort („Point of Purchase" bzw. „Point of Sale") statt und werden durch weitere Marketingmaßnahmen (z. B. Preisnachlass) unterstützt.

> →
> ***Praxistipp***
> Im Konsumgütermarketing und speziell im Einzelhandel spielt die Verkaufsförderung als kommunikationspolitisches Instrument eine zentrale Rolle. Bei der Vermarktung von Callcenter-Dienstleistungen ist die Bedeutung deutlich geringer einzuschätzen.

Maßnahmen der Verkaufsförderung in Anlehnung an die Zielgruppen:

Verkaufsförderung (Sales Promotion)

Handelspromotion (Trade Promotion):

richtet sich an den Groß- und Einzelhandel und umfasst z. B. die Warenplatzierung, die Gestaltung der Verkaufsfläche, das Aufstellen von Displays oder spezielle Händlerschulungen

Verkaufspromotion (Staff Promotion):

Zielgruppe sind die mit dem Verkauf beschäftigten Mitarbeiter (Innen- und Außendienst), die zu höheren Verkaufszahlen angespornt werden sollen. Gearbeitet wird hier z. B. mit Katalogen, Verkaufshandbüchern, Verkaufsschulungen oder auch mit Prämien und Incentives.

Verbraucherpromotion (Consumer Promotion):

Diese Maßnahmen sind direkt an den Endverbraucher gerichtet und sollen zum Kauf anregen. Dabei können z. B. Produktproben, Gewinnspiele, Kundenkarten und Kundenclubs, Coupons, Treueprämien oder Werbegeschenke eingesetzt werden.

4.4 Öffentlichkeitsarbeit

Ein spezielles Instrument in der Kommunikationspolitik eines Unternehmens ist die **Öffentlichkeitsarbeit** (Public Relations, PR), die in der Regel nicht zum kurzfristigen Ankurbeln des Absatzes dient, sondern als **strategisches Instrument** ein eher langfristig wirkendes Marketingpotenzial hat.

Definition

Als **Öffentlichkeitsarbeit** werden alle Aktivitäten bezeichnet, die dazu dienen, ein Unternehmen positiv darzustellen sowie Vertrauen und Wohlwollen zu erwecken.

Im Wesentlichen kommen der Öffentlichkeitsarbeit drei Funktionen zu:

- **Informationsfunktion:** An die relevanten Zielgruppen (s. u.) werden Informationen übermittelt, um eine positive Einstellung gegenüber dem Unternehmen zu wecken.
- **Imagefunktion:** Aufbau eines klaren Bildes vom Unternehmen, seinen Ideen Visionen und Leistungen und seiner Unternehmensidentität (Corporate Identity) 1 | 1.1.4
- **Kommunikationsfunktion:** Aufbau und Pflege von Beziehungen zwischen dem Unternehmen und den relevanten Zielgruppen

Der etwas vage Begriff der „Öffentlichkeit“ wird klarer, wenn man einen Blick auf mögliche Adressaten und Zielgruppen wirft, die angesprochen werden können:

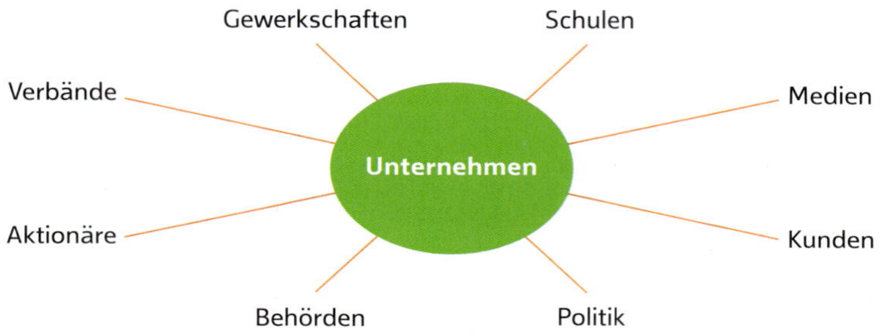

Abb.: Zielgruppen der Öffentlichkeitsarbeit

> ***Praxistipp***
> In der Regel wirkt Öffentlichkeitsarbeit nach außen in die Gesellschaft hinein (externe PR). Sie kann aber auch nach innen gerichtet sein, mit dem Ziel, die eigenen Mitarbeiter positiv zu beeinflussen (interne PR).

Zur Durchführung der Öffentlichkeitsarbeit bieten sich verschiedene Maßnahmen an:

- Veröffentlichung von Publikationen (z. B. Unternehmensbroschüren, Geschäftsberichte, Kundenzeitschriften)
- Presse- und Medienarbeit (z. B. Pressekonferenzen, Presseartikel, Interviews)
- Veranstaltung von „Tagen der offenen Tür” und Betriebsbesichtigungen
- soziales und gesellschaftliches Engagement (z. B. Spenden, Sponsoring)
- Gestaltung der Unternehmens-Homepage
- Durchführung von Wettbewerben, Events u. Ä.

Beispiel

Dialogfix engagiert sich in verschiedenen sozialen Projekten. So erhielt etwa der Kindergarten „Löwenzahn“ eine Sachspende von 20 Laptops. Entsprechende Aktionen werden dabei nach der Devise „Tue Gutes und rede darüber“ per Pressemitteilung bekannt gemacht.

Sponsoring

Eine Sonderform der Öffentlichkeitsarbeit ist das **Sponsoring**. Dabei stellt der Sponsor Geld oder Sachleistungen einem Empfänger zur Verfügung und erhält dadurch eine Werbemöglichkeit. Gesponsert werden z.B. soziale und kulturelle Einrichtungen, Sportereignisse oder auch prominente Einzelpersonen. Die Ziele sind eher langfristiger Natur und umfassen in erster Linie neben einer Erhöhung des Bekanntheitsgrades den Aufbau eines positiven Images. Häufig wird auch ein **Imagetransfer** vom Gesponserten zum Sponsor angestrebt (besonders ausgeprägt beim Sportsponsoring).

Zusammenfassung

- **Werbestrategie**

Mission (Werbeziel)

Grobziele:
- Einführungswerbung
- Expansionswerbung
- Erhaltungswerbung

Feinziele:
- Zielgruppe
- Produkte
- Aktion
- Quantität
- Zeitraum

Money (Werbebudget)
- finanzorientierte Methode
- Prozentsatz-von-Methode
- konkurrenzorientierte Methode
- Ziel- und Aufgaben-Methode

Message (Werbebotschaft)
- Basisbotschaft
- Nutzenbotschaft
- Nutzenbegründung

Media (Werbeträger, Werbemittel)

Werbeträger:
- Printmedien
- elektronische Medien
- Außenwerbung

Werbemittel:
- Anzeigen und Inserate
- Prospekte und Kataloge
- Flyer
- Fernseh- und Radiospots
- Internetbanner

Measurement (Werbeerfolgskontrolle)
- ökonomische Werbeerfolgskontrolle
- kommunikative Werbeerfolgskontrolle

- **Persönlicher Verkauf**

Verkauf im Außendienst
- Mitglieder der Geschäftsleitung
- Außendienstmitarbeiter
- freie Handelsvertreter

Verkaufsveranstaltungen
- Messen
- Ausstellungen
- Kongresse

- **Verkaufsförderung (Sales Promotion)**

Handelspromotion (Trade Promotion): Zielgruppe ist der Groß- und Einzelhandel.

Verkaufspromotion (Staff Promotion): Zielgruppe sind die mit dem Verkauf beschäftigten Mitarbeiter (Innen- und Außendienst).

Verbraucherpromotion (Consumer Promotion): Zielgruppe sind die Endverbraucher.

Öffentlichkeitsarbeit (PR)

Funktionen:
- Information
- Image
- Kommunikation

Zielgruppen:
- Medien
- Kunden
- Politik
- Behörden
- Aktionäre
- Verbände
- Gewerkschaften
- Schulen

Maßnahmen:
- Veröffentlichung von Publikationen
- Presse- und Medienarbeit
- „Tage der offenen Tür" und Betriebsbesichtigungen
- soziales und gesellschaftliches Engagement
- Unternehmenshomepage
- Durchführung von Wettbewerben, Events u. Ä.
- Sponsoring

■ *Aufgaben*

1. *Erläutern Sie die vier Grundsätze der Werbung. Finden Sie Beispiele, in denen diese Grundsätze nicht oder nur zum Teil eingehalten wurden.*

2. *Entscheiden Sie in den nachfolgenden Fällen, welche allgemeinen Werbeziele verfolgt werden. Gehen Sie dabei auch auf die Zahl der Werbenden bzw. der Umworbenen ein:*
   a) *Die Bestandskunden von Dialogfix erhalten per E-Mail einen Newsletter, in dem auf eine spezielle Rabattaktion aufmerksam gemacht wird.*
   b) *Um das neue Fitness-Armband „Fitfix" bekannt zu machen, entwirft Dialogfix einen Werbeflyer, der verschiedenen Lifestyle-Magazinen beigelegt wird.*
   c) *Um den Absatz des Laptops „Portablix" anzukurbeln, schaltet Dialogfix ein Werbebanner auf einem vielbesuchten Internetportal.*
   d) *Geschäftsführer Tim Braun schreibt zehn wichtige Großkunden persönlich an, um auf das neue Dienstleistungsangebot für Geschäftskunden aufmerksam zu machen.*
   e) *Die Initiative „Germany's Saarland" schaltet zusammen mit zehn örtlichen Callcentern eine Anzeige in einer überregionalen Fachzeitschrift, um auf die Standortvorteile des Bundeslandes aufmerksam zu machen.*

3. *Die Dialogfix GmbH hat festgelegt, dass immer 10 % vom Vorjahresgewinn für Werbezwecke ausgegeben werden sollen.*
   a) *Welche Methode zur Festlegung des Werbebudgets liegt hier vor?*
   b) *Was spricht für den Einsatz dieser Methode?*
   c) *Beurteilen Sie den Einsatz dieser Methode angesichts der anstehenden Marketingaufgaben von Dialogfix.*

4. *Welche Funktionen erfüllen die einzelnen Teilbotschaften der Werbebotschaft? Arbeiten Sie die Unterschiede anhand eines frei gewählten Beispiels aus der Dialogmarketingbranche (Werbeanzeige o. Ä.) heraus.*

5. *Beschreiben Sie die Wirkungsweise der AIDA-Formel.*

6. *Prüfen Sie die jeweilige Zuordnung von Werbeträger und Werbemittel, korrigieren Sie bei Bedarf.*
   a) *Wochenzeitung – Internetbanner*
   b) *Fernsehen – Katalog*
   c) *Fachzeitschrift – Werbeanzeige*
   d) *Internet – Social-Media-Post*
7. *Dialogfix schaltet in einer Fachzeitschrift (Auflage: 10000 Stück) eine Anzeige, in der das neue Dienstleistungsangebot beworben wird. In den nächsten sechs Wochen melden sich 150 Interessenten, für die ein konkretes Angebot ausgearbeitet wird.*
   a) *Führen Sie eine ökonomische Werbeerfolgskontrolle durch.*
   b) *Erläutern Sie, welche Schwierigkeiten bei der Anwendung dieser Werbeerfolgskontrolle entstehen können.*
8. *Führen Sie eine Internetrecherche durch und stellen Sie Themen und Inhalte von Messen, Ausstellungen und Kongressen der Dialogmarketingbranche zusammen.*
9. *Begründen Sie, warum Messen und Ausstellungen zu den wichtigsten Mitteln der Kommunikationspolitik in der Dialogmarketingbranche gehören.*
10. *Die Dialogfix GmbH plant, bei einer anstehenden Callcenter-Messe einen Stand zu buchen, um das neue Angebot als externer Dienstleister im technischen Support bekannt zu machen. Dafür fallen Gesamtkosten in Höhe von 20000,00 € an.*
    a) *Entwerfen Sie eine Messeplanung.*
    b) *Welche konkreten Ziele können bei dieser Messe angestrebt werden? An welchen Zielen würden Sie den Erfolg oder Misserfolg des Messeauftritts festmachen?*
    c) *Im Verlauf der Messe gelingt es, mit 50 potenziellen Auftraggebern in Kontakt zu kommen. Welche Kosten sind für einen Kontakt entstanden?*
    d) *Welche Schritte sollten nach Abschluss der Messe erledigt werden?*
11. *Dialogfix hat zwei Außendienstmitarbeiter beauftragt, das neue Dienstleistungsangebot weiter zu vermarkten und Interessenten von der Callcenter-Messe vor Ort zu besuchen. Um die Außendienstmitarbeiter zu motivieren, möchte Dialogfix Instrumente der Verkaufsförderung einsetzen.*
    a) *Um welche Art der Verkaufsförderung handelt es sich hier?*
    b) *Welche konkreten Instrumente empfehlen Sie in diesem Fall?*
12. *Der Customer Service & Call Center Verband Deutschland e. V. (CCV) hat einen Branchenfilm produziert (zu sehen unter www.youtube.com/watch?v=KnjyyOeXm4w).*
    a) *Beschreiben Sie anhand dieses Films die drei Funktionen der Öffentlichkeitsarbeit.*
    b) *Welche Zielgruppen möchte der Branchenverband mit diesem Film ansprechen?*
    c) *Weitere branchenbezogene Filme finden Sie unter www.ausbildung-im-dialog.de/statements. Untersuchen Sie diese Filme anhand der Kriterien aus a).*
    d) *Beurteilen Sie den möglichen Erfolg dieser PR-Maßnahmen.*

BÜNDNIS FÜR AUSBILDUNG IM
DIALOGMARKETING
Eine Initiative von CC-Club, CCV, DDV und bkal

Abschlussprüfung „Kaufmann/ Kauffrau für Dialogmarketing“

1 Aufbau der Abschlussprüfung

Die Abschlussprüfung „Kaufmann/Kauffrau für Dialogmarketing“ (dreijährige Ausbildung) ist in der „Verordnung über die Berufsausbildung zum Kaufmann für Dialogmarketing/zur Kauffrau für Dialogmarketing (Ausbildungsordnung)“ vom 23. Mai 2006 geregelt.

→ ***Praxistipp***
Die Verordnung ist z. B. über das Bundesinstitut für Berufsbildung verfügbar:
https://www.bibb.de/dienst/berufesuche/de/index_berufesuche.php/regulation/kaufmann_dialogmarketing_2006.pdf

Die Abschlussprüfung besteht aus insgesamt **vier Prüfungsteilen**, die eine unterschiedliche Dauer und ein unterschiedliches Gewicht für die Gesamtnote haben.

Fach	Prüfungsform	Prüfungsdauer	Gewicht
Projektmanagement im Dialogmarketing	• schriftlich • ungebundene (offene) Fragen	150 Min.	40 %
Gestaltung und Vertrieb von Dienstleistungen	• schriftlich • gebundene (programmierte) Fragen	60 Min.	20 %
Wirtschafts- und Sozialkunde	• schriftlich • gebundene (programmierte) Fragen	60 Min.	20 %
Fallbezogenes Fachgespräch	mündlich	max. 30 Min. + 15 Min. Vorbereitung	20 %

Um die Abschlussprüfung zu bestehen, müssen **folgende Bedingungen** erfüllt sein:
- mindestens „ausreichend“ im Gesamtergebnis
- mindestens „ausreichend“ in 3 der 4 Prüfungsfächer
- in keinem Prüfungsbereich die Note „ungenügend“

Grundlage für die Bewertung ist dabei der **IHK-Notenschlüssel**:

Punkte	Note
100 – 92 Punkte	sehr gut
unter 92 – 81 Punkte	gut
unter 81 – 67 Punkte	befriedigend
unter 67 – 50 Punkte	ausreichend
unter 50 – 30 Punkte	mangelhaft
unter 30 – 0 Punkte	ungenügend

Sind die Prüfungsleistungen in bis zu zwei schriftlichen Prüfungsfächern mit „mangelhaft“ und in den übrigen schriftlichen Prüfungsfächern mit mindestens „ausreichend“ bewertet worden, kann *eine* mündliche Ergänzungsprüfung angesetzt werden, wenn dies für das Bestehen der Prüfung den Ausschlag geben kann. Der Prüfling wählt das zu prüfende Fach. In diesem Fach wird dann die schriftliche Prüfung zur Ergänzungsprüfung 2 : 1 gewichtet.

Beispiel

Die schriftliche Prüfung führte zu folgenden Resultaten:

Gestaltung und Vertrieb von Dienstleistungen: „befriedigend“ (70 Punkte)
Projektmanagement im Dialogmarketing: „mangelhaft“ (45 Punkte)
Wirtschafts- und Sozialkunde: „mangelhaft“ (40 Punkte)

Ergebnis: Prüfung nicht bestanden, da maximal einmal „mangelhaft“ möglich ist.

Eine zusätzlich angesetzte mündliche Ergänzungsprüfung im Fach *Projektmanagement im Dialogmarketing* endet mit der Note „befriedigend“ (69 Punkte). Dies ergibt ein Gesamtergebnis im Fach *Projektmanagement im Dialogmarketing* von „ausreichend“ (53 Punkte).

Ergebnis: Damit ist die Prüfung bestanden, sofern im *Fallbezogenen Fachgespräch* mindestens die Note „ausreichend“ erzielt wird.

2 Schriftliche Prüfungsfächer

Eine **Grobgliederung** der Inhalte der einzelnen schriftlichen Prüfungsfächer ergibt sich aus den im Ausbildungsrahmenplan vorgegebenen **Fragenkomplexen**. Der Aufbau der Lehrbuchreihe **„Ausbildung im Dialogmarketing“** orientiert sich allerdings an den **Lernfeldern** des KMK-Rahmenlehrplans. Zur leichteren Prüfungsvorbereitung enthält die nachfolgende Tabelle eine Zuordnung der Lernfelder bzw. Lehrbuchkapitel **(Lernfelder 1–5 in Band 1, Lernfelder 6–9 in Band 2, Lernfelder 10–13 in Band 3)** zu den einzelnen Prüfungsgebieten. Die Angaben beziehen sich auf die **6. Auflage**.

→ Praxistipp
Eine detaillierte Aufschlüsselung der einzelnen Fragenkomplexe findet sich im AKA-Prüfungskatalog „Kaufmann/Kauffrau für Dialogmarketing“, erhältlich im U-Form-Verlag (https://www.u-form-shop.de/).

Prüfungsfach: *Projektmanagement im Dialogmarketing*

Fragenkomplex lt. Ausbildungsrahmenplan	Lernfeld/Kapitel im Lehrbuch
Projektvorbereitung	LF 9/Kapitel 1–3
Projektdurchführung	LF 9/Kapitel 1, 4
Projektcontrolling	LF 9/Kapitel 1, 5
Personal	LF 10/Kapitel 1–8
Kosten- und Leistungsrechnung	LF 7/Kapitel 1, 2 LF 11/Kapitel 1–3, 5
Controlling	LF 11/Kapitel 4
Qualitätssicherung der Auftragsdurchführung	LF 8/Kapitel 7 LF 12/Kapitel 1–3
Sicherheit und Gesundheitsschutz bei der Arbeit, Umweltschutz	LF 1/Kapitel 3

Prüfungsfach: *Gestaltung und Vertrieb von Dienstleistungen*

Fragenkomplex lt. Ausbildungsrahmenplan	Lernfeld/Kapitel im Lehrbuch
Dienstleistungsangebot	LF 2/Kapitel 1, 2
Arbeitsorganisation, Kooperation, Teamarbeit	LF 1/Kapitel 1.1, 1.2, 1.4, 4–6 LF 2/Kapitel 3 LF 9/Kapitel 4.1, 4.2
Betriebliche Prozessorganisation, qualitätssichernde Maßnahmen	LF 8/Kapitel 6–7
Sprachliche und schriftliche Kommunikation	LF 3/Kapitel 1–6
Kundenbetreuung/Kundenbindung	LF 5/Kapitel 1–8
Kundengewinnung	LF 8/Kapitel 1–5
Angebotserstellung und Verkauf	LF 13/Kapitel 1–3
Vermarktung von Dienstleistungen	LF 13/Kapitel 2–4
Software, Netze und Dienste	LF 4/Kapitel 1–3
Datenbanken, Datenschutz und Datensicherheit	LF 4/Kapitel 4–6 LF 5/Kapitel 2

Prüfungsfach: *Wirtschafts- und Sozialkunde*

Fragenkomplex lt. Ausbildungsrahmenplan	Lernfeld/Kapitel im Lehrbuch
Wirtschafts- und Sozialkunde	LF 1/Kapitel 1.3, 2 LF 6/Kapitel 1–4 LF 8/Kapitel 3–5 LF 10/Kapitel 7

> ***Praxistipp***
> Wiederholen Sie zur Vorbereitung auf die schriftliche Abschlussprüfung die Aufgaben am Ende des jeweiligen Kapitels. Mehr als 1 000 weitere Fragen zur Prüfungsvorbereitung finden Sie auch in **„Ausbildung im Dialogmarketing – Prüfungstraining“** (ISBN 978-3-427-23021-2).

3 Fallbezogenes Fachgespräch

Während die schriftlichen Prüfungsfächer bundeseinheitlich durchgeführt werden, ist für die Durchführung des Prüfungsteils *Fallbezogenes Fachgespräch* der Prüfungsausschuss der lokalen Industrie- und Handelskammer verantwortlich. Regional können daher **deutliche Unterschiede** in der konkreten Ausgestaltung dieses Prüfungsteils auftreten. Dennoch lassen sich einige **grundsätzliche Aussagen** über den Ablauf der Prüfung treffen.

Folgende Rahmenbedingungen werden in der Verordnung festgelegt:

- Grundlage ist eine praxisbezogene Aufgabe (Fallstudie).
- Der Prüfling wählt aus zwei Aufgabenstellungen eine aus.
- Der Leistungsschwerpunkt des Ausbildungsbetriebes ist zu berücksichtigen.

Der Prüfling soll insbesondere nachweisen, dass er

- Gespräche mit Auftraggebern systematisch führen kann,
- zielgruppenorientiert kommunizieren kann,
- Gesprächsführungstechniken situationsbezogen anwenden kann,
- Aufgabenstellungen analysieren kann,
- Zielstellungen erkennt,
- Aspekte des Marketings berücksichtigen und
- betriebswirtschaftliche Zusammenhänge erläutern kann.

Das fallbezogene Fachgespräch dauert maximal 30 Minuten.

Die nachfolgenden Beispiele sind als **Übungsmöglichkeit** zur Vorbereitung auf die Prüfungssituation geeignet.

Beispiel

> ***Fallstudie 1***
> Sie sind in Ihrem Unternehmen als Mitarbeiter/-in in der Personalabteilung tätig. Aktuell wird für einen neuen externen Auftraggeber – einen namhaften PC-Hersteller – ein langfristig angelegtes Projekt gestartet. Der PC-Hersteller möchte seinen Kunden telefonisch einen professionellen Service bieten. Für die Inbound-Telefonie soll Ihr Unternehmen den Service in Peakzeiten unterstützen.
> Sie erhalten den Auftrag, das notwendige zusätzliche Personal bereitzustellen und einzuarbeiten.

Mögliche Prüfungsfragen:

1. Welche Voraussetzungen muss Ihr Unternehmen erfüllen, um das Projekt sachgerecht bearbeiten zu können? Welche Kompetenzen kann Ihr Unternehmen einbringen?
2. Nennen Sie mindestens drei wichtige Informationen, die Sie vom Auftraggeber im Rahmen dieses Projekts beschaffen müssen.
3. Erläutern Sie, was man unter Peakzeiten versteht. Welche Ursachen kommen für Peakzeiten infrage?
4. Beschreiben Sie, welche Herausforderungen sich für die Personaleinsatzplanung in diesem Projekt ergeben.
5. Unter welchen finanziellen Bedingungen wird Ihr Unternehmen den Auftrag annehmen? Welche Gründe könnte es dafür geben, auch einen nicht-kostendeckenden Auftrag anzunehmen?
6. Welche Möglichkeiten der externen und internen Personalbeschaffung sind Ihnen bekannt?
7. Welche Art der Personalbeschaffung (intern oder extern) wählen Sie für dieses Projekt? Wie begründen Sie Ihre Entscheidung?
8. Der Projektleiter überlegt, ob Teile des Personalbedarfs auch über Zeitarbeit abgedeckt werden können. Was ist mit diesem Begriff gemeint? Worauf ist hier speziell zu achten?
9. Nach erfolgter Auswahl der Mitarbeiter soll deren Einarbeitung durchgeführt werden. Welche unterschiedlichen Methoden der Einarbeitung sind Ihnen bekannt?
10. Welche Möglichkeiten der Qualitätsmessung sind in diesem Projekt sinnvoll?
11. Nach der Einarbeitung werden die Mitarbeiter auf bestehende Teams aufgeteilt. Welche Auswirkung hat dies auf den Prozess der Teamentwicklung?
12. Wie können Führungskräfte den Prozess der Teamentwicklung positiv beeinflussen?

Beispiel

Fallstudie 2

Sie sind in Ihrem Unternehmen als Teamleiter/-in beschäftigt. Da Sie Ihre Aufgaben stets zur vollsten Zufriedenheit der Vorgesetzten erfüllen, sollen Sie bei einem neuen Projekt mitarbeiten. Ihr Auftraggeber – ein namhafter PC-Hersteller – möchte seinen Bestandskunden im Outbound eine PC-Versicherung anbieten, die die Reparaturkosten des PCs deckt. Bisher war der PC-Hersteller nicht im Vertrieb von Versicherungen tätig und möchte daher diesen Markt neu erschließen.

Es sollen zunächst 20000 Kunden angesprochen werden, angestrebt wird eine Erfolgsquote von 5%.

Mögliche Prüfungsfragen:

1. Beim ersten Meeting mit dem Auftraggeber sollen wichtige Aspekte des Projekts besprochen werden. Welche Fragen sind hier zu klären? Welche Informationen über Ihr Unternehmen bringen Sie ein?
2. Ihr Auftraggeber überlegt vor Einführung des Projekts, ob eine Marktanalyse sinnvoll ist. Geben Sie hier eine begründete Empfehlung ab. Welche Informationen sollten im Zuge der Marktanalyse eingeholt werden?
3. In welche Phasen kann das Projekt eingeteilt werden? Charakterisieren Sie kurz die einzelnen Phasen.
4. Welche Projektbeteiligten können bei diesem Projekt in Erscheinung treten?
5. Welche Inhalte sollten in den Projektauftrag aufgenommen werden?
6. Im Zuge der Projektvorbereitung wird ein Projektstrukturplan erstellt. Beschreiben Sie den typischen Aufbau.
7. Für das Projekt muss ein neuer Gesprächsleitfaden erstellt werden, der vor allem die Besonderheiten des Verkaufsgesprächs berücksichtigen soll. Wie gestalten Sie diesen Leitfaden?
8. Die Mitarbeiter, die neu in das Projekt einsteigen, sollen eine Schulung zum Thema „Verkauf im Outbound“ erhalten. Was sind wichtige Inhalte einer solchen Schulung?
9. Welche Methoden der Personalentwicklung können für diese Schulung eingesetzt werden?
10. Erläutern Sie die Unterschiede von Cross-Selling und Up-Selling. Geben Sie begründet an, worum es sich im vorliegenden Fall handelt.
11. In der Mitte der Projektlaufzeit stellen Sie fest, dass wichtige Ziele nicht erreicht werden. So wurde bislang erst etwa ein Drittel der Kunden erreicht, da die Mitarbeiter nicht die geplanten Projektstunden erbringen. Welche Gründe kann dies haben? Wie können Sie als Teamleiter gegensteuern?
12. Auch die Erfolgsquote lässt zu wünschen übrig und liegt derzeit nur bei ca. 3%. Welche Anreizsysteme schlagen Sie vor, um die Erfolgsquote zu erhöhen?

Beispiel

Bewertungsbogen
„Kaufmann/Kauffrau für Dialogmarketing"
Fallbezogenes Fachgespräch

1. Inhaltliche Lösung der Aufgaben

a) Erkennen betrieblicher und wirtschaftlicher Zusammenhänge

sehr gut	35 – 33 Punkte	
gut	32 – 29 Punkte	
befriedigend	28 – 24 Punkte	
ausreichend	23 – 18 Punkte	
mangelhaft	17 – 11 Punkte	
ungenügend	10 – 0 Punkte	______

b) Vorschlag situationsgerechter Maßnahmen und Erkennen von deren Folgen

sehr gut	35 – 33 Punkte	
gut	32 – 29 Punkte	
befriedigend	28 – 24 Punkte	
ausreichend	23 – 18 Punkte	
mangelhaft	17 – 11 Punkte	
ungenügend	10 – 0 Punkte	______

2. Methodische Lösung der Aufgaben

a) Auffassung

schnell und präzise	10 – 7 Punkte	
mit Hilfe	6 – 3 Punkte	
begriffsstutzig	2 – 0 Punkte	______

b) Kommunikation

flüssig	10 – 7 Punkte	
stockend	6 – 3 Punkte	
unbeholfen	2 – 0 Punkte	______

c) Argumentation

überzeugend	10 – 7 Punkte	
unsicher	6 – 3 Punkte	
nicht überzeugend	2 – 0 Punkte	______

Gesamtpunktzahl: ______

Glossar

ACD
Abkürzung für Automatic Call Distribution; Kernstück moderner TK-Anlagen zur Verteilung der eingehenden Anrufe, mit weiteren Funktionen zur Steuerung, Kontrolle und Auswertung des Anrufvolumens

Agent
branchenübliche Bezeichnung für Mitarbeiter der Callcenter-Branche bzw. im Dialogmarketing, die im Telefonkontakt eingesetzt sind

AHT
Abkürzung für Average Handling Time: durchschnittliche Gesprächszeit inklusive Nachbearbeitungszeit; setzt sich aus Handle Time und Wrap-up-Time zusammen.

ASA
Abkürzung für Average Speed of Answer: durchschnittliche Zeit bis zur Anrufannahme

Assessment-Center
Gruppenauswahlverfahren, das aus mehreren Einzelübungen besteht

Balanced Scorecard
Controlling- und Managementinstrument, das unterschiedliche Perspektiven berücksichtigt

Benchmarking
Messen der Leistung eines Unternehmens im Vergleich mit anderen (branchenführenden oder branchenübergreifenden) Unternehmen

Break-even-Point
Gewinnschwelle

Call
branchenübliche Bezeichnung für Anruf

Cross-Selling
„Kreuzverkauf": Verkauf von weiteren oder ergänzenden Produkten an Bestandskunden eines Unternehmens

CTI
Abkürzung für Computer Telephony Integration; Verschmelzung mehrerer Medien am Arbeitsplatz

Desk Research
Auswertung bereits vorhandener Daten innerhalb der Marktforschung (Sekundärforschung)

Dialer
Wählroboter, der automatisch Telefonnummern wählt und die Kontakte an die Agents verteilt

E-Learning
Verfahren, über das Mitarbeiter via PC an einer Schulung teilnehmen

E-Recruiting
Unterstützung der Personalbeschaffung durch elektronische und internetbasierte Systeme

Field Research
Gewinnung eigener Daten innerhalb der Marktforschung (Primärforschung)

First Call Resolution (FCR)
abschließende Bearbeitung des Kundenanliegens beim ersten Anruf ohne Einschaltung weiterer Mitarbeiter, auch als First Contact Solution bezeichnet

Forecasting
Vorhersage des zukünftig zu erwartenden Anrufvolumens

FTE
Abkürzung für Full Time Equivalent: Vollzeit-Arbeitskraft (auch MAK)

Handle Time
die Zeit, in der ein Mitarbeiter mit dem Kunden spricht, um eine Lösung zu erarbeiten oder einen bestimmten Vorgang abzuschließen

Headhunter
„Kopfjäger“: Personalberater, der gezielt potenzielle Mitarbeiter anspricht

Inbound
eingehende Anrufe

IVR
Abkürzung für Interactive Voice Response; ein Sprachcomputer innerhalb von TK-Anlagen

Junk Call
Spaßanruf

Lost Calls
Anrufe, die vom Anrufer beendet wurden, bevor ein Mitarbeiter den Anruf angenommen hat (auch Abandoned Calls)

MAK
Abkürzung für Mitarbeiterkapazität; entspricht einem Vollzeit-Arbeitsplatz (auch FTE)

Monitoring
Als Monitoring (auch Call-Monitoring) werden im Dialogmarketing alle Maßnahmen bezeichnet, in denen Gespräche eines Mitarbeiters mitgehört und im Anschluss bewertet werden.

Mystery Call
für den Agent unerkannter Testanruf durch ein externes Unternehmen oder eine interne Abteilung, der anschließend anhand vorgegebener Kriterien ausgewertet wird

Outbound
ausgehende Anrufe

Outsourcingpartner
externer Dienstleister, der einzelne Serviceaufgaben übernimmt

Overflow
überlaufende Anrufe, die nicht bearbeitet werden können und daher weitergeleitet werden

Product Life Cycle
Produktlebenszyklus, Lebensdauer eines Produkts

Public Relations
Öffentlichkeitsarbeit

Real-Time-Monitoring
bedarfsgerechte Steuerung des Personaleinsatzes in Echtzeit

Sales Promotion
Verkaufsförderung

Screen Recording (Silent Screening)
Erweiterung des Silent Monitoring, hier werden auch die Bildschirmbewegungen aufgezeichnet.

Servicelevel
Parameter für die Erreichbarkeit eines Callcenters

Side-by-Side-Coaching
Beobachten bzw. Mithören der Gespräche eines Mitarbeiters direkt an dessen Arbeitsplatz

Silent Monitoring
Mithören und ggf. Aufzeichnen der Gespräche eines Mitarbeiters, das für ihn unbemerkt stattfindet

Skill Based Routing
Verteilen von Anrufen durch die ACD nach Fähigkeiten (Skills) der Mitarbeiter

Up-Selling
„Aufwärts Verkaufen“: Verkauf von höherwertigen Produkten an Bestandskunden eines Unternehmens

USP
Unique Selling Proposition: Alleinstellungsmerkmal, einzigartiges Verkaufsargument

Workforce Management
Prozess der Personaleinsatzplanung

Wrap-up-Time
Nachbearbeitungszeit nach einem Anruf

Bildquellenverzeichnis

absolventen.at c/o Business Cluster Network GmbH, Linz: S. 96.2
AUMA - Ausstellungs- und Messe-Ausschuss der Deutschen Wirtschaft, Berlin: S. 399.1
Brauner, Angelika, Hohenpeißenberg: S. 304.1
Call Center Profi SFO Medien Gmbh, Wiesbaden: S. 347.1
Callcenter Akademie, Saarbrücken: S. 361.1
CallcenterWorld, Eschborn: S. 399.2
CC-Club UG, Rheinberg: S. 405.1
Contact-Center-Network e.V., Hanau: S. 391.1
Customer Service & Call Center Verband Deutschland e. V., Berlin: S. 4.1, 137.1, 191.1, 243.1, 286.1
EFQM, Brüssel: EFQM2021, The EFQM Model is a registered trademark of EFQM S. 303.1
Foto Stephan - Behrla Nöhrbaß GbR, Köln: Foto Stephan 12.1, 12.2, 13.1, 23.1, 25.2, 47.1, 64.1, 66.1, 72.1, 72.2, 83.1, 88.1, 98.1, 132.1, 141.1, 149.1, 167.1, 196.1, 215.1, 237.1, 248.1, 254.1, 284.1, 307.1, 364.1
fotolia.com, New York: absolut 269.1; Africa Studio 232.1; Agphotographer 254.2; Andrea Massimiani 342.6; Arcurs, Yuri 119.1, 344.1; Blue-Fox 70.1; Charly 183.1; Cieslak, Daniel 42.1; contrastwerkstatt 68.1; Date, Philip 228.1; Digitalpress 187.1; dinostock 342.3; Dmitriy Christoprudov 325.1; drubig-photo 77.1; DWP 263.1; Flippo, Michael 54.1; FotoLyrix 138.1; Friis-Larsen, Liv 374.1; FX Berlin 368.1; Göbel 314.1; Gorbunov, Evgenij 321.1; Gourmecana 114.1; Grachus, Tiberius 206.1; gustavofrazao 372.1; hans12 198.1; Kahlmann, Eva 43.2; Kalfar, Haramis 184.1; Kaltenbach 240.1; Kautz14 65.1; Kobeloch, Christian 203.1; Krautberger, Gernot 82.1; Lerich, Robert 60.1; M.Gove 103.1; Martin Schmid 158.1; Matte, Falko 377.1; matttilda 19.1, 31.1; MediablitzImages 104.1; Michel, Svenja 274.1; Monkey Business 287.1; morganimation 342.5; Nyul 281.1; Popov, Andrey 297.1; Posingis, Tina 171.1; pressmaster 97.1; Qxymoron 337.1; Rodriguez, Andres 116.1; Rovagnati, Julian 374.2; Rublinetsky, Al 292.1; Sanders, Gina 56.1; sdecoret 336.1; Shtanzman, Umberto 225.1; spotlight-studios 342.1; Thaut Images 213.1, 342.4 Thiermayer, Stefan 43.1, 43.3; unpict 119.2; vege 364.2; Völkening, Eckehard 273.1; wabeno 334.2; WavebreakMediaMicro 169.1; Weber, Sven 188.1; Wrangler 233.1
graphic-dept.de, Düsseldorf: S. 33.3
iStockphoto.com, Calgary: D3Damon 353.3, 362.3; GlobalP 353.4, 362.4; Jackson, Brian 373.1; kyoshino 380.1; Liderina 218.1; master1305 278.1; Murillo, Aldo 277.1; pixelfit 102.1; Rixipix 353.5, 362.5; Terminator3D 353.2, 362.2; vm 322.1, 349.1; Wavebreakmedia 225.2; Zoran Kolundzija 360.1
Jobsintown, Karben: S. 33.2
Hill: Author: Douglas McGregor Title: The Human Side of Enterprise, Annotated Edition ISBN: 9780071462228, Copyright 28.10.21 S. 96.1
Picture-Alliance GmbH, Frankfurt a.M.: dpa-infografik 145.1, 145.2, 394.1, 400.1
regiocom SE, Magdeburg: S. 33.1
Roman Bold & Black, Köln: stock.adobe.com, Dean, Drobot 2.2; stock.adobe.com, pressmaster 2.3; stock.adobe.com, ty 2.4
Shutterstock.com, New York: GlebStock 291.1; Monkey Business Images 103.2; Morganka 25.1; siiixth 369.1; Syda Productions 91.1
Statistisches Amt Saarland, Saarbrücken: S. 335.1
stock.adobe.com, Dublin: Arcady 162.2; Archimicrostock 314.2; ASDF 75.1; Atkins, Peter 38.1; belamy 189.1; Bojan Titel, 2.5, 140.1; boygostockphoto 180.1; brovkoserhii 279.1; BullRun 51.1; ChaotiC_PhotographY 288.2; Coloures-Pic 241.1; contrastwerkstatt 28.1, 128.1, 157.1, 315.1, 316.1; DC Studio 136.1; Dean, Drobot 2.1; DOC RABE Media 275.1; drubig-photo 93.1; DURIS Guillaume 289.1; fizkes 16.1, 52.1, 111.1, 126.1, 164.1; Fouque, Mike 311.1; Franjo 199.1; Gina Sanders 133.1; grafikplusfoto 342.2; highwaystarz 244.1; hobbitfoot 324.1; Jazzzone66 153.1; Karramba Production 162.1, 272.1; kebox 32.1; Kneschke, Robert 334.1; L.Klauser 379.1; leszekglasner 168.1; lucadp 348.1; momius 109.1; nikiteev 310.1; nmann77 256.1; patpitchaya 401.1; Paul 11.1; pressmaster 2.7, 388.1; Rawpixel.com 287.2, 294.1; Renze, Gundolf 174.1; Rido 370.1; rotoGraphics 366.1; Stockwerk-Fotodesign 143.1; Superingo 238.1; Syda Productions 125.1, 250.1, 282.1; terovesalainen 385.1; ty 2.6; Zafirah 36.1
Süddeutsche Zeitung - Photo, München: Rue des Archives/RDA S. 94.1
summacom.eu, St. Ingbert: S. 393.1
telepublic Verlag GmbH & Co.Medien KG, Hannover: S. 395.1
twitter.com: S. 35.1

Sachwortverzeichnis